형법각론강의

이보영 저

도서출판 동방문화사

머 리 말

법학과목 중 형법만큼 근자에 많은 변화를 경험하고 있는 법 분야도 없을 것인바, 필자가 처음 강단에 섰을 때인 20년 전과 비교해보면 이론에서나 판례에서나 너무나 많은 차이가 있음을 누구보다도 피부로 느끼게 됨이 솔직한 심정이다. 특히 형법각칙 분야는 1996년 7월 1일부터 효력을 발생하고 있는 개정법에 따라 컴퓨터 범죄 등 신종 범죄의 대폭적 규정과 다양한 법 규정이 추가되었고, 최근에 와서는 판례의 변화, 정책의 변화, 국민의 가치관의 변화에 따라 전폭적인 개정작업이 활발히 일어나고 있다.(예컨대 혼인빙자간음죄 헌법재판소 위헌 결정)

본서는 이 같은 점을 감안하여 형법각론에 대한 학습용 교재로 사용할 목적으로 집필하였다. 기존에 출간된 많은 교과서는 한 학기에 공부하기에는 너무 양이 많아 학생들에게 큰 부담을 주는바 형법각론 전체의 틀과 이론적 고찰, 판례의 최근 태도 등을 일목요연하게 정리한 교과서의 필요성에 발맞추어 체계적으로 해설하였다.

이외에 본서의 특징을 보면 다음과 같다.

첫째, 하나의 시각에 편향된 공부는 그 책이 갖고 있는 단점을 보완할 길이 없으므로 본서는 통설적 입장에서 기술하면서 가능한 한 국내 모든 교재의 입장을 정리 하였다.

둘째, 1960년대 이후부터 2009년 말까지의 대법원 판례를 적재적소에 소개하였고, 신뢰도를 높이고 정확성을 기하기 위해 판결 연월일 및 사건번호까지 명기하였다. 아울러 하나의 큰 단원이 끝나면 관련 판례를 종합적으로 소개하여 독자들의 이해를 제공하였다.

셋째, 논문 같으면 반드시 주석이 들어가야 하나 일반적 교과서에서 필수 사항은 아니라고 생각한다. 학생들에게 쉽게 형법을 접근하고 이해시키기 위해서 일체 주석을 생략하였다.

이상과 같은 점을 유의하면서 탈고하다보니 분량이 적절하게 된 것 같아 마음이 흡족하다. 그렇지만 저자의 능력부족으로 미비한 점이 많을 줄 생각하오니 여러분의 아낌없는 충고와 격려를 부탁드리며 차후에 보완해 나갈 것을 약속드린다.

본서가 나오도록 저자의 건강을 지켜주시고 항상 저를 사랑해 주시는 하나님께 찬양을 드리고, 저에게 항상 지도편달을 아끼지 않으시는 호서대학교 강일구 총장님, 그리고 한결같이 30년을 저자를 도와주신 아내에게 머리숙여 감사드린다.

머리말을 맺으면서 이 책의 출간에 헌신적으로 도와주신 분들의 노고를 기록에 남기고자 한다. 고려대학교 박사과정에 재학중인 이무선 연구원은 내용의 수정보완은 물론 판례보충, 판례정리부터 체계에 이르기까지 어느 하나 손때 묻지 않은 곳이 없이 심혈을 기울여 주었다. 이 책이 독자들 앞에 햇빛을 보게 된 것은 오로지 이선생 열정의 결실이다.

끝으로 어려운 여건 속에서도 이 책의 발간을 허락해 주신 동방문화사의 조형근 사장님과 김영옥 편집실장 이하 관계제위께 감사의 뜻을 표한다.

2010년 8월

호서대학교 연구실에서
이 보 영

차 례

제1장 個人的 法益에 관한 罪

제1절 生命·身體에 관한 罪

제2장 社會的 法益에 관한 罪

제1절 公共의 安全에 관한 罪

제3장 國家的 法益에 관한 罪

제1절 國家存立에 관한 罪

제2절 國際關係에 관한 罪

제3절 國家의 權威 및 機能에 관한 罪

제1장 個人的 法益에 관한 罪

제1절 生命 · 身體에 관한 罪
제2절 自由에 관한 罪
제3절 名譽 · 信用에 관한 罪
제4절 私生活 平穩에 관한 罪
제5절 財産에 관한 罪

제1절

生命 · 身體에 관한 罪

Ⅰ. 殺人의 罪

1. 總 說

(1) 의 의

살인죄는 고의로 사람을 살해함으로써 그 생명을 침해하는 것을 내용으로 하는 범죄이다.

(2) 보호법익

본죄의 보호법익은 사람의 생명이라는 절대적 최고의 법익이며, 보호받는 정도는 침해범이다.

2. 普通殺人罪(250조 1항)

(1) 의 의

본죄는 사람을 살해함(사형, 무기 또는 5년이상의 징역)으로써 성립하는 범죄이다.

(2) 객관적 구성요건

① 행위의 주체

행위의 주체는 피해자 이외의 자연인이다.

② 행위의 객체

(i) 사 람

여기에서 '사람'이라 함은 행위자 자신을 제외한 살아있는 모든 자연인을 말한다. 法人은 포함되지 않는다. 자연인인 이상 생존가능이 없는 빈사의 병자, 기형아, 분만중의 태아, 실종선고를 받은 자, 사형의 판결이 확정된 자 등도 모두 본죄의 객체가 된다. 모체의 자궁 내에 착상하기전의 배아는 '생명윤리 및 안전에 관한 법률'의 대상이 될 뿐이다. 자살은 본죄에 해당하지 아니하며, 법인에 대한 살인이란 있을 수 없다. 살아있는 사람이라고 할 때 그 '살아있는'의 범위, 즉 사람의 시기와 종기에 대하여 논의가 있다.

(ii) 사람의 始期

사람은 출생한 때부터 사람이 된다. 출생 이전의 태아는 낙태죄의 객체가 될 수 있을 뿐이다. 사람의 시기에 관한 학설로는 ㉠진통설(=분만개시설, 압박진통설 : 우리나라의 통설 · 판례, 독일의 통설), ㉡일부노출설(특히, 두부노출설 : 일본의 통설과 판례), ㉢ 전부노출설(=완전분리설, 독립순환설 : 영 · 미의 주류적 태도), ㉣ 독립호흡설 등이 있으나, 과실낙태, 태아상해 등을 처벌하지 않고 있는 우리 형법의 해석상, 모체에서 노출되기 전의 분만중에 영아의 생명이 보호되도록 하기 위하여는 통설인 진통설(분만개시설)이 타당하다.

대법원판례

사람의 시기 : 규칙적인 진통이 수반되면서 태아가 태반으로부터 이탈하기 시작한 때 = 진통설 또는 분만개시설. 대판 2007.6.29, 2005 도 3832

(iii) 사람의 終期

ⓐ **사람의 종기는 사망이다**. 사망 이후에는 死體에 불과하며, 이는 사체 오욕죄(159조), 사체유기 · 훼손(161조) 등 죄의 객체가 될지언정 본죄의 객체가 될 수 없다.

ⓑ **사람의 종기에 관한 학설**

㉠ 호흡종지설　　호흡이 영구적으로 그쳤을 때 사망하였다고 본다.

ⓛ **맥박종지설(통설)** 심장의 고동이 영구적으로 그쳤을 때 사망한 것으로 본다.

ⓒ **뇌사설** 뇌기능의 종국적인 훼멸이 있는 때 사망한 것으로 본다. 최근 심장이식수술, 인공호흡장치 등의 발달로 ㉠, ㉡설이 취할 수 없는 난점 때문에 등장하였다. 생명의 핵심은 뇌이며 뇌기능이 종지될 때는 치료가 불가능하며 인격적 생명은 뇌사에 의해 끝난 것으로 본다. 뇌사란 대뇌, 소뇌 및 뇌간의 기능이 정지된 상태를 의미하며 식물인간이란 뇌간기능은 살아있어서 호흡중추와 순환중추가 기능을 발휘하는 경우를 말한다.

ⓒ 생각건대, **사람의** 人格的 生命**은 뇌사에 의하여 끝났다고 봄이 타당**하다고 생각한다. 다만, '장기 등 이식에 관한 법률'에서 뇌사자를 '살아있는 자'에서 제외시키고 있고, 뇌사자로부터 장기적출을 허용하고 있다.

③ 행위 태양

본죄의 행위는 '살해'이다. 그 수단과 방법에 대해서는 형법에 특별한 제한이 없다. 유형적·물리적 방법이건, 무형적, 심리적 방법이건 묻지 아니한다.

살해라 함은 사람의 생명을 자연적인 死期에 앞서서 범의를 갖고 단절시키는 것을 말한다. 행위는 작위에 의하건 부작위에 의하건 불문한다(어머니가 유아에게 젖을 주지 아니한 경우). 특히 부작위에 의한 살인죄를 인정한 판례도 보인다(대판 1992.2.11, 91 도 2951).

(3) 주관적 구성요건

살해에는 주관적 구성요건으로 살해의 고의가 있어야 한다. 이는 사람을 살해한다는 객관적인 구성요건요소에 대한 인식 또는 인용을 말하며, 인과관계의 인식도 고의의 내용이다. 미필적 고의(예: 질주하는 차에서 사람을 추락시킨 경우; 대판 1994. 3. 22, 93 도 3612)로도 족하다.

(4) 위법성

본죄에 있어서도 구성요건에 해당하는 행위는 위법성조각사유가 없는 한 위법하다고 할 수 있다. 그러나 인간의 존엄과 가치를 보호하는 헌법정신 및 절대적 생명보호의 원칙에 비추어 본죄의 위법성조각사유는 이를 제한적으로 해석하지 않을 수 없다. 그러므로 피해자의 승낙은 본죄의 위법성을 조각하지 아니하며 〔(후술, 촉탁 및 승낙에 의한 살인죄)(252조1항)내지 자살교사 · 방조죄(252조2항참조)〕, 긴급피난행위도 본죄에 관하여는 위법성조각사유가 되지 못한다. 그러나 정당방위에 의한 살인은 위법성이 조각될 수 있다. 경찰관직무집행법 제 11조는 일정한 요건하에 경찰관의 무기사용을 허용하고 있으나 이러한 경우에도 정당방위 및 긴급피난의 요건을 갖추어야 할 것이다.

전시에 전투행위에 의한 살해, 사형집행관의 사형집행행위 등의 정당행위도 위법성이 조각된다. 통설은 安樂死(안락술)도 일정한 요건을 구비한 경우 이를 허용하고 있다.

▣ 안락사의 종류

◇ 적극적 안락사 - 고통제거의 수단으로 적극적인 생명단절을 사용(독약살해- 불치환자)(→처벌)

◇ 간접적 안락사 - 고통을 약화시키기 위한 처치가 필수적인 생명 단축을 부수효과로 가져오는 경우(몰핀주사)(→위법성조각)

◇ 소극적 안락사 - 환자가 고통으로부터 빨리 해방되게 수혈 · 인공호흡장치를 하지 않고 생명연장의 적극수단을 사용하지 않는 경우(→위법성조각)(존엄사), **尊嚴死**는 단지 생명유지장치에 의해 인공적으로 연명할 뿐 다시 소생할 가망 없는 혼수상태 뇌사상태의 환자가 품위있게 죽을 수 있도록 생명유지장치를 제거하여 생명을 단축시키는 행위로서, 환자의 고통은 문제되지 않고, 환자 자신이 자기결정권을 행사할 수 없음에 안락사와 구별된다. 따라서 존엄사는 사회상규에 위배되지 않는 법률행위로서 위법성이 조각된다고 본다(대판 2009.5.21, 2009 다 17417). 최근 대법원은 의사의 치료중단행위를 허용하는 판결을 내렸다. 이를 보면 진료행위에 대한 환자의 동의권을 기초로 하여 진료의 계속여부에 대한 환자의 자기결정권을 보장하여야 한다고 판시한 것이다.

✦ 안락사조건(통설)(위법성조각)

① 환자가 불치의 병으로 死期가 임박하였을 것이고

② 환자의 육체적 고통을 차마 볼 수 없을 정도로 극심하며

③ 오로지 환자를 고통에서 해방시킬 목적으로

④ 본인 및 보호자의 진지한 촉탁에 의하여

⑤ 자격 있는 의사에 의하여

⑥ 윤리적으로 정당한 방법으로 시행되어야 한다.

(5) 죄 수

생명은 전속적 법익이므로 본죄의 죄수는 피해자의 수에 따라 결정된다. 1개의 행위로써 수인을 살해한 경우는 상상적 경합이다. 또한 살인행위에 따른 의복의 손괴는 不可罰的 隨伴行爲로서 손괴죄는 살인죄에 흡수된다.

3. 尊屬殺害罪(250조 2항)

(1) 의 의

본죄는 자기 또는 배우자의 직계존속을 살해함(사형, 무기 또는 7년이상의 징역)으로써 성립하는 범죄로서, 행위의 객체가 보통인이 아닌 직계존속이라는 특수한 신분관계로 인하여 책임이 가중되는 가중적 구성요건이며, 따라서 부진정신분범이다.

(2) 객관적 구성요건

자기 또는 배우자의 직계존속을 살해함으로써 성립한다.

자기란 행위자 자신을 말하며, 배우자는 법률상의 개념으로 민법상 적법한 혼인절차를 거친 자를 말하며, 사실상 동거하고 있는 자는 제외된다.

▣ 자기 또는 배우자의 직계존속

◇ 민법에 의하고 사실상의 것은 포함되지 않음.
◇ 사실상 부자관계이나 認知節次를 완료하지 않는 한 직계존속이 아님.
◇ 혼인외의 출생자와 생모 사이에는 인지절차를 완료하지 않더라도 직계존속관계 인정.
◇ 사실상 타인이라도 입양 후에는 직계존속이 됨.
◇ 타인의 양자로 입양된 자가 실부모를 살해한 경우도 존속살해죄 성립(대판 1967. 1.31, 66 도 1483)
✦ 1989년 민법 개정에 따라 계모자관계, 적모 · 서자관계는 더 이상 법정혈족 관계가 아니므로 존속살해죄의 객체가 아니다.

⑶ 주관적 구성요건

고의는 자기 또는 배우자의 직계존속을 살해한다는 것에 대한 인식·인용이 있어야 한다. 따라서 직계존속임을 인식하지 못한 경우에는 사실의 착오가 되며, 제15조 제1항에 의해 보통 살인죄로 처벌된다. 생존하는 배우자를 의미하며 별거중인 경우에도 배우자관계는 존재한다.

⑷ 違憲性의 여부

본죄는 보통살인죄에 비하여 형이 가중되고 있으므로 헌법상의 평등의 원칙에 반하는 것이 아닌가라는 의문이 제기된다. 위헌설은 봉건적 시대착오적 규정이며 오히려 비속측에 동정의 여지가 많고 인륜에 반하는 점은 존속측도 마찬가지이므로 형의 균형이 맞지 않다는 근거를 내세우고 있다. 우리나라 판례는 아직 없으나 일본 판례는 최근 위헌성을 인정하기에 이르렀다. 입법론상 검토를 요하는 부분이다.

⑸ 共犯關係

본죄는 不眞正身分犯이므로 신분 없는 공범에 대하여는 보통살인죄의 형을 과한다.

▣ 제 33조 단서의 적용(통설)

◇ 갑이 을을 교사하여 을의 父 병 살해
갑 : 보통살인교사범, 을 : 존속살해죄의 정범
◇ 갑이 을을 교사하여 갑의 父 병 살해
갑 : 존속살해죄의 교사범, 을 : 보통살인죄의 정범
◇ 갑과 을이 공동하여 갑의 父 병 살해
갑 : 존속살해죄의 공동정범, 을 : 보통살인죄의 공동정범

⑹ 처 벌

개정형법은 존속살해죄의 형을 완화하여 사형, 무기, 7년이상의 징역으로 하였다(개정250조 2항). 아마도 직계존속의 파렴치한 행동에 대한 비난을 감안한 조

치가 아닌가 한다.

4. 嬰兒殺害罪(251조)

(1) 의 의

본죄는 직계존속이 치욕을 은폐하기 위하거나 양육할 수 없음을 예상하거나 특히 참작할 만한 동기로 인하여 분만중 또는 분만 직후의 영아를 살해함(10년이하의 징역)으로써 성립한다. 영아살해죄는 직계존속의 명예구제 또는 출산으로 인한 정신이상, 흥분상태 때문에 감경된다고 봄이 다수설이며 타당하다.

(2) 객관적 구성요건

① **본죄의 주체** 산모에 한하지 않고 직계존속모두가 주체라는 견해가 통설이다.

② **본죄의 객체** 분만중 또는 분만 직후의 영아이다. 분만중이란 분만개시로부터 분만완료시까지이고, 분만 직후란 분만으로 인한 상태가 계속되는 동안을 말한다.

(3) 주관적 구성요건

본죄는 살해의 고의 외에 다음과 같은 주관적 동기가 있어야 한다.

①'치욕을 은폐하기 위하여' 인 바, 분만으로 인한 사회적인 수치나 모욕 등을 은폐하기 위한 것을 말하며, 강간에 의한 임신이나 사생아를 출산하는 경우이며, ②'양육할 수 없음을 예상' 한 경우인 바, 가정이 극빈하여 영아를 양육할 경제적 능력이 없는 경우이고, ③'기타 특히 참작할 만한 동기' 인 바, 불구자, 기형아 등으로 生의 가능성이 희박한 경우와 같이 행위자에게 책임감경을 인정할 수 있는 경우를 말한다.

(4) 위헌성 여부

형법이 본죄를 살인죄에 비하여 가볍게 처벌하는 이유는 영아의 생명이 일반인의 그것보다 경시하기 때문이 아니라 출산으로 인하여 자아통제의 균형감각이 상실된 비정상적인 심신장애로 인하여 행위자의 책임이 감경되기 때문이다. 그러므로 위헌이 아니라는 견해가 유력하다.

5. 囑託·承諾에 의한 殺人罪(252조 1항)

(1) 의 의

본죄는 사람의 촉탁 또는 승낙을 받아 사람을 살해함(1년이상 10년이하의 징역)으로써 성립한다. '촉탁' 이란 죽음을 결의한 피해자로부터 그 실행을 위탁받는 것으로서 명시적임을 요한다. 또 '승낙' 이란 살해의 의사를 가진 자가 피살에 대한 동의를 얻는 것을 말하며, 묵시적이라도 가능하다. 이러한 촉탁과 승낙은 상대방의 진지한 의사이어야 하며, 그의 의미를 이해할 수 있는 능력이 있어야 한다. 따라서 그러한 능력이 없는 유아나 정신병자의 촉탁이나 승낙에 의한 살인은 보통살인죄에 해당한다. 그리고 촉탁과 승낙은 살해행위 개시시에 존재하여야 하며, 행위자가 이를 알고 있어야 한다. 촉탁·승낙이 없음에도 불구하고 있다고 오인하고 살해한 경우에는 촉탁 · 승낙살인죄로 벌한다(15조1항)

(2) 촉탁·승낙이 있었으나 없는 것으로 오인하고 살해한 경우

보통살인죄가 성립한다는 견해(황산덕, 이재상, 정성근, 진계호)와 본죄의 책임을 진다는 견해(유기천, 강구진), 그리고 결과불법은 없으나 행위불법은 존재하므로(이형국,심헌섭) 또는 객관적으로 존재하는 불법감경사유로 인해 결과불법이 미수 정도로 감경되었으므로(김일수) 보통살인죄의 미수로 취급해야 한다는 견해가 있다. 피해자의 촉탁·승낙 사실을 인식하지 못한 행위에 대한 형을 감경할 사정이 없으므로 보통 살인죄의 기수범에 해당한다고 보아야 한다.

6. 自殺敎唆 · 幇助罪(252조 2항)

(1) 의 의

본죄는 사람을 교사 또는 방조하여 자살하게 하는 것(전항의 형과 같다)을 말한다(252조). 현행법은 자살을 처벌하지는 않지만 타인의 자살을 교사·방조하는 것은 처벌하고 있다(공범독립성설의 유력한 근거). 여기서 '교사' · '방조' 란 권유·애원·약품제공·방법지시 등 타인의 자살행위에 관한 일체의 행위를 말한다.

그러나 인터넷상의 자살사이트에 단순히 자살의 방법만을 제시한 것만으로는 자살방조라고 보기 어렵다.

(2) 자살을 벌하지 않는 근거

구성요건해당성이 없기 때문이라는 견해가 통설이다.

(3) 자살관여자를 벌하는 이유

① **공범독립성설** 자살이 범죄가 아닌 데도 이른바 교사 · 방조한 자를 자살관여죄로 처벌하는 것은 우리 형법이 공범독립성설을 취하고 있는 실정법적 근거라고 하여 총칙상의 교사 · 방조와 본죄의 교사 · 방조의 내용은 같은 것이므로 총칙 제31조 · 제 32조의 규정이 그대로 적용된다고 한다(이건호).

② **공범종속성설** 자살의 공범을 원래 처벌할 수 없는 데도 자살관여죄로 처벌하는 것은 이를 공범 아닌 독립범죄로 특별히 규정한 것이며, 따라서 본죄가 적용되는 때에는 제 31조와 제 32조는 적용될 여지가 없다고 한다(통설).

대법원은 자살을 결심하고 있는 자의 유서대필행위에 대하여 자살방조죄를 인정하였다(대판 1992. 7.24, 92 도 1148). 또 자살용 유독물의 판매광고와 자살방조죄 성립에 관하여 '피고인이 인터넷사이트' 내 자살관련카페 게시판에 청산염 등 자살용 유독물의 판매광고를 한 행위가 단지 금원 편취 목적의 사기행각의 일환으로 이루어졌고 변사자들이 다른 경로로 입수한 청산염을 이용하여 자살한 사정 등에 비추어 자살방조에 해당하지 않는다(대판 2005. 6.10, 2005 도 1373)고 판시 하였다.

(4) 촉탁 · 승낙에 의한 살인죄와 구별

① **주관적 행위수행기준설** 행위수행의 지도적 역할을 누가 했느냐에 따라 피해자가 자살의 의사는 있으나 그것을 실행할 의사가 없는 경우에 그 의도를 스스로 실현한 경우는 촉탁에 의한 살인죄가 되고, 자살의 의사를 가지고 스스로

실행하는 데 그 실행을 용이하게 한 때는 본죄가 성립된다는 견해(정성근, 강구진, 황산덕)이다.

② **행위지배기준설** 정범과 공범의 판단기준인 행위지배의 유무에 의해 그것이 없는 때에만 본죄가 성립한다는 견해(이재상)이다.

(5) 실행의 착수시기

문제는 자살을 교사 또는 방조하였으나 피교사 · 방조자가 자살행위를 하지 않은 때에도 본죄의 미수가 될 수 있는가에 있다.

① **제1설** 현실적으로 피해자 본인이 자살행위에 돌입한 때 실행의 착수가 있다는 견해이다.

② **제2설** 자살관여자가 자살을 교사 · 방조한 때 실행의 착수가 있다는 견해(다수설)이다. 결국 다수설에 따를 때 위의 경우는 미수가 된다.

▣ 합의동사(정사)의 법리

◇ 양자가 진심으로 같이 죽을 의사로써 자살행위를 하였으나 그 중 1인이 살아남은 경우 – 자살방조죄가 성립(통설)
◇ 자기는 죽을 마음이 없어 情死한다고 상대방을 속여 자살케 한 경우 – 위계에 의한 살인죄(253조)

7. 僞計 또는 威力에 의한 殺人罪(253조)

본죄는 위계 또는 위력으로 살해를 촉탁 또는 승낙하게 하거나 자살을 결의하게 하는 것(제250조의 예에 의한다)을 말한다. 여기서 위계라 함은 목적이나 수단을 상대방에게 알리지 아니하고 그 목적을 달성하는 것으로 상대방의 부지나 착각을 이용하는 것이다. 정사를 가장하여 자살하게 하는 따위이다. 또 위력이란 사람의 의사를 제압할 수 있는 유형 · 무형의 힘을 말하며 폭행, 협박, 우월적인 지위(사회 · 경제적 지위) 등을 이용하는 경우 등을 포함한다.

본 죄에 해당하는 때에는 형법 제250조의 예에 의한다. 따라서 객체에 따라 살인죄나 존속살해죄로 처벌된다.

8. 殺人豫備, 陰謀罪(255조)

제250조와 제253조의 죄를 범할 목적으로 예비 또는 음모한 자는 10년이하의 징역에 처한다. 적어도 살해할 대상자는 구체적으로 특정되어야 본죄가 성립한다. 예컨대 남파된 간첩이 간첩활동을 저지할 자를 살해할 의사로 무기를 소지하고 있는 것만으로는 본죄가 성립한다고 볼 수 없다(대판 1959. 7. 11, 4292 형상 154).

9. 未遂犯과 자격정지의 병과

살인죄의 미수범은 처벌하며(254조), 유기징역에 처할 때에는 영아살해죄를 제외하고는 10년이하의 자격정지를 병과할 수 있다(256조).

II. 傷害의 罪

1. 總 說

(1) 의 의

본죄는 고의로 사람의 신체를 상해함으로써 생리적 기능에 장애를 일으키는 범죄이다(다수설).

(2) 보호법익

이에 반하여 본죄의 보호법익은 사람의 신체의 완전성이라고 보는 견해도 있다. 보호받는 정도는 침해범이다. 대체로 상해의 죄는 신체의 健康(Gesundheit; 침해범)을, 폭행죄는 신체의 健在(Wohlbefinden; 형식범)를 그 보호법익으로 하는 데 크게 차이가 난다.

(3) 형법규정

형법 제 257조 1항은 「사람의 신체를 상해한 자는 7년이하의 징역, 10년이하의 자격정지 또는 1천만원이하의 벌금에 처한다」, 2항은 「자기 또는 배우자의 직계존속에 대하여 제1항의 죄를 범한 때에는 10년이하의 징역 또는 1천500만원이하의 벌금에 처한다」, 3항은 「전 2항의 미수범은 처벌한다」고 규정하고 있다.

상해결과의 경중에 따라 상해죄·중상해죄로 구별되고, 그 피해자에 따라 존속상해죄가 구별된다. 상해의 고의로 상해를 가해 사망의 결과를 가져오면 상해치사죄(259조,결과적 가중범)가 되며, 상습상해는 가중처벌한다(264조).

2. 客觀的 構成要件

(1) 행위의 객체

사람의 신체이다. 사람은 자연인이자 타인이다. 따라서 자기의 신체에 대한 상해행위(자상행위)는 원칙적으로 범죄가 되지 않는다. 다만, 특별법(병역법 75조, 군형법41조 1항)에 의하여 처벌되는 경우가 있다.

▣ 태아도 상해죄의 객체가 될 수 있느냐 여부

(ⅰ) 긍정설 : 독일에서 피임약복용으로 인해 발생한 기형아 출산피해사건(Contergan 사건)에서 판례는 상해죄를 인정했다.
(ⅱ) 부정설 : 형법은 사람의 상해만 규정하고 있으므로 태아에 대한 상해를 인정하면 죄형법정주의에 반하므로 부정해야 한다고 본다(우리나라 다수설).

(2) 행 위

본죄의 행위는 사람의 신체를 상해하는 것이다. 상해의 개념에 대해서는 보호법익과 관련하여 견해의 대립이 있다.

① **신체의 완전성설** 피해자의 입장에서 생리적 기능의 훼손과 같이 평가해야 할 신체외관의 훼손이 상해에서 제외될 이유가 없다(독일통설, 대판 1982. 12. 28, 82 도 2588).

② **생리적 기능훼손설** 근거로는 상해와 폭행을 엄격히 구별하고 있는 형법의 해석에 있어서는 상해는 생리적 기능을 훼손하는 행위를 의미한다(판례의 주류).

③ **절충설**　　생리적 기능의 훼손과 신체외모에 대한 중대한 변화가 상해이다.(대판 2000. 3. 23, 99 도 3099).

④ **판 례**

(ⅰ) 외상이 있는 경우에는 그 정도와 치료일수를 묻지 아니하고 상해에 해당한다(대판 1983. 7. 12, 83 도 1258; 대판 1983. 11. 8, 83 도 1667).

(ⅱ) 강간으로 인한 성병감염, 처녀막파열도 상해에 해당한다(대판 1995. 7. 25, 94 도 1351).

(ⅲ) 외관상의 상처가 없어도 보행불능, 수면장애, 식욕감퇴 등 기능의 장애를 일으킨 때에는 상해에 해당한다(대판 1969. 3. 11, 69 도 161).

여기서 AIDS환자가 감염사실을 감춘 채 성행위나 헌혈 · 수혈과 같은 전파매개 행위를 하여 감염시킨 경우에는 상해죄가 성립한다.

⑶ 상해의 태양

제한이 없다. 즉, 작위·부작위(보호의무자가 물에 빠진 아이를 방임하거나 영양을 공급하지 아니하여 상해를 입게 한 경우)나 유형적 방법(폭행)·무형적 방법(고민사항을 고지하여 정신장애 초래)이 포함된다. 복통을 일으키게 하거나 보행불능, 성병감염, 처녀막파열 등이 상해의 예이다.

3. 主觀的 構成要件

고의는 사람을 상해할 의사, 즉 타인의 생리적 기능에 장애를 일으키는 데 대한 인식 · 인용이 있어야 한다.

4. 違 法 性

피해자의 승낙은 살인죄와 달리 특별한 규정이 없으므로 위법성을 조각한다.

(1) 사람의 신체는 생명의 기초가 되는 중요한 법익이므로 사회상규나 公序良俗에 의한 사회윤리적 제한에 따라야 한다(통설). 권투 등 스포츠에 수반된 상해,

음주사실을 알고 자동차에 동승한 사고로 인한 상해가 그 예이나, 널리 사회상규에 반하지 않는 범위 내에서만 위법성이 조각된다.

(2) 치료, 징계에 의한 상해행위도 상당성이 인정되면 위법성이 조각된다(반대설 있음). 싸움에 의하여 서로 상대방에게 상해를 가한 때에는 위법성이 조각되지 않는다(대판 1984. 5. 22, 83 도 3020). 의사의 진료행위는 의사의 고유한 업무에 속하는 것이지만 환자의 자기결정권으로 신뢰에 기초한 의료계약에 의한 것으로서 환자의 신체침해를 수반하기 때문에 의사의 설명의무이행과 환자의 동의·승락을 전제로 정당화 된다고 보아야 한다(대판 2009. 5. 21, 2009 다 17417).

5. 폭행죄와의 관계(상해죄와 폭행죄의 구별)

상해죄와 폭행죄를 어떻게 구별할 것인가에 관하여는 다음과 같은 견해가 있다.

▣ **상해죄와 폭행죄의 비교**

구 분	상 해 죄	폭 행 죄
의 의	고의로 타인의 신체를 상해하는 범죄	사람의 신체에 폭행을 가함으로써 성립하는 범죄
보호법익	신체적 · 생리적 기능의 완전성(다수설, 판례) 신체의 건강 신체의 완전성(소수설)	신체의 완전성 신체의 건재
보호정도	침해범	거동범
소추조건	비친고죄	반의사불벌죄
피해자의 승낙	사회상규에 위배되지 않는 경우 위법성조각(통설)	사회상규에 반하지 않는 한 위법성조각(상해보다 완화)
미수 · 과실	처벌(상해미수 · 과실치상)	불가벌
동시범의 특례	적용(상해 · 상해치사상 적용)	폭행치사상의 경우만 적용(판례)
죄 수	법조경합 중 흡수관계(상해죄 처벌)	

6. 傷害罪의 同時犯의 特例(263조)

(1) 의의 및 법적 성격

① **의 의** 독립행위가 경합하여 상해의 결과를 발생하게 한 경우에 원인된 행위가 판명되지 아니한 때에는 공동정범으로 처벌한다. 본조는 형법 제 19조의 예외규정이다.

② **법적 성격**

(ⅰ) **법률상 추정설** 제263조는 입증의 곤란을 구제하기 위하여 법률상으로 공동정범의 책임을 추정한 것이라는 견해이다(강구진, 이건호).

(ⅱ) **법률상 의제설** 제263조는 입증의 곤란을 구제하기 위하여 공동정범이 아닌 것을 공동정범으로 의제한 것이라는 견해이다(일본학설).

(ⅲ) **거증책임전환설** 제263조는 피고인에게 자기의 행위로 상해의 결과가 발생하지 않았음을 증명할 거증책임을 지운 것이라는 견해이다(다수설: 유기천, 이재상, 서일교, 김일수, 진계호, 박상기).

(ⅳ) **이분설** 제263조는 소송법상으로는 거증책임의 전환규정인 동시에 실체법상으로는 공동정범의 범위를 확장시키는 일종의 **擬制**라는 견해이다(김종원, 정영석, 이형국, 정성근).

(ⅴ) **소결** 원래 법률상 추정이란 처음부터 입증을 요하지 않는다는 의미이므로 특례의 성질과 맞지 않고, 형사소송법의 정신(자유심증주의에 반함)에도 맞지 않으며, 이를 전제로 하는 이분설도 맞지 않는다 하겠다.

본조는 상해의 결과를 입증하기가 곤란한 점을 고려하여 피고인에게 자기가 그 상해의 결과를 야기 시킨 것이 아니라는 거증책임을 부담하게 하려는 규정이라고 보는 것이 다수설이다(거증책임전환설).

(2) 적용요건

독립행위가 경합하여 상해의 결과를 발생하게 한 경우에 원인된 행위가 판명되지 않아야 한다.

① 독립행위의 경합이란 상호 의사연락 없이 2개 이상의 범죄행위가 동시 혹은 근접된 시간에 동일객체에 향하여지는 것을 말한다. 異時의 독립행위가 경합한 때에도 본조가 적용된다(대판 2000. 7. 28, 2000 도 2466).

② 상해의 결과가 발생하여야 한다. 따라서 폭행치상도 포함된다. 다만, 상해치사의 경우도 포함되는가에 관하여는 견해의 대립이 있으나 판례는 포함된다고 한다(대판 1985. 5. 14, 84 도 2118).

③ 원인행위가 판명되지 않아야 한다. 피고인이 자기의 행위로 인한 것이 아니라는 것을 입증하면 상해의 기수로 처벌되지 않는다(거증책임전환규정설).

(3) 적용범위

대법원은 폭행치사죄 또는 상해치사죄의 경우에도 본조가 적용된다고 하고 있다(대판 1970. 6. 30; 대판 1985. 5. 15. 84 도 2118). 결과적 가중범의 공동정범의 문제가 있으나, 사망의 결과에 대한 인과관계가 있고, 제15조 2항에 의하여 예견가능성이 있을 때에는 상해치사죄의 공동정범이 된다고 하겠다. 한편, 강간치상죄나 강도치상죄에는 본조가 적용되지 않는다고 해야 한다(대판 1984. 4. 24, 84 도 372).

(4) 처 벌

공동정범의 예에 의한다. 즉, 의사의 연락이 없었더라도 모두 상해죄의 기수의 책임을 진다.

7. 個 別 論

(1) 상해죄(257조 1항)

상해죄의 법정형을 개정형법에서 7년이하의 징역, 10년이하의 자격정지 그리고 1천만원이하의 벌금에 처하도록 하였다.

(2) 존속상해죄(257조 2항)

본죄는 행위의 객체가 자기 또는 배우자의 직계존속이라는 신분관계로 인하여 책임이 가중되는 가중적 구성요건이다. 배우자 및 직계존속의 의의는 존속살해죄에서의 그것과 같다. 존속상해죄의 법정형을 개정형법은 10년이하의 징역 또는 1천500만원이하의 벌금으로 하였다.

(3) 중상해죄 · 존속상해죄(258조)

① **의 의** 중상해죄는 사람의 신체를 상해하여 ㉠ 생명에 대한 위험을 발생하게 하거나, ㉡ 불구에 이르게 하거나, ㉢ 불치나 난치의 질병에 이르게 함(1년이상 10년이하의 징역)으로써 성립하는 범죄로서, 가중적 구성요건이다. 존속중상해죄는 자기 또는 배우자의 직계존속에 대하여 위의 조를 범함(2년이상의 유기징역)으로써 성립하는 범죄(258조 3항)로서, 신분관계로 인하여 책임이 가중되는 가중적 구성요건이다.

② **重한 결과**

生命에 대한 위험이란 생명에 대한 구체적인 위험발생을 의미한다.

不具란 신체의 중요부분을 상실하는 것을 말하나, 피해자가 피아니스트라고 하여 새끼손가락이 절단된 것으로 不具라고 할 수는 없다.

不治 또는 난치의 질병이라 하면 예를 들면 AIDS와 같이 치료가능성이 낮거나 희박한 질병을 말한다.

(4) 상해치사죄(259조 1항)

① **의 의** 본죄는 상해의 고의로써 사람의 신체를 상해하여 그로 말미암아 사망에 이르게 함(3년이상의 유기징역)으로써 성립하는 범죄로서, 상해죄에 대한 결과적 가중범이다. 사망의 결과에 대하여 고의가 있을 경우에는 살인죄가 성립할 뿐임은 물론이다. 개정형법은 사람의 신체를 상해하여 "사망케 한 자는"을 "사망에 이르게 한 자"로 변경하였다.

② **구성요건** 본죄가 성립하기 위하여는 결과적 가중범의 일반원리대로 예견가능성과 인과관계가 있어야 한다.

(ⅰ) **豫見可能性** 행위자에게는 사망의 결과를 예견할 가능성, 즉 사망이라는 결과발생에 대하여 과실이 있어야 한다. 사람의 안면이나 흉부와 같이 인체

의 중요한 부위를 강타하면 혈압 혹은 심계의 항진을 초래하여 사망에 이를 수 있다는 것은 누구나 예견할 수 있다고 함이 대법원의 일관된 견해이다(대판 1981. 3. 10, 80 도3 3211; 1984. 12. 11, 84 도 2183). 상해를 가한 피해자가 사망한 것으로 오인하고 베란다에서 떨어뜨려 추락사하게 한 때에도 상해치사죄가 성립한다(대판 1994. 11. 4, 94 도 2361).

(ii) **因果關係**　　상해와 사망의 결과 사이에는 상당인과관계가 있어야 한다. 다만, 행위가 사망에 대한 유일의 원인임을 요하지 아니하므로 판례는 사망의 결과가 상해의 피해자의 지병이 상승작용을 하여 발생한 경우에도 본죄의 성립을 인정하였다.

③ **공동정범의 인정 여부**　　판례는 ⓐ 상해치사죄의 공동정범을 인정한다(죽일 의사 없이 폭행 기타 신체침해행위를 공동으로 할 의사가 있으면 성립된다고 함)(대판 1987. 9. 8, 87 도 1458). ⓑ 상해의 공동정범 가운데 1인이 살인의 고의로 사람을 살해한 때는 나머지 자들은 상해치사죄의 죄책을 면 할 수 없다고 하더라도 살인죄의 책임을 물을 수는 없다(대판 1991. 5. 14, 91 도 580).

(5) 존속상해치사죄(259조 2항)

본죄는 자기 또는 배우자의 직계존속에 대하여 전항(상해치사)의 죄를 범한 때에는 무기 또는 5년이상의 징역에 처한다.

존속상해죄의 결과적 가중범이다.

Ⅲ. 暴行의 罪

1. 總　說

(1) 의 의

본죄는 사람의 신체에 대하여 폭행을 가함(2년이하의 징역, 500만원이하의 벌금, 구류 또는 과료)으로써 성립하는 범죄(260조 1항)이다.

(2) 보호법익

본죄의 보호법익은 신체의 완전성(건재성)이다. 신체란 생리적 · 육체적인 것은 물론, 인격적 · 정신적인 것을 포함한다. 따라서 모발이나 손톱을 절단하는 것은 물론, 타인에 대하여 침을 뱉는 것도 인격적 완전성을 해하는 것이므로 폭행죄에 해당한다. 보호받는 정도는 순형식범이다.

2. 構成要件

(1) 객관적 구성요건

본죄의 행위는 폭행이다. 현행형법상 폭행은 네 가지 의미로 사용되고 있다.

▣ 형법상 폭행의 개념

최광의	사람에 대한 것이든 물건에 대한 것이든 불문하고 일체의 유형력을 행사하는 모든 경우. 예 : 소요죄, 다중불해산죄.
광의	사람에 대하여 직접적· 간접적인 유형력의 행사. 예 : 공무집행방해죄, 강요죄, 특수도주죄.
협의	사람의 신체에 대한 유형력의 행사. 예 : 폭행죄, 폭행 · 가혹행위 등 죄
최협의	상대방의 반항을 불가능하게 하거나 현저히 곤란하게 할 정도의 유형력의 행사. 예 : 강간죄, 강도죄(最强의 폭행)

본죄의 폭행은 협의의 폭행, 즉 사람의 신체에 대한 직접적인 유형력의 행사이다. 사람의 신체에 대하여 행하여져야 하므로 人糞을 넣은 비닐봉지를 타가의 마당에 던지거나(대판 1977. 2. 8, 75 도 2673), 방문을 발로 차는 것(대판 1984. 2. 14, 83 도 3186)뿐 사람의 신체에 대해 공격적인 것이 아니면 폭행이 아니다. 그러나 사람의 신체에 대해 행하여진 이상 상대방의 신체에 접촉하지 아니하고 빗나간 것도 폭행이 된다(예 : 투석하였으나 맞지 아니한 경우). 구타하거나 밀치는 것은 물론, 타인에게 침을 뱉거나 폭언을 수차 반복하는 것도 폭행에 해당된다.

폭행을 가하면서 그 사실을 협박한 때에는 협박죄는 불가벌적 수반행위로서 폭행죄에 흡수된다고 하겠다.

(2) 주관적 구성요건

폭행의 의사가 있어야 한다. 따라서 상해의 의사로 폭행을 가하였으나 상해가 발생하지 않은 경우에는 폭행죄가 아니고 상해미수가 된다. 과실에 의한 폭행은 인정되지 아니한다.

(3) 위법성

상해죄와 같은 맥락이다.

대법원은 상대방이 시비를 걸면서 팔을 잡거나(대판 1980. 9. 24, 80 도 1898) 강제로 연행하려고 하여 이를 뿌리치는 것은 사회상규에 반하지 않는다고 판시하고 있다.

3. 個 別 論

(1) 폭행죄(260조 1항)

개정형법에 의하면 사람의 신체에 대하여 폭행을 가한 자는 법정형을 2년이하의 징역, 500만원이하의 벌금, 구류 또는 과료에 처하도록 하였다. 그리고 반의사불벌죄로 하고 있다(260조 3항).

(2) 존속폭행죄(260조 2항)

본죄는 자기 또는 배우자의 직계존속에 대하여 제 1항의 죄를 범한 때에는 5년이하의 징역 또는 700만원이하의 벌금에 처한다고 규정하고 있다.

역시 반의사불벌죄이며, 존속의 개념은 존속살해죄를 참조하기 바란다.

(3) 특수폭행죄(261조)

① 의 의

본죄는 단체 또는 다중의 위력을 보이거나 위험한 물건을 휴대하여 폭행죄·존속폭행죄를 범하는 경우(5년이하의 징역 또는 1천만원이하의 벌금)이다.

방법적 가중유형이라 할 수 있다.

② 구성 요건

(i) **단체 또는 다중의 위력을 보이는 경우** 단체라 함은 공동목적을 가진 다수인의 계속적 · 조직적인 결합체를 말한다. 공동의 목적은 반드시 불법의 것임을 요하지 아니한다.

(ii) **위험한 물건을 휴대한 경우** 위험한 물건이란, 그 물건의 제조목적 · 용도를 불문하고 물건의 객관적 성질과 사용방법에 따라서는 사람을 살해할 수 있는 물건을 말한다. 판례는 무기, 폭발물은 물론 면도칼, 드라이버, 안전면도용 칼날, 파리약 유리병, 마요네즈병, 쪽가위, 곡괭이자루, 세면벽돌, 의자와 당구큐대(대판 1997. 2. 25, 96도 3346) 등도 여기에 해당한다고 한다. 그러나 자동차는 위험한 물건에 해당할 수 있으나 상대방이나 제3자가 생명 또는 신체에 위험을 느꼈다고 보기 어려운 경우에는 위험한 물건에 해당하지 않는다(대판 2009. 3. 26, 2007 도 3520). 형법은 흉기와 위험한 물건을 구별하여 사용하고 있으며, 원래 위험한 물건은 흉기의 類概念이라고 할 것이지만, 해석상 양자는 동의어라고 볼 수 있다. 따라서 특수절도죄, 특수강도죄의 흉기는 무기뿐만 아니라 널리 위험한 물건을 의미한다는 것이 통설이다.

휴대란 소지, 즉 몸에 지니는 것을 말한다. 휴대하고 있음을 상대방에게 인식시킬 필요는 없다(통설).

判例에 따르면 피고인이 범죄현장에서 과도를 호주머니 속에 일부러 지니고 있었던 때에는 피해자가 그 사실을 인식하지 못하였더라도 위험한 물건을 휴대한 경우에 해당된다(대판 1984. 4. 10, 84 도 353)고 한다.

(iii) **여기서의 폭행은 협의의 폭행의 의미를 갖는다.**

(4) 反意思不罰罪(解除條件附 犯罪)

폭행죄와 존속폭행죄는 피해자의 명시한 의사에 반하여 공소를 제가 할 수 없다. 만약 공소가 제기됐다면 법원은 공소기각의 판결을 선고해야 한다(형소법 327 6호). 그러나 본죄의 행위가 폭력행위 등 처벌에 관한 법률에 해당될 때에는 반의사불벌죄가 되지 않는다.

▣ 폭력행위 등 처벌에 관한 법률(2006. 3. 24 개정)

◇ 목적 : 집단적, 상습적 또는 흉기 휴대하여 폭행행위 등을 행하는 자를 처벌하기 위함.
◇ 폭력
① 상습 : 상해, 존속상해, 존속체포, 존속감금, 공갈 (처벌 : 3년이상 징역)
② 2인 이상이 공동하여 위 ①죄를 범한 때(각 형법본조에 정한 형의 2분의 1까지 가중)
③ 누범처벌(이 범위반으로 2회 이상 징역형을 받은 자로서 이 법 위반죄를 범하여 누범으로 처벌한 경우도 같다)
④ ②③의 경우에는 형법 제 260조 3항 및 위 제 283조 3항을 적용하지 않는다(반의사불벌죄 아님).

폭력행위 등 처벌에 관한 법률 제3조1항에서 정한 '위험한 물건'의 위험성여부는 구체적인 사안에서 사회통념에 비추어 그 물건을 사용하면 상대방이나 제3자가 곧 살상의 위험을 느낄 수 있는지 여부에 따라 판단하여야 한다(대판 2003. 1. 24, 2002 도 5783).

(5) 폭행치사상죄(262조)

본죄는 「前 2조(폭행죄, 특수폭행죄)의 죄를 범하여 사람을 사망에 이르게 한 때에는 제257조 내지 제 259조의 예에 의한다」고 규정하고 있다.

폭행죄, 특수폭행죄의 결과적 가중범이다. 발생된 결과에 따라 상해죄, 존속상해죄, 중상해죄, 상해치사죄에 정한 형으로 처벌한다(미수는 인정하지 않음).

폭행의 방법으로 이루어진 안수기도에 의하여 피해자가 사망한 경우에 폭행치사죄를 인정하였다(대판 1994. 8. 23, 94 도 1484).

(6) 상습폭행죄(264조)

상습성으로 인하여 책임이 가중되는 가중적 구성요건이다. 여기서 상습성이란 일정한 행위를 반복하여 행하는 습벽을 말한다(2분의 1 가중)(行爲者의 特性).

상습범은 집합범에 해당되므로 본죄에 해당하는 때에는 포괄일죄의 관계가 된다는 것이 통설 · 판례이다. 상습으로 폭행죄와 상해죄를 범한 때에는 무거운 상해죄로 포괄일죄가 될 뿐이다.

Ⅳ. 過失死傷의 罪

1. 總 說

(1) 의 의

본죄는 과실로 인하여 타인의 생명이나 신체를 침해하는 범죄이다. 형법은 원칙적으로 고의범만을 처벌하고(13조), 과실범은 법률에 특별히 규정이 있는 경우에 처벌하고 있다(14조). 그러나 최근에 있어서 과학기술의 발달, 특히 고속교통기관의 급속한 발달에 따라 사람의 생명 · 신체에 대한 위협이 현저히 증가함을 고려할 때 과실범의 중요성을 새로이 평가하여야 할 것이다.

(2) 보호법익

본죄의 보호법익은 타인의 생명 · 신체이며, 보호받는 정도는 침해범이다.

2. 構成要件

(1) 객관적 구성요건

본죄의 행위는 과실로 인하여 상해 또는 치사하는 것이다.

① **과실이란**, 구성요건적 결과의 발생을 회피하기 위하여 요구되는 주의의무에 위반함으로써 구성요건적 결과를 발생하게 한 행위를 말한다. 즉, 주의의무에 위반하여 결과발생을 예견하지 못하였거나, 예견하였더라도 결과를 회피하기 위한 조치를 취하지 않음으로써 결과를 발생하게 한 행위가 과실이다.

② **과실로 인하여라는 것은 과실과 결과**, 즉 상해 혹은 사망 사이에 인과관계가 있어야 함을 말한다.

③ **결과, 즉 타인의 신체상해 혹은 사망이 발생**하여야 한다. 따라서 사상의 결과가 발생하지 않으면 과실치사상의 죄는 성립하지 아니한다. 즉, 본죄의 미수범은 성립할 여지가 없다.

(2) 주관적 구성요건

고의가 결여된 상태에서 객관적 주의의무를 위반하여야 한다.

3. 許容된 危險과 信賴의 原則

(1) **허용된 위험의 법리**(Erlaubltes Risiko)**란**, 현대사회생활에 있어 법익침해의 위험을 내포하고 있지만 필수불가결한 행위(예 : 고속교통기관의 운영, 치료행위, 공장이나 광산의 경영 등)의 경우에는 요구되는 규칙을 준수하고 사회 생활상 필요한 주의를 다하는 한 비록 법익침해의 결과가 발생하더라도 과실책임을 지울 수 없다는 것을 의미한다.

(2) **신뢰의 원칙**(Vertrauensgrundsatz)**이란**, 행위자가 어떤 행위를 함에 있어 피해자 또는 제 3자가 적절한 행동을 할 것을 신뢰하는 것이 상당한 경우에는 비록 피해자 또는 제3자가 부적절한 행동을 함으로써 법익침해의 결과가 발생하더라도 행위자에게 과실책임을 묻지 아니한다는 원칙을 말한다. 이 원칙은 원래 도로교통사고사건에서 발달하여 왔으나 오늘날에는 점점 적용범위가 넓어지고 있다.

(3) **우리나라의 판례는 허용된 위험에 관하여 직접 언급한 것은 없으나** 신뢰의 원칙을 인정하고 있다.

4. 過失相計의 問題

행위자의 과실에 의하여서 뿐만 아니라 결과의 발생에 피해자의 과실(이른바 피해자의 기여과실)이 있는 경우에 과실상계가 인정되는가? 행위자의 행위가 결과에 대한 유일한 원인이 될 것을 요하지 아니하므로 통설은 이러한 경우에도 본죄의 성립에는 영향이 없다고 본다(반대설 있음). 量刑의 자료가 될 뿐이다.

5. 個 別 論

(1) 과실치상죄(266조 1, 2항)

본죄는 과실로 인하여 사람의 신체를 상해에 이르게 한 것(500만원이하의 벌금, 구류 또는 과료)으로써 성립하는 범죄이다. 본죄는 반의사불벌죄로서 피해자의 명시한 의사에 반하여 공소를 제기할 수 없다고 개칭하였다. 개정형법은 과실상해죄를 과실치상죄로 변경하였다.

본죄의 과실, 즉 주의의무위반에 의하여 상해의 결과가 발생하여야 하며, 상해의 결과와 과실행위 사이에 인과관계가 있어야 한다. 과실행위는 부작위에 위하여서도 가능하다. 개정형법은 "치상"을 상해에 이르게 한 것으로 바꾸고, 법정형을 500만원이하의 벌금, 구류, 과료에 처하도록 했다.

(2) 과실치사죄(제267조)

본죄는 과실로 인하여 사람을 사망에 이르게 함(2년이하의 금고 또는 700만원이하의 벌금)으로써 성립하는 범죄이다(반의사불벌죄가 아님을 유의할 것). 1개의 과실행위로 수인을 치사케 한 경우는 상상적 경합범이다(단순일죄설 있음). 개정형법은 "치사"을 "사망에 이르게 한 것"으로 바꾸고, 2년이하의 금고 또는 700만원이하의 벌금에 처하도록 하였다.

헹가래를 쳐서 피해자를 장난삼아 바다에 빠뜨리려고 하다가 피해자가 바다에 빠져 사망한 사건에서 피해자를 붙들고 헹가래를 친 피고인들의 과실을 인정하였다(대판 1990. 11. 13, 90 도 2106).

(3) 업무상 과실치사상죄

① **의 의** 본죄는 업무상의 과실로 인하여 사람을 사상에 이르게 함(5년이하의 금고 또는 2천만원이하의 벌금)으로써 성립하는 범죄이다(제268조). 개정형법은 법정형을 5년이하의 금고 또는 2천만원이하의 벌금에 처한다고 개정하였다.

② **형법상 업무의 개념 및 기능** 본죄는 업무자라는 신분으로 인하여 형이 가중되는 부진정신분범이다. 일반적으로 업무라 함은 「사람이 사회생활상의

지위에 따라 계속하여 행하는 사무」를 말한다. 그 밖에 본죄의 업무는 사람의 생명·신체에 위험을 초래할 위험성이 있는 업무에 국한된다. 분설하면 다음과 같다.

(ⅰ) **사회생활상의 地位** 사람이 「사회」 생활을 유지하면서 행하는 사무를 말한다. 따라서 사람의 자연적인 생활현상(예컨대, 가사활동, 일상생활 등)은 해당하지 아니한다.

▣ 형법상의 업무

<table>
<tr><th colspan="2">업무의 기능</th><th>각칙 범죄</th></tr>
<tr><td colspan="2">과실범에서의 의무</td><td>업무상 과실치사상죄
업무상 과실교통방해죄
업무상 과실장물취득죄</td></tr>
<tr><td rowspan="2">신분범요소로서의 업무</td><td>진정신분범</td><td>업무상 비밀 누설죄
허위진단서 등 작성죄</td></tr>
<tr><td>부진정신분범</td><td>업무상 횡령죄
업무상 배임죄
업무상 낙태죄</td></tr>
<tr><td colspan="2">보호대상으로서 업무</td><td>업무 방해죄</td></tr>
<tr><td colspan="2">구성요건으로서의 업무
(행위내용, 양태)</td><td>아동혹사죄</td></tr>
</table>

(ⅱ) **繼續性** 객관적으로 여러 차례 반복하여 행하여 지거나 또는 반복·계속할 의사로써 행하여진 것이어야 한다. 비록 1회의 행위라도 그것이 장래 계속하여 행할 의사로써 행하여진 것인 한 여기에 해당한다(예컨대, 개업 초일의 의료사고, 그러나 호기심으로 단 1회 운전한 경우에는 계속성이 없다(대판 1996. 5. 31, 66 도 536).

(ⅲ) **事 務** 성질상 사람의 생명·신체에 대하여 위험성이 있는 사무로서, 본무·겸무·공무·사무, 유상·무상, 영리목적·오락목적, 적법·부적법, 면허·무면허의 여부를 묻지 아니한다.

참고로, 병원의 시설에 비추어 수술이 불가능한 환자에 대하여 수술시설이 갖추어진 종합병원에 갈 것을 강력히 지시한 이상 치료시행상 요구되는 주의의무를 해태하였다고는 할 수 없다(대판 1983. 5. 24, 82 도 289).

③ **형을 가중하는 근거** 형을 가중하는 근거에 관하여는 '주의 능력설, 책임가능설, 결합설, 주의의무설, 형사정책설 등 견해가 나누인다.

참고로, 자동차 운전자가 본죄를 범한 때에는 교통사고처리특례법에 따라 처리된다.

▣ 교통사고처리특례법(2005. 5. 31 법7545호 개정)

◇ 목적 - 피해신속회복, 국민생활의 편익증진
◇ 내용
① 5년 이하의 금고 또는 2,000만원 이하의 벌금
② 차의 교통→
- 업무상 과실치사상 → 피해자의 명시한 의사에 반해 벌할수 없다. (反意思不罰罪)
- 중과실치상
- 도로교통법 제108조의 위반

③ 교통사고를 일으킨 자가 보험업법 4조 및 126조 내지 128조, 육운진흥법 제8조 또는 화물자동차운수사업법 제51조의 규정에 의하여 보험 또는 공제에 가입된 경우에는 당해 제차의 운전자에 대하여 공소를 제기할 수 없다(동법 41조 1항 2008. 3. 21).
◇ 제외사유(10가지)
도주차량, 안전표시위반, 중앙선침범, 제한속도위반(속도), 앞지르기위반 등, 건널목통 행방법위반, 횡단보도에서 보행자보호의 위반, 무면허운전, 음주운전, 보도횡단방법위반, 승객의 추락방지의무위반
◇ 도주차량운전자의 형사책임 - 특정범죄가중처벌 등에 관한 법률 제5조의 3 참고. 다만, 최근 판례(대판 1994. 6. 14, 94 도 460)에 따르면 경미한 교통사고로서 사고현장에서 구호조치를 취하는 것이 교통에 방해되는 경우 피해자를 한적한 곳에 유도할 의사로 깜박이 등을 켜고 시속 10Km의 저속으로 운전하여 갔다면 특정범죄가 중처벌 등에 관한 법률 제5조의 3 제1호 소정의 도주한 때에 해당하지 않는다고 함.
✦ 특가법 제5조의 3 제1항 소정의 "피해자를 구호하는 등 도로교통법 제50조 1항의 규정에 의한 조치를 취하지 아니하고 도주한 때" 라 함은 사고운전자가 사고로 인하여 피해자가 사상을 당한 사실을 인식하였음에도 불구하고 피해자를 구호하는 등 도로교통법 제 50조 1항에 규정된 의무를 이행하기 이전에 사고현장을 이탈하여 사고야기자로서 확정될 수 없는 상태를 초래한 경우를 말하고, 여기서 사고운전자가 사고로 인하여 피해자가 사상을 당한 사실을 알았다는 것은 사고가 자신의 업무상 과실로 발생하였다는 것까지 알았음을 요하나, 그 인식의 정도는 미필적으로라도 인식하면 족하다(대판 1995. 7. 11, 95 도 833).

(4) 重過失致死傷罪(268조)

본죄는 중대한 과실로 인하여 사람을 사상에 이르게 함(5년이하의 금고 또는 2천만원이하의 벌금)으로써 성립한다. 중대한 과실이라 함은 주의의무를 위반한 정도가 현저한 경우, 즉 극히 근소한 주의를 하기만 하면 결과의 발생을 회피할 수

있었을 것임에도 불구하고 이를 게을리한 경우를 가리킨다고 하겠으나, 중과실인가의 여부는 결국 행위의 구체적 상황에 적용하여 건전한 사회상규에 비추어 판단하여야 할 문제이다.

Ⅴ. 落胎의 罪

1. 總 說

(1) 의 의

본죄는 태아를 자연의 분만기 이전에 인위적으로 모체 밖으로 배출하거나 모체 내에서 살해하는 범죄이다. 근대 인도주의사상과 인구정책에서 비롯되어 금일에 이르러서는 시대착오적 규정으로 이해되기도 한다(소수설). 형법 제269조 1항은 「부녀가 약물 기타 방법으로 낙태한 때에는 1년이하의 징역 또는 200만원이하의 벌금에 처한다」고 규정하고 있다.

(2) 보호법익

① 본죄의 보호법익

태아의 생명·신체의 안전을 주된 보호법익으로 하지만 부차적으로 모체의 생명·신체의 안전도 보호한다는 설(다수설)

② 보호의 정도

(ⅰ) **침해범설** 낙태를 임신중절에 의한 태아의 살해만으로 파악하는 견해이다. 그 결과 태아를 모체에서 배출하여 다시 살해하면 낙태미수와 살인죄의 상상적 경합으로 본다(이재상).

(ⅱ) **위험범설** 태아를 자연분만 전에 인위적으로 배출하는 행위와 모체 내에서 행하는 태아의 살해를 포괄하는 개념으로 본다. 태아를 모체에서 배출하여 살해한 경우 낙태죄와 살인죄의 경합범이 된다(다수설).

2. 客觀的 構成要件

(1) 행위의 객체

본죄의 행위의 객체는 태아이다. 태아라 함은 수태시로부터 분만이 개시되기까지, 즉 출산을 위한 규칙적인 진통이 시작되기까지의 생명체를 말한다.

생명체이면 족하고 임신기간은 불문한다. 태아는 적법한 혼인관계에서 수태한 것은 물론, 간통·강간 등에 의하여 수태한 것도 포함된다.

(2) 행 위

본죄의 행위는 낙태이다. 낙태라 함은 자연적인 분만기 이전에 인위적으로 태아를 모체 밖으로 배출하거나(협의의 낙태), 모체 내에서 살해하는 것을 말한다. 낙태에 있어서 태아의 생존 여부는 본죄의 성립과 무관하다.

낙태의 시기와 방법에는 제한이 없다. 즉, 태아가 모체 밖에서 생명을 지속할 수 없는 시기임을 요하지 않으며, 방법에 있어서 수술에 의하든 약물에 의하든 불문한다. 타인을 이용한 간접정범도 가능하므로 자수범이 아니다.

3. 主觀的 構成要件

낙태의 고의가 있어야 한다.

4. 違 法 性

① 산모의 승낙이나 동의가 있더라도 위법성은 조각되지 아니한다(269조 2항, 270조 1항).

② 임부의 생명을 구하기 위한 낙태는 긴급피난으로 위법성이 조각된다.

③ 모자보건법에 의하여 위법성이 조각되는 경우가 있다(동법14조 1항). 모자보건법 제 4조는 일정한 경우에 임신중절수술을 허용하고 있으며, 適應方式에 의한 낙태죄의 특수한 위법성조각사유라 하겠다.

〔모자보건법상 적응사유(의학적 적응, 우생학적 적응, 윤리적 적응) → 위법

성조각사유].

모자보건법상 특별한 경우에는 본인과 배우자의 동의가 있고 임신한 날로부터 28주 이내에 한하여 의사의 시술에 의한 인공임신중절수술을 허용하고 있다. 허용되는 경우는 우생학적이유, 전염성질환이 있는 경우, 윤리적 정당화사유가 있는 경우, 법률상 혼인할 수 없는 혈족 또는 인척간에 임신된 경우인데, 민법 제809조 제1항의 동성동본혼인금지규정은 이미 헌법불합치결정을 받았고 1998년까지 입법개정을 촉구하는 결정이 내려졌으며, 1999년 1월 1일부터 전면 효력을 상실하게 되었다(헌재결 1997. 7. 16, 95 헌가 6 내지 13).

5. 個 別 論

(1) 자기낙태죄(269조 1항)

본죄는 부녀가 약물 기타 방법으로 낙태하는 범죄이다.

① **본죄의 행위의 주체는 회태한 부녀, 즉 임부이다.** 따라서 본죄는 신분범이다. 임부가 스스로 낙태를 실시하는 것이 본죄가 예상하는 것이지만, 타인에게 낙태를 촉탁 내지 승낙하는 것도 포함된다.

임부 아닌 자가 본죄의 간접정범이 될 수 있는지 여부는 부정설이 다수설이다.

② **임부가 촉탁·승낙하여 타인으로 하여금 낙태하게 한 경우에는** 임부는 동의낙태죄(269조 2항)나 업무상 동의낙태죄(270조1항)의 교사·방조범이 아니라 본죄에 해당된다. 이 때에 촉탁·승낙을 받아 낙태시킨 자는 신분의 유무에 따라 업무상 동의낙태죄 혹은 동의낙태죄에 해당된다. 개정형법에서는 1년이하의 징역 또는 200만원이하의 벌금형에 처한다.

(2) 동의낙태죄(269조 2항)

본죄는 부녀의 촉탁 또는 승낙을 받아 낙태(제1항의 형과 같다)하게 하는 범죄(269조2항)이다.

① **행위의 주체**는 제270조 제1항에 열거되어 있는 자(의사, 한의사, 조산사, 약제사 또는 약종상) 이외의 자이다.

② **행위의 부녀의 촉탁 또는 승낙을 받아 낙태**하게 하는 것이다. 촉탁 · 승낙은 판단능력이 있는 임부가 진지한 의사에 의하여 임의로 한 것이어야 한다. 따라서 촉탁이나 승낙이 위계나 폭행 또는 협박에 의한 것이라면 부동의 낙태죄가 성립하게 된다.

(3) 동의낙태치사상죄(269조 3항)

결과적 가중범이다. 전항의 죄를 범하여 부녀를 상해나 사망에 이르게 한때에는 3년이하의 징역(치상), 7년이하의 징역(치사)에 처한다. 개정형법에서는 "치상"을 "상해에 이르게 한 것" 으로 "치사" 를 "사망에 이르게 한 것" 으로 변경하였다.

(4) 업무상 동의낙태죄(270조 1항)

본죄는 의사·한의사·조산사·약제사 또는 약종상이 부녀의 촉탁 또는 승낙을 받아 낙태(2년이하의 징역)하게 하는 범죄이다. 본죄는 이러한 신분자에 대하여 동의낙태죄를 범함에 형을 가중하는 부진정신분범이다.

개정형법은 韓醫師·조산사로 개칭하였고, 치상을 '상해에 이르게' 로 치사를 '사망에 이르게' 한 것으로 변경하였다.

(5) 업무상 동의낙태치사상죄(270조 3항)

결과적 가중범이다(치상 : 5년이하의 징역, 치사 : 10년이하의 징역).

(6) 부동의낙태죄(270조 2항)

본죄는 부녀의 촉탁 또는 승낙 없이 낙태(3년이하의 징역)하는 것으로 의사 등의 신분을 불문하고 본죄에 해당한다.

(7) 부동의낙태치사상죄(270조 3항)

① 결과적 가중범이다(치상 : 5년이하의 징역, 치사 : 10년이하의 징역).

② 본죄가 성립하기 위해 낙태죄가 기수에 이를 것을 요하는가?

(ⅰ) 제 1설　　본죄는 부녀를 사상에 이르게 함으로써 성립하고, 낙태의 기수 · 미수는 불문한다는 견해이다(서일교, 정영석, 황산덕).

(ⅱ) 제 2설　　낙태죄는 미수범을 처벌하지 아니하므로 본죄는 낙태죄가 기수에 이른 때에만 성립한다는 견해이다(김종원, 유기천, 정성근, 이재상).

▣ **낙태죄 존폐론**

✧ 법과 현실의 크나큰 괴리현상이 가장 큰 문제임.

- 착상 12주(허용).여기서 12주는 약간 변경이 가능함(해석상의 차이가 있음)
- 적응방식 → 위법성조각사유
  - 의학적 적응
  - 우생학적 적응
  - 윤리적 적응
  - 요건
    - 의사시술
    - 본인과 배우자의 동의
    - 임신한 날로부터 28주 이내
- 12주(불허)
- 출산예정일

◇ 모자보건법상의 적응방식을 현실에 맞추어 형법에 도입규정 바람직함.

Ⅵ. 遺 棄 罪

1. 總 說

(1) 의 의

본죄는 老幼 · 疾病 기타 사정으로 인하여 扶助를 요하는 자를 보호할 법률상 또는 계약상 의무 있는 자가 遺棄함(3년이하의 징역 또는 500만원이하의 벌금)으로써 성립하는 범죄(271조 1항)이다.

(2) 보호법익

본죄의 보호법익은 피유기자의 생명 · 신체의 안전이며, 보호받는 정도는 위험범이다. 그런데 추상적 위험범인가 구체적 위험범인가에 대하여 견해의 대립이 있는 바, 추상적 위험범이라는 것이 다수설과 판례의 태도이다.

2. 客觀的 構成要件

(1) 행위의 주체

본죄의 주체는 요부조자를 보호할 법률상 또는 계약상 의무 있는 자이다. 따라서 신분범이다.

① **법률상의 보호의무란** 보호의무의 근거가 법률의 규정에 의하는 것을 말하며, 공 · 사법을 불문한다.

② **계약상의 보호의무란** 보호의무의 근거가 계약에 기인하는 것을 말하며, 그러한 계약은 유기자와 피유기자가 체결한 것이든, 유기자와 제3자가 체결한 것이든 관계없다.

③ **법률상 또는 계약상의 보호의무 이외에** 사무관리 · 관습 · 조리상의 보호의무도 포함되느냐에 관하여는 학설의 대립이 있다.

(ⅰ) 통 설 형법은 보호의무의 근거를 법률상 또는 계약상의 의무에 제한하고 있으나 이것은 예시에 지나지 않고 널리 사무관리, 관습 또는 조리에 의하여 보호의무가 발생한다.

(ⅱ) 판 례

ⓐ 보호의무의 근거는 법률 또는 계약에 제한된다(대판 1977. 1. 11, 76 도 3419).

ⓑ 실신한 강간치상죄의 피해자를 현장에 방치한 것만으로는 본죄가 성립하지 아니한다(대판 1980. 6. 24, 80 도 726). 이 판례는 유기죄에 의해 발생할 정도의 위험이 다른 범죄에 의해 발생한 때에는 그 범죄로 인하여 처벌될 뿐이고 이로 인해 보호의무가 발생하는 것은 아니라는 의미에서 이해할 수 있을 듯하다.

생각건대, 단순하게 「보호책임자」라고 규정하는 독일, 일본의 형법 해석에서나 가능한 것이지, 우리 형법 해석상은 판례의 태도와 같이 해석함이 타당하다.

(2) 행위의 객체

노유·질병 기타 사정으로 인한 扶助를 요하는 자이다.

① **부조를 요하는 자라 함은** 정신적·육체적 결함으로 인하여 혼자서는 일상생활에 필요한 거동을 하지 못하여 자기의 생명·신체에 대한 위험을 배제할 수 없는 자를 말한다.

② **노유의 여부는** 나이에 의하여 법률적으로 정할 수는 없고 구체적인 사정에 의하여 판단하여야 하고, 질병은 정신적·육체적 질환을 의미하고, 기타 사정이란 분만·불구·백치·부상 등을 말한다.

(3) 행 위

유기이다. 유기란 요부조자를 보호 없는 상태에 둠으로써 그의 생명·신체를 위험에 직면하게 하는 것이다. 이러한 유기행위는 장소적 이전에 의한 것은 물론, 장소적 이전에 의하지 않고 "두고 떠나는" 것도 포함된다. 추상적 위험범이므로 타인의 구조가 확실한 경우에는 본죄가 성립한다(보호가능성이 전혀 없어야 할 것은 요구되지 않는다).

3. 主觀的 構成要件

신분범이므로 자기 자신의 보호책임이 있다는 것도 인식하여야 한다. 그리고 보호의무의 내용과 범위에 대하여 착오가 있을 때에는 금지착오의 이론에 의해서 해결하면 된다.

피고인이 호텔 7층 객실에서 피해자에게 성관계를 요구하자 피해자가 그 순간을 모면하기 위하여 7층 창문으로 뛰어내려 생명에 대한 위험을 발생하게 한 사안에서 피고인이 이 사실을 알았다면 즉시, 적절한 구호조치를 하여 피해자를 보호해야 할 법률상의무가 있으나 피해자가 뛰어내린 여부를 피고인이 알았다고 인정할 만한 증거가 없다는 이유로 중유기죄를 인정하지 않았다(대판 1988. 3. 9, 86 도 225).

4. 違 法 性

본죄는 개인적 법익이지만 사람의 생명 · 신체에 대한 위험은 공공성도 아울러 가지므로 피해자의 동의 · 승낙은 사회상규에 반하여 위법성을 조각할 수 없다.

5. 他罪와의 關係

(1) 상해죄와의 관계

유기행위나 학대 등이 상해죄에 해당하는 경우에는 상상적 경합의 관계에 선다.

(2) 유기치사죄와 도로교통법과의 관계

사람을 치고 도주한 행위는 유기치사(상)죄가 성립하는 바, 도로교통법과는 실체적 경합의 관계에 있다.

(3) 아동에 대한 학대, 혹사행위는 아동복지법이 우선적으로 적용된다.

6. 個 別 論

(1) 단순유기죄(271조 1항)

본죄는 老幼·疾病 기타 사정으로 인하여 扶助를 요하는 자를 보호할 법률상 또는 계약상 의무 있는 자가 遺棄함(3년이하의 징역 또는 500만원이하의 벌금)으로써 성립하는 범죄이다.

법정형으로 개정형법에서는 3년이하의 징역 또는 500만원이하의 벌금형으로 변경하였다.

(2) 존속유기죄(271조 2항)

본죄는 자기 또는 배우자의 직계존속을 유기함(10년이하의 징역 또는 1,500만원이하의 벌금)으로써 형이 가중되는 부진정신분범이다. 자기 또는 배우자의 직계존속의 의의에 대해서는 존속살해죄 참조. 법정형을 개정형법에서는 10년이하의 징역 또는 1,500만원이하의 벌금형으로 변경하였다.

⑶ 중유기죄 및 중존속유기죄(271조 3항, 4항)

본죄는 제1항(단순유기죄)의 죄를 범하여 사람의 생명에 대한 위험을 발생하게 한 때에는 7년이하의 징역에 처한다(271조 3항), 제2항(존속유기죄)의 죄를 범하여 사람의 생명에 대하여 위험을 발생하게 한 때에는 2년 이상의 징역에 처한다(271조 4항).

⑷ 영아유기죄(272조)

본죄는 직계존속이 치욕을 은폐하기 위하거나 양육할 수 없음을 예상하거나 특히 참작할 만한 동기로 인하여 영아를 유기한 때에는 2년이하의 징역 또는 300만원이하의 벌금에 처한다.

여기서 영아는 일반적인 의미의 젖먹이 아이(유아)를 의미한다.

⑸ 학대죄 및 존속학대죄(273조)

① 의 의

본죄는 자기 보호 또는 감독을 받은 사람을 학대함(2년이하의 징역 또는 500만원이하의 벌금), 그리고 자기 또는 배우자의 직계존속에 대하여 전항의 죄를 범함(5년이하의 징역 또는 700만원이하의 벌금)으로써 성립하는 범죄(273조 1, 2항)이다.

② 구성요건

(ⅰ) **행위의 주체는 타인을 보호 또는 감독하는 자이다.**

보호감독의 근거로는 법률, 계약뿐 아니라 널리 사무관리·조리·관습에 의한 경우도 포함한다는 것이 통설이다.

(ⅱ) **행위의 객체는 자기 보호 또는 감독을 받는 자이다.** 자기 또는 배우자의 직계존속에 대한 학대는 형이 가중된다.

(ⅲ) **행위는 학대이다.**

⑹ 아동혹사죄(274조)

본죄는 자기 보호 또는 감독을 받는 16세 미만의 자를 그 생명 또는 신체에 위험한 업무에 사용할 영업자 또는 그 종업자에게 인도하거나 인도를 받는 범죄(5년이하의 징역)이다.

① **행위의 객체는 16세 미만의 자이다**. 그의 승낙은 위법성을 조각하지 않는다.

② **행위는 인도 및 인수이다**. 인도란 16세미만의 자의 신체를 넘겨주는 것이고, 인수란 이를 넘겨받는 것이다. 그러나 위험한 업무에의 현실적 종사는 요하지 않는다.

⑺ 유기치사상죄(275조)

유기죄의 결과적 가중범이다(다만, 아동혹사죄는 제외)(치상 : 7년이하의 징역, 치사 : 3년이상의 유기징역).

개정형법은 제271조 내지 제273조의 죄를 범하여 사람을 상해에 이르게 한 때에는 7년 이하의 징역에 처한다. 그리고 사망에 이르게 한 때에는 3년이상의 유기징역에 처한다고 함으로써 치상죄와 치사죄로 구분하여 법정형을 명백히 하였다(275조 1항). 이는 유기와 영아유기죄, 학대를 통하여 치사상케 한 때에 대한 결과적 가중범의 성격을 띠고 있다.

또 존속유기, 존속학대를 범한 때(275조 2항)에는 치상인 때에는 3년이상의 유기징역, 치사인 때에는 무기 또는 5년이상의 징역에 처한다.

[종합판례정리]

1. 대판 1998. 6. 9, 98 도 980(살인죄의 범의 및 살인의 미필적 고의를 인정한 사례) [1] 살인죄에 있어서의 범의는 반드시 살해의 목적이나 계획적인 살해의 의도가 있어야만 인정되는 것은 아니고, 자기의 행위로 인하여 타인의 사망의 결과를 발생시킬 만한 가능 또는 위험이 있음을 인식하거나 예견하면 족한 것이고 그 인식 또는 예견은 확정적인 것은 물론 불확정적인 것이라도 이른바 미필적 고의로 인정된다.

[2] 가로 15cm, 세로 16cm, 길이 153cm, 무게 7kg의 각이 진 목재로 길바닥에 누워있던 피해자의 머리를 때려 피해자가 외상성뇌지주막하출혈로 사망한 경우에 살인의 미필적 고의를 인정한 사례.

2. 대판 1999. 11. 9, 99 도 4146(폭력행위등처벌에관한법률 제3조 제1항 소정의 '위험한 물건' 이라고 본 사례) 새벽에 인적이 없는 야산에서 폭력조직의 선배가 나이 어린 후배들을 집합시켜 엎드리게 한 다음 길이 150cm, 지름 7cm의 쇠파이프와 길이 100cm, 굵기 4cm 내지 5cm의 각목으로 엉덩이와 허벅지 부분을 1인당 70대씩 때려 피멍이 들게 한 경우, 그 쇠파이프와 각목은 폭력행위등처벌에관한법률 제3조 제1항 소정의 '위험한 물건' 에 해당한다고 한 사례.

3. 대판 1999. 1. 26, 98 도 3732(성폭력범죄의처벌및피해자보호등에관한법률 제9조 제1항 소정의 상해의 의미) [1] 성폭력범죄의처벌및피해자보호등에관한법률 제9조 제1항 상해는 피해자의 신체의 완전성을 훼손하거나 생리적 기능에 장애를 초래하는 것으로, 반드시 외부적인 상처가 있어야만 하는 것이 아니고, 여기서의 생리적 기능에는 육체적 기능뿐만 아니라 정신적 기능도 포함된다.

[2] 상해죄에서의 상해는 피해자의 신체의 완전성을 훼손하거나 생리적 기능에 장애를 초래하는 것을 의미한다.

4. 대판 2000. 2. 25, 99 도 4305(상해죄에 있어서 상해의 의미) [1] 폭력행위등처벌에관한법률 제2조 제2항의 '2인 이상이 공동하여' 라고 함은 그 수인간에 소위공범관계가 존재하는 것을 요건으로 하고, 또 수인이 동일 장소에서 동일 기회에 상호 다른 자의 범행을 인식하고 이를 이용하여 범행을 한 경우임을 요한다.

[2] 상해죄에서의 상해는 피해자의 신체의 완전성을 훼손하거나 생리적 기능에 장애를 초래하는 것을 의미한다.

5. 대판 2000. 2. 25, 99 도 3910(특정범죄가중처벌등에관한법률 제5조의 3 제1항 소정의 도주운전죄가 성립하기 위한 요건인 '상해' 의 의미) [1] 특정범죄가중처벌등에관한법률 제5조 3 제1항이 정하는 '피해자를 구호하는 등 도로교통법 제50조 제1항에 의한 조치를 취하지 아니하고 도주한 때' 라고 함은 사고운전자가 사고로 인하여 피해자가 사상을 당한 사실을 인식하였음에도 불구하고, 피해자를 구호하는 등 도로교통법 제50조 제1항에 규정된 의무를 이행하기 이전에 사고현장을 이탈하여 사고를 낸 자가 누구인지 확정할 수 없는 상태를 초래하는 경우를 말하는 것이므로, 위 도주운전죄가 성립하려면 피해자에게 사상의 결과가 발생하여야 하고, 생명 · 신체에 대한 단순한 위험에 그치거나 형법 제257조 제1항에 규정된 '상해' 로 평가될 수 없을 정도의 극히 하찮은 상처로서 굳이 치료할 필요가 없는 것이어서 그로인하여 건강상태를 침해하였다고 보기 어려운 경우에는 위 죄가 성립하지 않는다.

[2] 교통사고로 인하여 피해자가 입은 요추부 통증이 굳이 치료할 필요가 없이 자연적으로 치유될 수 있는 것으로서 '상해' 에 해당한다고 볼 수 없다는 이유로 특정범죄가중처벌등에관

한법률 제5조의 3 제1항 소정의 도주운전죄의 성립을 부정한 사례.

6. 대판 2000. 1. 14, 99 도 3621(산모의 태반조기박리에 대한 대응조치로서 응급 제왕절개수술을 하는 산부인과 의사에게 수혈용 혈액을 미리 준비하여야 할 업무상 주의의무가 있다고 한 사례) 산부인과 의사가 산모의 태반조기박리에 대한 대응조치로서 응급 제왕절개수술을 시행하기로 결정하였다면 이러한 경우에는 적어도 제왕절개수술시행 결정과 아울러 산모에게 수혈을 할 필요가 있을 것이라고 예상되는 특별한 사정이 있어 미리 혈액을 준비하여야 할 업무상 주의의무가 있다고 보아야 한다고 한 사례.

7. 대판 2000. 10. 24, 2000 도 3145(위드마크공식을 적용하기 위하여 증명될 사항) 음주하고 운전한 직후에 운전자의 혈액이나 호흡 등 표본을 검사하여 혈중 알콜농도를 측정할 수 있는 경우가 아니라면 이른바 위드마크(Widmark) 공식을 사용하여 수학적 방법에 따른 계산결과로 운전 당시의 혈중알콜농도를 추정 할 수 있으나, 범죄 구성요건의 존부를 알아내기 위해 위와 같은 과학공식 등의 경험칙을 이용하려면 그 법칙적용의 전제가 되는 개별적이고 구체적인 사실은 엄격한 증명을 요하는데, 위드마크 공식의 경우 그 적용을 위한 자료로는 섭취한 알콜의 양, 음주시각, 체중 등이 필요하므로 그런 전제사실을 인정하기 위해서는 역시 엄격한 증명이 필요하며, 한편 위드마크 공식에 따른 혈중알콜농도의 추정방식에는 알콜의 흡수분배로 인한 최고 혈중알콜농도에 관한 부분과 시간경과에 따른 분해소멸에 관한 부분이 있고, 그 중 최고혈중알콜농도에 있어서는 섭취한 알콜의 체내흡수율과 성, 비만도, 나이, 신장, 체중, 체질은 물론 인종, 지역, 풍습, 시대 등도 그 결과에 영향을 미칠 수 있으며 또 음주한 술의 종류, 음주속도, 음주시 위장에 있는 음식의 정도 등에 따라 그 최고치에 이르는 시간이 달라질 수 있고, 알콜의 분해소멸에 있어서는 평소의 음주정도, 체질, 음주속도, 음주 후 신체활동의 정도 등이 시간당 알콜분해량에 영향을 미칠 수 있는 등 위 공식의 적용에 필요한 기본 자료들 이외에는 음주 후 특정 시점에서의 혈중알콜농도에 영향을 줄 수 있는 다양한 요소들이 있으므로, 특별한 사정이 없는 한 당해 운전자인 피고인이 평균인과 마찬가지로 위와 같은 요소들을 갖추고 있다고 쉽게 단정할 것이 아니라 이 역시 증거에 의하여 명확히 밝혀져야 한다. 위 모든 증명을 위하여 필요하다면 전문적인 학식이나 경험이 있는 사람들의 도움 등을 받아야 하고, 만일 그 공식의 적용에 있어 불확실한 점이 남아 있고 그것이 피고인에게 불이익하게 작용한다면 그 계산결과는 합리적인 의심을 품게 하지 않을 정도의 증명력이 있다고 할 수 없다.

8. 대판 1998. 3. 27. 97 도 3097(특정범죄가중처벌등에관한법률 제5조의 3 제1항(도주차량)의 '도주한 때'의 의미) 특정범죄가중처벌등에관한법률 제5조의 3 제1항 소정의 '피해자를 구호하는 등 도로교통법 제50조 제1항에 의한 조치를 취하지 아니하고 도주한 때'라고 함은 사고운전자가 사고로 인하여 피해자가 사상을 당한 사실을 인식하였음에도 불구하고 피해자를 구호하는 등 도로교통법 제50조 제1항에 규정된 의무를 이행하기 이전에 사고현장을 이탈하여 사고를 낸 자가 누구인지 확정될 수 없는 상태를 초래하는 경우를 말한다.

9. 대판 1999. 11. 12. 99 도 3781(특가법상 도주차량에 해당한다고 본 사례) 교통사고를 일으킨 다음 사고현장 부근에 정차하였으나 경찰관의조사에 대하여 사고사실을 부인하고 사고현장에서 피해자에 대한 구호조치를 취하지 아니한 채 목격자인 양 행동한 경우, 특정범죄가중처벌등관한법률 제5조의 3 제1항 소정의 '도주'에 해당한다고 한 사례.

10. 대판 1999. 4. 13. 98 도 3315(특가법상 도주차량에 해당하지 않는다고 본 사례) 사고운전자인 피고인 자신이 부상을 입고 경찰에 연락을 취하지 아니하였더라도 특정범죄가중처벌등에관한법률 제5조의 3 제1항 소정의 '피해자를 구호하는 등 도로교통법 제50조 제1항에 의한 조치를 취하지 아니하고 도주한 때'에 해당하지 않는다고 본 사례.

11. 대판 1999. 12. 7. 99 도 2869(특가법상 도주차량에 해당한다고 본 사례)

피고인은 판시 일시, 장소에서 판시 자동차를 시속 약 10km로 운행하다가 보행 중이던 피해자를 충격하여 전치 3주의 좌슬관절염좌상을 입게 하는 사고를 내고, 피해자를 병원 응급실에 데려다 준 다음, 피해자나 병원 측에 아무런 인적사항을 알리지 않고 병원을 떠나 경찰이 피해자가 적어 놓은 차량번호를 조회하여 피고인의 신원을 확인하여 연락을 취하자 2시간쯤 후에 파출소에 출석한 사실이 인정되는바, 이와 같은 사실관계에 의하면 피고인은 피해자를 병원으로 데리고 가기는 하였으나 도로교통법 제50조 제1항이 예정하고 있는 사고 야기자로서 취하여야 할 구호의무를 제대로 이행하였다고 할 수 없음은 물론 피해자나 그 밖의 누구에게도 자기의 신원을 밝히지 않고 도주함으로써 사고를 낸 자가 누구인지 확정할 수 없는 상태를 초래케 하였다고 할 것이므로, 피고인의 행위는 특정범죄가중처벌등에관한법률 제5조의 3 제1항 소정의 '피해자를 구호하는 등 도로교통법 제50조 제1항에 의한 조치를 취하지 아니하고 도주한 때'에 해당한다.

제2절

自由에 관한 罪

자유란 헌법이 보장하는 국민의 기본권의 하나이다. 이에 따라 형법 역시 자유에 대한 일정한 침해에 대하여 이것을 보호하는 입장을 취하지 않을 수 없다. 여기서 자유에 대한 죄란 개인의 자유를 보호하려는 데 침해하는 행위를 처벌하는 것을 내용으로 하는 범죄를 말한다. 자유에 관한 죄는 자유전체를 보호하기 위한 범죄를 말하므로 강도죄나 공갈죄와 같은 다른 법익을 침해하기 위한 수단으로 자유를 침해하는 범죄와는 구별된다. 그 내용으로 협박과 강요의 죄는 일반적인 의사결정과 의사결정의 자유를 보호하기 위한 범죄이며, 체포·감금·약취·유인의 죄는 사람의 장소 선택의 자유를 보호하기 위한 범죄이고, 강간과 추행의 죄는 개인의 애정의 자유 내지 성적자기 결정의 자유를 보로하기 위한 범죄로서 성격을 갖는다.

Ⅰ. 逮捕와 監禁의 罪

1. 總 說

(1) 의 의

본죄는 불법하게 사람을 체포 · 감금함(5년이하의 징역 또는 700만원이하의 벌금)으로써 신체적 활동의 자유를 침해하는 것을 내용으로 하는 범죄(276조1항)이다.

(2) 보호법익

본죄의 보호법익은 사람의 행동의 자유(장소선택의 자유) 또는 신체적 활동의 자유이다. 보호받는 정도에는 위태범설과 침해범설이 대립하나, 후설이 타당하다고 본다.

2. 客觀的 構成要件

(1) 행위의 객체

본죄의 행위의 객체는 범인 이외의 모든 자연인이다. 정신병자, 酩酊者, 수면자, 불구자는 본죄의 객체가 되지만 이전의 자유를 가지지 못하는 유아는 제외된다.

(2) 행 위

본죄의 행위는 체포 또는 감금이다.

① **체포라 함은**, 사람의 신체에 대하여 직접적인 구속을 가함으로써 그 행동의 자유를 박탈하는 것을 말한다. 행동의 자유가 박탈되었는가 하는 여부는 전체적으로 고찰하여야 한다. 예컨대, 밧줄로 묶어서 한쪽을 잡고 있는 경우에도 체포에 해당한다. 체포의 방법에는 제한이 없다. 일정한 장소에 출석하지 아니하면 구속하겠다고 협박하여 출석하게 하는 것은 강요죄에 해당할 뿐이며 체포라고 할 수 없다. 즉, 묶는 것과 같이 유형적 방법에 의하거나 작위 또는 부작위에 의해서도 가능하며, 체포권한 있는 자에게 허위신고를 하여 체포케 하는 것과 같이 간접정법에 의해서도 가능하다.

② **감금이라 함은**, 일정한 구획을 가진 장소 안에서 사람의 행동의 자유를 구속하는 것이다. 즉, 사람으로 하여금 일정한 장소 밖으로 나가는 것을 불가능하게 하거나 현저히 곤란하게 함으로써 행동의 자유를 장소적으로 제한하는 것을 말한다. 탈출구가 있다고 하더라도 피해자가 이를 모르거나, 알더라도 탈출함에 있어 생명 · 신체에 대한 위험을 무릅써야 할 경우에도 감금이 된다. 예컨대, 내려달라고 하여도 문을 잠근 채 차를 고속으로 운전한다든가, 높은 곳에 올라가 있는 자로부터 사다리를 제거한다든가, 목욕중의 부녀의 옷을 빼앗아 수치심으로 나오지 못하게 하는 것 등이다.

주행중인 자동차에서 탈출불가능하게 하여 50km를 운행하여 여관 앞까지 강제연행한 후 강간하려다 미수에 그친 사건에서 감금과 강간미수죄의 상상적 경합이라 판시했다(대판 1983. 4. 26, 83 도 323).

③ **체포와 감금은 시간적 계속을 필요로 하며**, 따라서 계속범에 해당한다.

자유의 박탈이 일정시간 계속된 때에 기수가 되지만, 계속되고 있는 동안은 범죄가 종료되지 않는다.

④ **체포와 감금은 관념상 위와 같이 구별되지만, 그 한계가 불명확**하고 보통 체포와 감금이 연속적으로 행하여지는 경우도 많아 실제상 구별이 곤란한 경우가 많다. 또한 양자는 동일조문에 규정된 동일범죄이고 행위태양만이 상이하므로 실제 구별의 실익이 크지 않다. **사람을 체포한** 자가 계속해서 감금한 **경우에는** 포괄하여 1개의 감금죄가 **성립한다. 그러나** 강간의 수단으로 감금한 **때에는** 강간죄와 감금죄의 상상적 경합이 된다(대판 1984. 8. 21, 84 도 1550).

최근에는 감금행위가 강간죄의 수단이 된 경우에는 강간죄와 감금죄의 경합범이라는 판결(대판 1997. 1. 21, 96 도 2715)이 있어 주목된다.

감금행위가 단순한 강도상해죄의 수단이 되는데 그치지 않고 강도상해가 끝난 후에도 계속된 경우 실체경합관계에 있다(대판 2003. 1. 10, 2002 도 4380).

대법원판례

① 감금죄는 사람이 일정한 구역에서 나가는 것을 불가능하게 하거나 현저히 곤란하게 하여 신체활동의 자유를 제한하는 죄, 유형·무형의 강제력 행사나 기망수단 등에 의해 그 의사에 반하여 신체자유를 속박하는 경우에 성립 (대판 1985. 10. 8, 84도2424)
② 감금행위가 강간미수의 수단이 된 경우 상상적 경합관계 (대판 1983. 4. 26, 83도323)
③ 정신병자인 어머니의 의뢰와 승낙 하에 그 감호를 위해 보호식 문을 야간에 한하여 3일간 열쇠를 채운 감금행위 사회통념상 부득이한 조치(대판 1980. 2. 12, 79도1345)

3. 主觀的 構成要件

체포와 감금의 고의가 필요하다.

4. 概 別 論

(1) 체포 · 감금죄(276조 1항)

본죄는 사람을 체포 또는 감금함(5년이하의 징역 또는 700만원이하의 벌금)으로써 성립하는 범죄이다(276조 1항).

⑵ **존속체포 · 감금죄**(276조 1항)

본죄는 자기 또는 배우자의 직계존속에 대하여 체포 · 감금한 때(10년이하의 징역 또는 1,500만원이하의 벌금)에 성립하는 범죄이다. 신분에 의해 형이 가중되는 부진정신분범이다(존속의 개념에 관하여는 존속살해죄 참조).

⑶ **중체포 · 감금죄**(277조 1항)

본죄는 사람을 체포 또는 감금하여 가혹한 행위를 가하는 범죄(7년이하의 징역)이다. 가혹행위란 육체적 · 정신적 고통을 주는 모든 행위이다. 예컨대, 폭행 · 협박 · 수면금지 · 여자를 나체로 만드는 것 등이다. 그러나 감금의 수단이 된 폭행 · 협박만으로는 가혹한 행위라고 할 수 없다.

⑷ **존속중체포 · 감금죄**(동조 2항)

본죄는 자기 또는 배우자의 직계존속에 대하여 체포 · 감금한 때(2년이상의 유기징역)에 성립하는 범죄이다.

⑸ **특수체포 · 감금죄**(278조)

본죄는 단체 또는 다중의 위력을 보이거나 위험한 물건을 휴대하여 전 (1) 내지 (4)의 범죄를 범하는 것이다(그 죄에 정한 刑에 1/2 가중).

⑹ **상습체포·감금죄**(279조)

상습성으로 책임이 가중되는 가중적 구성요건이다(그 죄에 정한 刑에 1/2 가중).

⑺ **체포 · 감금치사상죄**(281조 1항)

결과적 가중범이며, 치상(상해에 이르게 함)의 경우 1년이상의 유기징역이나 치사(사망에 이르게 함)의 경우 3년이상의 유기징역이다.

개정형법은 체포·감금치상죄와 치사를 구분하고, 존속체포·감금치사상죄를 신설하였다. 피해자를 강제로 승용차에 태운 뒤 운전하여 가자, 겁에 질린 피해자가 차에서 뛰어 내리다가 상해를 입은 경우, 감금 및 감금치사상죄를 인정하였다(대판 2000. 5. 26, 2000도 440).

(8) 존속체포감금치사상죄(281조 2항 신설)

치상(상해에 이르게 함)의 경우 2년이상의 유기징역이나 치사(사망에 이르게 함)의 경우 무기 또는 5년이상의 징역이다.

(9) 미수범(280조)

본죄의 미수범은 체포·감금행위 자체가 미수에 그친 경우뿐만 아니라 체포·감금사실을 피해자가 인식하지 못한 경우에도 미수가 된다. 예컨대, 연구실에서 연구중인 자를 밖에서 문을 잠금으로써 감금하였더라도 연구중인 자가 그러한 사실을 인식하지 못하는 한 미수범이 성립한다.

II. 脅 迫의 罪

1. 總 說

(1) 의 의

본죄는 사람을 협박함(3년이하 징역, 500만원이하 벌금, 구류, 과료)으로써 개인의 의사결정의 자유를 침해하는 것을 내용으로 하는 범죄(283조 1항)이다.

(2) 보호법익

본죄의 보호법익은 사람의 의사결정의 자유이다(법률적 안전의 의식이란 설도 있다). 이 점에서 의사결정의 자유뿐만 아니라 행동의 자유까지도 보호법익으로 하는 강요의 죄와 구별되고, 또한 재산상의 이익을 목적으로 하는 공갈죄와도 구별된다. 보호법익이 보호받는 정도는 침해범이다.

2. 客觀的 構成要件

(1) 행위의 객체

본죄는 행위객체는 자연인인 타인이다. 다만, 해악의 고지에 의하여 공포심을 느낄 수 있는 정신적 능력이 있는 자이어야 한다. 따라서 심신상실자 · 명정자 · 수면중인 자 · 영아 등은 행위의 객체가 될 수 없다.

(2) 행위의 태양

본죄의 행위는 협박하는 것이다.

① **형법상 협박의 개념은 폭행의 개념에 대응**하여 일반적으로 세 가지로 구분된다.

구 분	개 념	해당범죄
광 의 (일반적의미)	사람에게 공포심을 일으킬 목적으로 상대방에게 해악을 고지하는 것(현실적으로 상대방이 공포심을 가질 것을 요하지 않음)	공무집행방해죄(제136조) 직무강요죄(제136조 2항) 소요죄(제115조)
협 의	해악을 고지로 상대방이 현실로 공포심을 일으킬 것	협박죄(제283조), 공갈죄(제350조), 강요죄(제324조)
최협의	상대방의 반항을 불가능하게 하거나 현저히 곤란하게 할 정도의 해악의 고지	강간죄(제297조), 강제추행죄(제298조), 강도죄(제333조)

② **해악의 고지**

(ⅰ) **해악의 고지방법** 이 중 본죄의 협박은 협의의 협박, 즉 사람으로 하여금 공포심을 일으킬 만한 해악의 고지를 말하는데, 善惡의 내용은 피해자 또는 친족의 생명 · 신체 · 자유 · 명예 · 재산에 관한 것에 한정되지 않고, 정조 · 업무 · 신용 등을 포함한다. 또한 피해자와 밀접한 관계가 있는 제3자의 법익에 관한 것도 해당된다. 해악을 고지하는 방법에는 제한이 없다. 즉, 구두 · 문서 · 직접 · 간접 · 명시 · 묵시 등에 의할 수 있다. 또한 해악의 고지는 조건부로 하여도 좋다. 예컨대

어떤 職에 취임하면 살해하거나 재산상의 손해를 가하겠다고 통고하는 경우에도 협박에 해당한다. 다만 야간 또는 2인 이상이 공동하여 본죄를 범한 때에는 폭력행위 등 처벌에 관한 법률 제2조 2항이 적용된다.

피고인이 피해자의 누나의 집에서 갑자기 온 몸에 연소성이 높은 고무놀을 바르고 라이터 불을 켜는 동작을 하면서 이를 말리려는 피해자 등에게 가위, 송곳을 휘두르면서 '방에 불을 지르겠다 ' 가족 전부를 죽여 버리겠다' 고 소리칠 경우는 해악고지로 보았다(대판 1991. 5. 10, 90 도 2102).

(ii) **해악실현가능 여부** 해악실현의 가능 여부는 문제가 되지 않으며, 상대방에게 협박자가 해악을 발생시킬 의도가 있다는 것과 해악의 발생가능성이 있다는 것을 인식시키면 족하고 실제로 그러한 지위에 있어야 하는가에 관하여 견해의 대립이 있는데, 다수설은 현실로 공포심을 일으켜야 한다고 한다. 따라서 해악을 고지하였으나, 상대방이 공포심을 갖지 않았으면 미수가 된다.

3. 主觀的 構成要件

협박의 고의가 필요함은 물론이나, 고지하는 해악을 실제로 실현할 의도나 욕구는 필요로 하지 않는다(대판 1991. 5. 10, 90 도 2102).

4. 違 法 性

권리행사의 수단으로서 협박이 행하여진 경우, 예컨대 채권자가 채무자에게 빚을 갚지 않으면 폭행을 가하겠다고 하는 것과 같은 경우에 위법성이 조각되는가 하는 문제가 있다. 이러한 경우에는 해악의 고지가 目的과 手段의 관계에 비추어 합법적인 권리행사에 속하면 사회상규에 반하지 않은 때 위법성이 조각되지만, 권리의 남용에 해당하면 사회상규에 반하여 협박죄가 성립한다고 한다(日本大判). 노동쟁의 의한 동맹파업 등도 위법성이 조각된다.

형사고소하겠다고 협박하는 경우에는 학설이 대립한다.

통설에 따르면 고소의사가 없으면서 공포심을 일으킬 목적으로 고소하겠다고 한 때에는 본죄가 성립한다.

5. 未 遂 犯

해악의 고지로 상대방에게 공포심이 일어났을 때 기수가 된다. 공포심을 일으키지 않으면 미수가 된다(통설).

협박죄는 사람의 의사결정의 자유를 보호법익으로 하는 위험범이라 봄이 상당하고 협박죄의 미수범처벌조항은 해악의 고지가 현실적으로 상대방에게 도달하지 아니한 경우나 도달은 하였으나 상대방이 이를 자각하지 못하였거나 고지된 해악의 의미를 인식하지 못한 경우에 적용될 뿐이다(대판 2007. 9. 28, 2007 도 606 전원합의체). 판례는 협박죄를 위험범으로 보는 것 같다.

6. 個 別 論

(1) 단순협박죄(283조 1항)

본죄는 사람을 협박함으로써 성립하는 범죄이다(283조 1항).

반의사불벌죄이다. 이 또한 “논할 수 없다”를 공소를 “제기할 수 없다”로 변경하였다. 개정형법은 법정형을 3년이하의 징역, 500만원이하의 벌금, 구류, 관료에 처하도록 하였다.

(2) 존속협박죄(동조 2항)

반의사불벌죄이며, 신분에 의하여 형이 가중되는 부진정신분범이다. 개정형법은 자기 또는 배우자의 직계존속에 대하여 협박의 죄를 범한 때에는 법정형을 5년이하의 징역 또는 700만원이하의 벌금에 처한다고 하였다.

(3) 특수협박죄(284조)

본죄는 단체 또는 다중의 위력을 보이거나 위험한 물건을 휴대하여 협박 또는 존속협박의 죄를 범하는 것이다. 범행현장에서 범행에 사용할 의도하에 이를 소지하거나 몸에 지니는 경우도 포함한다(대판 1990. 4. 24, 90 도 401).

⑷ 상습협박죄(285조)

상습성 때문에 형이 가중(2분의 1)되는 가중적 구성요건이다. 미수범도 처벌한다(286조).

Ⅲ. 强 要 罪

1. 强 要 罪(324조)

⑴ 의의 및 보호법익

본죄는 폭행 또는 협박으로 사람의 권리행사를 방해하거나 의무 없는 일을 하게 하는 범죄(5년 이하의 징역)이다. 종전에는 강요의 죄를 '폭력에 의한 권리행사방해' (324조 · 326조)라고 하여 제37장 권리행사를 방해하는 죄 중에 규정하고 있으나, 이 장은 주로 재산권을 보호법익으로 함에 반하여, 강요의 죄는 행동의 자유를 주된 보호법익으로 하고 있으므로 입법론적으로 검토를 요한다. 이에 따라 개정형법은 폭력에 의한 권리행사방해죄를 강요죄라 개칭하였다.

⑵ 보호법익

본죄의 보호법익은 행동에 있어서 외부로부터 부당한 간섭을 받지 아니할 자유이다. 보호받는 정도는 침해범이다.

⑶ 구성요건

① **행위의 객체** 본죄의 객체는 자연인이다. 다만, 폭행 또는 협박의 객체가 된 사람과 권리행사를 방해당한 사람이 동일인일 필요는 없다. 예컨대, 아들을 죽이겠다고 협박함으로써 그 父로 하여금 의무 없는 일을 하게 하는 경우에도 강요죄는 성립한다.

② **행 위** 본죄의 행위는 폭행 또는 협박으로 권리행사를 방해하는 것이다. 또한 의무 없는 일을 하게 되는 것도 포함된다(개정형법 신설).

(ⅰ) **폭 행** 여기서의 폭행은 강요의 수단이 되기만 하면 충분하므로 사람

에 대한 직접 · 간접의 유형력의 행사(광의의 폭행)이면 족하고 반드시 신체에 대한 직접적인 것이어야 하는 것은 아니다. 맹인이 끌고 가는 개를 붙잡거나 사람이 타고 가는 차의 타이어에 총을 쏘아 바람 빠진 타이어를 만드는 것도 폭행이라고 할 수 있다.

ii) **협 박**　　협박은 공포심을 일으키기에 족한 해악의 통지(협의의 협박)이어야 한다. 즉, 권리행사를 방해하기 위한 협박은 상대방이 현실적으로 공포심으로 일으켰음을 요하는 것이다.

폭행 또는 협박과 권리행사의 방해 사이에 인과관계가 있어야 한다. 따라서 본죄에 해당하는 폭행 · 협박은 하였지만 권리행사를 방해하지 못하였으면 본죄의 미수범이 되는데, 권리행사를 방해한다는 것은 법률상 허용된 행위를 하지 못하게 하는 것은 물론, 법률상 의무 없는 행위를 하게 하는 것을 말한다. 권리 행사한다고 보기 어려운 자에 대한 폭행 · 협박은 본죄를 구성하지 않는다.

폭행 또는 협박으로 법률상 의무 있는 일을 하게 한 경우에는 폭행 또는 협박죄만 성립하지 강요죄는 되지 않는다(대판 2008. 5. 15, 2008 도 1097). 그리고 법원은 평소에 폭력을 행사하는 상사가 청소상태가 불량하다는 이유로 부하장병들로 하여금 40~50회의 원산폭격을 시키고 양손을 깍지낀체 50~60회 팔굽혀펴기를 시키는 행위는 강요죄에 해당한다고 하였다(대판 2006. 4. 27, 2003 도 4151).

⑷ 위법성

본죄의 위법성 판단에 관하여 ① 목적과 수단의 관계를 고려하여 신중히 판단할 것, ② 목적의 비난가능성 고려, ③ 수단의 비난가능성 고려, ④ 목적과 수단의 관계를 고려할 것이 요구된다.

⑸ 미 수

강요죄의 미수범도 처벌한다(324조의 5).

⑹ 죄 수

강요죄가 성립할 때는 협박죄는 따로이 성립하지 않는다(법조경합). 타인에게 범죄를 강요한 때에는 그 범죄의 교사와 강요죄의 상상적 경합이 된다.

2. 人質强要罪 등(신설 324조의 2에서 324조의 6까지)

(1) 인질강요죄(개정형법 324조의 2)

① **의의 및 보호법익** 사람을 인질로 삼아 체포를 면하려고 하거나 정치범의 석방을 요구하거나 정치적 목적을 달성하려는 사범을 중하게 처벌하기 위하여 신설규정을 둔 것이다. 인질의 자유, 특히 장소선택의 자유와 피강요자의 의사결정의 자유를 보호법익으로 한다.

즉, 사람을 체포·감금·약취 또는 유인하여 이를 인질로 삼아(체포·감금·약취·유인된 자의 생명·신체의 안전에 관한 제3자를 강요하기 위하여 자유를 구속하는 것) 제3자에 대하여 권리행사를 방해하거나 의무 없는 일을 하게 한 자는 3년이상의 유기징역에 처한다고 규정하였다.

② **구성요건** 강요의 상대방은 제3자임을 명문으로 요구하고 있으며, 여기서 제3자란 자연인뿐만 아니라 법인, 법인격 없는 단체, 국가기관을 포함한다.

본죄의 체포·감금·약취·유인된 자를 대상으로 강요한 경우에는 적용되지 않는다.

③ **실행의 착수** 강요의사를 가지고 체포·감금 등을 한 때라는 견해(김일수)와 강요행위를 개시한 때라는 견해(배종대, 이재상등)가 대립하며, 기수시기에 관하여는 현실적으로 권리행사 또는 의무 없는 일을 하게 된 때라는 것이 통설이다.

(2) 인질상해·치상죄(개정형법 324조의 3)

제324조의 2의 죄(인질강요죄)를 범한 자가 인질을 상해하거나 상해에 이르게 한 때에는 무기 또는 5년이상의 징역에 처한다.

(3) 인질살해·치사죄(개정형법 324조 4)

제324조의 2의 죄(인질강요죄)를 범한 자가 인질을 살해한 때에는 사형 또는 무기징역에 처하고, 사망에 이르게 한 때에는 무기 또는 10년이상의 징역에 처한다.

⑷ 미수범

협박죄는 미수범처벌규정이 있고, 강요죄는 협박죄보다 더 무거운 침해범이므로 위 강요와 인질강요죄 등의 4가지 범죄의 미수범도 처벌한다(개정형법 제324조의 5).

⑸ 형의 감경

제324조의 2 또는 제324의 3의 죄를 범한 자 및 그 죄의 미수범이 인질을 안전한 장소로 풀어준 때에는 그 형을 감경할 수 있다(개정형법 324조의 6). 이는 인질의 안전을 보호하기 위한 형사정책적 배려인 것이다.

인질을 안전하게 풀어주면 족하며 自意性을 요하지 않고, 기수가 된 이후에 중지한 경우이며, 任意的 減輕을 내용으로 한다는 점에서 중지미수와 구별된다.

Ⅳ. 略取와 誘引의 罪

1. 總 說

⑴ 의 의

사람을 약취 또는 유인(줄여서 引致라고도 부름)함으로써 그의 자유로운 생활관계를 침해하여 자기 또는 제3자의 사실상의 지배하에 옮김으로써 성립하는 범죄가 약취 · 유인의 죄이다.

⑵ 보호법익

본죄는 보호법익은 기본적으로는 거처의 자유이고, 다만 미성년자의 약취 · 유인죄의 경우에는 친권자나 보호감독자의 감호권도 보호법익이 된다(통설). 보호받는 정도는 침해범이다. 따라서 미성년자가 유인에 의하여 스스로 가출한 경우에는 미성년자의 동의가 있어도 보호감독자의 동의가 없는 때에는 본죄의 성립에 영향이 없다. 본죄의 기수가 되기 위해서는 어느 정도의 시간적 계속을 요하므로 계속범으로 보는 견해가 통설이다.

2. 個 別 論

(1) 미성년자의 약취 · 유인죄(287조)

① 의 의

본죄는 미성년자를 약취 또는 유인함(10년이하의 징역)으로써 성립한다.

② 객관적 구성요건

(i) **행위의 주체** 본죄는 주체에는 제한이 없고 자연인이면 족하다. 실부모라 할지라도 본죄의 주체가 될 수 있다. 미성년자 본인은 본죄의 正犯은 물론 共犯도 되지 못한다. 행위의 객체는 미성년자이다. 여기서 미성년자는 형사미성년자(9조)가 아니라 민법상의 미성년자, 즉 만 20세 미만 자를 말한다. 만 20세 미만자인 이상 의사능력의 유무, 성별 또는 미혼 · 기혼 여부를 묻지 않는다(다수설). 다만, 유아와 같이 의사능력이 없는 자에 대하여는 의사능력이나 판단력을 전제로 하는 유인죄는 성립할 수 없고 약취죄만이 가능하다.

(ii) **행위는 약취 또는 유인이다.**

약취와 유인을 합하여 인취라고 한다.

ⓐ **약취와 유인** 인취란 사람을 자유로운 생활관계 내지 보호관계로부터 자기 또는 제3자의 실력적 지배하에 두는 것을 말한다. 약취는 폭행이나 협박을 그 수단으로 하고, 유인이라 함은 기망의 정도에는 이르지 아니하나, 감언이설로써 상대방을 현혹시켜 판단의 적정을 그르치게 하는 것이므로 반드시 그 유혹의 내용이 허위일 것을 요하지 않는다(대판 1996. 2. 27, 95 도 2980).

ⓑ **장소적 이전 여부** 이미 지배관계를 떠난 피인취자를 그대로 두는 부작위에 의해서도 본죄는 성립한다. 피인취자와 보호자 사이의 장소적 격리도 요하지 않는다(대판 1974. 5. 28, 74 도 840).

미성년자 약취죄의 약취행위에서 장소적 이전이 갖는 의미에 관한 판례가 있다(대판 2008. 1. 17, 2007도8485).

③ 주관적 구성요건

본죄의 고의는 객체가 미성년자라는 인식과 객체를 자기 또는 제3자의 실력적 지배하에 옮긴다는 인식을 포함한다. 미성년자라는 것을 알면서 유인행위에 대한 인식이 있을 것을 요하나, 유인행위가 피해자의 의사에 반하는 것까지 인식할 필요는 없다. 유인에 대해 피해자가 하자 있는 의사로 승낙하더라도 성립한다.

④ **위법성**

원래 피인취자의 승낙은 위법성을 조각하나, 본죄의 경우에 미성년자의 승낙이나 보호감독자의 승낙 가운데 어느 하나만이 있는 경우에는 위법성이 조각되지 않는다(대판 2002. 2 .11, 2002도7115).

⑤ **죄 수**

약취와 유인이 경합하는 경우는 미성년자약취 · 유인의 죄가 성립한다. 추행 · 간음 · 영리 · 결혼 또는 국외이송을 목적으로 미성년자를 약취 · 유인한 때에는 본죄가 성립하지 않고, 제288조, 제289조 및 제291조의 죄가 성립한다.

(2) 영리 등을 위한 약취 · 유인죄(288조)

① **구성요건** 본죄는 추행, 간음 또는 영리의 목적으로 사람을 약취 · 유인(1년 이상 유기징역)하는 것이다(목적범), 행위의 객체는 성년자이든 미성년자이든 불문한다. 여기서 간음의 목적은 결혼 이외의 성교행위를 목적으로 함을 말하며, 영리의 목적은 자기 또는 제3자로 하여금 재산상의 이익을 얻게 할 목적을 말한다. 본죄는 이러한 목적으로 사람을 약취 · 유인하면 기수에 이르며, 그 목적을 달성하여야 기수가 되는 것은 아니다.

② **석방의 대가의 요구를 위한 약취 · 유인과 영리 등을 위한 약취 · 유인죄의 성립 여부** 약취 · 유인하여 석방의 대가로 재물을 요구할 때에는 인질강도죄만 성립함에는 의문의 여지가 없으나, 석방의 대가로 재물을 취득할 목적으로 사람을 약취 · 유인한 경우에는 영리의 목적에 해당하느냐 여부에는 학설 대립이 있다.

(ⅰ) **긍정하는 설(이재상, 김일수)**

석방의 대가로 재물을 취득할 목적으로 사람을 약취한 것만으로는 아직 인질강도죄의 실행의 착수가 있다고 보기 어렵고 피인취자가 미성년자인 때에는 특가법 제5조의 2에 해당하기 때문이다.

☞ 성년자 → 본죄

☞ 미성년자 → 특가법상 처벌

(ⅱ) **인질강도죄(336조)에 해당한다는 설(정성근 · 김종원)**

(3) 부녀매매죄(288조 2항)

① **의 의**　　본죄는 醜業에 사용할 목적으로 부녀를 매매함(1년이상의 유기징역)으로써 성립하는 범죄이다(필요적 공범).

② **객관적 구성요건**　　소위 인신매매를 금하려는 것이며, 매도인 · 매수인을 모두 벌한다. 본죄의 부녀는 성년 · 미성년 · 기혼 · 미혼을 불문한다.

③ **본죄의 행위는 매매이다**. 대법원은 종래 人格의 지각이 있고 법질서에 호소할 능력이 있는 부녀를 매매하는 것은 불가능하다고 하였으나, 그 후 전원합의체 판결에 통하여 보통의 부녀라면 법질서에 보호를 호소하기를 단념할 정도의 상태에서 신체에 대한 인수 · 인계가 이루어졌다면 18세의 부녀에 대한 매매도 가능하다고 판단하였다(대판(전원합의체) 1992. 1. 21, 91 도 1042).

(4) 상습약취, 유인, 매매죄(288조 3항)

(2), (3)의 상습범.

(5) 국외이송을 위한 약취 유인죄(289조 1항)

본죄는 국외에 이송할 목적으로 사람을 약취 · 유인 · 매매함(3년이상의 유기징역)으로써 성립하는 범죄이다(3년이상의 징역).

(6) 결혼목적 약취 유인죄(291조 1항)

① **의 의**

결혼할 목적으로 사람을 약취 · 유인함(5년이하의 징역)으로써 성립하는 범죄이다. 제288조 1항보다 형이 감경된다.

본죄의 객체는 사람이다. 따라서 기혼, 미혼, 성년, 미성년, 남녀를 불문한다.

② **결혼의 의미**에 대하여는 법률혼과 사실을 모두 포함한다는 것이 다수설이다.

③ **결혼목적으로 미성년자를 약취 · 유인한 경우**.

(ⅰ) **결혼 약취·유인죄설** 미성년자 약취·유인죄가 아닌 본죄만 성립.

(ⅱ) **상상적 경합설** 양죄의 상상적 경합(무거운 범죄형태인데도 가볍게 처벌하는 불균형시정키 위해)(다수설).

(7) 약취, 유인, 매매, 이송된 자의 수수, 은닉죄(292조)(피약취·유인·매매자 접수·은닉죄)

① **총칙상의 방조행위를 특별히 규정한 것이다**. 개정형법은 종전의 접수를 수수로 변경하였다.

② **국외이송목적으로 약취·유인 또는 매매한 자가 그 피인취 매매자를 국외로 이송한 경우**.

(ⅰ) **포괄일죄설** 국외이송죄만 성립(유기천, 강구진).

(ⅱ) **상상적 경합설** 국외이송죄와 국외이송목적 약취·유인·매매죄의 상상적 경합(이재상).

(ⅲ) **실체적 경합설** 양죄의 실체적 경합설(김일수, 박상기).

(8) **상습범, 미수범, 자격정지 또는 은닉의 상습범은 처벌**하고, 제287조 내지 제289조, 제291조 내지 제293조의 미수범도 처벌한다.

(9) 刑의 減輕(해방감경규정 신설)

개정형법은 이장의 죄(약취와 유인의 죄)를 범한 자가 약취, 유인, 매매 또는 이송된 자를 안전한 장소로 풀어준 때에는 그 형을 감경할 수 있도록 하였다(295조의 2). 이는 피인취자의 생명, 신체의 안전을 보호하기 위한 형사정책적 고려에서 둔 것이다.

피인취자를 안전한 장소로 풀어주면 족한 것이며 自意性을 요하지 않고, 기수가 된 후에 중지한 경우에도 적용되며 임의적 감경을 내용으로 한다는 점에서 중지미수와 구별된다.

(10) 고 소

제288조 1항, 제292조 1항 또는 제293조 2항의 각 죄 중 추행 또는 간음의 목적으로 약취·유인·수수 또는 은닉한 죄, 제291조의 죄와 그 미수범은 고소가 있어야 공소를 제기할 수 있다(제296조 개정형법에서 개정).

V. 强姦과 醜行의 罪

개정형법에서는 종전의 정조에 관한 죄를 강간과 추행의 죄로 변경하였다.

1. 總 說

(1) 의 의

본죄는 폭행·협박·위계 또는 위력으로써 간음 또는 추행하여 개인의 성적 자유를 침해하는 범죄이다.

특별법으로 성폭력범죄의 처벌 및 피해자 보호 등에 관한 법률, 아동·청소년의 성보호에 관한 법률이 있다.

(2) 보호법익

본죄의 보호법익은 개인의 성적 자기결정의 자유 또는 애정생활의 자유이다. 그러나 사회풍속은 보호법익으로 보기 어렵다(탈윤리화의 요청). 성행위여부 및 그 상대방을 결정할 수 있는 성적자기결정권이 포함된다(헌재결 1990. 9. 10, 89 헌마 82).

2. 强 姦 罪(297조)

(1) 의 의

본죄는 폭행 또는 협박으로 부녀를 강간함(3년 이상 유기징역)으로써 성립한다.

⑵ 객관적 구성요건

① 행위의 주체

1인이 간음하고 다른 사람은 폭행·협박을 한 경우에는 폭행·협박만 한 자도 본죄의 공동정범이 된다)(대판 1984. 6. 12, 84 도 780)(그렇다면 여자도 정범이 될 수 있다는 결론이 된다).

② 행위의 객체와 태양

(i) 행위의 객체

행위의 객체는 부녀이다. 여자인 이상 미혼·기혼·성년·미성년, 음행의 상습 여부를 묻지 않는다. 또한 행위자와 전부터 성관계를 맺고 있던 부녀도 본죄의 객체가 될 수 있다. 미성년자 또는 13세 미만의 부녀에 대하여 본조에 해당하는 정도의 폭행 또는 협박으로써 간음하면 미성년자간음죄(302조) 또는 의제강간죄(305조)가 성립하는 것이 아니고 본죄가 성립한다(처에 대한 강간은 강요죄로 문의될 수 있다). 또한 여성으로 성전환한 남성도 강간죄의 객체가 될 수 있는가? 찬반논의가 있으나 성전환여성은 부녀로 볼 수 없다는 견해인 최초 태도를 바꾸어 성전환여성을 법률상 여성으로 보고 강간죄의 객체가 된다고 판시하였다(대판 2009. 9. 10, 2009 도 3580).

(ii) 처도 객체가 될 수 있는가

ⓐ **긍정설** 　혼인계약의 내용에 강요된 동침까지 포함되는 것은 아니므로 처도 객체가 된다.

ⓑ **부정설(통설·판례)** 　부부관계의 특수성을 고려할 때 처는 객체가 될 수 없고 한다. 그러나 법률상의 혼인관계에 있다하더라도 혼인관계가 파탄에 이르고 실질적인 부부관계를 인정할 수 없는 경우라면 처도 강간죄의 객체가 된다는 것이 최초 판례이다(대판 2009. 2. 12, 2008 도 8601).

(iii) 행위의 태양

행위는 폭행 또는 협박으로 강간하는 것이다. 폭행·협박은 최협의의 것, 즉 상대방의 반항을 억압할 정도는 물론 심히 곤란하게 할 정도의 폭행·협박이면 된다(예 : 최강도의 폭행). 강간이란, 상대방의 반항을 현저히 곤란하게 하고 간음하는 것이다. 또한 마취제 또는 수면제 등의 약물을 사용하거나 최면술을 거는 것도 본죄의 폭행에 해당한다고 해야 한다(절대적 폭력의 한 유형).

⑶ 주관적 구성요건

본죄가 성립하려면 주관적 구성요건으로는 고의가 있어야 한다. 결국 폭행·협박으로 부녀를 강간하겠다는 고의가 있음을 요한다.

⑷ 기수시기

기수시기에 관하여 삽입설과 만족설이 대립하고 있는데 삽입설이 타당하다. 왜냐하면, 본죄는 부녀의 성적 자유를 보호함에 그 목적이 있는 것이고 행위자의 성적 만족과는 관계가 없기 때문이다. 따라서 남자의 성기가 여자의 성기에 들어가기 시작하는 순간에 본죄의 기수가 된다.

⑸ 친고죄

본죄는 대표적인 친고죄이다.

대법원은 강간죄에 대한 고소의 취소가 있는 때에는 그 수단인 폭행만을 처벌할 수 없다는 이유로 공소기각의 판결을 선고하도록 하고 있다. 다만 특수강간죄는 친고죄가 아니므로 동죄가 성립할 때에는 이 문제는 제기될 여지가 없다.

▣ 성폭력특별법 제정에 관하여

◇ 1994년 4월 1일 시행 - 성폭력범죄의 처벌 및 피해자보호 등에 관한 법률
◇ 내용 - 성폭력 범죄를 예방하고 그 피해자를 보호하며 성폭력범죄의 처벌 및 그 절차에 관한 특례를 규정함으로써 국민의 인권신장에 건강한 사회질서의 확립에 이바지함을 목적.
◇ 특징 - 공중밀집장소에서의 추행, 통신매체이용음란 처벌.
✦ 최근 개정에 따라 장애인 강간과 친족간의 강간, 보호관찰(1997. 7. 28. 개정), 카메라 등 이용촬용(1998. 12. 28. 신설) 등도 처벌함

⑹ 특수강간죄

흉기 기타 위험한 물건을 휴대하거나 2인 이상의 合同하여 형법 제297조의

죄를 범했을 때에 성립하는 범죄이다(성폭력특별법). 특수강간의 경우는 친고죄가 아니다. 따라서 고소가 있을 것을 소송조건으로 하지 않으며, 무기 또는 5년이상의 징역으로 처벌된다(성폭력처벌법 6조 1항).

3. 强制醜行罪(298조)

(1) 의 의

본죄는 폭행 또는 협박으로 사람에 대하여 추행(10년이하의 징역 또는 1천500만원이하의 벌금)하는 내용의 범죄이다.

(2) 객관적 구성요건

① **행위의 주체** 행위의 주체는 아무런 제한이 없다. 따라서 여자도 본죄의 주체가 될 수 있다.

② **행위의 객체** 행위의 객체 역시 아무런 제한이 없다. 즉, 강간죄의 객체는 부녀에 한정됨에 반하여, 본죄의 객체는 남녀를 불문한다. 따라서 여자가 남자를 강간하면 본죄에 해당하게 된다. 또한 그 연령의 다소를 불문한다.

③ **행 위** 행위는 폭행 또는 협박으로 추행하는 것이다.

폭행·협박의 정도는 다음과 같다.

대법원은 「반드시 상대방의 의사를 억압할 정도의 것임을 요하지 아니하고 다만 상대방의 의사에 반하는 유형력의 행사인 한 그 힘의 대소 강약을 불문 한다」고 일관되게 판시해 오고 있다(대판 1992. 2. 28, 91 도 3182 ; 1994. 8. 23, 94 도630).

④ **추 행** 추행의 의의는 일반인에게 성적 수치·혐오의 감정을 일으키게 하는 일체의 음란행위라는 견해이다(강구진, 이재상, 김일수, 정성근, 진계호, 배종대). 예를 들면 여자의 가슴을 만진다거나, 음부에 손가락을 삽입한다거나 상대방을 나체가 되게 하는 것 등이다. 그러나 단순히 여자의 손, 무릎을 만지는 것, 옷위로 가슴·성기를 쓰다듬는 것은 추행이 아니다.

(3) 주관적 구성요건

폭행 · 협박에 대한 고의와 추행의 고의가 있어야 한다.

(4) 본죄는 친고죄이다.

4. 準强姦罪·準强制醜行罪(299조)

(1) 의 의

본죄는 사람의 심신상실 또는 항거불능의 상태를 이용하여 간음 또는 추행하는 내용의 범죄이다.

(2) 구성요건

① **행위의 주체와 객체는** 준강간죄에 대해서는 강간죄, 준강제추행죄에 대해서는 강제추행죄의 설명과 동일하다.

② **행위는** 사람의 심신상실 또는 항거불능의 상태를 이용하여 간음 또는 추행하는 것이다. 심신상실 또는 정신장애로 인하여 정상적인 판단능력을 잃고 있는 것을 말한다. 예컨대, 명정중의 상태가 이에 해당된다. 또 항거불능이란 심신상실 이외의 원인으로 심리적 · 물리적으로 대항, 거절이 불가능한 것으로 예컨대 포박되어 있는 경우이다. 성폭력 특별법 제8조의 항거불응에 관하여도 동일한 입장을 내놓고 있다(대판 2007. 7. 27, 2005 도 2994). 본죄는 행위자가 이미 존재하는 심신상실 또는 항거불능의 상태를 이용하는 경우이므로(본죄의 특성이다) 행위자가 스스로 이러한 상태에 빠뜨려 간음 또는 추행의 목적을 달성한 때에는 본죄가 아니라 강간죄 또는 강제추행죄에 해당된다(처벌은 위 강간죄 · 강제추행죄와 같다).

③ **자수범 성부**

(ⅰ) **자수범설** 자수범에 해당하므로 간접정범의 방법으로는 성립될 수 없다.(다수설)

(ⅱ) **부정설** 형법 해석상 간접정범에 의한 준강간죄 성립가능하다.(박상기)

(3) 특수강간·강제추행죄

흉기 기타 위험한 물건을 휴대하거나 2인 이상이 합동하여 형법 제299조의 죄를 범한 자는 특수강간죄 또는 특수강제추행죄의 예에 의하여 처벌한다(성폭력특별법 6조 3항).

5. 未成年者·心神微弱者에 대한 姦淫 醜行罪(302조)

(1) 의 의

본죄는 미성년자 또는 심신미약자에 대하여 위계 또는 위력으로써 간음 또는 추행을 함(5년이하의 징역)으로써 성립한다(친고죄).

(2) 구성요건

① **행위의 객체는 미성년자 또는 심신미약자이다**. 미성년자는 20세미만자이나 제305조와의 관계상 13세이상의 자이어야 한다. 심신미약자라 함은 정신장애로 인하여 판단능력이 미약한 자를 말한다.

② **행위는 위계 또는 위력으로써 간음 또는 추행하는 것이다**. 위계라 함은 상대방을 기망 또는 유혹하여 그 착각이나 부지를 이용하는 것이고(대판 2002. 7. 12, 2002 도 2029), 위력이라 함은 상대방의 자유의사를 제압하는 일체의 행위를 포함한다. 그러나 폭행 · 협박의 경우에는 그것이 강간죄 또는 강제추행죄의 폭행 · 협박에 이르지 않을 것을 요한다.

6. 業務上 威力 등에 의한 姦淫罪(303조 1항)

(1) 의 의

본죄는 업무, 고용 기타 관계로 인하여 자기의 보호 또는 감독을 받는 부녀에 대하여 위계 또는 위력으로써 간음(5년이하의 징역 또는 1천500만원이하의 벌금)하는 내용의 범죄이다.

(2) 구성요건

① **행위의 객체는 업무·고용 기타 관계로 인하여 자기의 보호 또는 감독을 받는 부녀이다**. 업무는 사사로운 개인의 업무는 물론 공공업무도 포함하며, 고용이라 함은 고용주와 피고용인 사이의 관계를 말하고, 기타 관계란 업무·고용 이외의 원인으로 지휘·감독을 받는 관계를 말한다.

② **행위는 위계 또는 위력으로써 간음하는 것이다**.

(3) 죄 수

보호 또는 감독을 받는 부녀가 미성년자 또는 심심미약자인 경우 이들에 대하여 위계 또는 위력으로써 간음하면 본죄와 제302조의 상상적 경합이 된다.

7. 被拘禁婦女姦淫罪(302조 2항)

(1) 의 의

본죄는 법률에 의하여 구금된 부녀를 감호하는 자가 그 부녀를 간음함(7년이하의 징역)으로써 성립하는 범죄이다.

(2) 구성요건

① **행위의 객체는 법률에 의하여 구금된 부녀이다**. 법률에 의하여 구금된 부녀란 형집행중인 자, 노역장에 유치된 자, 구속된 피의자 또는 피고인 등을 말한다.

② **행위는 간음이다**. 법률에 의하여 구금된 부녀는 그들의 약점으로 인하여 심리적으로 열등한 상태에 있기 때문에 이들에게는 폭행·협박이나 위계·위력에 의하지 아니하고도 간음이 행하여질 수 있음을 감안하여 어떤 특별한 행위방법을 규정하고 있지 않다. 따라서 상대방의 승낙이 있더라도 본죄가 성립하게 된다. 물론 친고죄다.

8. 婚姻憑藉 등에 의한 姦淫罪(304조)(위헌)

(1) 의 의

본죄는 혼인을 빙자하거나 기타 위계로써 음행의 상습 없는 부녀를 기망하여 간음함(2년이하의 징역 또는 500만원이하의 벌금)으로써 성립된다.

(2) 구성요건

① **행위의 객체는 음행의 상습 없는 부녀이다.** 이는 불특정인을 상대로 성행위를 하는 습벽이 없는 부녀를 말한다. 즉, 매춘부 이외의 부녀를 말한다. 따라서 반드시 처녀에 국한되지 아니하며, 비록 도덕적으로 비난받을 성생활을 하는 부녀, 예컨대 소실이나 현지처도 특정인을 상대로 성생활을 하면 본죄의 객체에 해당한다. 제302조와의 관계상 20세이상의 부녀일 것을 요한다.

② **행위는 혼인빙자 기타 위계로서 기망하여 간음하는 것이다.** 혼인빙자란 진실로 혼인할 의사가 있는 것처럼 상대방을 기망함을 말하며, 위계의 한 태양으로 예시된 것에 불과하다.

(3) 입법론

혼인빙자간음죄는 최근 비범죄화론의 입장에서 점차 의의를 잃어가고 있으며, 급기야 형법개정안에서 삭제키로 하였다.

최근 본죄는 성적자기 결정권에 반한다는 이유로 위헌결정이 내려졌다(헌법재판소 2009. 11. 26, 2009 헌바 191).

9. 擬制强姦罪 · 擬制强制醜行罪(305조)

(1) 의 의

본죄는 13세미만의 부녀를 강간하거나(의제강간죄), 13세미만의 사람에게 추행(의제강제추행죄)을 하는 것이다.

⑵ 객관적 구성요건

① **행위의 주체는 강간죄와 강제추행죄의 주체와 동일하다.**

② **행위의 객체는 13세미만의 부녀 혹은 13세미만의 사람이다.**

③ **행위의 방법에는 아무런 제한이 없다.** 즉, 13세미만의 자는 정신미숙으로 간음이나 추행의 승낙능력이 없다고 보아 폭행 · 협박이나 위계 · 위력에 의하지 아니하고 그의 승낙을 얻어서 간음 · 추행을 한 경우에는 처벌하는 것이다. 따라서 폭행이나 협박으로 13세미만의 자를 간음 · 추행을 한 경우에는 본죄에 해당하는 것이 아니고 제297조 · 제298조에 해당하게 된다(대판 1982. 10. 12, 82 도 2183 · 1965. 3. 30, 65 도 45).

⑶ 주관적 구성요건

고의는 상대방이 13세미만의 자라는 인식이 요한다. 따라서 13세미만으로 인식하였으나, 실제로 13세이상인 경우에는 불능범에 해당하므로 본죄는 성립하지 않는다고 해야 한다. 그러나 피해자가 13세이상인 것으로 알았으나 사실은 13세미만인 때에는 사실의 착오로서 고의를 조각한다(다수설).

⑷ 위법성

한편 13세미만의 부녀자에게 추행을 하여 그에게 상처를 입힌 소위에 대하여는 형법 제 305조 의하여 같은 법 제 301조가 적용되므로 고소가 없어도 이를 논할 수 있다(대판 1997. 4. 12, 76 도 3719).

⑸ 처 벌

본죄는 제297조 · 제298조 및 제307조 또는 제301조의 2의 예에 의하여 처벌한다(305조).

10. 强姦 등 傷害·致傷罪(301조)

(1) 의 의

본죄는 제297조 내지 제300조(강간죄 · 강제추행죄 · 준강간죄 · 준강간추행죄)의 죄를 범한 자가 사람을 상해하거나 상해에 이르게 한 때에는 무기 또는 5년이상의 징역에 처한다.

(2) 구성요건

① **사상의 결과는 강간 등의 행위 자체에서 생긴 것은 물론, 그 수단인 폭행이나 협박에 의하여 일어난 경우도 포함**한다. 따라서 상대방이 폭행을 피하려다 상처를 입은 경우에도 본죄가 성립한다. 사망과 치상의 결과는 불법에 있어서 큰 차이 있다는 것을 고려하여 살인과 치사는 제301조의 2를 별도로 두었다. 이는 그동안 제301조가 부진정결과적 가중범을 규정한 것인가에 대한 논란을 입법적으로 해결한 것이다. 여기서 음모의 모근을 남기고 모간 부분만을 일부 잘라낸 경우는 폭행에 해당한다고 하였다(대판 2000. 3. 23, 99 도 3099).

② **살인 또는 상해의 고의로 부녀를 간음한 결과 사망 또는 상해한 경우** 판례는 강간의 목적으로 폭행을 가할 때에는 살해의 범의가 있었다면 살인죄와 강간치사죄의 상상적 경합이 성립한다고 판시(대판 1990. 5. 8, 90 도 670)하여 제3설의 입장과 같다.

그러나 형법이 강간 등 살인죄를 신설함에 따라 이러한 경우에는 강간 등 살인죄가 성립할 따름이다.

11. 强姦 등 殺人 · 致死罪(301조의 2 신설)

강간 등으로 인한 살인죄의 처벌규정을 신설하였다. 본죄는 제297조 내지 제300조의 죄를 범한 자가 살해한 때, 사망에 이르게 한 때 성립하는 범죄이다. 강간 등 살인의 경우 사형, 또는 무기징역에 처하며, 사망에 이르게 한 때에는 무기, 10년이상의 징역에 처한다(개정형법).

또한 피해자가 폭행 · 협박을 피하려다 사망의 결과가 발생한 때에도 본죄가 성립한다(대판 1995. 5. 12, 95도425).

12. 親告罪(제306조)

이상의 정조에 관한 죄는 치사상죄(제301조, 제301조의 2)를 제외하고는 고소가 있어야 한다. 개정형법은 '논한다' 를 '공소를 제기할 수 있다' 하였다.

[종합판례정리]

1. 대판 2000. 2. 11, 99 도 5286 (감금죄의 성립요건) [1] 감금죄는 사람의 행동의 자유를 그 보호법익으로 하여 사람이 특정한 구역에서 나가는 것을 불가능하게 하거나 또는 심히 곤란하게 하는 죄로서 이와 같이 사람이 특정한 구역에서 나가는 것을 불가능하게 하거나 심히 곤란하게 하는 그 장해는 물리적, 유형적 장해뿐만 아니라 심리적, 무형적 장해에 의하여서도 가능하고, 또 감금의 본질은 사람의 행동의 자유를 구속하는 것으로 행동의 자유를 구속하는 그 수단과 방법에는 아무런 제한이 없어서 유형적인 것이거나 무형적인 것이거나 가리지 아니하며, 감금에 있어서의 사람의 행동의 자유를 박탈은 반드시 전면적이어야 할 필요도 없다.

[2] 승용차로 피해자를 가로막아 승차하게 한 후 피해자의 하차요구를 무시한 채 당초 목적지가 아닌 다른 장소를 향하여 시속 약 60km 내지 70km의 속도로 진행하여 피해자를 차량에서 내리지 못하게 한 행위는 감금죄에 해당하고, 피해자가 그와같은 감금상태를 벗어날 목적으로 차량을 빠져나오려다가 길바닥에 떨어져 상해를 입고 그 결과 사망에 이르렀다면 감금행위와 피해자의 사망 사이에는 상당인과관계가 있다고 할 것이므로 감금치사죄에 해당한다.

2. 대판 1998. 5. 26, 98 도 1036(일정한 장소적 제약하에서 제한된 행동의 자유를 허용한 경우, 감금죄의 성립 여부) 미성년자를 유인한 자가 계속하여 미성년자를 불법하게 감금하였을 때에는 미성년자유인죄 이외에 감금죄가 별도로 성립한다.

3. 대판 1998. 3. 10, 98 도 70(폭력행위등처벌에관한법률 제2조 제2항 '2인 이상의 공동하여 죄를 범한 때' 및 협박죄에서 협박의 의미) [1] 폭력행위등처벌에관한법률 제2조 제2항의 '2인 이상의 공동하여 죄를 범한 때' 라고 함은 그 수 인간에 소위 공범관계가 존재하는 것을 요건으로 하고, 수인이 동일 장소에서 동일 기회에 상호 다른 자의 범행을 인식하고 이를 이용하여 범행을 한 경우임을 요한다.

[2] 협박죄에 있어서의 협박이라 함은 사람으로 하여금 공포심을 일으킬 수 있을 정도의 해악을 고지하는 것을 의미하고, 협박죄가 성립하기 위하여는 적어도 발생 가능한 것으로 생각될 수 있다 하더라도 그것이 사회의 관습이나 윤리관념 등에 비추어 볼 때에 사회통념상 용인할 수 있을 정도의 것이라면 협박죄는 성립하지 아니한다.

4. 대판 1998. 5. 15, 98 도 690(미성년자유인죄의 성립요건) 형법 제287조의 미성년자유인죄란 기망 또는 유혹을 수단으로 하여 미성년자를 꾀어 그 하자 있는 의사에 따라 미성년자를 자유로운 생활관계 또는 보호관계로부터 이탈하게 하여 자기 또는 제3자의 사실적 지배하에 옮기는 행위를 말하고, 여기서 사실적 지배라고 함은 미성년자에 대한 물리적 · 실력적인 지배관계를 의미한다고 할 것이며, 특정범죄가중처벌등에관한법률 제5조의 2 제2항 제3호 후단은 위 미성년자유인죄를 범한 자에 대한 가중처벌을 규정한 것이므로, 위의 어느 죄든 그것이 성립하기 위하여는 피고인이 미성년자를 기망 또는 유혹하여 미성년자를 위와 같은 지배하에 두었음이 증거에 의하여 입증되어야 한다.

5. 대판 2000. 1. 14, 99 도 5187(준간강죄의 실행에 착수하였다고 한 사례) 피고인이 잠을 자고 있는 피해자의 옷을 벗긴 후 자신의 바지를 내린 상태에서 피해자의 음부 등을 만지고 자신의 성기를 피해자의 음부에 삽입하려고 하였으나 피해자가 몸을 뒤척이고 비트는 등 잠에서 깨어 거부하는 듯한 기색을 보이자 더 이상 간음행위에 나아가는 것을 포기한 경우, 준강간죄의 실행에 착수하였다고 본 사례.

6. 대판 2000. 2. 11, 99 도 4794(강제추행과정에서 피해자의 젖가슴에 약 10일 요치의 좌상을 입고, 그 압통과 종창을 치료하기 위하여 주사를 맞고 3일간 투약한 경우, 강제추행치상죄의

상해에 해당한다고 한 사례) 피해자가 강제추행 과정에서 가해자로부터 왼쪽 젖가슴을 꽉 움켜잡힘으로 인하여 왼쪽 젖가슴에 약 10일간의 치료를 요하는 좌상을 입고, 심한 압통과 약간의 종창이 있어 그 치료를 위하여 병원에서 주사를 맞고 3일간 투약을 한 경우, 피해자는 위와 같은 상처로 인하여 신체의 건강상태가 불량하게 변경되고 생활기능에 장애가 초래되었다 할 것이어서 이는 강제추행치상죄에 있어서의 상해의 개념에 해당한다고 한 사례.

7. 대판 2000. 3. 23, 99 도 3099(강제추행치상죄에 있어서의 상해의 의미) [1] 강제추행치상죄에 있어서의 상해는 피해자의 신체의 건강상태가 불량하게 변경되고 생활기능에 장애가 초래되는 것을 말하는 것으로서, 신체의 외모에 변화가 생겼다고 하더라도 신체의 생리적 기능에 장애를 초래하지 아니하는 이상 상해에 해당한다고 할 수 없다.

[2] 음모는 성적 성숙함을 나타내거나 치부를 가려주는 등의 시각적 · 감각적인 기능 이외에 특별한 생리적 기능이 없는 것이므로, 피해자의 음모는 모근(毛根) 부분을 남기고 모간(毛幹) 부분만을 일부 잘라냄으로써 음모의 전체적인 외관에 변형만이 생겼다면, 이로 인하여 피해자에게 수치심을 야기하기는 하겠지만, 병리적으로 보아 피해자의 신체의 건강상태가 불량하게 변경되거나 생활기능에 장애가 초래되었다고는 할 수는 없을 것이므로, 그것이 폭행에 해당할 수 있음은 별론으로 하고 강제추행치상죄의 상해에 해당한다고 할 수 없다.

8. 대판 2000. 11.10, 2000 도 4042(혼인빙자간음죄에 대한 고소기간의 기산점)

피고인이 유부남으로서 혼인할 의사가 전혀 없음에도 불구하고 마치 총각인 것처럼 행세하면서 피해자로 하여금 곧 결혼할 것으로 믿게 하여 이에 속아 간음하였다는 피해자로서는, 전부터 피고인이 법률상 유부남이라는 사실을 알고 있었지만 피고인이 이를 정리하고 자신과 결혼할 것으로 믿었다는 등의 특별한 사정이 없는 한, 주민등록등본을 발급받아 보고 피고인이 법률상 유부남이라는 사실을 알았다면 피고인의 그 이전 간음행위가 혼인할 의사 없이 행해졌다는 것을 알았다고 보아야 할 것이고, 그 후에 피고인이 팩스를 통하여 자신은 기혼자로서 피해자와 혼인할 의사가 없음을 보여준 것에 불과하다 할 것이므로, 이 사건 혼인빙자간음죄의 고소기간은 위 주민등록등본 발급일로부터 시작된다고 볼 것이다.

9. 대판 2000. 2. 8, 99 도 5395(이른바 사실혼으로 인하여 형성되는 인척이 성폭력범죄의처벌및피해자보호등에관한법률 제7조 제5항 소정의 '사실상의 관계에 의한 친족' 에 해당하는지 여부) 성폭력범죄의처벌및피해자보호등에관한법률 제7조 제1항은 친족관계에 있는 자가 형법 제297조(강간)의 죄를 범한 때에는 5년 이하의 유기징역에 처한다고 규정하고 있고, 같은 법 제7조 제4항은 제1항의 친족의 범위는 4촌이내의 혈족과 2촌 이내의 인척으로 한다고 규정하고 있으며, 같은 법 제7조 제5항은 제1항의 친족은 사실상의 관계에 의한 친족을 포함한다고 규정하고 있는 바, 법률이 정한 혼인의 실질관계는 모두 갖추었으나 법률이 정한 방식, 즉 혼인신고가 없기 때문에 법률상 혼인으로 인정되지 않는 이른바 사실혼으로 인하여 형성되는 인척도 같은 법 제7조 제5항이 규정한 사실상의 관계에 의한 친족에 해당된다.

10. 대판 1998. 1. 23, 97 도 2506(성폭력범죄의처벌및피해자보호등에관한법률 제11조 제1항 소정의 위력과 추행의 의미) 성폭력범죄의처벌및피해자보호등에관한법률상의 업무상 위력 등에 의한 추행죄는 개인의 성적 자유를 보호법익으로 하는 것이므로 결국 이에 해당하는지 여부는 개인의 성적 자유가 현저히 침해되고, 또한 일반인의 입장에서 보아도 추행행위라고 평가될 경우에 한정하여야 할 것이고, 이러한 의미에서 키스, 포옹 등과 같은 경우에 있어서 그것이 추행행위에 해당하는가에 대하여는 피해자의 의사, 성별, 연령, 행위자와 피해자의 이전부터의 관계, 그 행위에 이르게 된 경위, 구체적 행위태양, 주위의 객관적 상황과 그 시대의 성적 도덕관념 등을 종합적으로 고려하여 신중히 검토하여야만 한다.

11. 대판 1998. 2. 27, 97 도 1757(성폭력범죄의처벌및피해자보호등에관한법률 제6조 제1항의 합동범이 성립하기 위한 요건) 성폭력범죄의처벌및피해자보호등에관한법률 제6조 제1항의 2인 이상이 합동하여 형법 제297조의 죄를 범함으로써 특수강간죄가 성립하기 위하여는 주관적 요건으로서의 공모와 객관적 요건으로서의 실행행위의 분담이 있어야 하는 바, 그 공모는 법률상 어떠한 정형을 요구하는 것이 아니어서 공범자 상호간에 직접 또는 간접범죄의 공동가공의사가 암묵리에 상통하여도 되고 반드시 사전에 모의과정이 있어야 하는 것이 아니며, 그 실행행위는 시간적으로나 장소적으로 협동관계에 있다고 볼 정도에 이르면 된다.

제3절

名譽·信用에 관한 罪

Ⅰ. 名譽에 관한 罪

1. 總 說

(1) 의 의

공연히 사실을 적시하여 사람의 명예를 훼손하거나 공연히 사람을 모욕하는 범죄가 명예에 관한 죄이다.

(2) 보호법익

① **명예에 관한 죄의 보호법익에 관한 학설의 대립** 우리 판례는 「명예훼손죄와 모욕죄의 보호법익은 다같이 사람의 가치에 대한 사회적 평가인 이른바 외부적 명예인 점에서는 차이가 없으나 다만 명예훼손은 사람의 사회적 평가를 저하시킬 만한 구체적 사실의 적시를 하여 명예를 침해함을 요하는 것으로 구체적 사실이 아닌 단순한 추상적 판단이나 경멸적 감정의 표현으로써 사회적 평가를 저하시키는 모욕죄와 다르다」 고 하여 외적 명예설의 입장이다(대판 1987. 5. 12, 87 도 739).

한편, 사자명예훼손죄의 보호법익에 관하여는 유족의 명예라는 설, 유족의 사자에 대한 존경감이라는 설, 사자에 대한 사회적 평가라는 설, 사자의 명예 그 자체라는 설 등이 대립하고 있다.

② **보호의 정도** 명예에 관한 죄가 성립되기 위하여는 그 보호법익이 현실적으로 침해될 것까지는 없고 단순히 침해의 위험성만 있으면 충분하므로 추상적 위험범으로 파악해야 한다는 견해가 통설이다.

2. 명예훼손죄(307조 1,2항)

(1) 의 의

본죄는 공연히 사실을 적시(2년이하의 징역, 금고 또는 500만원이하의 벌금)하거나 허위의 사실을 적시(5년이하의 징역, 10년이하의 자격정지 또는 1,000만원이하의 벌금)하여 사람의 명예를 훼손함으로써 성립하는 범죄이다.

(2) 객관적 구성요건

① **행위의 객체** 명예의 주체인 사람은 자연인은 물론 법인 기타의 단체도 포함된다. 자연인인 이상 유아 · 정신병자 · 책임무능력자를 포함한다. 그리고 사람은 특정된 자이어야 한다. 따라서 서울시민이나 전라도민 등은 명예의 주체가 될 수 없다. **○○출신 국회의원들, xx구청공무원들도 명예의 주체가 될 수 있다**(대판 2000. 10. 10, 99 도 5407).

② **행 위** 행위는 공연히 사실 또는 허위의 사실을 적시하여 사람의 명예를 훼손하는 것이다.

(ⅰ) **공연성** '공연히' 라는 것은 불특정 또는 다수인이 인식할 수 있는 상태를 말한다(통설 · 판례). 즉, 불특정이면 1인이든 다수인이든 불문하며, 다수인이면 특정된 사람이든 불특정된 사람이든 불문한다. 또한 불특정 또는 다수인이 현실로 인식하였느냐의 여부는 불문한다.

판례에 따르면 ㉠「개별적으로 한 사람에게 사실을 유포하였다고 하여도 이로부터 불특정 또는 다수인에게 전파될 가능성이 있으면 공연성의 요건을 충족한다」고 판시하고(대판 1968. 12. 24, 68 도 1569 · 1990. 7. 24, 90 도 1167 등), 「1인에 대한 편지발송도 수신인이 타인에게 전파할 가능성이 있으면 공연성이 인정된다」고 하여(대판 1979. 8. 14, 79 도 1517) 대법원은 일관하여 전파성 이론을 채택하고 있다.

㉡ 그러나 피해자와 그 남편 앞에서 사실을 적시한 경우(대판 1987. 4. 25, 75 도 473), 피해자의 친척 1인에게 불륜관계를 말한 경우(대판 1981. 10. 27, 81 도 1023), 피해자가 근무하는 학교의 법인이사장 앞으로 진정서를 제출한 경우(대판 1983. 10. 25, 83 도 2190), 피해자와 동업관계에 있고 친한 사이인 사람에게 피해자의 험담을 한 경우(대판 1984. 2. 28, 83 도 891) 등에는 전파가능성이 없다는 이유로 공연성을 부정

하였다. 대법원은 기자를 통하여 사실을 적시한 경우에 기사화되어 보도되지 않는 한 전파가능성이 없다고 하였다(대판 2000. 5. 16, 99 도 5622).

(ⅱ) **사실의 적시** '사실의 적시'란 사람의 인격적 가치에 대한 사회적 평가를 저하시키는 데 충분한 사실을 구체적으로 지적하는 것을 말한다. 적시되는 사실은 본인에게 불이익한 것이면 족하고, 적시하는 방법은 구두·문서등을 불문한다. 그리고 적시된 사실이 진실한 것이든 허위의 것이든 본죄가 성립한다. 다만, 후자의 경우 가중처벌한다. 내사종결처리 되었음에도 불구하고 사건을 조사한 경찰관이 '내일 부로 검찰청에서 구속영장이 떨어진다'고 말한것은 장래의 사실 일지라도 현재의 사실을 기초로 한 것이므로 사실적시에 해당한다고 판시하였다(대판 2003. 5. 13, 2002 도 7420).

③ **"명예를 훼손" 한다 함은** 사람의 인격적 가치에 대한 사회적 평가를 저하시킬 우려가 있음을 말하며 반드시 현실적·구체적으로 침해됨을 요하지 아니한다. 명예란 윤리적인 것에 한정되지 않고 학문적·예술적·사교적인 것은 물론, 성격·용모·건강·신분 등을 포함한다.

(3) 주관적 구성요건

① **타인의 명예를 훼손하기 위한 고의가 있어야 한다.** 미필적 고의로도 족한다.

② **진실한 사실을 허위사실로 오인하고 적시하여 타인명예를 훼손한 경우**

(ⅰ) **다수의 견해에 의하면,** 이 경우 고의는 제307조 2항의 고의이지만 결과는 제307조 1항의 결과이며, 큰 고의는 작은 고의를 포함하므로 역시 제1항의 죄책을 지게 된다(유기천, 이재상, 진계호).

(ⅱ) **소수설은** 이 경우는 형법 제15조 1항이 적용되는 전형적인 예가 아니므로 이 규율을 반전시켜 적용해야 한다(김일수)고 한다. 이 경우 행위자에게 경한 기본적 범죄의 고의기수와 중한 범죄의 미수를 각각 인정한 뒤 상상적 경합에 의해 처리하여야 한다고 한다.

⑷ 위법성

① **일반적 위법성조각사유** 제307조 1항의 행위가 진실한 사실로서 오로지 공공의 이익에 관한 때에는 처벌하지 않는다(310조). 이를 사실의 증명이라하며, 본죄 특유의 위법성조각사유가 된다. 물론, 일반적 위법성조각사유도 그대로 적용된다.

법령에 의한 행위(형사재판에서 검사의 기소요지진술), 업무로 인한 행위(보도기관의 보도) 등이 그 예이다.

② **형법 제310조의 위법성조각사유**

(ⅰ) **의 의** 개인의 명예보호(형법)와 표현의 자유의 보장(헌법)과의 충돌의 조정·조화를 꾀하는 뜻에서 형법 제310조의 규정을 이해해야 한다.

대법원판례

형법 제310조에 의하여 위법성이 조각되는 경우는 형법 제307조 1항의 행위가 진실한 사실로서 오로지 공공의 이익에 관한 때에 한하며, 형법 제307조 2항에 해당하는 범죄에 대하여는 위법성조각에 관한 형법 제310조는 적용될 여지가 없다. 대판 1993. 4. 13, 92 도 234(명예훼손죄의 위법성조각사유)

(ⅱ) **요 건**

ⓐ **제307조 1항의 행위, 즉 공연히 사실을 적시하여 사람의 명예를 훼손하는 행위에만 적용된다**(출판물 등에 의한 명예훼손죄에도 해당 안됨(대판 1995. 6. 30, 95 도 1010)).

ⓑ **적시된 사실이 진실한 것으로서 오로지 공공의 이익에 관한 것이어야 한다.**

(ⅲ) **효 과**

ⓐ **실체법적 효과**(제310조의 '처벌하지 아니한다'의 의미)

☞ 처벌조각사유설 → 개인의 명예보호에 치중

☞ 구성요건해당성조각설 → 명예의 보호보다 언론의 자유보장에 편중한 견해

☞ 위법성조각사유설 → 통설로서, 형법도 위법성조각사유로 규정하고 있다.

☞ 판례 → 행위자가 비록 적시된 사실이 진실이라고 확신하였다 하여도 그것이 건전한 상식에 비추어 상당하다고 인정될 정도의 객관적 상황이 있다는 증거가 없는 이상 위법성이 조각된다고 볼 수 없다(대판 1962. 5. 17, 4294 형상 12).

ⓑ 소송법적 효과

☞ 거증책임전환설 → 진실성 · 공익성의 증명은 소송법상의 문제로서 본 조문이 절차법적으로는 거중책임을 피고인에게 지운 거증책임전환규정으로 이해하는 견해이다(유기천, 정영석, 황산덕, 서일교, 정성근, 진계호, 신동운).

☞ 검사거증책임설(소송법적 효과 부정설) → 제310조는 위법성조각사유이기 때문에 그 요건되는 진실성과 공익성의 부존재에 관한 입증책임은 검사에게 있고, 따라서 본조의 소송법적 의의는 없다는 견해이다(이재상, 김일수, 배종대, 강구진, 김종원, 정영일).

(iv) 허위사실을 진실한 사실로 오신하고 공익을 위하여 적시한 경우

☞ 처벌조각사유설 → 본죄성립에 영향이 없다.

☞ 위법성조각사유설 → 엄격책임설(법률의 착오) / 제한책임설(사실의 착오)) 위법성조각사유의 전제된 사실의 착오

☞ 판례 →「행위자가 비록 적시된 사실이 진실이라고 확신하였다 하여도 그것이 건전한 상식에 비추어 상당하다고 인정될 정도의 객관적 상황이 있다는 증거가 없는 이상 위법성이 조각된다고 볼 수 없다」(대판 1994. 8. 26, 94 도 237 · 1993. 6. 22, 92 도 316 · 1962. 5. 17, 4294 형상 12).

⑸ 처벌(개정형법)

☞ 제1항 → 2년이하의 징역 · 금고, 500만원이하의 벌금

☞ 제2항 → 5년이하의 징역 또는 10년이하의 자격정지, 1,000만원이하의 벌금

⑹ 모욕죄와의 관계

① **모욕죄가 일반범죄로서의 지위에 서고**, 명예훼손죄가 특별범죄로서의 지위에 서므로 특별관계로 파악하는 설(다수설)

② **흡수관계로 보는 설(다수설)**

⑺ 허위사실을 적시하여 명예와 신용을 동시에 훼손한 경우

① **법조경합설** 신용훼손죄는 사람의 사회적 가치 가운데 경제적 가치만을 특별히 보호하는 인격적 법익에 관한 죄이므로 법조경합 중 특별관계에 의하여 신용훼손죄만 성립한다는 견해(강구진, 이재상, 배종대, 김일수 : 한국형법Ⅲ, 468).

② **상상적 경합설** 명예훼손과 신용훼손죄는 공통된 성질을 가지고 있으면서 고유의 독립된 범죄이므로 제307조 2항의 가중적 명예훼손죄와 신용훼손죄의 상상적 경합이 된다는 견해도 다수설이다(황산덕, 정영석, 서일교, 이건호, 정창운, 정성근, 진계호, 신동운, 김일수:한국형법 Ⅲ, 442면).

3. 侮 辱 罪(311조)

⑴ 의 의

본죄는 공연히 사람을 모욕함(1년이하의 징역, 금고 또는 200만원이하의 벌금)으로써 성립한다.

⑵ 구성요건

① 보호의 객체, 즉 명예의 주체는 명예훼손죄와 동일하다.

② 행위는 공연히 모욕한다는 것이다.

(ⅰ) **'공연히' 역시 명예훼손죄와 동일하다.**

(ⅱ) **'모욕' 이란 구체적인 사실을 적시하지 아니하고** 사람의 외부적 명예를 해할 만한 추상적인 경멸의 표시를 하는 것으로서, 도둑놈 · 죽일 놈 등의 언사가 이에 해당된다. 방법 역시 구두 · 문서 등을 불문한다.

⑶ 명예훼손죄와의 차이는 사실의 적시 유무에 있다.

⑷ 제310조의 적용 여부

① **제1설(유추적용설)** 정치, 학문 또는 예술분야의 비판 내지 논평에 있

어서 어느 정도의 경멸적 판단이 포함되는 것이 일반적이며, 그것이 공익성을 가질 때에는 제310조를 유추적용하여 위법성이 조각된다고 보는 견해이다(서일교, 황산덕, 이재상).

② **제2설(적용부정설)** 제310조에 의하여 위법성이 조각되는 것은 그 법문이 명백히 규정하고 있는 바와 같이 명예훼손죄에 한하고 모욕죄에 있어서는 사실이 진실이라 하더라도 제310조를 적용할 수 없다는 견해이다. 다만 이러한 경우는 사회상규에 위배되지 않는 행위로서 제20조에 의해 위법성이 조각된다고 본다(정성근, 진계호, 김일수, 배종대, 신동운)(대판 1959. 12. 23, 4291 형상 539).

4. 死者의 名譽毁損罪(308조)

(1) **본죄는 공연히 허위의 사실을 적시하여 사자의 명예를 훼손**(2년 이하의 징역, 금고 또는 500만원 이하의 벌금)하는 범죄이다.

(2) 보호법익

① **사자의 명예주체성을 부정하는 견해**에 의하면 사자명예훼손죄의 보호법익을 유족이 사자에 대해 가지고 있는 존경의 감정 내지 추모감정이라고 파악한다(배종대).

② **사자의 명예주체성을 인정하는 견해**에 의하면 사자에 대한 사회적 · 역사적 평가, 즉 사자의 명예 그 자체를 보호법익으로 한다(다수설).

(3) **고소권자는 사자의 친족 또는 자손이다**(형소법 제227조). 개정형법은 2년이하의 징역이나 금고, 500만원이하의 벌금에 처한다고 하였다.

5. 出版物 등에 의한 名譽毁損罪(309조)

본죄는 사람을 비방할 목적으로 신문 잡지 또는 라디오 기타 출판물에 의하여 제307조의 죄를 범하는 것이다. 본죄는 진정목적범이다. 본죄의 객체에는 프린트, 손으로 쓴 것은 제외된다. 컴퓨터워드프로세서로 작성되어 프린트된 A4 용지

7쪽 분량의 인쇄물은 '기타출판물' 에 해당하지 않는다(대판 2002. 2. 11, 99도 3048).

출판물 등에 의한 명예훼손죄는 다음과 같다.

☞ 제1항 → 3년이하의 징역이나 금고, 700만원이하의 벌금

☞ 제2항 → 7년이하의 징역, 10년이하의 자격정지, 1,500만원이하의 벌금(허위사실유포)

사람을 비방할 목적이란 가해의 의사 내지 목적을 필요로 한다는 것이 판례이다(대판 2000. 2. 25, 98 도 2188).

6. 親告罪 · 反意思不罰罪(312조)

사자명예훼손죄와 모욕죄는 친고죄이고, 명예훼손죄와 출판물 등에 의한 명예훼손죄는 반의사불벌죄이다.

고소의 "논한다" 는 "공소를 제기할 수 있다" 로, 반의사불벌죄는 "논할 수 없다" 를 "공소를 제기할 수 없다" 로 변경하였다.

▣ 명예훼손죄와 모욕죄의 비교

구 분	명예훼손죄	모욕죄
보호법익	외부적 명예	외부적 명예라는 견해와 명예감정이라는 견해가 있다 외부적 명예가 보호법익이라는 것이 통설이다.
행위방법	구체적 사실의 적시 (i) 사람의 명예를 훼손할 정도의 구체성이 있어야 한다. (ii) 구체적 사실의 시기, 장소, 수단 등을 상세히 특정할 필요가 없다. (iii) 구체적 사실은 적시자가 직접 체험한 것이든, 다른 사람들로부터 추측한 결론이든 상관없다. (iv) 적시방법에는 제한이 없다.	작위에 의한 모욕도 가능하다. (i) 사람의 사회적 평가를 저하시킬 우려가 있는 정도에 이르지 않은 사실의 적시를 의미한다(예컨대, 애꾸눈이라는 말한 경우) (ii) 추상적 사실 또는 판단의 진위 여부는 불문한다. (iii) 모욕의 수단·방법에는 제한이 없다(예컨대, 언행, 거동, 태도 등에 의해서도 가능하다. 또 정황에 따라서는 부작위에 의한 모욕도 가능하다).
행 위	공연성	공연성

명예의 주체	자연인: 유아, 정신병자, 법인	자연인: 유아, 정신병자, 법인 (i) 사자에 대한 모욕죄는 성립하지 않는다. (ii)보호법익인 명예감정이라는 입장에서는 명예감정이 없는 유아, 정신병자, 법인에 대하여 모욕죄는 성립하지 않는다.
형법 제310조(명예훼손의 위법성 조각사유)의 적용여부	적용된다.	통설과 판례는 그 적용을 부인한다.
소추방법	반의사불벌죄 그러나 사자에 대한 명예훼손죄는 친고죄	친고죄(이유: 모욕죄는 비교적 경한 범죄이므로 피해자의 의사에 반해 소추할 필요가 없다)

7. 사이버공간과 명예훼손죄

오늘날 오픈라인 뿐 아니라 온라인 사이버공간에서 일어나는 명예훼손사례가 많으며 이를 대처하는 방법으로 정보통신망이용촉진및정보보호등에관한법률'이 있다. 특히 정통방법 제61조는 사람을 비방할 목적으로 정보통신망을 이용하여 공연히 사실을 적시하여 타인의 명예를 훼손한 자와 사람을 비방할 목적으로 정보통신망을 통하여 공연히 허위의 사실을 적시하여 타인의 명예를 훼손한자를 각기 체벌하고 있다.

이 법규정은 첫째, 명예훼손행위만을 처벌하고, 모욕이나 사자명예훼손행위는 처벌하지 않으며, 둘째, 목적범을 규정하고, 셋째, 일반명예훼손죄와 출판물에 의한 명예훼손을 구분하지 않으며 넷째, 형법 제310조와 같은 위법성조각사유가 없으며, 끝으로, 법정형이 형법상의 그것보다 무겁다는 점을 그 특징으로 들 수 있다.

II. 信用·業務·競賣에 관한 罪

1. 信用毁損罪(313조)

(1) 의의 및 보호법익

본죄는 허위의 사실을 유포하거나 기타 위계로써 사람의 신용을 훼손함(5년이하의 징역 또는 1,500만원이하의 벌금)으로써 성립하는 범죄로서, 본죄의 보호법익은 신용, 즉 사람의 경제적 지위에 대한 사회적 평가이다. 명예훼손죄가 인격적 가치에 대한 사회적 평가를 보호하는 것과 비교된다.

(2) 구성요건

허위사실유포 기타 위계로써 신용을 훼손하는 것이다.

① **허위사실의 유포** 객관적으로 진실에 부합되지 않는 과거 또는 현재 사실을 유포하는 것, 단순한 의견인 가치판단의 표시는 포함되지 않는다(대판 1983. 2. 8, 82 도 2486).

② **위 계** 사람을 착오에 빠지게 하여 판단을 그르치게 하는 것을 말한다.

③ **신용훼손** 사람의 지급능력 또는 지급의사에 관한 사회적 신뢰를 저하시키는 것을 말한다.

(3) 죄 수

① **공연히 허위사실을 적시하여 명예와 신용을 훼손한 경우** 양죄의 상상적 경합이 된다.

② **진실한 사실로써 사람의 신용을 훼손했을 때**는 명예훼손죄가 될 수 있으나, 허위사실로써 사람의 신용을 훼손하면 신용훼손죄가 되게 됨을 주의해야 한다.

2. 業務妨害罪(314조)

(1) 의 의

본죄는 제313조(허위의 사실을 유포하거나 위계)의 방법 또는 위력으로써 사람의 업무를 방해함(5년이하의 징역. 또 1,500만원이하 벌금)으로써 성립하는 범죄이다. 업무방해죄의 성격으로는 재산죄설, 자유보호설, 재산 및 자유보호설 등이 대립하나, 대법원의 입장은 일반적인 활동의 자유를 침해하는 죄로 파악한다고 볼 수 있으며, 반드시 경제적 활동에 관한 업무를 요구하고 있지 않다(대판 1991. 11. 22,

91 도 2211).

위계에 의한 업무방해죄의 경우에 업무수행자체가 아니라 업무의 적정성 내지 공정성이 방해된 경우에도 업무방해에 해당한다고 보는 것이 판례의 태도이다(대판 2008. 1. 17, 2006 도 1721).

(2) 보호법익

① **사 람** 자연인과 법인뿐만 아니라 법인격 없는 단체도 포함한다.

② **업 무** 정신적이거나 경제적이거나를 불문하고 사회생활상의 거래에 따라 계속해서 종사할 것이 요구되는 사무를 총칭한다(대판 2004. 10. 28, 2004 도 1256).

(3) 구성요건

업무의 내용과 관련하여 여기의 업무 속에 공무가 포함되는가에 대해서는 학설의 대립이 있다.

ⓐ **적극설** 본죄의 업무에 공무도 포함된다는 견해(서일교, 정영석)(논거: 허위사실의 유포에 의한 공무집행방해로 처벌할 수 있기 위하여는 공무도 포함시켜야)이다.

ⓑ **소극설** 공무는 포함되지 않는다는 견해(김종원, 유기천, 이재상)(논거: 개인의 경제활동의 자유를 보호하기 위한 본죄에서 공무는 제외함이 타당하다)이다.

ⓒ **절충설** 비공무원에 의한 공무수행이나 비권력적 공무수행 또는 위력에 의한 공무집행방해의 경우에는 공무도 포함된다는 견해(권문택, 정성근, 황산덕, 진계호)(논거: 관공서의 傭人이나 우편배달부 등은 공무원이 아니라는 전제에서 출발하고 있다)이다.

(4) 행위 - 허위사실의 유포 또는 위계 또는 위력

① **허위사실의 유포**에서 허위는 신용훼손죄의 그것과 같다.

② **위계에 의한 경우**란 행위자의 행위 목적을 달성하기 위한 상대방에게 오

인, 착각 · 부지를 일으키게 하여 이를 이용하는 것을 말한다(대판 1992. 6. 9, 91 도 2221)(위장취업과 업무방해죄).

대법원판례

상대방으로부터 신청을 받아 상대방이 일정한 자격요건 등을 갖춘 경우에 한하여 그에 대한 수용 여부를 결정하는 업무에 있어서는 신청서에 기재된 사유가 사실과 부합하지 않을 수 있음을 전제로 그 자격요건 등을 심사·판단하는 것이므로, 그 업무담당자가 사실을 충분히 확인하지 아니한 채 신청인이 제출한 허위의 신청사유나 허위의 소명자료를 가볍게 믿고 이를 수용하였다면 이는 업무담당자의 불충분한 심사에 기인한 것으로서 신청인의 위계가 업무방해의 위험성을 발생시켰다고 할 수 없어 위계에 의한 업무방해죄를 구성하지 않지만, 신청인이 업무담당자에게 허위의 주장을 하면서 이에 부합하는 허위의 소명자료를 첨부하여 제출한 경우 그 수리 여부를 결정하는 업무담당자가 관계 규정이 정한 바에 따라 그 요건의 존부에 관하여 나름대로 충분히 심사를 하였음에도 신청사유 및 소명자료가 허위임을 발견하지 못하여 그 신청을 수리하게 될 정도에 이르렀다면, 이는 업무담당자의 불충분한 심사가 아니라 신청인의 위계행위에 의하여 업무방해의 위험성이 발생한 것이어서 위계에 의한 업무방해죄가 성립한다(대판 2009. 1. 30, 2008 도 6950).

③ **위력**은 사람의 의사자유를 제압할 만한 일체의 능력을 말하며, 유형적이든 무형적이든 불문한다.

④ **노동쟁의행위의 위법성판단**에 대해 판례는 근무시간중에 노동조합 임시총회를 개최하고 4시간의 전체 총회시간 중 3시간에 걸친 투표와 1시간에 걸친 여흥시간을 가졌더라도 이러한 임시총회가 노동쟁의조정법상 쟁의행위를 위한 필수적 요건인 조합원의 투표를 위한 것이며, 2회에 걸친 서면통보를 회사측에 한 점 등을 들어 정당행위에 해당한다고 한다(대판 1995. 10. 12, 95 도 1589).

(5) 처 벌

5년이하의 징역 또는 1,500만원이하의 벌금에 처한다.

권리행사라도 사회통념상 허용한도를 벗어나면 위법하다(대판 2005. 5. 27, 2004 도 8447).

⑹ 컴퓨터에 의한 業務妨害罪(314조 2항 신설)

① 의 의 개정형법은 컴퓨터사용방해나 데이터의 부정조작이 업무방해죄를 구성한다고 보고 이를 입법적으로 해결하는 규정을 두었다. 컴퓨터 등 정보처리장치 또는 전자기록 등 특수매체기록을 손괴하거나 정보처리장치에 허위의 정보 또는 부정한 명령을 입력하거나 기타의 방법으로 정보처리에 장애를 발생하게 하여 사람의 업무를 방해한 자도 업무방해죄로 처벌(5년이하의 징역 또는 1,500만원 이하의 벌금)하는 규정이 신설하였다(314조 2항 신설).

여기서 정보처리장치는 컴퓨터의 하드웨어와 소프트웨어를 말하며, 특수매체기록은 전자기록 외에 전기적 기록이나 光통신을 이용한 기록을 말한다.

② 구성요건

- (ⅰ) 행위객체
  - 정보처리장치 : 자료입력하여 프로그램에 연결시킴으로써 작업결과를 얻는 기술적 과정을 수행하는 도구 (컴퓨터 하드웨어와 소프트웨어 포함. 그러나 자동판매기는 포함되지 않음)
  - 전자기록 : 전기적 기록과 자기적 기록 (반도체 직접회로, 자기디스크, 자기테이프)
  - 특수매체기록 : 光기술이나 레이저기술을 이용한 光學기록
  - 기타 : 개인용 PC는 해당 안됨.

- (ⅱ) 행위유형
  - 특수매체기록손괴
  - 정보처리장치에 허위의 정보 또는 부정한 명령 입력
  - 기타 방법

위의 행위 중 손괴는 물질적인 파괴, 멸실 이외에 전자기록의 소거를 포함하며, 허위정보나 부정한 명령입력은 진실에 반한 정보나 예상치 아니한 프로그램을 입력하는 것(컴퓨터바이러스)을 말하며, 기타 방법은 전원의 절단, 실온의 조작 등을 말한다.

(iii) 추상적 위험범 본죄에 의한 업무방해의 결과는 현실적으로 발생하지 않더라도 위의 행위가 있으면 업무방해죄가 성립된다. 즉 추상적 위험범이다.

③ 죄 수 컴퓨터를 손괴하여 업무를 방해한 때에는 손괴죄와 본죄의 상

상적 경합이 된다. 전자적 기록을 소거하여 본죄를 범한 때에도 같다.

3. 競賣·入札의 妨害罪(315조)

(1) 의 의

본죄는 위계 또는 위력 기타의 방법으로 경매 또는 입찰의 공정을 침해(2년 이하의 징역 또는 700만원이하의 벌금)하는 경우에 성립하는 범죄이다.

(2) 구성요건

① **위계 · 위력의 의미**는 신용훼손죄 · 업무방해죄의 경우와 같다.

② **「공정을 해한다」 함**은 적정가격을 형성하는 공정한 자유경쟁이 방해될 우려 있는 상태를 발생시키는 것을 말한다. 적정한 가격이란, 평균적인 시장가격을 기준으로 정해야 한다는 시장가격설의 입장이 타당하다.

동업자간 출혈경쟁의 방지수단으로 실질적으로 단독입찰하고서 경쟁입찰로 가장한 경우 입찰방해죄가 성립한다(대판 2001. 6. 29, 99 도 4525).

(3) 담합행위와의 관계

담합행위가 사기죄를 구성하는가에 대해 논란이 있으나 형법의 해석상 경매 · 입찰의 방해로 볼 수 있다. 다만, 사회상규에 위배되지 않으면 정당행위로 위법성이 조각된다. 담합행위가 공정한 가격을 해하거나 부정한 이익을 얻을 목적으로 행해진 경우에 본죄가 성립된다(대판 2001. 2. 9, 2000도 4700).

(4) 처 벌

개정형법은 법정형을 2년이하의 징역 또는 700만원이하의 벌금에 처한다고 하였다.

[종합판례정리]

1. 대판 2000. 5. 16, 99 도 5622(기자에게 사실을 유포하였으나 기사화되지 않은 경우 공연성의 구비여부) 개별적으로 한 사람에 대하여 사실을 유포하였다고 하더라도 그로부터 불특정 또는 다수인에게 전파될 가능성이 있다면 공연성의 요건을 충족하지만 이와 달리 전파될 가능성이 없다면 특정한 사람에 대한 사실의 유포는 공연성을 결한다고 할 것인 바, 통상 기자가 아닌 보통 사람에게 사실을 적시할 경우에는 그 자체로서 적시된 사실이 외부에 공표되는 것이므로 그 때부터 곧 전파가능성을 따져 공연성 여부를 판단하여야 할 것이지만, 그와는 달리 기자를 통해 사실을 적시하는 경우에는 기사화되어 보도되어야만 적시된 사실이 외부에 공표된다고 보아야 할 것이므로, 기자가 취재를 한 상태에서 아직 기사화하여 보도하지 아니한 경우에는 전파가능성이 없다고 할 것이어서 공연성이 없다고 봄이 상당하다.
2. 대판 2000. 2. 11, 99 도 3048(형법 제309조 제1항 소정의 '기타 출판물' 에 해당하기 위한 요건) [1] 형법이 출판물 등에 의한 명예훼손죄를 일반 명예훼손죄보다 중벌하는 이유는 사실적시의 방법으로서의 출판물 등의 이용이 그 성질상 다수인이 견문할 수 있는 높은 전파성과 신뢰성 및 장기간의 보존가능성 등 피해자에 대한 법익침해의 정도가 더욱 크다는 데 있는 점에 비추어 보면, 형법 제309조 제1항 소정의 '기타 출판물' 에 해당한다고 하기 위하여는 그것이 등록 · 출판된 제본인쇄물이나 제작물은 아니라고 할지라도 적어도 그와 같은 정도의 효용과 기능을 가지고 사실상 출판물로 유통 · 통용될 수 있는 외관을 가진 인쇄물로 볼 수 있어야 한다.

[2] 컴퓨터 워드프로세서로 작성되어 프린트된 A4 용지 7쪽 분량의 인쇄물이 형법 제309조 제1항 소정의 '기타 출판물' 에 해당하지 않는다고 본 사례.

3. 대판 2000. 2. 25, 99 도 4757(형법 제307조 제2항 소정의 '허위사실 적시에 의한 명예훼손죄' 의 성립요건) [1] 형법 제307조 제2항 소정의 허위사실 적시에 의한 명예훼손죄가 성립하기 위하여는 범인이 공연히 사실의 적시를 하여야 하고, 그 적시한 사실이 사람의 사회적 평가를 저하시키는 것으로서 허위이어야 하며, 범인이 그와 같은 사실이 허위라는 인식하였어야 한다.

[1] 형법 제307조 제2항을 적용하기 위하여 적시된 사실이 허위의 사실인지 여부를 판단함에 있어서는 적시된 사실의 내용 전체의 취지를 살펴볼 때 중요한 부분이 객관적 사실과 합치되는 경우에는 세부(細部)에 있어서 진실과 약간의 차이가 나거나 다소 과장된 표현이 있다 하더라도 이를 허위의 사실이라고 볼 수는 없다.

4. 대판 2000. 2. 25, 98 도 2188(명예훼손죄 성립에 필요한 사실 적시의 정도)

[1] 명예훼손죄가 성립하기 위하여는 사실의 직시가 있어야 하고 적시된 사실은 이로써 특정인의 사회적 가치 내지 평가가 침해될 가능성이 있을 정도로 구체성을 띠어야 한다.

[2] 형법 제309조 소정의 '사람을 비방할 목적' 이란 가해의 의사 내지 목적을 요하는 것으로서 공공의 이익을 위한 것과는 행위자의 주관적 의도의 방향에 있어 서로 상반되는 관계에 있다고 할 것이므로, 적시한 사실이 공공의 이익에 관한 것인 때에는 특별한 사정이 없는 한 비방의 목적은 부인된다.

5. 대판 2000. 10. 10, 99 도 5407(집합적 명사를 쓴 경우 명예훼손죄의 성립 여부)
명예훼손죄는 어떤 특정한 사람 또는 인격을 보유하는 단체에 대하여 그 명예를 훼손함으로써 성립하는 것이므로 그 피해자는 특정한 것임을 요하고, 다만 서울시민 또는 경기도민이라 함과 같은 막연한 표시에 의해서는 명예훼손죄를 구성하지 아니한다 할 것이지만, 집합적 명사를 쓴 경우에도 그것에 의하여 그 범위에 속하는 특정인을 가리키는 것이 명백하면, 이를 각각의 명예를 훼손하는 행위라고 볼 수 있다.

6. 대판(전원합의체) 1997. 4. 17, 96 도 3377(금융거래에 있어서 합의차명에 의한 실명전환행위가 업무방해죄를 구성하는지 여부) [다수의견] 금융실명거래및비밀보장에관한긴급재정경제명령의 목적과 관계 규정의 취지를 종합하여 보면, 기존 비실명자산의 거래자가 위 긴급명령의 시행에 따라 이를 실명전환하는 경우 금융기관으로서는 실명전환사무를 처리함에 있어서 거래통장과 거래인감 등을 소지하여 거래자라고 자칭하는 자의 명의가 실명인지 여부를 확인하여야 하고 또 그것으로써 금융기관으로서의 할 일을 다하는 것이라 할 것이고, 그가 과연 금융자산의 실질적인 권리자의 여부를 조사 확인할 것까지는 없다고 할 것이므로, 실명전환사무를 처리하는 금융기관의 업무는 실명전환을 청구하는 자가 권리자의 외관을 가지고 있는지 여부를 확인하고 그의 명의가 위 긴급명령에서 정하고 있는 주민등록표상의 명의 등 실명인지 여부를 확인하는 것일 뿐이지, 나아가 그가 과연 금융자산의 실질적인 권리자인지 여부를 조사 확인하는 것까지 그 업무라고 할 수는 없다. 따라서 기존의 비실질명예금을 합의차명에 의하여 명의대여자의 실명으로 전환한 행위는 위 긴급명령에 따른 금융기관의 실명전환에 관한 업무를 방해한 것이라 할 수 없다.

7. 대판 1995. 5. 14, 98 도 3767(업무방해죄에서 업무를 '방해한다'는 의미)

[1] 업무방해죄에 있어 업무를 '방해한다'함은 업무의 집행 자체를 방해하는 것은 물론이고 널리 업무의 경영을 저해하는 것도 포함된다.

[2] 피고인이 서류배달업 회사가 고객으로부터 배달을 의뢰받은 서류의 포장 안에 특정 종교를 비방하는 내용의 전단을 집어넣어 함께 배달되게 한 경우, 위 회사의 서류 배달업무를 방해한 것으로 업무방해죄가 성립한다고 한 사례.

8. 대판 1999. 1. 29, 98 도 3240(업무방해죄의 성립을 부정한 사례) 도급인의 공사계약해제가 적법하고 수급인이 스스로 공사를 중단한 상태에서 도급인의 공사현장에 남아 있는 수급인 소유의 공사자재 등을 다른 곳에 옮겨 놓았다고 하여 도급인이 수급인의 공사업무를 방해한 것으로 볼 수는 없다.

9. 대판 2000. 7. 28, 99 도 6(학교 졸업앨범을 통하여 입수한 졸업생의 이름, 주소, 전화번호 등이 개인신용정보에 속하는지 여부(소극)) 신용정보의이용및보호에관한법률 제23조에 의하면 "개인신용정보"함은 "① 금융실명거래및비밀보장에관한법률 제4조의 규정에 의한 금융거래의 내용에 관한 정보 또는 자료, ② 개인의 질병에 관한 정보, ③ 기타 대통령령이 정하는 개인신용정보"를 의미하고, 구 신용정보의이용및보호에관한법률시행령(1997. 12. 27. 대통령령 제15548호로 개정 되기 전의 것) 제12조 제2항, 제2조 제2호, 제4호에 의하면, 위 법률 제23조 제3항에서 규정하고 있는 "기타 대통령령이 정하는 개인신용정보"라 함은 "① 대출 · 보증 · 담보제공 · 가계당좌예금 또는 당좌예금 · 신용카드 · 할부신용제공 ·시설대여 등의 금융거래 등 상거래와 관련하여 신용정보주체의 거래내용을 판단할 수 있는 정보로서 총필요한 개인의 재산 · 채무 · 소득의 총액, 납세실적 등과 기업 및 법인의 연혁 주식 또는 지분보유현황 등 회사의 개황, 판매내역 · 수주실적 · 경영상의 주요계약 등 사업의 내용, 재무제표 등 재무에 관한 사항, 주식회사의외부감사에관한법률의 규정에 의한 감사인의 감사의견 및 납세실적 등 신용정보주체의 신용거래능력을 판단할 수 있는 정보" 중에서 "개인에 관한 정보" 를 의미하며, 위 법률 제24조 제1항에서 규정하고 있는 "개인신용정보"라 함은 그 조문의 배열 및 규정형식에 비추어 볼 때 이 법률 제23조에서 규정하고 있는 "개인신용정보" 를 말하는 것임이 분명하므로, 피고인 등이 학교 졸업앨범 등을 통하여 입수한 졸업생의 이름, 주소, 전화번호 등은 위 법령에서 그 제공 또

는 사용시 개인의 서면동의를 받도록 규정하고 있는 "개인신용정보" 에 속하지 않는다.

10. 대판 2000. 7. 6, 99 도 4079(입찰방해죄에 있어 '위력'의 의미) 형법 제315조 소정의 입찰방해죄에 있어 '위력'이란 사람의 자유의사를 제압, 혼란케 할 만한 일체의 유형적 또는 무형적 세력을 말하는 것으로서 폭행, 협박은 물론 사회적, 경제적, 정치적 지위와 권세에 의한 압력 등을 포함하는 것이다.

제4절

私生活 平穩에 관한 罪

Ⅰ. 秘密侵害의 罪

1. 秘密侵害罪(316조 1,2항)

(1) 의의 및 보호법익

본죄는 봉함 기타 비밀장치한 사람의 편지, 문서 또는 도화를 개봉(1항), 봉함 기타 비밀장치한 사람의 편지, 문서, 도화 또는 전자기록 등 특수매체기록을 기술적 수단을 이용하여 그 내용을 알아내어(2항) 사생활에 있어서의 비밀을 침해하는 범죄(3년이하의 징역이나 금고 또는 500만원이하의 벌금)로서, 본죄의 보호법익은 사람의 비밀이다. 보호받는 정도는 추상적 위험범이다.

(2) 구성요건

본죄의 구성요건은 봉함 기타 비밀장치한 사람의 편지(서신), 문서, 도화를 개봉하는 것이다.

① 행위의 객체

행위의 객체는 봉함 기타 비밀장치한 사람의 편지, 문서 또는 도화이다.

(i) 봉함 기타 비밀장치 봉함이란 일정한 외포를 파괴하지 않고는 그 내용을 알 수 없게 하는 것으로 봉투를 풀로 붙이는 것 등이고, 비밀장치란 봉함 이외의 방법으로 외포를 만들어 그 내용을 알 수 없게 하는 것으로 목적물 자체에 비밀장치를 한 것은 물론, 비밀 장치된 용기(지정된 책상 서랍이나 금고 등)에 넣어 둔 것도 포함한다는 것이 다수설이다.

(ii) 편지, 문서, 도화 편지란, 특정인이 다른 특정인에게 의사 전달하는 문서를 말하고, 문서는 문자 또는 일정한 발음부호를 사용하여 의사를 표시한 것(유언장 · 원고지 등)이며, 도화는 의사표시가 그림으로 된 것(사진 · 도표 · 건축도

등)을 말한다. 이들의 내용이 사적인 것이든 공적인 것이든 불문한다. 개정형법에서 信書를 편지로 바꾸었다.

(iii) 전자기록 등 특수매체기록 여기서 전자기록 등 특수매체기록이란 전자적 기록 이외에 전기적 기록이나 光技術을 이용하여 저장되어 있어 직접 지각할 수 없는 기록을 말한다. 타인의 전산망에 침입하여 저장된 정보를 인식하거나 교란하는 소위 해커에 대해서는 타인의 전산망에 침입하였을 뿐 아직 어떠한 정보도 확보하지 못한 상태에서는 본죄에 해당하지 않는다.

② 행 위

개봉 또는 기술적 수단을 통해 알아내는 행위이다.

(i) 개 봉 개봉이란, 봉함 기타 비밀장치를 파괴하여 그 내용을 알 수 있는 상태에 두는 것으로 개봉자가 내용을 실제로 인지하였는지의 여부는 불문한다. 개봉에 의하지 않고 투시하는 것은 본죄를 구성하지 않는다. 개정형법에서 개피를 개봉으로 바꾸었다.

(ii) 기술적 수단을 통해 알아내는 행위 다만 전자우편(E-Mail)의 경우 타인의 비밀문자(password)를 알아낸 후 그 내용을 보는 행위는 사실상 비밀침해행위라고 볼 수 있다.

또 타인의 전산망에 침입하여 저장된 정보를 인식하거나 교란하는 행위(예컨대 해커(Hacker))도 타인의 전산망에 침입하였을 뿐 어떠한 정보도 알아내지 못했다면 본죄성립을 인정하기 곤란하다고 하겠다.

⑶ 주관적 구성요건

편지, 문서, 도화를 개봉한다는 고의가 필요하다.

⑷ 위법성

법적으로 인정되는 편지의 개봉권이 있는 경우는 위법성이 조각된다. 형사소송법 제107조, 120조, 통신비밀보호법 등이다.

▣ **통신비밀보호법(1993. 12. 27. 제정)**

이 법은 통신 및 대화의 비밀과 자유에 대한 제한은 그 대상을 한정하고 엄격한 법적 절차를 거치도록 함으로써 통신 비밀을 보호하고 통신의 자유를 신장함을 목적으로 한다. 특히, 통신 및 대화비밀의 보호(제3조)와 범죄수사를 위한 통신제한조치의 허가요건(제5조)와 타인의 대화비밀침해금지(14조)조문이 돋보인다. 이로써 임시우편 단속법은 폐지한다(부칙 2조). 범죄수사를 위한 통신제한조치의 허가기관은 법원으로 한다(6조 1항).

(5) 친고죄

▣ **고소권자**

(i) 편지가 도착하기 전에는 발송인, 도착 후에는 수신인이 고소권자(독일통설) (ii) 발송인은 피해자이므로 고소권 있다는 점에는 의견일치. 그러나 ✧ 수신인은 발송 후부터 고소권 가진다는 견해(서일교 · 황산덕) ✧ 수신인은 도착 후에만 고소권 가진다는 견해(일본대판) ✧ 수신인은 언제나 피해자이므로 고소권 가진다는 견해(다수설)로 나뉜다.

2. 業務上 秘密漏泄罪(317조)

(1) 의의 및 보호법익

일정한 신분자가 업무처리중 또는 직무상 지득한 비밀을 누설하는 범죄이다. 보호법익은 비밀침해죄의 그것과 동일하다.

(2) 객관적 구성요건

① **행위의 주체** 의사, 한의사, 치과의사, 약제사, 약종상, 조산사, 변호사, 변리사, 공인회계사, 공증인, 대서업자나 그 직무상 보조자 또는 차등의 직에 있던 자(1항)와 종교 직에 있는 자 또는 있던 자(2항)만이 본죄를 범할 수 있다. 즉, 본죄는 진정신분범이다.

② **행위의 객체** 행위의 객체는 업무처리 중 또는 직무상 지득한 비밀이다. 여기서 비밀이란, 일반적으로 알려져 있지 않은 사실로서 타인에게 알려지지

아니함으로써 본인에게 이익이 있는 것을 말하며, 그것을 업무처리중 또는 직무상 지득한 것임을 요한다. 따라서 잡담중 또는 술자리 등에서 알게 된 비밀은 객체에 해당하지 않는다.

③ **행 위** 본죄의 행위는 누설이다. 누설이란, 비밀사항을 제3자에게 고지하여 알려지게 하는 것을 말한다. 구두 문서 등을 불문하며, 공연히 할 것을 요하지도 않는다. 1인에 대한 고지도 누설이 된다. 본죄 역시 친고죄이다. 다만, 입법론적으로 변호사 아닌 변호인이나 소송대리인, Counsellor, 공인회계사, 세무사, 흥신소에 종사하는 자도 본조의 주체에 포함시킬 필요성이 있다. 그러나 개정형법에서는 그저 漢醫師를 韓醫師로, 助産員을 助産師로 바꾸고 3년이하의 징역 또는 금고, 10년이하의 자격정지 또는 700만원이하의 벌금에 처하도록 하였다(317조).

⑶ 주관적 구성요건

자기의 신분에 대한 인식과 비밀을 누설한다는 인식, 즉 고의가 있어야 한다.

⑷ 위법성

① 위법성조각사유(긴급피난, 정당행위)

☞ 성병환자 치료의사가 전염 막기 위해 그 배우자에게 사실고지(긴급피난)

☞ 의사는 전염병예방법 제4조에 의하여 전염병환자 신고의무(정당행위)

☞ 후천성 면역결핍증 예방법 제5조에 의한 의사의 관할 보건소장에 대한 신고의무

② 증언거부권자의 증언

본죄의 주체가 증인으로서의 타인의 비밀에 대하여 증언한 때에 위법성이 조각되나?

증언의무가 비밀의무에 우선하므로 위법성이 조각된다. 그러나 본죄의 주체는 일반적으로 증언거부권을 가지므로 증언거부권을 행사하지 아니하고 증언하면서 타인의 비밀을 누설한 경우에 통설은 이러한 경우에도 위법성을 조각한다고 본다.

대법원판례

병원에서 분실된 진료기록의 일부를 당사자가 증거로 제출하는 것이 제317조 제1항 소정의 업무상 비밀누설죄에 해당된다고 볼 수 없다. 대판 1992. 5. 22, 91 다 39320

⑸ 죄 수

업무상 비밀누설행위가 명예훼손에도 해당된다면 양죄의 상상적 경합이 된다.

Ⅱ. 住居侵入의 罪

1. 總 說

⑴ 의 의

주거침입죄는 사람의 주거, 관리하는 건조물, 선박이나 항공기 또는 점유하는 방실의 사실상의 평온을 침해하는 범죄이다.

⑵ 보호법익

① **주거권설** 주거의 평온을 확보 + 권한 없는 타인에 의해 방해받지 않을 권리라는 견해이다(이재상, 독일통설).

② **사실상의 평온설(통설)** 사실상의 주거의 평온이라는 견해이다(대판 1983. 3. 8, 82 도 1363). 주거권은 법적 성질이 명확하지 아니하고 주거권의 침해라는 사고는 모든 범죄를 권리의 침해로 보는 낡은 사상의 잔재에 지나지 않는다는 것을 그 이유로 한다.

③ **절충설** 본죄의 보호법익은 주거권자의 법적 지위 내지 자유를 의미하는 주거권을 주로 하고, 여기에 사실상의 평온을 합일시키는 변증론이 필요하다는 견해이다.

④ **판 례** 사실상 평온설의 입장을 취한다(대판 1984. 4. 24, 83 도 1429).

2. 住居侵入罪(319조 1항)

(1) 의 의

본죄는 사람의 주거, 관리하는 건조물이나 선박이나 항공기 또는 점유하는 방실에 침입(3년이하의 징역 또는 500만원이하의 벌금)하는 것이다.

(2) 객관적 구성요건

① 행위의 객체 행위의 객체는 사람의 주거, 관리하는 건조물, 선박, 항공기 또는 점유하는 방실이다. 개정형법에서 간수하는 저택, 건조물이나 선박을 " 관리하는 건조물, 선박, 항공기로" 바꾸었다. 이는 저택과 건조물을 구별할 필요가 없고, 항공기도 일단 출발하면 외계와 격리된다는 점에서 선박과 유사하고 항공기의 평온도 보호할 필요가 있기 때문에 둔 것이라 하겠다.

주거란, 사람의 起臥寢食에 사용되는 장소로서 사람의 현존 여부, 설비나 구조, 계속적 사용 여부를 불문한다. 따라서, 별장 · 천막 · 토굴 등도 이에 해당한다. 반드시 不動産에 한하지 않고, 주거용차량(Wohnwagen)과 같은 동산도 주거가 될 수 있다.

관리란, 사실상의 지배 · 관리를 말하며, 무단출입을 방지할 만한 인적 · 물적 시설이 있어야 한다. 따라서 단순한 출입금지표시는 이에 해당되지 않는다. 건조물이란, 주거 이외의 일체의 건물 및 그 圍繞地(위요지가 되기 위해서는 건조물에 인접한 그 주변토지로서 관리자가 외부와의 경계에 문과 담을 설치하여 그 토지가 건조물의 이용을 위하여 제공되었다는 것이 명확히 드러나야 한다).(대판 2005. 10. 7, 2005 도 5351)를 말하고, 선박은 대소를 불문한다. 점유하는 방실이란, 건조물 내의 사실상 지배 · 관리하는 한 구역을 말하며, 사무실 · 연구실 · 여관방 등이 이에 해당한다.

② 행 위 행위는 침입이다. 침입이란, 주거자의 의사에 반하여 그 목적물에 들어가는 것을 말하며, 명시적 의사뿐만 아니라 추정적 의사도 포함한다. 따라서 평소에 출입이 허용된 자라도 부정한 목적(절도 등)으로 들어가면 침입이 된다. 형법은 본죄의 미수를 처벌하는 바, 판례는 주거침입죄는 신체의 일부가 주거에 들어가면 완성된다고 판시한 바 있다(대판 1995. 9. 15, 94 도 2561) 不作爲에 의한 침

입도 가능하다. 예컨대, 주거에 대해 보증인이 제3자의 침입을 방지하지 아니한 경우이다. 그리고 임대차기간 만료 후 임차인이 계속 점유하고 있는 경우에도 임차인만이 동의권자다. 또 개방되어 있는 장소에 대한 관리자의 출입제한에도 불구하고 다중이 고함이나 소란을 피우면서 건조물에 침입하는 것도 주거침입죄가 된다(대판 1995. 5. 10, 96 도 419). 출입문이 열려 있으면 안으로 들어가겠다는 의사로 출입문을 당겨보는 행위는 바로 주거의 사실상의 평온을 침해할 객관적인 위험성을 포함하는 행위로 보아 실행의 착수가 있다고 보아야 한다(대판 2006. 9. 14, 2006 도 2824).

(3) 주관적 구성요건

주거권자의 의사에 反하여 주거에 침입한다는 것에 대한 인식이 있어야 한다. 다만, 본죄의 고의는 신체의 일부분만 들어간다는 인식으로 족하다.

(4) 위법성

정당행위(법령에 의한 수색 등), 긴급피난(맹견을 피하기 위한 침입), 추정적 승낙(외출한 타인의 주거에 불을 끄기 위한 경우) 기타 사회상규에 반하지 아니하는 행위 등은 본죄의 위법성을 조각한다. 문제가 되는 것은 피해자의 승낙의 경우인 바, 이 경우는 본죄의 구성요건 해당성 자체가 결여된다고 할 것이다(통설).

(5) 죄 수

본죄와 절도죄는 경합범의 관계에 있다. 다만 상습절도에는 본죄가 흡수된다(판례). 야간 주거침입절도죄나 특가법 제5조의4(상습 강 · 절도죄)에 해당하는 경우에는 주거침입이 구성요건의 요소이기 때문에 별도로 주거침입을 구성하지 않는다(대판 1984. 12. 26, 84 도 1573 전원합의체).

(6) 처 벌

개정형법은 법정형을 3년이하의 징역 또는 500만원이하의 벌금에 처하도록 하였다.

3. 退去不應罪(319조 2항, 322조)

(1) 의 의

본죄는 전항의 장소(사람의 주거, 관리하는 건조물 · 선박 · 항공기 또는 점유하는 방실)에서 퇴거요구를 받고 이에 응하지 아니함으로써 성립하는 범죄로서 진정부작위범이다.

(2) 구성요건

① **행위의 주체는 일단 적법하게 혹은 상대방의 승낙하에 주거 등에 들어간 자이다**. 처음부터 상대방의 의사에 반하여 주거에 들어간 자가 퇴거요구에 불응하여도 주거침입죄가 성립할 뿐이다.

② **주거권자에 의한 퇴거요구가 있어야 한다**. 퇴거요구는 다중불해산죄(116조)의 경우와는 달리 단 1회로서 족하다. 음식점에 들어온 사람은 식사를 마칠 때까지 퇴거에 응할 필요가 없다.

③ **즉시 퇴거할 수 있는 상황이어야 한다**. 행위자가 비록 퇴거하려고 하여도 객관적 상황이 이를 허락하지 아니할 경우(예컨대, 달리는 칸막이 열차 속)에는 성립하지 아니한다.

(3) 미수의 문제

형법은 본죄의 미수범을 벌하고 있다. 그리하여 퇴거요구를 받고 퇴거에 필요한 시간이 경과하기 전에 축출당한 경우에 본죄의 미수가 성립된다고 해석하는 유력한 견해가 있으나, 본죄는 퇴거요구에 응하지 않으면 그 즉시 기수가 될 뿐이고, 본죄의 미수란 성립할 여지가 없다고 할 것이다(다수설). 진정부작위범인 본죄에 미수를 규정한 것은 입법의 과오라 할 수밖에 없다.

4. 特殊住居侵入罪(320조)

(1) 의 의

본죄는 단체 또는 다중의 위력을 보이거나 위험한 물건을 휴대하여 전조의 죄(주거 등에 침입하거나 퇴거요구를 받고 이에 불응)를 범함으로써 성립하는 범죄이다. 주거침입죄와 퇴거불응죄에 대하여 행위태양상 불법이 가중되는 가중적 구성요건이다.

(2) 구성요건

본죄에 해당하는 행위에 대하여서는 폭력행위 등 처벌에 관한 법률 제3조가 적용된다. 단체 또는 다중의 경우에는 전원이 주거에 침입할 것은 요하지 않으며 그 가운데 1인만 침입한 때에도 본죄가 성립한다. 수인이 흉기를 휴대하여 타인의 건조물에 침입하기로 공모한 후 그 중 일부만이 건조물에 들어간 때에는 직접 건조물에 들어간 범인을 기준으로 하여 흉기휴대 여부를 판단해야 할 것이다(대판 1994. 10. 11, 94 도 1991).

5. 住居 · 身體搜索罪(321조)

(1) 의 의

본죄는 사람의 신체, 주거, 관리하는 건조물, 자동차, 선박이나 항공기, 점유하는 방실을 수색(피해자의 의사에 반하여)함을 내용으로 하는 범죄이다.

(2) 구성요건

수색이란 사람 또는 물건을 발견하기 위하여 사람의 신체나 일정한 장소 등을 조사함을 말한다. 형사소송법상 수사기관의 영장에 의한 수색은 위법성이 조각됨은 물론이다. 승낙수색은 주거침입죄의 경우와 마찬가지로 구성요건 해당성이 결여된다.

개정형법에서는 사람의 신체, 주거, 관리하는 건조물, 자동차, 선박, 항공기 또는 점유하는 방실을 수색한 자는 3년이하의 징역에 처한다고 규정하였다. 그 취지는 주거침입죄와 같다.

주거에 침입하여 수색한 때에는 본죄와 주거침입죄의 경합범이 된다.

📖 대법원판례

회사의 정기주주총회에 참석한 의결권 대리인이 대표이사의 주주총회장에서의 퇴장 요구를 거절하면서 고성과 욕설 등을 사용하여 대표이사의 주주총회의 개최, 진행을 포기하게 만들고, 회사 사무실을 강제로 뒤져 원하는 회계장부 등을 찾아낸 사건에서 대법원은 "적법하게 참석한 주주라고 할지라도 주주총회장에서의 질문, 의사진행 발언, 의결권의 행사 등의 주주총회에서의 통상적인 권리행사 범위를 넘어서서 회사의 구체적인 회계장부나 서류철 등을 열람하기 위하여는 별도로 상법 제466조 등에 정해진 바에 따라 회사에 대하여 그 열람을 청구하여야 하고, 만일 회사에서 정당한 이유 없이 이를 거부하는 경우에는 법원에 그 이행을 청구하여 그 결과에 따라 회계장부 등을 열람할 수 있을 뿐 주주총회 장소라고 하여 회사 측의 의사에 반하여 회사의 회계장부를 강제로 찾아 열람할 수는 없다고 할 것이며, 설사 회사 측이 회사 운영을 부실하게 하여 소수주주들에게 손해를 입게 하였다고 하더라도 위와 같은 사정만으로 주주총회에 참석한 주주가 강제로 사무실을 뒤져 회계장부를 찾아내는 것이 사회통념상 용인되는 정당행위로 되는 것은 아니라고 할 것"이라고 하여 주거수색죄를 인정하였다(대판 2001. 9. 7, 2001도 2917).

제5절

財産에 관한 罪

Ⅰ. 財産罪一般論

형법상의 재산죄는 개인의 사유재산권을 보호하고 직접적으로 개인의 재산적 법익을 보호하기 위하여 설정된 것들로서, 구체적으로는 절도 · 강도 · 사기 · 공갈 · 횡령 · 배임의 각 죄, 장물에 관한 죄, 손괴의 죄, 권리행사방해죄 등 9가지를 말한다. 그 밖에도 형법에는 방화죄, 일수죄, 신용훼손죄, 업무방해죄 등과 같이 재산적 법익과 관계있는 범죄가 있지만, 그 각 죄에서는 직접적인 주안점은 개인의 재산보호에 있는 것이 아니다. 따라서 형법상 일반적으로 「재산죄」라 함은 위의 9개의 범죄를 말하며, 이는 자본주의 경제조직의 지주인 사유재산제도와 관련하여 이해되어야 한다.

1. 財産罪의 態樣및 分類

재산죄는 여러 가지 기준에 의하여 이를 분류할 수 있다.

(1) 객체의 태양에 따른 분류

① **재물죄** 행위의 객체가 오직 재물인 범죄로서, 절도죄 · 횡령죄 · 손괴죄 등이 여기에 속한다.

② **이득죄** 행위의 객체가 개개의 재물이 아니라 재산상의 이익인 범죄로서 배임죄가 여기에 해당한다.

③ **재물죄이면서 동시에 이득죄** 강도죄 · 사기죄 · 공갈죄가 여기에 해당한다.

(2) 영득의 의사 유무를 기준으로 한 분류(이득죄는 제외)

① **영득죄** 타인의 재물을 영득함을 내용으로 하는 범죄로서, 절도죄 · 강도죄 · 사기죄 · 공갈죄 · 횡령죄 · 장물죄가 여기에 속한다.

② **손괴죄** 타인의 재물에 대한 효용가치를 해함을 내용으로 하는 범죄로서, 손괴의 죄가 여기에 속한다.

(3) 영득죄에 있어서 침해방법을 기준으로 한 분류

① **탈취죄** 소유자 · 소지자의 의사에 반하여 재물을 취득하는 재산죄로서, 절도죄 · 강도죄 · 장물죄 · 횡령죄가 이에 속한다.

② **편취죄** 소유자 · 소지자의 의사에 기해서 재물을 취득하지만, 그 의사가 자유로운 의사가 아닌 하자 있는 의사표시인 경우를 말하며, 사기죄 · 공갈죄가 이에 속한다.

▣ 재산죄의 분류

- 재산죄
  - 재물죄(절도죄·횡령죄·장물죄·손괴죄)
  - 이득죄(배임죄)
  - 재물죄+이득죄
- 영득죄(절도죄·횡령죄·강도죄·사기죄·공갈죄·장물죄)
- 손괴죄
- 탈취죄(절도죄·강도죄·장물죄·횡령죄)
- 편취죄(사기죄·공갈죄)

2. 財産罪의 保護法益

재산죄의 보호법익은 소유권이라고 하는 견해로서, 다수설이다.

이 설은 재산죄의 본질은 타인의 소유권을 침해하거나 위태롭게 하는 데 있다고 보고, 법문상 '타인이 점유하는 재물' 이라고 하지 않고 '타인의 재물' 이라고 되어 있는 점, 타인이 점유하는 자기 물건에 대한 범죄를 형법은 별도로 규정(권리행사방해죄, 공무상 보관물무효죄)하고 있으므로 점유를 보호법익으로 하는 범죄와는 구별하여야 한다는 데 근거를 두고 있다.

3. 財産罪의 客體

재물과 재산상의 이익으로 나눌 수 있는데, 여기서는 형법상 재물의 개념만 보기로 한다(제346조).

(1) 유체성설과 관리가능성설

① **유체성설** 관리가능한 동력도 재물이라고 해석하면 재물의 범위가 부당히 확대되므로 재물은 일정한 공간을 차지하고 있는 물체에 한한다(김일수).

② **관리가능성설** 무체물도 재물이 된다. 형법 제346조는 관리가능성설을 입법화한 것으로서 형법해석에 있어 이러한 논쟁은 실익이 없다(통설).

③ **결합설** 유체성설에 의하면 형법 제346조는 제한적 예외규정이 되지만 관리가능성설에 의하면 단순한 주의규정으로서의 의미를 가지는 것이므로 논쟁의 실익이 있고, 재물은 유체물 및 관리할 수 있는 동력을 의미한다는 견해이다(이재상).

④ **판 례** 바닷물 · 공기는 유체물이지만 관리 불가능함으로 절도죄의 객체인 재물이 될 수 없다(대판 1964. 6. 23, 64 도 209).

⑤ **小 結** 통설에 따르면 유체물, 즉 고체 · 액체는 물론 가스 · 증기와 같은 기체도 당연히 재물이 되며, 인공냉기 · 수력 · 공기압력 등도 관리 가능한 한 재물에 포함된다.

생각건대, 형법상의 재산죄 규정은 개인의 재산을 보호하기 위한 것이므로 무체물도 경제적 가치가 있으면 형법적 보호의 대상이 되어야 한다. 따라서 관리가능성설이 타당하다 하겠다.

(2) 관리의 범위

관리가능이란, 물리적 관리가능을 의미하며, 법률적 · 사무적 관리기능은 포함하지 않는다. 따라서 사무적 관리만이 가능한 권리는 재물에 포함되지 않는다. 그러므로 권리의 절도는 불가능하다. 지적소유권법의 대상이 된다.

정보 그 자체는 유체물이라고 볼 수 없고 물질성을 가진 동력도 아니므로 재물이 될 수 없다 할 것이며 또 이를 복사하거나 출력하였다 할지라도 그 정보자체가 감소하거나 피해자의 점유 및 이용가능성을 감소시키는 것이 아니므로 그 복사와 출력행위를 가지고 절도를 구성한다고 볼 수도 없다(대판 2002. 7. 12, 2002 도 745).

⑶ 경제적 가치

경제적 가치가 있음을 요하는가에 대하여는 소유권의 객체로 되어 있으면 족하고 반드시 경제적 가치가 있어야 할 필요는 없다는 것이 통설 · 판례(대판 1976. 1. 27, 74 도 3442)이다. 따라서 소유자가 주관적 가치를 가짐에 불과한 것(戀書 · 사진)도 재물이 된다.

⑷ 부동산의 재물성

① 부동산은 사기죄 · 공갈죄 · 횡령죄의 객체가 됨은 물론이나, 절도죄 · 강도죄의 객체가 될 수 있느냐에 관하여는 견해가 대립하고 있다.

② (ⅰ) 위조한 매매계약서를 등기공무원에게 제출하여 소유명의를 변경하거나 (ⅱ) 토지경계선을 넘어 타인의 토지를 점령한 경우에 절도죄의 성립을 인정하는 견해와 이러한 경우에 각각 (ⅰ) 사문서위조 · 동행사죄, 공정증서원본등부실기재죄와 (ⅱ) 경계침범죄 등이 성립할 뿐 절도죄는 성립하지 않는다는 견해가 대립하고 있다. 전자가 다수설이다. 생각건대, 역사적 · 사회적으로 절도죄 · 강도죄의 대상은 동산에 제한되고 있고, 현행법상 부동산에 대한 권리의 절취 · 경계침범 · 불법점거는 사문서위조 · 동행사죄, 공정증서원본등부실기재죄, 경계침범죄, 주거침입죄 등을 구성함으로, 부정설이 타당하다고 하겠다(강구진, 김일수, 이재상).

⑸ 관련문제

① 禁制品의 재물성 금제품 가운데 단순히 점유가 금지되어 있는 물건(불법소기무기)은 재산죄의 객체가 되지만, 소유권의 객체가 될 수 없는 물건(예 : 위조통화 · 아편흡식기)은 절도죄의 객체가 될 수 없다는 견해이다(김일수, 이재상, 정영석, 김종원, 황산덕).

위조된 유가증권도 재물이 된다(대판 1998. 11. 24, 98 도 2967).

② **인체의 일부나 시체** 인체로부터 분리된 것(예컨대, 부녀의 모발)은 재물이지만 사체유골 등은 재물이 아니라는 견해가 통설이다. 후자는 신앙에 관한 죄에 대한 장(제158조 이하)의 객체로 되어 있다.

死體가 遺骸로서 성질을 잃고 순수한 학문연구의 대상이 된 때(解剖用死體)에는 소유권의 객체가 될 수 있다.

⑹ 재산상의 이익의 성질

대법원은「공갈죄는 재산범으로서 그 객체인 재산상 이익은 경제적 이익이 있는 것을 말하는 바」라고 판시한 바 있으며(대판 1983. 2. 8, 82 도 2714), 또한「재산상의 이익은 사실상 경제적 이익이 있으면 족하고, 그 법률행위가 유효하건 또는 취소할 수 있는 것이건 불문하다」고 하여(대판 1987. 2. 10, 86 도 2472; 同旨, 대판 1992. 5. 26, 91 도 2963) 경제적 재산설의 입장이다.

4. 財産罪의 占有

⑴ 의 의

점유라 함은 재물에 대한 사실상의 지배를 말한다. 형법은 점유 외에 휴대·소지·보관을 같은 뜻으로 쓰고 있다. 형법상의 점유개념은 각 해당 구성요건별로 그 기능과 내용이 동일한 것은 아니지만, 이는 일반 민법상의 점유(192조)와 구별되는 것으로서 그보다 현실적인 개념으로서 사실상의 재물지배를 의미하는 것이라고 말할 수 있다.

⑵ 형법상 점유

요 소	의 미	사 례
객관적 요소	① 밀접한 장소적 연관성의 존재 ②사실상의 처분가능성	◇ 집이나 거실 등에 있는 물건 ◇ 절도범도 절취한 장물에 대하여 점유
주관적·정신적 요소	①사실상의 지배의사	◇ 유아, 정신병자도 점유 가능 ◇ 법인의 점유 부인

<table>
<tr><td rowspan="2"></td><td>②일반적 지배의사</td><td>◇ 편지함에 있는 물건에 대한 주인의 점유
◇ 여관에서 분실한 물건에 대한 여관 주인의 점유</td></tr>
<tr><td>③잠재적 지배의사</td><td>◇ 동면자, 의식상실자의 점유 인정
◇ 사자의 점유 부인(판례는 사망직후 사망 현장에 떨어진 물건에 사자의 점유 인정; 대판 1968. 6. 25, 68 도 5980)</td></tr>
<tr><td rowspan="3">규범적 요소 (사회적, 규범적 요소)</td><td>점유개념이 확대되는 경우</td><td>◇ 농토에 두고 온 농기구, 화재시 집 앞에 내놓은 가구, 밭에 둔 곡물</td></tr>
<tr><td>점유개념이 제한되는 경우</td><td>◇· 음식점에서 손님이 사용하고 있는 용기는 주인에게 점유가 있다.</td></tr>
<tr><td>잘못 두고 오거나 잃어버린 재물</td><td>◇ 열차에 두고 내린 물건 - 건설교통부(또는 지하철공사)
◇ 여관, 극장에 두고 온 물건 - 주인(여관, 극장)
◇ 그러나 판례는 고속버스에 승객이 놓고 내린 물건을 다른 승객이 가져오면 점유이탈물 횡령죄가 된다고 한다(대판 1993. 3. 16, 92 도 3170).</td></tr>
</table>

(3) 점유의 구성요건적 기능

재산죄 이외의 타범죄에서의 점유(소지 혹은 휴대라고 법문상 표현)는 행위의 태양으로서 위의 점유개념보다 광의의 것이라 할 수 있으나 절도 · 강도 · 사기 · 공갈의 죄에 있어서의 점유는 행위의 객체 자체이며, 횡령죄에 있어서의 점유(법문상으로는 보관)는 행위주체(신분요소)로서의 기능을 한다.

5. 不法領得意思

(1) 불법영득의사의 요부

불법영득의사의 요부에 관한 학설대립이 있으나 판례는 불법영득의사가 필요하다는 입장이다(대판 1995. 2. 24, 64 도 795; 1982. 2. 23, 81 도 2371).

⑵ 불법영득의사의 내용 및 대상

불법영득의사란, 권리자를 배제하고 타인의 물건을 자기의 소유물과 같이 그 경제적 용법에 따라서 이용하고 처분할 의사를 말한다(대판 1961. 6. 28, 4294 형상 179). 피해자의 승낙없이 혼인신고서를 작성하기 위하여 피해자의 도장을 몰래 꺼내어 사용한 후 곧바로 제자리에 갖다 놓은 경우, 도장에 대한 불법영득의사가 있었다고 볼 수 없다(대판 2000. 3. 28, 2000 도 493).

대법원판례

불법영득의사를 부정한 예 : 피고인 갑은 2004. 4. 22. 영주시 임야 29,806㎡에 있는 피해자 A 조합소유의 경량철골조 패널지붕 단층 창고 2동(B가 1997. 경 X농산으로부터 도급을 받아 이 사건 창고를 신축하였으나, X농산의 부도로 B는 공사대금을 지급받지 못한 창고임)에서 피해자로부터 이 차고의 패널을 철거하여도 좋다는 허락을 받은 사실이 없음에도 불구하고 그 정을 모르는 B로 하여금 드릴, 산소용접기 등을 이용하여 이 창고 중 한 동의 패널 82장(시가 약 1,376,000원 상당)을 뜯어내어 피고인이 운영하는 산림목탄 숯 공장으로 운반하게 하였고, 2004. 8. 11. 같은 장소에서 그 정을 모르는 B로 하여금 같은 방법으로 나머지 한 동의 창고의 패널 82장(시가 약 1,376,000원 상당)을 뜯어내어 위 숯 공장으로 운반하게 하였다.
간접정범에 의한 절도죄로 기소된 이 사건에 대하여 대법원은 이 사건 창고는 B가 원시취득한 것으로 B에게 소유권이 있으므로 조합의 소유라고 할 수 없고, 피고인이 바로 그 소유자인 B로 하여금 이 사건 창고의 패널을 뜯어오도록 시켰으므로, 피고인에게 소유자를 배제한다는 불법영득의사가 있었다고 할 수 없다는 이유로 무죄를 선고한 원심을 확정하였다(대판 2006. 9. 28, 2006 도 2963).

⑶ 불법영득의사의 법적 성격

① 고의의 내용에 불과하다는 견해(정성근, 진계호)

② 고의 이외의 초과주관적 구성요건요소라는 견해(김일수, 김종원, 이재상)

⑷ 영득의사의 객체

① 영득의사의 객체는 물체 또는 그 물체가 가지고 있는 가치에 있다고 봄이 통설 · 판례이다.

② **영득의 대상 내지 객체는 재물의 물체 그 자체는 물론 그 재물의 경제적 가치도 포함**한다. 예컨대, 타인의 재물을 영득할 수도 있고, 예금통장의 금액을 인출하고 반환하는 것과 같이 경제적 가치를 영득할 수도 있다.

(5) 사용절도의 문제

절도죄의 보호법익을 소유권으로 보고, 그 요건으로서 불법영득의사가 필요하다는 입장을 취하면, 일시적 사용 후 반환할 의사로 타인의 재물을 자기의 점유로 옮기는 행위인 사용절도는 권리자가 완전히 배제된 것이라고 볼 수 없고, 또한 일시적 사용의 의사를 영득의사로 볼 수도 없으므로 일반 절도죄를 구성하지 않는다고 할 것이다(다수설 · 판례). 읽어 보거나 복사한 후에 돌려주기 위해 서류를 절취한 경우가 그 예이다. 그러나 절도와 사용절도의 한계가 반드시 명백한 것은 아니므로, 반환하지 않는 상태가 오래 계속되거나 사용으로써 재물의 객관적 가치가 현저히 감·소멸한 경우에는 그로써 영득의사를 인정할 수 있고 절도죄로 처벌이 가능하다(통설·판례). 사용절도인가 절도인가가 가장 문제되는 것이 일시사용의 의사로 자동차 또는 자전거를 절취한 경우인데, 改正刑法에 의거 자동화 등 불법사용죄로 처벌받게 된다.

A가 종업원으로 일하던 서울소재 만화천국가게에서 1998. 3. 31. 15:00경 가게 주인인 乙이 자리를 비운 틈을 타서 피해자 乙이 두고 간 핸드백에서 乙소유의 X 신용카드를 꺼내어 근처 현금자동지급기에서 50만원 현금서비스 받고, 다시 가게로 돌아와 피해자 乙의 핸드백 안에 신용카드를 넣어 둔 사건에서 대법원은 신용카드 자체가 가지는 경제적 가치가 인출된 예금액만을 소모되었다고 할 수 없으므로, '이를 일시 사용하고 곧 반환한 경우에는 불법영득의사가 없다고'판시하여 신용카드에 대한 절도죄성립을 부정하였다(대판 1999. 7. 9, 99 도 857).

다만 여신전문금융업법위반죄에만 해당할 뿐이다.

6. 親族相盜例

(1) 의의 및 법적 성질

형법 제328조는 일정한 친족간의 범죄는 형을 면제하거나 친고죄로 하고 있는데, 이를 親族相盜例라고 한다. 이러한 친족상도례의 법적 성질에 대하여는 人的處罰阻却事由說이 통설이다. 즉, 범죄 자체는 성립하나 친족이라는 신분관계로 인하여 형벌만이 면제된다고 한다.

⑵ 적용범위

① **친족의 존재범위** 친족상도례에서 친족관계는 누구와 누구 사이에 있어야 하는가?

(i) 소유자 관계설 행위자와 재물의 소유자 사이에 존재해야 한다는 설이다(이재상, 김일수, 배종대)

(ii) 점유자 관계설 행위자와 재물의 점유자 사이에 존재해야 한다는 설이다(平井,일본판례)

(iii) 소유자 · 점유자 관계설 행위자와 점유자 · 소유자 모두와의 사이에 있어야 한다는 설이다(통설 · 판례; 대판 1980. 11. 11, 80 도 131)

② **적용대상범죄** 권리행사방해죄에 규정되어 있는 친족상도례는 절도 · 사기 · 공갈 · 횡령 · 배임에 준용되며, 장물죄에도 특별규정으로써 적용된다(365조). 또 특별법상의 절도죄, 예컨대 산림법상의 절도죄(116조 · 117조)에도 준용된다(판례)(그러나 강도죄, 손괴죄는 제외).

⑶ 내 용

형법 제328조, 제365조에 규정되어 있다.

⑷ 공범관계

친족상도행위에 관여한 비친족인 공범에 대하여는 친족상도례가 적용되지 아니하므로(328조 3항), 공범례의 일반원리대로 처벌됨은 당연하다. 친족관계 있는 자가 타인을 교사 · 방조한 경우에는 인적처벌조각사유설에 의한다면 친족상도례의 적용을 받게 되는 것으로 된다.

▣ 친족상도례

규정	◇ 제328조 제1항 — 직계혈족 / 배우자 / 동거친족 / 호주 / 가족 또는 그 배우자 — 사이의 제323조의 죄는 그 형을 면제한다 ◇ 제328조 제2항 - 전항 이외의 친족 사이에 제323조의 죄를 범한 때는 고소가 있어야 公訴를 제기할 수 있다. ◇ 제328조 제3항 - 前 2항의 신분관계가 없는 공범에 대하여는 전 2항을 적용 하지 아니한다.
준용	절도죄(제344조)·공갈죄(제354조)·사기죄(제354조)·횡령죄(제361조)·배임죄(제361조)·장물죄(제365조)에 준용되고, 재산죄 가운데 강도죄·손괴죄에는 준용치 않는다.
장물죄의 수정	◇ 제365조 제1항 - 장물범과 피해자 사이에 제328조 제1항, 제2항의 신분 관계가 있는 경우는 동조의 규정을 준용한다. ◇ 제365조 제1항 - 장물범과 본범 사이에 제328조 제1항의 신분관계가 있을 때에는 그 형을 감경 또는 면제한다. 다만, 신분관계가 없는 공범에 대하여는 예외로 한다.

▣ 친족관계와 범죄

① 친족관계로 인하여 불벌(범인은닉, 증거인멸)
② 친족관계로 인하여 형 면제, 친고죄(친족상도례)
③ 친족관계로 인하여 형의 감면(영아살해, 영아유기)
④ 친족관계로 인하여 형의 가중(직계존속에 대한 살해, 상해, 유기, 체포, 감금)
⑤ 친족관계로 인하여 범죄가 성립되는 범죄(간통죄)

📖 대법원판례

손자가 할아버지 소유 농업협동조합 예금통장을 절취하여 이를 현금자동지급기에 넣고 조작하는 방법으로 예금잔고를 자신의 거래은행계좌에 이체한 사안에서, 이체된 예금상당액의 채무를 이중으로 지급해야 할 위험에 처하게 되는 농협이 컴퓨터 등 사용사기 범행부분의 피해자이므로 친족상도례를 적용할 수 없다고 판시하였다(대판 2007. 3. 15, 2006 도 2704).

II. 竊盜의 罪

1. 意義 및 保護法益

(1) 의 의

본죄는 타인의 재물을 절취하는 범죄(329조)로서 재산죄 중 재물죄 · 영득죄 · 탈취죄에 해당한다.

(2) 보호법익

① **소유권설(김일수, 남흥우, 유기천, 진계호, 황산덕, 이재상, 배종대)** 범죄의 본질상 절도죄는 타인의 소유권을 침해 또는 위태롭게 함에 있다.

② **점유권설(정영석, 정창운)** 우리 형법은 독일형법 제242조와는 달리 「불법영득의 의사」를 요한다는 명시가 없어 독일형법의 해석에서처럼 반드시 소유권을 보호법익으로 보아야 할 이유가 없다.

③ **소유권 및 점유권설(이건호, 김종원, 이회창, 강구진, 정성근, 신동운)** 절도죄의 보호법익은 궁극적으로는 소유권이지만 외관상 일단 權原에 터잡은 점유라고 추정하여도 좋은 평온한 점유는 보호되어야 한다.

(3) 보호의 정도

민법상의 소유권의 침해란 반드시 법률상의 소유권의 상실만을 의미하는 것은 아니며, 점유의 침탈에 의해서도 소유권의 내용인 사용 · 수익 · 처분을 방해하는 경우에는 소유권은 사실상 침해되었다고 볼 수 있으므로 침해범이라고 해석하는 것이 타당하다.

2. 客觀的 構成要件

타인의 재물을 절취하는 것이다.

(1) 행위객체

타인이 점유하는 타인의 재물이다.

① **타인이라 함은** 자기 이외의 자를 말하며, 자연인뿐만 아니라 법인도 포함한다. 자연인은 의사능력이나 책임능력의 유무를 불문한다. 타인이 점유하는 자기의 재물에 대여하는 권리행사방해죄 또는 공무상 보관물무효죄(142조)가 성립된다. 무주물도 또한 본죄의 객체가 되지 않는다(동물원 등의 일정장소에서 사육하고 있는 동물은 타인의 재물이나, 양식 어업권 면허를 받은 경우 면허구역 안에서 번식하는 식물에까지 소유권이 미치지 않는다). 그러나 공유물은 본죄의 객체가 된다(대판 1994. 11. 25, 94 도 2432). 청구권이나 지적재산권과 같은 권리, 소프트웨어는 포함되지 않는다.

② **占有란,** 물건에 대한 사실상의 지배를 말하지만, 민법상의 점유에 비해 좀 더 현실적인 것으로서 所持라고 하기도 한다. 따라서 간접점유나 상속에 의한 점유의 이전은 형법상 인정되지 않지만, 점유보조자의 점유는 인정된다.

점유인정 여부를 판단하는 데는 피해자의 점유지배의사가 필요하다. 이의 판단에 관하여 판례는 객관적 요소로서의 관리 범위 내지 사실적 관리가능성 외에 주관적 요소로서의 지배의사를 참작하여 결정하되 궁극적으로는 당해 물건의 형상과 그 밖의 구체적인 사정에 따라 사회통념에 비추어 규범적 관점에서 판단하여야 한다고 한다(대판 2008. 7. 10, 2008 도 3252).

공동점유도 타인의 점유에 속하므로 공동보관자의 1인이 타공동보관자의 동의 없이 보관물을 단독의 점유로 옮겼을 경우에는 절도죄가 성립한다. 예컨대, 주인과 점원(상하관계에서 공동점유) 혹은 동업관계로 수입된 금전에 대한 동업자 상호간(대등관계에서 공동점유)에 있어서 점원이 상점의 물건을 영득하거나 동업자 중 1인이 금전을 영득하면 횡령죄가 아니라 절도죄가 성립한다.

③ **고용관계** 즉 은행원의 현금수납 등과 같이 제3자로부터 피고용자가 직접재물을 취득했다면 피고용자의 점유가 인정된다.

④ **위탁자와 운반자의 관계** 예컨대 화물차의 운전자와 고용주관계.

(i) 判例에 따르면 화물차의 운전자가 운반중인 화물 영득한 때 - 횡령죄(대판 1957. 9. 20, 4290 형상 281)

(ii) **철도공무원이 운반중인 화물 처분** – 절도죄(대판 1967. 7. 8, 65 도 798)

⑤ **봉함된 포장물의 점유**

판례는 포장물 전체에 대하여는 수탁자가 점유를 가지지만, 그 내용물에 관하여는 위탁자에게 점유가 있으므로 이 경우 절도죄가 성립한다.

⑵ 행 위

절취하는 것이다.

① **竊 取** 폭행·협박 또는 기망에 의하지 아니하고 타인점유의 재물을 그 의사에 반하여 자기 또는 제3자의 점유로 이전하는 것을 말한다. 폭행·협박에 의한 점유이전은 강취이며, 기망에 의한 것은 사기이다.

② **절취의 수단방법** 불문하며, 반드시 몰래 행하여짐을 요하는 것도 아니다. 따라서 기망행위가 있더라도 그것이 점유침탈의 한 방법에 불과한 경우, 예컨대 자전거를 살 의사도 없이 주인으로부터 시운전을 빙자하여 교부받은 자전거를 타고 시운전을 하는 척하다가 그대로 도망간 경우에는 사기죄가 아니라 절도죄가 성립한다(판례는 사기죄가 된다고 함).

③ **절취의 착수시기** 타인의 점유를 침해하는 행위가 시작된 때, 즉 사실상의 지배를 침해함에 밀접한 행위를 한 때이다. 예컨대, 목적물을 물색할 때 실행의 착수가 있다(판례)(예 : 라디오를 훔치려고 라디오 선을 건드리려고 한 때).

판례에 의하면 노상에 세워놓은 자동차안에 있는 물건을 훔칠 생각으로 자동차의 유리창을 통하여 그 내부를 손전등으로 비추어 본 것에 불과하다면 비록 유리창을 열기위해 면장갑을 끼고 있었고 칼을 소지하고 있었다 하더라도 절도의 예비행위이나 실행의 착수했다고 보기 어렵다(대판 1985. 4. 23, 85도 464); 同旨(대판 2003. 6. 24, 2003 도 1985)고 한다.

④ 절도죄의 기수시기

(i) **접촉설** 행위자가 재물에 접촉하는 때 절도죄는 기수가 된다.

(ii) **은닉설** 재물을 안전한 장소에 감추어야 기수가 된다.

(iii) **이전설** 재물이 피해자의 지배범위로부터 장소적으로 이전되어야 기

수가 된다. 기수시기가 너무 늦다는 결점이 있다.

(iv) 취득설 재물을 취득한 때 기수가 된다(통설).

(v) 판 례

ⓐ 방안에 있는 물건을 들고 나오다가 이를 방과 방문 밖에 던지고 달아난 경우에도 기수가 된다(대판 1964. 4. 22, 64 도 112).

ⓑ 광에 있는 백미를 자루에 담아 나오다가 체포된 경우도 기수가 된다(대판 1964. 12. 8, 64 도 577).

ⓒ 자동차를 절취할 생각으로 자동차의 조수석 문을 열고 들어가 시동을 걸려고 시도하는 등 하다가 핸드브레이크를 풀게 되었는데 내리막길인 관계로 시동이 걸리지 않은 채 약 10m 전진하다가 가로수를 들이 받고 멈추었다면 절도의 기수에 해당한다고 볼 수 없다(대판 1994. 9. 9 94 도 1522).

대법원판례

1. 甲은 乙이 영산홍을 땅에서 완전히 캐낸 이후에 비로소 범행장소로 와서 甲과 함께 위 영산홍을 승용차까지 운반한 사건에서 입목을 절취하기 위하여 이를 캐낸 때에는 그 시점에서 이미 소유자의 입목에 대한 점유가 침해되어 범인의 사실적 지배하에 놓이게 됨으로써 범인이 그 점유를 취득하게 되는 것이므로, 이때 절도죄는 기수에 이르렀다고 할 것이고, 이를 운반하거나 반출하는 등의 행위는 필요치 않는다)대판 2008. 10. 23, 2008도 6080).

2. 임차인이 임대계약 종료 후 식당건물에서 퇴거하면서 식당건물 외벽 쪽에 설치하여 사용하던 대형냉장고의 전원을 켜 둔 채 그대로 두었다가 약 1개월 후 철거요구를 받고 철거하였는데 그 기간 동안 22,965원 상당의 전기가 소비된 사안.

"절취란 타인이 점유하고 있는 재물을 점유자의 의사에 반하여 그 점유를 배제하고 자기 또는 제3자의 점유로 옮기는 것을 말하고, 어떤 물건이 타인의 점유하에 있는지 여부는, 객관적인 요소로서의 관리범위 내지 사실적 관리가능성 외에 주관적 요소로서의 지배의사를 참작하여 결정하되 궁극적으로는 당해 물건의 형상과 그 밖의 구체적인 사정에 따라 사회통념에 비추어 규범적 관점에서 판단하여야 한다." 이에 따라 대법원은 "임차인이 퇴거 후에도 냉장고에 관한 점유·관리를 그대로 보유하고 있었다고 보아야 하므로, 냉장고를 통하여 전기를 계속 사용하였다고 하더라도 이는 당초부터 자기의 점유·관리하에 있던 전기를 사용한 것일 뿐 타인의 점유·관리하에 있던 전기가 아니어서 절도죄가 성립하지 않는다"고 판시하였다(대판 2008. 7. 10, 2008 도 3252).

(vi) 결 론 절취한 재물에 대한 타인의 점유를 배제하고 자기 또는 제3자의 지배에 옮기는 것이므로 취득설이 타당하다.

3. 主觀的 構成要件

고의 이외에 불법영득의사를 필요로 한다(영득죄).

(1) 고의는 타인의 재물(재물의 타인성)이라는 점 및 절취한다는 점에 대한 인식·예견을 말한다.

(2) 불법영득의사가 없는 경우 소위 사용절도는 절도죄에 해당되지 않는다.

그러나 재물에 대한 영구적인 영득의사가 없더라도 재물의 사용으로 인한 물건 그 자체가 가지는 경제적 가치가 상당한 정도로 소모된 때에는 불법영득의사가 있다(대판 2006. 3. 9, 2005 도 7819).

4. 罪 數

(1) 罪數判定의 기준

본죄의 죄수는 법익주체의 수에 따라 결정되는 것이 아니라 구성요건적 행위인 절취의 수에 따라 결정해야 한다. 또 강도죄, 강도상해치상죄, 강도살인·치사죄, 강도강간죄가 성립한 때에는 절도죄가 성립되지 않는다. 그리고 야간주거침입절도죄 또는 특수절도죄에 해당하면 절도죄는 문제되지 않는다.

(2) 不可罰的 事後行爲

범죄에 의하여 획득한 위법한 이익을 사용·처분하는 사후행위가 이미 주된 범죄에 의하여 완전히 평가되었기 때문에 별죄를 구성하지 않는 경우를 불가벌적 사후행위라고 한다. 예컨대, 절취한 물건을 처분하거나 파괴하는 행위 등이다. 그러나 사후행위는 주된 범죄와 보호법익을 같이 하거나 침해의 양을 초과하지 않아야 한다. 따라서 새로운 법익을 침해하거나 주된 범죄에 의하여 침해된 법익의 범위를 초과한 때에는 별죄를 구성한다. 예컨대, 절취한 예금통장을 사용하여 은행으로부터 금전의 지불을 받는 경우에는 절도죄 이외에 사기죄가 성립한다.

▣ 불가벌적 사후행위

◇ 사기죄 성립 - 예금통장 갈취 후 인출, 절취한 장물을 자기 것인 양하여 제3자에게 금원 편취, 절취한 전당표로 물건을 반환받을 때 ◇ 불가벌적 사후행위 - 절취한 자기앞수표의 환전, 열차승차권을 절취하여 환전 할 때

(3) 신용카드의 절취 및 사용

타인의 신용카드를 절취한 다음 비밀번호를 알아내어 은행의 현금자동인출기에서 현금을 인출한 경우

- 신용카드 자체의 절취 - 절도죄
- 절취한 신용카드로 현금을 인출한 행위 - 절도죄

判例 : 신용카드업법 위반죄와 절도죄의 경합범(대판 1995. 7. 28, 95 도 997)
(✧ 지금은 여신전문금융업법으로 바뀌었음)

5. 個 別 論

(1) 절도죄(329조)

타인의 재물을 절취하는 것이다. 개정형법은 법정형을 6년이하의 징역 또는 1천만원이하의 벌금으로 처할 수 있도록 하였다.

(2) 야간주거침입절도죄(330조)

① 의 의 야간에 사람의 주거 · 간수하는 저택 · 건조물 · 선박 또는 점유하는 방실에 침입하여 타인의 재물을 갈취하는 것이다(10년이하의 징역).

② 야간주거침입절도죄의 성질

(i) 본죄의 본질은 야간이라는 시간적 제약을 받는 주거침입죄와 절도죄의 결합범이다(다수설).

(ⅱ) 본죄는 소유권과 주거의 평온을 보호법익으로 하는 독자적 범죄라는 견해도 있다(김일수).

③ **구성요건**

(ⅰ) 건조물 사람이 기거하거나 출입할 수 있는 장소로서 꼭 영구적일 필요는 없다(대판 1989. 2. 28, 88 도 2430).

(ⅱ) 야 간 천문학적 해석(통설 · 판례)으로서 일몰 후 일출 전까지를 의미한다(대판 1967. 8. 29, 67 도 944).

④ **실행의 착수시기** 절도의 의사로 야간에 주거에 침입한 때이며, 재물을 물색할 때가 아니다.

⑤ **기수시기** 재물취득시다.

(3) 특수절도죄(331조)

① **의 의** 야간에 문호 또는 장벽 기타 건조물의 일부를 손괴하고 사람의 주거 · 간수하는 저택 · 건조물 · 선박 또는 점유하는 방실에 침입하여 타인의 재물을 절취하거나(1항), 흉기를 휴대하거나 2인 이상이 합동하여 타인의 재물을 절취하는 것이다(2항)(1년이상 10년이하의 징역). 未遂犯도 처벌한다(342조).

② **구성요건**

(ⅰ) **제1항은 야간주거침입절도죄의 가중형태**로서 주거 등에 대한 침입을 방지하기 위하여 설치된 시설 등을 훼손하고 침입하여 절취하는 경우이다. 따라서 시정된 문의 자물쇠나 방문고리를 뜯고 침입하는 것은 본죄에 해당되지만, 문을 열쇠로 열고 들어갈 때는 손괴라고 보기 어렵다.

(ⅱ) **제2항은 단순절도죄의 가중형태**로서 흉기휴대 및 합동범에 의한 절취이다.

ⓐ **흉기휴대절도** 흉기란「원래 사람의 살상이나 재물의 손괴를 목적으로 제작되고 또 그 목적을 달성하는 데 적합한 물건」을 말하며, 흉기가 신체적 위험을 초래하는 데 객관적 위험성이 있다고 볼 때, 객관적으로 위험하지 않은 물건은 흉기에 해당하지 않는다고 봄이 타당하다고 본다.

ⓑ **형법은 「2인 이상이 합동하여」** 범한 절도를 특수절도로 규정하여 형을

가중하고 있다. 그 밖에도 특수도주(146조), 특수강도(334조)에 있어서도 마찬가지로 두고 있는데, 이를 合同犯 이라 한다.

합동범의 본질 - 「합동」과 형법 제30조 「공동」의 관계를 어떻게 이해할 것인가?

㉠ **공모공동정범설** 공모공동정범의 개념을 원칙적으로 부정하면서 합동범의 경우에만 예외적으로 실행공동정범 이외에 공모공동정범이 인정된다고 보는 견해이다. 이에 대하여는 첫째, '합동'에 공모공동이 포함된다고 보는 것은 법문의 의미를 넘어 유추해석이 될 위험이 있고, 둘째, 이 설에 의하면 합동범의 범위가 지나치게 확대되어 총칙상의 교사·방조범의 규정은 합동범에 관한 한 거의 고려될 여지가 없게 된다는 비판을 받는다.

㉡ **가중적 공동정범설** 합동범의 본질은 공동정범이나 집단범죄에 대한 형사정책상의 고려에서 일정한 범죄의 공동정범에 한하여 특별한 가중적 구성요건을 둔 것이라고 한다. 이에 대하여는 첫째, 集團犯罪의 대책문제는 비단 합동범으로 규정한 절도·강도 및 도주 등에 국한되는 것이 아니며, 둘째, '합동'과 '공동'을 동일한 내용으로 보아야 할 실정법적 근거가 없다는 비판을 받는다.

㉢ **현장설** '합동'이란 공동정범의 공동보다 좁은 개념으로 '시간적·장소적 협동'을 의미한다고 보는 견해이다. 이 견해에 의하면 합동범의 성립요건으로서 현장에서 실행행위의 분담을 필요로 한다. 다수설·판례이다.

이에 대하여는 첫째, 현장설은 역사적 해석을 중시하나 특수도주죄와 특별법상의 합동범은 신설된 것이고, 둘째, 현장설에 따르면서 합동범을 필요적 공범으로 보는 경우에는 제30조의 공동정범에 관한 규정이 적용되지 않는 바, 합동을 하지 않았지만 기능적 행위지배를 한 배후거물이 교사·방조로 처벌될 뿐이라는 비판을 받는다.

㉣ **현장적 공동정범설** 합동범을 총칙상의 공동정범보다 좁은 개념으로 보고 2인 이상의 범행자가 시간적·장소적인 근접한 활동 내지 협동을 요한다는 점에서는 현장설과 동일하지만, 합동범을 본질상 공동정범의 일 형태로 보아 현장성 이외에 정범의 표지를 갖춰야 한다는 견해이다(김일수).

그리고 정범의 표지로서는 목적적 행위지배설이 아니라 기능적 행위지배설을 취하는 것이 특징이다.

㉤ **판 례**　　대법원은 처음에는 '합동이라고 하기 위하여는 반드시 범인이 같은 장소에서 공동으로 범죄를 수행할 것을 요하지 않는다' 는 취지로 판시한 바 있으나(대판 1956. 5. 1, 4289 형상 35), 그 후 태도를 변경하여 '합동절도가 성립하려면 주관적 요건으로서 공모 외에 실행행위의 분담이 있어야 하고, 그 실행행위에 있어서는 시간적으로나 장소적으로 합동관계가 있다고 볼 수 있어야 한다' 고 판시하여 현장설을 취하고 있으나(대판 1969. 7. 22, 67 도 1117), 최근 들어 현장적 공동정범설에 접근한 것이라고 판단되는 판례도 보인다(대판 1988. 9. 13, 88 도 1197).

대법원판례

속칭 삐끼주점의 지배인인 피고인 갑이 피해자 A로부터 신용카드를 강취하고 신용카드의 비밀번호를 알아낸 후 현금자동지급기에서 인출한 돈을 삐끼주점의 분배관례에 따라 분배할 것을 전제로 하여 원심 공동피고인 을(삐끼), 병(삐끼주점 업주) 및 정(삐끼)과 같은 모의하기를 갑은 삐끼주점 내에 A를 계속 붙잡아 두고 을, 병 및 정은 A의 신용카드를 이용하여 현금자동지급기에서 현금을 인출하기로 공모하였다. 그에 따라 을, 병 및 정이 1997.4.18. 01:08경 서울 강남구 삼성동 소재 엘지마트 편의점에서 합동하여 현금자동지급기에서 현금 4,730,000원을 절취한 사안.

대법원은 "3인 이상의 범인이 합동절도의 범행을 공모한 후 적어도 2인 이상의 범인이 범행현장에서 시간적, 장소적으로 협동관계를 이루어 절도의 실행행위를 분담하여 절도 범행을 한 경우에는 공동정범의 일반 이론에 비추어 그 공모에는 참여하였으나 현장에서 절도의 실행행위를 직접 분담하지 아니한 다른 범인에 대하여도 그가 현장에서 절도 범행을 실행한 위 2인 이상의 범인의 행위를 자기 의사의 수단으로 하여 합동절도의 범행을 하였다고 평가할 수 있는 정범성의 표지를 갖추고 있다고 보여 지는 한 그 다른 범인에 대하여 합동절도의 공동정범의 성립을 부정할 이유가 없다고 할 것이다. 형법 제331조 제2항 후단의 규정이 위와같이 3인 이상이 공모하고 적어도 2인 이상이 합동절도의 범행을 실행한 경우에 대하여 공동정범의 성립 가능성을 제한한다면 직접 실행행위에 참여하지 아니하면서 배후에서 합동절도의 범행을 조종하는 수괴는 그 행위의 기여도가 강력함에도 불구하고 공동정범으로 처벌받지 아니하는 불합리한 현상이 나타날 수 있다. 그러므로 합동절도에서도 공동정범과 교사범·종범의 구별기준은 일반원칙에 따라야 하고, 그 결과 범행현장에 존재하지 아니한 범인도 공동정범이 될 수 있으며, 반대로 상황에 따라서는 장소적으로 협동한 범인도 방조만 한 경우에는 종범으로 처벌될 수도 있다"(대판 1998. 5. 21, 98 도 321 전원합의체).

㉥ **결 어**　　합동범은 본질상 필요적 공범으로 보아야 하므로 현장설이 타당하다. 판례도 「합동절도가 성립하려면 주관적 요건으로서의 공모 외에 실행행위의 분담이 있어야 하며, 그 실행행위에 있어서는 시간적으로나 장소적으로 합동관계가 있다고 볼 수 있어야 한다(대판 1989. 3. 14, 88 도 837)」 고 판시하면서 현장설을 취하고 있다.

■ 합동절도의 본질

◇ 특수절도	건조물의 일부 손괴	◇ 합동범의 본절(합동의 의미)
	흉기휴대	① 공모공동정범설 : 합동 > 공동
		② 가중적 공동정범설 : 합동 = 공동
	합동절도	③ 현장설(판례) : 합동 < 공동

(4) 자동차 등 불법사용죄(331조의 2, 신설)

① **의 의** 개정형법은 자동차와 자가용운전자의 증가에 따른 자동차의 불법사용 증가와 이로 인한 피해와 피해자의 감정을 고려하여 자동차 등 불법사용죄를 신설하였다. 즉, 권리자의 동의 없이 타인의 자동차, 선박, 항공기 또는 원동기장치 자전차를 일시 사용한 자는 3년이하의 징역 또는 500만원이하의 벌금, 구류 또는 과료에 처한다고 규정하였다. 이른바 사용절도를 처벌하는 규정을 둔 것이다.

② **구성요건**

(i) **행위객체** 원동기장치 자전거도 반드시 2륜자전거에 제한되지 아니한다. 자동차에 속하지 않는 한 특수한 모양의 삼륜차도 여기에 포함될 수 있다고 본다.

(ii) **행 위** 본죄의 사용이란 불법하게 사용을 개시한 경우만을 의미하므로 택시기사가 택시를 私用으로 사용하거나 자동차를 빌린 사람이 권한 없이 처로 하여금 운전하게 한 경우는 여기에 해당되지 않는다.

대법원판례

공동피고인(18세)의 삼촌이 운영하는 카센터에 가보니 삼촌은 보이지 않고 삼촌의 친구인 피해자가 그의 소유인 액센트 승용차를 밖에 세워 놓고 카센터 안에 있는 방에서 잠을 자고 있어서 피고인(19세)에게 삼촌친구가 잠을 자고 있는데 삼촌친구 차를 몰래 타 보자고 하자 피고인이 좋다고 하여 피해자 잠바 주머니에서 열쇠를 가지고 나와 운전을 할 줄 아는 피고인으로 하여금 위 차량을 운전하게 하여 피고인들이 거주하는 부천 인근만을 돌아다니다가 불심 검문에 붙들려 차가 피해자에게 반환된 사안(피고인은 처음에는 몰래 잠깐 타고 제자리에 가져다

놓으려고 훔치게 되었는데 마음이 변하여 계속 타고 다닌 것이고, 돈이 필요하거나 다른 범죄에 사용하려고 자동차를 훔치게 된 것이 아니고 운전하고 싶은 충동에서 훔치게 된 것이라고 주장하였고 대법원은 이를 인정하였다). 이에 대해 대법원은 특수절도죄가 아니라 자동차불법사용죄에 해당한다고 하였다(대판 1998. 9. 4, 98 도 2181).

(iii) **행위주체** 주인의 승낙 없이 운전한 고용운전자나 절도범으로 훔친 자동차를 빌려 운전한 자를 말한다.

③ **죄수관계** 본죄와 절도죄의 관계는 보충관계에 있다. 절도죄와 본죄의 차이는 불법영득의사가 있는가 하는 여부에 따라서 결정된다.

(5) 상습절도죄(제332조)

상습으로 전 3죄(절도죄, 야간주거침입절도죄, 특수절도죄)를 범하는 것이다(2분의 1가중).

상습절도죄에 관하여는 특정범죄가중처벌에 관한 법률 제5조의 4에서 이를 가중처벌하는 규정을 두고 있다.

절도·야간주거침입절도·특수절도의 사실을 상습에 의하여 반복할 때에는 가장 중한 상습특수절도죄의 포괄일죄만 성립한다(대판(전원합의체) 1978. 2. 14, 77 도 3564).

일부 범죄에 대한 확정판결이 있으면 확정판결 전에 범한 나머지 범죄에 대하여 기판력이 미치며(대판 1990. 2. 13, 89 도 2377), 단지 절도행위의 전과가 여러번 있었다는 사실만으로 상습성이 인정된다고 보기 어렵다(대판 1987. 2. 24, 86 도2725).

범죄의 상습성이란 범죄자의 어떤 버릇, 범죄의 경향을 의미하는 것으로서 행위의 본질을 이루는 성질이 아니고 행위자의 특성을 의미하는 것이므로, 상습성의 유무는 행위자의 연령·성격·직업·환경·전과·범행동기·수단·방법·장소·전에 범한 범죄와의 시간적 간격, 그 범행의 내용과 유사성 등 여러 사정을 종합하여 판단하여야 하는 것이고, 행위자가 범죄행위 당시 심신미약상태에 있었다는 이유만으로 그 범죄행위는 상습성이 발현된 것이 아니라고 단정할 수 없다(대판 2007. 8. 23, 2007 도 3820·2007 감도 8).

Ⅲ. 强盜의 罪

1. 意義 및 保護法益

본죄는 폭행 또는 협박으로 타인의 재물을 강취하거나 기타 재산상의 이익을 취득하거나 제3자로 하여금 이를 취득하게 하는 범죄이다. 재산죄 중 재물죄 및 이익죄 · 영득죄 · 탈취죄에 속한다. 그리고 보호법익은 타인의 재산권 및 신체의 자유이다. 강도죄는 재산죄와 폭행 또는 협박죄의 결합범이며, 침해범이다.

2. 客觀的 構成要件

⑴ 행위의 객체

타인의 재물 또는 재산상의 이익이다.

① **재물은 유체물에 한하지 않고 관리가능한 동력을 포함**한다. 부동산은 재산상의 이익이 될 것이다. 또 찢어진 어음이라 하더라도 그것이 아직 객관적인 경제적가치 내지 금전적교환가치를 가지고 있다면 강도죄의 객체인 재물에 해당한다(대판 1987. 10. 13, 87 도 1240).

② **재산상의 이익이란** 재물 이외에 재산적 가치가 있는 모든 이익을 말한다. 예컨대, 채권 · 채무 · 노무의 제공 등이다. 또 재산상의 이익은 적극적 이익(취득)과 소극적 이익(채무면제)을 불문한다. 판례에 따르면 재산상의 이익은 사실상 경제적 이익이 있으면 족하고 그 법률행위가 유효하건 무효하건 취소할 수 있는 것이든 불문한다(대판 1987. 2. 10, 86 도 2472).

⑵ 행 위

폭행 또는 협박으로 재물을 강취하거나 재산상의 이익을 취득하는 것이다.

① 暴行**이란**, '사람에 대한 불법한 유형력의 행사'를 말하며, 脅迫이란 해악을 고지하여 공포심을 발생케 하는 것을 말한다. 다만, 여기의 폭행 · 협박은 최협의의 폭행 · 협박으로서 사람의 반항을 억압하거나 항거를 현저히 곤란 또는 불가능하게 할 정도의 것을 의미한다. 여기서 상대방의 반항을 억압한다는 것은 피해

자의 수, 연령, 성별, 범행의 시간과 장소, 폭행·협박의 태양과 행위자의 인상 등을 종합적으로 고려해야 한다. 만약 장난감 pistol로 폭행·협박할 때에도 본죄가 성립한다.

② 强取란, 피해자의 반항을 억압함에 족한 폭행·협박에 의하여 피해자의 의사에 반하여 재물의 점유를 탈취하여 자기 또는 제3자의 지배로 이전하는 것을 말한다. 이에 폭행·협박은 재물의 강취시에 이루어져야 하며, 적어도 그 기수 이전에 있었음을 요한다.

강간범이 강간 후에 강도의 범의를 일으켜 그 부녀의 재물을 영득한 경우는 강간죄와 강도죄의 경합범이 되나(다수설, 판례) 사람을 살해한 직후에 재물을 영득하면 살인죄와 점유이탈물횡령죄가 성립된다(다수설).

③ **폭행·협박과 재물에 대한 점유취득 사이에 인과관계를 요한다.**

여기서 강도의 고의로 객관적으로는 상대방의 반항을 억압할 정도의 폭행·협박을 하였으나 상대방이 그 의사에 억압당하지 않고 단순한 공포심 때문에 재물을 교부한 경우가 문제되는 바, 강도죄의 미수가 된다는 것이 다수설이다. 그 이유는 인과관계를 인정 할 수 없으므로 강도죄의 기수라 할 수 없고 강도미수는 공갈을 포함하기 때문이다.

④ **강도죄는** 폭행·협박에 의하여 재산상의 이익을 취득하거나 제3자로 하여금 이를 취득케 한 때도 성립한다.

✦ 재산상 이익의 취득

- (i) **피해자에게 일정한 처분을 시켜 이익을 취득하는 경우**
- (ii) **정당한 대가를 지급하지 않고 피해자가 노무를 제공하는 경우**
- (iii) **피해자에게 일정한 의사표시를 하게 하여 이익을 취득하게 하는 경우**

한편 재산상 이익을 취득함에 있어서 피해자의 의사표시가 있어야 하는가에 관하여 대법원은 소극설을 취하고 있다. 따라서 채무를 면하기 위하여 채권자를 살해하면 강도살인죄를 구성한다(대판 1964. 9. 8, 64 도 350; 1985. 10. 22, 85 도 1527).

⑤ **실행의 착수시기** 재물강취 또는 재산상의 이득을 목적으로 폭행·협박을 개시한 때이다.

⑥ **기수시기** 재물의 점유 또는 재산상의 이익을 취득하였을 때이다(취득설).

3. 主觀的 構成要件

객관적 구성요건에 대한 인식 이외에 불법영득의 의사를 필요로 한다.

4. 罪 數

강도죄는 절도죄와 법조경합의 관계에 있으며, 강도죄는 공무집행방해죄와 상상적 경합관계에 있다.

5. 個 別 論

(1) 강도죄(333조)

폭행 또는 협박으로 타인의 재물을 강취하거나 기타 재산상의 이익을 취득하거나, 제3자로 하여금 이를 취득하게 하는 것(3년이상 유기징역)이다. 친족상도례의 적용은 없다(이하 동일).

① 강도를 범한 경우 피해자측의 처분의사 또는 처분행위를 요하는가

판례는 채무면제의 목적으로 채권자를 살해한 경우에 강도살인죄가 성립한다(소극설에 입각)(대판 1964. 9. 8, 64 도 310).

② 권리실행의 방법으로 폭행·협박에 의해 재물을 강취하거나 재산상 이득을 취득한 경우

대법원은「가령 피해자에 대하여 금전채권이 있어 그 대물변제조로 취거할 의사 아래 하였다 하여도 피해자에 대하여 폭행 또는 협박을 가하여 피해자의 재물을 강취한 경우에는 역시 강도죄가 성립되는 것이다」라고 판시하고 있다(대판 1962. 2. 15, 4294 형상 677).

(2) 특수강도죄(334조)

개정형법은 야간에 사람의 주거, 관리하는 건조물, 선박이나 항공기 또는 점유하는 주거에 침입하여 제333조의 죄(강도죄)를 범한 자 또는 흉기를 휴대하거나 2인 이상이 합동하여 죄를 범한 자는 무기 또는 5년이상의 징역에 처한다(334조 1항). 종전과 비교하여 저택 삭제, 항공기 추가를 특징으로 보겠다.

특수강도의 착수시기는 주거에 침입할 때가 아니라 폭행 · 협박을 개시한 때이다. 이 점이 야간주거침입절도죄와 구별된다(대판 1991. 11. 22, 91 도 2296).

합동강도에 관하여는 강도합동범 중 1인이 피해자를 상해한 경우에 상해까지 공모하지 않은 자도 상해의 결과를 책임진다고 판시하고 있다(대판 1998. 4. 4, 98 도 356).

(3) 준강도죄(335조)

① **의 의** 절도가 재물의 탈환을 항거하거나 체포를 면탈하거나 죄적을 인멸할 목적으로 폭행 또는 협박을 가하는 것이다. 事後强盜라고도 한다.

② **객관적 구성요건**

(i) **행위의 주체** 주체는 절도, 즉 절도범이다. 절도가 기수이든 미수이든 불문하나 최소한 절도의 실행의 착수가 있어야 한다. 또한 절도는 단순절도 · 야간주거침입절도 · 특수절도를 불문한다. 따라서 강도범인은 본죄의 주체가 아니다(진정신분범). 여기의 절도는 절도의 기수뿐 아니라 미수도 포함되나, 예비는 포함되지 않는다. 절도의 의사로 주간에 주거에 침입하였다가 주인에게 발각되자 주인을 폭행한 때에는 주거침입죄와 폭행죄의 경합법이 성립하나, 야간에 이같은 행위를 했다면 야간주거침입절도죄의 실행의 착수가 있으므로 준강도죄가 성립함을 주의해야 한다(대판 1968. 4. 23, 67 도 334). 다만 날치기와 같은 강력적으로 재물을 절취하려는 행위는 때로는 피해자를 전도시키거나 부상하게 하는 경우가 있고, 구체적인 상황에 따라서는 이를 강도로 인정하여야 할 때가 있다 할 것이나, 그와 같은 결과가 피해자의 반항억압을 목적으로 함이 없이 점유탈취과정에서 우연히 가해진 경우라면 절도에 불과하다(대판 2003. 7. 25, 2003 도 2316).

(ii) **행 위** 폭행 또는 협박이다. 폭행 · 협박은 강도죄에 있어서의 그것과 같이 상대방은 절도의 피해자이든 제3자이든 불문하나 절도행위와 접착한 기회에

행하여져야 한다. 반드시 현실적으로 반항을 억압하였을 것을 요하지는 않는다(대판 1981. 3. 24, 81 도 409). 즉, 폭행 또는 협박은 절도의 현장 또는 절도의 기회(계속 추적당하고 있는 경우를 포함)에 행하여져야 한다. 公務를 집행하는 공무원, 예컨대 경찰관에 대하여 폭행 또는 협박을 한 때에는 공무집행방해죄와 준강도죄의 상상적 경합이 될 수 있다.

(iii) 미 수 과거 미수인정여부에 관하여 찬반논의가 있었으나 개정형법에서 미수범처벌 규정을 명문화하였다(342조). 그런데 준강도의 기수 · 미수를 결정하는 표준에 대하여는 ⓐ절취행위표준설(다수설)과 ⓑ폭행 · 협박행위 표준설(판례)이 대립하고 있다.

ⓐ **절취행위표준설은** 재산죄에 본질을 두고 강도죄의 미수와 준강도죄의 불균형을 시정키 위함을 그 논거로 하고 있으나 ⓑ 폭행 · 협박행위표준설은 강도살인죄처럼 재물취득 여부는 기수·미수에 영향이 없다는 것을 그 논거로 내세우고 있다. 절도미수범이 체포를 면하기 위해 추적자를 폭행한 경우, 다수설에 의하면 준강도의 미수범이 되지만, 판례에 의하면 폭행 · 협박에 의해 추적자가 제압되었느냐에 따라 결정되므로 준강도의 기수로 될 수 있다. 강도죄의 본질과 처벌의 불균형을 고려할 때 절취행위표준설이 타당하다고 하겠다.

대법원판례

피고인 갑과 을이 합동하여 양주를 절취할 목적으로 2003. 12. 9, 06:30경 부산 부산진구 소재 5층 건물 중 2층 A가 운영하는 주점에 이르러, 을은 1층과 2층 계단 사이에서 갑과 무전기로 연락을 취하면서 망을 보고, 갑은 주점의 잠금장치를 뜯고 침입하여 주점 내 진열장에 있던 양주 45병(시가 1,622,000원 상당)을 미리 준비한 바구니 3개에 담고 있던 중, 계단에서 서성거리던 을을 수상히 여기고 주점으로 돌아오려는 주점 종업원 B, C의 소리를 듣고서 양주를 그대로 둔 채 출입문을 열고 나오다가 B등이 붙잡자, 갑은 붙잡히지 않으려고 자신의 목을 잡고 있던 B의 오른손을 깨무는 등 폭행한 사안이다.

대법원은 "형법 제335조에서 절도가 재물의 탈환을 항거하거나 체포를 면탈하거나 죄적을 인멸할 목적으로 폭행 또는 협박을 가한 때에 준강도로서 강도죄의 예에 따라 처벌하는 취지는, 강도죄와 준강도죄의 구성요건인 재물탈취와 폭행·협박 사이에 시간적 순서상 전후의 차이가 있을 뿐 실질적으로 위법성이 같다고 보기 때문인바, 이와 같은 준강도죄의 입법 취지, 강도죄와의 균형 등을 종합적으로 고려해 보면, 준강도죄의 기수 여부는 절도행위의 기수 여부를 기준으로 하여 판단하여야 한다. 만일 강도죄에 있어서는 재물을 강취하여야 기수가 됨에도 불구하고 준강도의 경우에는 폭행·협박을 기준으로 기수와 미수를 결정하게 되면 재물을 절취하지 못한 채 폭행·협박만 가한 경우에도 준강도죄의 기수로 처벌받게 됨으로써 강도미수죄와의 불균형이 초래된다"(대판 2004. 11. 18, 2004 도 5074 전원합의체).

이 판결은 과거의 폭행·협박기준설(대판 1988. 2. 9, 87 도 2492)을 변경하여 절취행위를 기준으로 준강도죄의 기수와 미수 여부를 판단하여야 한다고 판시한 것이다. 결국 피고인 갑에게는 준강도미수죄를 인정하였다.

③ **주관적 구성요건** 고의 외에 재물탈환 등의 위의 3가지 목적 중 어느 하나가 필요하며, 목적달성 여부는 기수 여부와 관계없다.

④ **공범과 처벌** 절도의 공범 가운데 한 사람이 본죄를 범한 경우에 다른 공범자에게 본죄의 성립을 인정할 수 있는가?

판례는 특수절도의 범인들이 범행 후 서로 다른 길로 도주하다가 그 중 1인이 폭행하여 상해를 가한 때에도 다른 공범자에게 강도상해죄의 성립을 인정하고 있다(대판 1984. 10. 10, 84 도 1887). 다만, 망을 보다가 도주한 후에 다른 절도공범자가 폭행상해를 가한 때에는 도주한 공범자는 다른 공범자의 폭행행위를 예기할 수 없었다고 하고 있다(대판 1984. 2. 28, 83 도 3321).

(4) 人質强盜罪(336條)

① **의 의** 개정형법은 약취강도죄를 인질강도죄로 개칭하고, 구성요건을 변경하였다. 즉, 사람을 체포, 감금, 약취·유인하여 이를 인질로 삼아 재물 또는 재산상의 이익을 취득하거나 제3자로 하여금 이를 취득하게 한 자는 3년이상의 유기징역에 처한다.

사람을 약취하여 그 석방의 代償으로 재물을 취득하는 것이다. 여기서 석방의 代償이란, 약취된 사람을 석방해 준다는 미끼로 일정한 보상을 요구하는 것을 말한다.

② **구성요건**

(i) **행위객체** 재물 외에 재산상의 이익이 추가되었다(개정형법).

체포·감금·약취·유인의 객체는 성년, 미성년, 남녀, 기혼, 미혼을 불문한다.

- 인질강도죄 : 행위자, 피해자의 2자관계, 3자관계 전제
- 인질강요죄 : 3자관계 전제

(ii) 행 위 타인의 생명 · 신체의 안전에 대한 제3자의 우려를 이용하여 그 석방 내지 안전보장의 대가로 재물 또는 재산상의 이익을 얻으려는 행위를 의미한다.

(5) 강도상해 · 치상죄(337조)

① 의 의 강도가 사람을 상해하거나 상해에 이르게 하는 것이다. 개정형법은 치상을 상해에 이르게 한 것으로 바꾸었다.

② 구성요건

☞ 강도상해죄 → 강도죄와 상해죄의 결합범
☞ 강도치상죄 → 결과적 가중범
(형량은 무기 또는 7년이상의 징역으로 같다.)

대법원은 강도의 공동정범은 다른 공범자가 강도의 기회에 한 상해행위에 대하여 책임을 면할 수 없고(대판 1981. 7. 28, 81 도 1590. 이후 일관된 견해), 준강도의 공동정범도 이를 예기하지 못한 때에는 강도상해죄가 성립하지 않는다고 하고 있다(대판 1982. 7. 13, 82 도 1352).

③ 미 수 강도상해죄의 미수범은 처벌하나, 강도치상죄의 미수란 생각하기 어렵다. 강도의 공범자 중 1인이 강도의 기회에 피해자에게 폭행 또는 상해를 가하여 살해한 경우, 다른 공모자가 살인의 공모를 하지 아니하였다고 하여도 그 살인행위나 치사의 결과를 예견할 수 있었다면 그 공범자는 결과적 가중범인 강도치사죄의 죄책을 면할 수 없다(대판 2000. 12. 8, 2000 도 4459).

(6) 강도살인 · 치사죄(338조)

강도가 사람을 살해하거나 사망에 이르게 하는 것이다. 따라서 사람을 살해한 후에 비로소 영득의 의사로 재물을 취득하면 살인죄와 점유이탈물횡령죄의 경합범이 되며, 본죄가 되는 것이 아니다. 그러나 강도의 고의로 사람을 살해하고 재물을 탈취한 경우에는 강도살인죄가 성립한다. 개정형법은 강도살인죄와 강도치사죄를 구별하고 강도치사죄의 법정형을 완화했다.

┌ 강도살인죄(살해한 때) → 사형, 무기징역(결합범)
└ 강도치사죄(사망에 이르게 한 때) → 무기, 10년이상의 징역(결과적 가중범)

판례는 고의 없는 공동정범이라도 강도치사죄나 강도치상죄의 죄책을 진다(대판 1991. 11. 12, 91 도 2156)고 한다.

(7) 강도강간죄(339조)

① **의 의**　　강도가 부녀를 강간하는 것이다(무기 또는 10년 이상의 징역).

② **구성요건**

(ⅰ) **행위주체**　　단순강도, 특수강도, 준강도, 인질강도(기수미수불문)

(ⅱ) **행 위**　　강간은 강도의 기회에 행해지면 족하고 재물탈취는 전후를 불문한다(대판 1984. 10. 10, 84 도 1880).

(ⅲ) **미수범**　　여기서 미수는 강간의 미수를 말한다.

③ **타범죄와의 관계**　　강도가 부녀를 강간하여 치상 또는 치사케 한 경우는 학설대립이 있다.

(ⅰ) **강도강간죄와 강도살인 · 치사죄 또는 강도상해 · 치상죄의 상상적 경합이 된다는 견해**가 있다(다수설).

(ⅱ) **강도강간죄와 강간치사상죄의 상상적 경합이 된다는 견해**가 있다(유기천).

(ⅲ) **사상의 결과가 강도로 인한 때**에는 강도강간죄와 강도치사상죄의 상상적 경합이 되고, 강간으로 인한 때에는 강도강간죄와 강간치사상죄의 상상적 경합이 된다는 견해가 있다(이재상).

(ⅳ) **판례의 태도**　　강도가 부녀를 강간하려다가 미수에 그치고 폭행으로 피해자에게 상해를 입힌 경우에는 강도강간미수죄와 강도치상죄의 상상적 경합이 된다고 판시하였다(대판 1988. 6. 28, 88 도 820).

(8) 해상강도죄(340조 1항) 및 해상강도상해·치사상죄(340조 2항, 3항)

다중의 위력으로 해상에서 선박을 강취하거나 선박 내에 침입하여 재물을 강취하는, 일명 바이킹과 같은 행동을 하는 범죄를 말한다(해적행위의 위험성 가중처벌). 개정형법에서는 해상강도치상을 상해에 이르게 한 때로, 해상강도치사를 사망에 이르게 한 때로 바꾸기로 하였다(**개정형법** 340조 2항, 3항).

① 해상강도죄 무기, 7년이상 징역

② 해상강도상해, 치상죄 무기, 10년이상 징역

③ 해상강도살인, 치사죄 사형, 무기징역

(9) 상습강도죄(341조)

상습으로 강도 · 특수강도 · 인질강도 · 해상강도죄를 범함으로써 성립되는 범죄로서 상습성으로 책임이 가중되는 가중적 구성요건이다(무기 또는 10년이상의 징역).

상습강도죄에 대하여는 특정범죄가중처벌 등에 관한 법률 제5조의 4에서 별도의 규정을 두고 있다.

(10) 강도예비 · 음모죄(343조)

예컨대 강도에 사용한 흉기를 매입하거나, 흉기를 휴대하고 통행인을 대기하는 때, 강도의 목적으로 주거에 침입한 때가 그것이다(7년이하의 징역).

(11) 미수범

제329조(절도) 내지 제341(상습범)의 미수범은 처벌한다.

(12) 관련문제

① 채무면탈살인자의 형사책임 - 강도살인죄(다수설).

② 강도죄와 공갈죄에서의 폭행·협박

판례는 「강도죄의 수단에 있어서는 피해자의 반항을 억압함에 족한 폭행 · 협박임을 요하고, 공갈죄의 수단에 있어서는 피해자의 임의의사를 제한하는 정도의 폭행 · 협박을 요한다」 라고 하여 양적 구별설의 입장이다(대판 1960. 2. 29, 4292 형상 997; 1961. 5. 12, 4294 형상 101).

Ⅳ. 詐 欺 罪

1. 意義 및 保護法益

(1) 의 의

본죄는 사람을 기망하여 재물의 교부를 받거나 재산상의 이익을 취득하거나 또는 제3자로 하여금 이를 취득하게 하는 범죄이다. 재산죄 중 재물죄 및 이익죄 · 영득죄 · 편취죄에 속한다.

(2) 보호법익

① 재산권 이외에 거래의 진실성·信義誠實도 보호법익이 된다는 견해가 있다(다수설).

② 재산권만 보호법익이 된다는 견해가 있다(이재상). 논거로는 거래의 진실성은 사기죄에 있어서 재산침해의 태양에 불과하고 형법이 보호할 독립된 법익이 될 수 없다. 사기죄의 보호법익에 거래의 진실성도 포함시킨다면 사기죄는 문서위조죄와 같은 성질을 가지는 범죄가 되어 재산죄로서 성격이 부정될 위험이 있다고 한다.

③ 재물 또는 재산상이익을 얻을 수 있는 지위도 재산적 가치가 있는 구체적 이익이 인정되면 사기죄가 된다(대판 2006. 4. 7, 2005 도 9858 전원합의체).

2. 客觀的 構成要件

사람을 기망하여 재물의 교부를 받거나 재산상의 이익을 취득하거나 또는 제3자로 하여금 이를 취득하게 하는 것이다.

(1) 행위객체

타인의 재물 또는 재산상의 이익이다. 따라서 사기결혼은 사기죄가 되지 않는다. 재물에는 관리할 수 있는 동력도 포함되며, 동산 · 부동산을 불문한다. 이 점에서 절도죄와 다르다.

부동산편취의 기수시기에 관하여는 현실적으로 占有의 이전이 있거나 소유권 이전등기가 경료된 때에는 기수가 된다는 것이 통설 · 판례(대판 1961. 7. 14, 4294 형상 109)이다. 재산상의 이익은 적극적 이익이건 소극적 이익이건 불문한다.

(2) 행 위

기망하여 재물의 교부를 받거나 재산상의 이익을 취득하는 것이다.

① **기망행위** 기망은 널리 거래관계에서 지켜야 할 信義則에 반하는 행위로 사람으로 하여금 착오를 일으키게 하는 것(판례)이다.

(ⅰ) **기망행위의 대상**에 관하여 통설은 사실뿐만 아니라 가치판단에 대하여도 기망이 가능하다고 하고 있다. 그 수단 · 방법에는 제한이 없으며, 작위에 의하든, 부작위에 의하든 불문한다. 부작위에 의한 기망은, 사실을 고지할 법률상 의무 있는 자가 묵비함으로써 상대방이 착오에 빠진 상태를 계속시켜 이를 이용하는 경우이다.

판례상 인정된 고지의무는 부동산매각자의 저당권설정사실고지의무, 보험계약자의 보험회사에 대한 피보험자의 질병에 대한 고지의무, 담보제공된 동산을 다시 담보로 제공하려는 자의 고지의무 등이다. 이것이 부작위에 의한 기망행위의 예이다. 주식거래의 목적물이 증자 전의 주식이 아니라 증자 후의 주식이라는 점은 주식거래여부나 그 내용을 결정하는데 중요한 사항이므로 주식매도인은 주식매수인에게 이를 고지할 의무가 있는데 이를 제대로 알리지 않아 피해를 입게 한 경우 사기죄가 된다(대판 2006. 10.27, 2004 도 6503). 또한 자신의 은행계좌에 잘못 송금된 금액을 은행 측에 알리지 않고 인출하거나 다른 계좌로 이체한 행위는 판례가 횡령죄로 인정하였다(대판 2005. 10. 28, 2005 도 5975). 특히, 행위자는 상대방의 착오를 제거해야 할 보증인 지위에 있어야 한다(고지의무의 존재). 또한 거스름돈 사기도 부작위에 의한 사기의 좋은 예이다. 무전취식 · 무전숙박 등도 묵시적 기망행위의 예이다. 또 타인에게 이전등기해 준 부동산을 매도하거나 임대하고 대금받은 때에도 묵시적 기망행위라 할 수 있다(압류된 사실을 고지하지 않고 양도담보로 제공하거나, 절취한 장물을 담보로 제공하고 금원을 차용하는 경우) 등은 묵시적 기망행위의 예이다.

(ⅱ) **기망은** 반드시 피해자에 대하여 행해짐을 요하지 않지만, 피해자는 재물에

대한 처분권한 내지 지위를 가지는 자이어야 한다. 또한 피기망자와 재산상의 피해자가 동일인임을 요하지 않는다. 따라서 법원을 기망하여 재산상의 이익을 취득한 경우(소송사기)에도 사기죄가 성립된다.

▣ 訴訟詐期

(1) 서 설

통설 · 판례 : 사기죄 인정(법원에 허위사실을 주장하거나, 허위의 증거를 제출함으로써 법원을 기망하여 승소판결을 받은 경우)

(2) 이론상 문제점

① 기망행위면 : 민사소송(법원기망)

② 처분행위면 : 승소판결

(3) 구체적 사례

허위의 채권으로 지급명령을 신청하거나, 가압류, 가처분 또는 재판상의 화해를 신청하는 경우에는 사기죄가 성립할 여지가 없으나, 判例는 기한미도래의 채권을 즉시 지급받기 위하여 지급명령을 신청한 것만으로는 기망행위에 해당하지 않으나,假執行宣告附 支給命令에 의해서 채권압류 및 轉付命令을 받은 때에는 사기죄는 기수가 되었다고 판시한다(대판 1977. 1. 11, 76 도 3700)(채권이 소멸된 판결정본에 의하여 강제집행을 한 경우에도 사기죄 성립).

(4) 관련문제

① 실행의 착수시기

• 제1설 : 법원에 소를 제기할 때 실행의 착수가 있다는 견해(이재상, 정성근, 진계호, 배종대, 정영일,신동운). 이 견해에 따른 판례(대판 1993. 9. 14,93도915).

• 제2설 : 허위의 내용을 기재한 소장을 법원에서 진술한 때 또는 허위의 내용을 기재한 준비서면이나 자술서를 작성하여 법원에 제출한 때 실행의 착수가 있다는 견해(김일수), 그 논거로서 적극적인 사술(詐術)을 써서 제출하는 시기라고 해야 하기 때문이라는 것이다. 이 견해에 따른 판례(대판 1988. 9. 20).

② 기수시기 : 승소판결확정시(대판 2006. 4. 7, 2005 도 9858 전원합의체).

③ 법원의 판결(유효해야 함) : 사망한 자를 상대로 하는 提訴는 성립하지 않는다. 왜냐하면 사망자에 대한 판결의 효력이 생기지 않기 때문이다(대판 1987. 12. 22, 87 도 852)

📖 대법원판례

소송사기에 관한 판례 : 피고인 또는 그와 공모한 자가 자신이 토지의 소유자라고 허위의 주장을 하면서 소유권보존등기 명의자를 상대로 보존등기의 말소를 구하는 소송을 제기한 경우 그 소송에서 위 토지가 피고인 또는 그와 공모한 자의 소유임을 인정하여 보존등기 말소를 명하는 내용의 승소확정판결을 받는다면, 이에 터 잡아 언제든지 단독으로 상대방의 소유권보존등기를 말소시킨 후 위 판결을 부동산등기법 제130조 제2호 소정의 소유권을 증명하는 판결로 하여 자기 앞으로의 소유권보존등기를 신청하여 그 등기를 마칠 수 있게 되므로, 이는 법원을 기망하여 유리한 판결을 얻음으로써 '대상 토지의 소유권에 대한 방해를 제거하고 그 소유명의를 얻을 수 있는 지위'라는 재산상 이익을 취득한 것이고, 그 경우 기수시기는 위 판결이 확정된 때이다(대판 2006. 4. 7, 2005 도 9858 전원합의체).

또 소송사기에 대해서는 "소송사기 행위를 처벌하는 것은 필연적으로 누구든지 자기에게 유리한 주장을 하고 소송을 통하여 권리구제를 받을 수 있다는 민사재판제도의 위축을 초래하고 본질적으로 민사분쟁인 사안을 소송사기라는 형사분쟁으로 비화시킬 위험이 있으므로 극히 신중"해야 한다는 대법원 판결이 있다(대판 2007. 4. 13, 2005 도 4222).

(iii) **기망의 정도는** 단순히 사람을 착오에 빠뜨리게 하였다는 것만으로는 기망이 있었다고 할 수 없고 적어도 그것이 사회의 거래관계에 있어서 신의칙에 반하는 정도에 이를 것을 요한다. 그러므로 상업광고에 있어 다소의 과장성은 허용된다(대판 2008. 10. 23, 2008 도 6549).

(iv) **착오는** 법률행위의 요소에 관한 것이거나 사실에 관한 것이거나를 불문한다. 전술한 기망과 상대방의 착오간에 因果關係가 있어야 한다. 따라서 판례는 용도를 속이고 돈을 빌린 경우에 진정한 용도를 고지하였더라면 상대방이 빌려주지 않았을 때에도 사기죄가 성립한다고 하였다(대판 1995. 9. 15, 95 도 707). 기망을 하였으나, 상대방이 불쌍하게 여겨 재물을 교부한 때에는 미수가 된다.

② **재산상의 처분행위** 착오에 기한 상대방의 재산적 처분행위에 의하여 재물의 점유를 취득하여야 한다. 이를 편취라고 한다.

(i) **재산적 처분행위가 있다고 하기 위해서는** 주관적으로 피기망자가 재물의 이전이나 권리의 상실 등 처분결과를 인식하고 있어야 하고, 객관적으로 이러한 의사실현을 위한 행위가 있어야 한다. 따라서 클럽 입회원서라고 속이고 문맹자로 하여금 차용증서에 서명날인케 한 경우에는 사기죄가 성립하지 않는다. 또 배당이의소송의 제1심에서 패소판결을 받고 항소한 자가 기망행위에 의해 항소를 취하한 것이 사기죄에서 말하는 재산적 처분행위에 해당되는지 여부에 관하여 법원은 적극적으로 보았다(대판 2002. 11. 22, 2000 도 4419).

(ii) **사람을 기망하여 주의를 다른 곳으로 돌리고 난 후 재물을 취득하는 것은** 기망행위가 있었으나, 상대방의 처분행위가 없으므로 사기죄가 아니라 절도죄이다. 그러나 사람을 기망하여 재물을 포기케 한 후 이를 습득하면 재물포기라는 처분행위가 있으므로 사기죄가 된다(통설).

(iii) **기망자와 재물의 취득자는** 동일인임을 요하지 않으며 제3자에게 교부시키는 것도 사기죄를 구성한다(삼각사기).

(iv) **이득이란**, 사람을 기망하여 재산상의 이익을 취득하거나 또는 제3자로 하여금 취득하게 하는 행위를 말한다. 재산상의 이득은 적극적인 것이든 소극적인 것이든 불문한다. 그러므로 채무인수의 약속, 借金에 있어서 보증인이 되는 것의 승낙, 변제기일의 연기, 승차권 없이 승차하는 것 등은 모두 이득에 해당한다. 다만, 매음을 한 후 기망에 의해 매음료의 지불을 면하는 경우는 매음 그 자체는 재물, 재산상 이익이 아니므로 사기죄가 성립하지 않는다(다수설).

▣ 사기죄에 있어서의 기망

① 기망 → 재물 또는 재산상 이득의 교부 → 취득 ② 기망과 과장광고 ③ 담합행위

③ 재산상 손해발생의 필요성 대법원은 일관하여 사기죄의 성립에는 현실적으로 재산상의 손해가 발생할 필요가 없다는 태도이다(대판 2009. 1. 15, 2006 도 6687).(대판 1982. 6. 22, 82 도777).

📖 대법원판례

주유소를 운영하는 甲 은 주유소에서 농민들에게 면세된 가격으로 석유류를 공급해 준 사실이 없음에도 농업협동조합으로부터 면세유류 공급확인서를 부당하게 발급받아 이를 이용하여 농민들에게 석유류를 면세된 가격에 공급한 것처럼 현대오일뱅크 주식회사를 기망하여 현대오일뱅크로부터 석유류를 공급받으면서 부당한 부가가치세나 교통세에 상당하는 석유류를 교부받은 사안에서 사기죄는 타인을 기망하여 그로 인한 하자 있는 의사에 기하여 재물의 교부를 받거나 재산상의 이익을 취득함으로써 성립되는 것으로, 사기죄의 본질은 기망에 의한 재물이나 재산상의 이득의 취득에 있고 상대방에게 현실적으로 재산상 손해가 발생함을 그 요건으로 하지 않는다(대판 2009. 1. 15, 2006 도 6687 :대판 2002. 2. 5, 2001 도 5789).

3. 실행의 착수 및 기수시기

(i) **실행의 착수는** 재물편취의 의사로서 기망행위를 개시한 때이다. 보험금 편취목적으로 방화한 때에는 보험금청구시에, 소송사기의 경우에는 소제기시 이다.

(ⅱ) **기수시기는** 상대방의 소유권이전의 의사표시를 한 때가 아니라 소유권이전 등기를 한 때에, 무전숙박 · 취식의 경우에는 지급을 면한 때가 아니라 숙박 · 취식한 때에 기수가 된다. 유가증권을 편취한 경우에는 유가증권을 교부받은 때에 기수가 된다.

4. 主觀的 構成要件

객관적 구성요건에 대한 인식 이외에 불법영득의 의사가 필요하다(대판 1985. 9. 10, 84 도 2685).

5. 關聯問題

(1) 피해자 재산의 전체적 가치의 감소가 없는 경우

① **범인이 상당한 대가를 제공한 경우**에도 사기죄는 개개의 재물 또는 재산상의 이익을 대상으로 하므로 사기죄는 성립한다는 것이 통설 · 판례의 견해이다.

② **재산상의 손해** 사기죄가 성립하는 데는 현실적인 재산상의 손해를 요하지 않는다(대판 1988. 6. 28, 88 도 820 외 다수 판례).

(2) 권리행사와 사기죄

① **권리행사의 수단으로 기망행위를 한 경우에 견해의 대립이 있다.**

② **권리행사와 사기죄의 성부**
판례의 태도는 다음과 같다.

ⓐ **기망행위를 수단으로 한 권리행사의 경우라 할지라도** 그 권리행사에 속하는 행위와 그 수단에 속하는 기망행위를 전체적으로 관찰하여 그와 같은 기망행위를 사회관념상 권리행사의 수단으로서 용인할 수 없고 그 정도를 넘는다면 그 행위 전체가 위법한 것이 되어 권리행사에 속하는 행위도 사기죄를 구성한다(대판 1969. 12. 23, 69 도 1544).

ⓑ **피고인의 소위가 피해자에 대하여 소론의 채권을 변제받기 위한 방편**이었다 하더라도 판시와 같은 기망수단에 의하여 판시 약속어음을 교부받은 행위는 위

법성을 조각할 만한 정당한 권리행사방법이라고 볼 수는 없고 그와 같은 행위가 허용된다 하더라도 교부받은 재물이 불가분인 경우에는 그 전부에 대하여 사기죄가 성립되는 것이다(대판 1982. 9. 14, 82 도 1679).

(3) 이중저당

후저당권자에 대한 사기죄가 된다는 설과 선저당권자에 대한 배임죄설의 대립이 있으나, 후설이 다수설이다.

6. 個 別 論

(1) 사기죄(제347조 1,2항)

① **사람을 기망하여** 재물의 교부를 받거나 재산상의 이익을 취득하거나 또는 제3자로 하여금 재물의 교부를 받게 하거나 재산상의 이익을 취득하게 하는 것이다. 개정형법은 사기죄의 법정형을 10년이하의 징역 또는 2천만원이하의 벌금으로 처할 수 있도록 변경했다.

② **부동산의 경우 사기죄의 기수시기**

(i) **제1설** 현실적으로 점유의 이전이 있거나 소유권이전등기로 경료된 때에 기수가 된다는 견해가 있다(통설 · 판례).

(ii) **제2설** 매도인으로부터 점유이전에 필요한 서류일체를 교부받은 때 재산상의 손해는 야기된 것이며 기수가 된다는 견해가 있다(김일수).

(iii) **판 례** 당국을 기망하여 부동산매매계약을 체결하고 목적물인 가옥에 입주하여 그 점유를 보유하면 기수로 된다(대판 1961. 7. 14, 4294 형상 109)고 하여 통설의 취지에 따르고 있다.

③ **불법원인급여와 사기죄** 사람을 기망하여 반환청구권이 없는 불법한 급여를 하게 한 경우에 사기죄의 성립을 인정할 것인가?

(i) **부정설** 민법상 피해자에게는 반환청구권이 없으므로 본죄가 성립하지 않는다.

(ii) **긍정설(통설)** 민법상의 반환청구권은 본죄의 요건이 될 수 없고 기망

행위에 의하여 피해자의 경제적 가치에 손해를 입힌 것은 부정할 수 없으므로 사기죄에 해당된다. 특히 사람을 기망 또는 공갈하여 불법원인급여를 하게 한 때에는 불법원인이 수익자에게만 있는 경우에 해당하여 민법 제746조 단서에 의해 급여자가 반환을 청구할 수 있다고 할 것이므로 사기죄의 성립을 인정해야 한다고 한다.

④ **타범죄와의 관계**(타인의 사무를 처리하는 자가 본인에 대하여 기망행위를 하여 재산상의 이익을 취득한 때에 사기죄와 배임죄의 관계)

(i) **사기죄만 성립**(배임죄는 사기죄에 흡수)한다는 견해(이건호)(대판 1983. 7. 12, 82 도 1910)

(ii) **배임죄만 성립**한다는 견해(서일교, 황산덕)

(iii) **양죄의 상상적 경합**이 된다는 견해(강구진, 김종원, 유기천, 이재상, 정영석)

⑵ 컴퓨터 등 사용사기죄(347조의 2)

① **의 의** 개정형법은 다른 사람의 통제를 받지도 않고 그를 기망하지도 않고 현금을 취득하지도 않는 채 예금 1구좌의 이동이나 代替送金을 통하여 재산상의 이익을 취득한 경우에 그동안 형법상 사기죄로 처벌키 곤란한 점을 감안하여 새롭게 이른바 컴퓨터 사용사기죄를 두었다.

② **구성요건** 즉, 컴퓨터 등 정보처리장치에 허위의 정보 또는 부정한 명령을 입력하여 정보처리를 하게 함으로써 재산상의 이익을 취득하거나 제3자로 하여금 취득하게 한 자는 10년이하의 징역 또는 2천만원이하의 벌금에 처한다고 개정 있다(강구진, 유기천, 이재상, 정영석). 여기서 **虛僞情報** 또는 **不正**한 **命令入力**이란 사실관계와 일치하지 않는 자료를 **入力**하거나 프로그램을 조작하는 것(허위의 입금데이타를 입력하여 예금원장파일의 **殘高**를 증액하는 일)을 말하며, 진실한 자료를 부정하게 사용하는 경우도 포함된다고 보겠다. 그리고 **情報處理裝置**란 사무처리에 사용하는 정보처리 장치에 한한다고 보는 것이 옳다고 생각한다.

한편 절취한 신용카드로 현금자동지급기에서 현금을 인출한 경우에 컴퓨터사용사기죄가 성립하는지 여부에 대해서 견해가 다르나 판례는 이를 인정하지 않고 절도죄로 본다(대판 2003. 5. 13, 2003 도 1178).

대법원판례

① 절취한 신용카드로 현금자동지급기에서 인출한 현금을 컴퓨터사용사기죄의' 재산상 이익'으로 볼 수 있는지 여부 : 우리 형법은 재산범죄의 객체가 재물인지 재산상의 이익인지에 따라 이를 재물죄와 이득죄로 명시하여 규정하고 있는데, 형법 제347조가 일반 사기죄를 재물죄 겸 이득죄로 규정한 것과 달리 형법 제347조의2는 컴퓨터등사용사기죄의 객체를 재물이아닌 재산상의 이익으로만 한정하여 규정하고 있으므로, 절취한 타인의 신용카드로 현금자동지급기에서 현금을 인출하는 행위가 재물에 관한 범죄임이 분명한 이상 이를 위 컴퓨터등사용사기죄로 처벌할 수는 없다고 할 것이고, 입법자의 의도가 이와 달리 이를 위 죄로 처벌하고자 하는 데 있었다거나 유사한 사례와 비교하여 처벌상의 불균형이 발생할 우려가 있다는 이유만으로 그와 달리 볼 수는 없다(대판 2003. 5. 13, 2003 도 1178).

② 예금주인 현금카드소유자로부터 위임받은 금액을 초과한 현금을 인출한 행위가 컴퓨터 등 사용사기죄를 구성하는지 여부 : 피고인은 pc방에서 게임을 하던 현금카드소유자로부터 20,000원을 인출해 오라는 부탁과 함께 현금카드를 건네받자 이를 기화로 현금자동인출기에서 위임을 받은 금액을 초과하여 50,000원을 인출하여 차액 30,000원을 취득한 사안이다.

이에 대법원은 인출된 현금에 대한 점유를 취득함으로써 이때에 그 인출한 현금 총액 중 인출을 위임받은 금액을 넘는 부분의 비율에 상당하는 재산상 이익을 취득한 것으로 볼 수 있으므로 그 차액 상당액에 관하여 형법 제347조의2(컴퓨터 등 사용사기)에 규정된'컴퓨터 등 정보처리장치에 권한 없이 정보를 입력하여 정보처리를 하게 함으로써 재산상의 이익을 취득'하는 행위로서 컴퓨터 등 사용사기죄에 해당된다고 판시하였다(대판 2006. 3. 24, 2005 도 3516).

③ **기수시기** 재산권자에게 재산상의 손해가 발생한때이다(대판 2006. 9. 14, 2006 도 4127).

(3) 準詐欺罪(제348조)

미성년자의 智慮淺薄 또는 사람의 心神障碍를 이용하여 재물의 교부를 받거나 재산상의 이익을 취득하거나 또는 제3자로 하여금 재물의 교부를 받게 하거나 재산상의 이익을 취득하게 하는 것이다(危殆犯). 여기서 미성년자의 지려천박은 지식이 결핍하여 사려가 불완전한 것을 말한다(10년이하의 징역 또는 2,000만원이하의 벌금, 개정형법 제348조).

(4) 便宜施設不正利用罪(348조의 2)

① **의 의** 개정형법은 자동설비, 공공통신망 또는 편의시설의 사회적 기능을 보호키 위해 편의시설부정이용죄를 신설하였다. 즉, 부정한 방법으로 대가를

지급하지 아니하고 자동판매기, 공중전화 기타 유료 자동설비를 이용하여 재물 또는 재산상의 이익을 취득한 자는 3년이하의 징역, 500만원이하의 벌금, 구류, 과료에 처한다고 하였다.

② 구성요건

(i) 행위객체 자동설비라 하더라도 타인의 재산권을 침해할 수 없는 경우, 예컨대 무료의 모임에 출입자를 제한하기 위한 자동설비를 부정이용한 때에는 본죄가 성립될 수 없다.

(ii) 행위방법 자동설비의 권한 없는 이용이다. 이용규칙 · 방법에 반한 부정한 이용을 의미한다. 타인의 전화카드(한국통신의 후불식 통신카드)를 절취하여 전화통화에 이용한 경우 편의시설 부정이용죄가 되지 않는다고 하였다(대판 2001. 9. 25, 2001 도 3625).

③ 죄수관계 문서위조의 및 동행사죄, 공전자기록 등 위작변작죄의 상상적 경합이 된다.

(5) 不當利得罪(349조 1, 2항)

사람의 궁박한 상태를 이용하여 현저하게 부당한 이익을 취득하거나 제3자로 하여금 부당한 이익을 취득하게 하는 것이다. 궁박한 상태란 경제적 · 육체적 · 정신적 궁박상태를 불문한다. 개정형법은 법정형을 3년이하의 징역 또는 1천만원이하의 벌금에 처하도록 했다.

(6) 상습사기죄(351조)

상습으로 (1), (2), (3)의 죄를 범하는 것이다.

상습사기의 경우 그 이득액이 5억원이상인 때에는 특정경제범죄가중처벌 등에 관한 법률 제3조에 의해 가중처벌된다.

- 이득액 50억원이상 : 무기 · 5년이상 징역으로 그 죄에 정한 刑의 2분의 1까지 가중한다.
- 이득액 5억원 50억원미만 : 3년이상 징역

(7) 미수범

사기죄, 준사기죄, 편의시설 부정이용죄, 컴퓨터사용사기죄의 미수범도 처벌한다(352조).

(8) 신용카드 범죄와 사기죄

대법원판례

(1) 과다한 신용카드 사용에 대한 사기죄 성립여부 및 자신의 재산상태에 대한 고지의무 : 피고인은 2000.8. 초순경 신용카드를 발급받아 사용하더라도 그 대금을 변제할 의사나 능력이 없음에도 불구하고, 피해자 주식회사 삼성카드 직원에게 마치 신용카드대금을 제대로 납부할 것처럼 가장하면서 삼성카드 발급신청을 하여 같은 달 11.경 삼성카드 1매를 발급받은 것을 기화로, 같은 해 11.16.경 대전 소재 바다소리 식당에서 40,000 상당의 음식을 주문하여 먹고 그 대금을 위 신용카드로 결제한 것을 비롯하여 그 무렵부터 2002.12.26.경까지 사이에 모두 109회에 걸쳐 합계 79,303,700원 상당의 물품을 구입하거나 현금서비스를 받는데 위 신용카드를 사용하고도 위 금액 중 53,510,909원만을 변제하고 나머지 25,792,791원을 변제하지 않은 사안.

이에 대해 대법원은 "신용카드의 거래는 신용카드업자로부터 카드를 발급 받은사람(카드회원)이 신용카드를 사용하여 가맹점으로부터 물품을 구입하면 신용카드업자는 그 카드를 소지하여 사용한 사람이 신용카드업자로부터 신용카드를 발급받은 정당한 카드회원인 한 그 물품구입대금을 가맹점에 결제하는 한편, 카드회원에 대하여 물품구입대금을 대출해 준 금전채권을 가지는 것이고, 또 카드회원이 현금자동지급기를 통해서 현금서비스를 받아 가면 현금대출관계가 성립되어 신용카드업자는 카드회원에게 대출금채권을 가지는 것이므로, 궁극적으로는 카드회원이 신용카드업자에게 신용카드 거래에서 발생한 대출금채무를 변제할 의무를 부담하게 되고, 그렇다면 이와 같이 신용카드 사용으로 인한 신용카드업자의 금전채권을 발생케 하는 행위는 카드회원이 신용카드업자에 대하여 대금을 성실히 변제할 것을 전제로 하는 것이므로, 카드회원이 일시적인 자금궁색 등의 이유로 그 채무를 일시적으로 이행하지 못하게 되는 상황이 아니라 이미 과다한 부채의 누적 등으로 신용카드 사용으로 인한 대출금채무를 변제할 의사나 능력이 없는 상황에 처하였음에도 불구하고 신용카드를 사용하였다면 사기죄에 있어서 기망행위 내지 편취의 범의를 인정할 수 있다"고 판시하였다(대판 2005. 8. 19, 2004 도 6859. 또한 대판 2006. 3. 24, 2006 도 282).

이와는 반대로 신용카드회사로부터 신용카드를 정상적으로 발급받아 사용하여 오다가 1년여가 지난 후 사실은 엘지카드 등 타 신용카드대금 채무액 합계가 1,300만원을 상회하고 월급은 70만원 상당에 불과하는 등 채무초과상태로서 카드사용대금을 정상적으로 결제할 능력이 없음에도 불구하고 도합 1,512만원 상당의 대금을 신용카드회사로 하여금 대위결제하게 하여 동액 상당의 재산상 이익을 취득한 사안에서 "신용카드를 사용할 때 자신의 재산상태를 카드회사에 고지하여야 할 의무가 없으므로 단순히 채무초과의 상태에서 신용카드를 사용하였다는 점만으로는 기망행위를 인정하기 어렵다고 판시하여 사기죄 성립을 부인한 판례가 있다(대전지법 서산지원 2003. 12. 19, 2003 고단 622. 또한 대전지법 2003. 8. 29, 2003 노 1492)."

(2) 타인의 명의를 모용하여 발급받은 신용카드를 이용하여 현금자동지급기에서 현금을 인출한 행위와 ARS 전화서비스 등으로 신용대출을 받은 행위 : ① 피고인이 타인의 명의를 모용하여 신용카드를 발급받은 경우, 비록 카드회사가 피고인으로부터 기망을 당한 나머지 피고인에게 피모용자 명의로 발급된 신용카드를 교부하고, 사실상 피고인이 지정한 비밀번호를 입력하여 현금자동지급기에 의한 현금대출(현금서비스)을 받을 수 있도록 하였다 할지라도, 카드회사의 내심의 의사는 물론 표시된 의사도 어디까지나 카드명의인인 피모용자에게 이를 허용하는데 있을 뿐 피고인에게 이를 허용한 것은 아니라는 점에서, 피고인이 타인의 명의를 모용하여 발급받은 신용카드를 사용하여 현금자동지급기에서 현금대출을 받는 행위는 카드회사에 의하여 미리 포괄적으로 허용된 행위가 아니라, 현금자동지급기의 관리자의 의사에 반하여 그의 지배를 배제한 채 그 현금을 자기의 지배하에 옮겨 놓는 행위로서 절도죄에 해당한다.

② 타인의 명의를 모용하여 발급받은 신용카드의 번호와 그 비밀번호를 이용하여 ARS 전화서비스나 인터넷 등을 통하여 신용대출을 받는 방법으로 재산상 이익을 취득하는 행위 역시 미리 포괄적으로 허용된 행위가 아닌 이상, 컴퓨터 등 정보처리장치에 권한 없이 정보를 입력하여 정보처리를 하게 함으로써 재산상 이익을 취득하는 행위로서 컴퓨터 등 사용사기죄에 해당한다(대판 2006. 7. 27, 2006 도 3126).

V. 恐喝罪

1. 意義 및 保護法益

본죄는 사람을 공갈하여 재물의 교부를 받거나 재산상의 이익을 취득하거나 또는 제3자로 하여금 재물의 교부를 받게 하거나 재산상의 이익을 취득하게 하는 죄이다. 공갈죄는 재산죄 중 재물죄 및 이익죄 · 영득죄 · 편취죄에 속한다. 본죄의 보호법익은 재산권일반과 의사결정 및 행동의 자유이다. 사기죄와는 피해자의 처분행위가 필요하다는 점에서 같으나, 공갈죄는 폭행 · 협박의 수단으로 피공갈자, 재산의 소유자에게 피해를 입히는 데 반해, 사기죄는 기망으로 재산의 소유자가 피해자가 된다.

2. 客觀的 構成要件

(1) 행위객체

타인의 재물 또는 재산상의 이익이다(사기죄와 동일하다). 따라서 부녀를 공갈하여 정교한 경우에는 강간죄 또는 강요죄가 될 뿐이다.

(2) 행 위

타인을 공갈하여 재물의 교부를 받거나 재산상의 이익을 취득하는 것이다.

① **공갈행위** 공갈이란, 재물 또는 재산상의 이익을 교부 또는 공여케 하기 위하여 타인에게 폭행 또는 협박을 수단으로 일정한 해악을 가할 것을 통지하여 사람에게 공포심을 갖게 하는 것을 말한다.

(i) **본죄의 폭행 · 협박은** 사람의 의사와 행동의 자유를 제한하는 정도로 충분하고 상대방의 반항을 억압할 정도로 요하지 않는 점에서 강도죄의 그것과 구별된다. 본죄의 폭행은 강압적 폭력에 한하며 절대적 폭력은 포함되지 않는다.

(ii) **해악은** 생명 · 신체 · 자유 · 명예 · 재산에 한하지 않고 널리 외포심을 일으키게 하는 행위이면 일가의 평화를 교란하는 것이거나 신용을 훼손하는 것이거나를 불문한다. 絕交 또는 斷交 계속의 통고로 그것이 畏怖心을 일으키는 때에는 해악에 포함될 수 있다.

(iii) **고지된 해악의 실현가능성 유무**를 묻지 않으며, 행위자 스스로 해악을 실현할 것이어야 하는 것도 아니다. 제3자의 행위에 의한 경우에는 공갈자가 현실적으로 제3자를 좌우할 수 있음을 요하지는 않으나, 그의 행위에 영향을 줄 수 있는 지위에 있는 것을 상대방에게 알게 하거나 추측할 수 있는 상황이 있어야 한다.

(iv) **해악의 통고의 방법**에는 제한이 없다. 언어 · 문서 · 구두를 불문하며, 명시적이든 묵시적이든 불문한다.

(v) **재산상의 피해자와 피공갈자가 동일인임을 요하지 않는다.**

② **재산상의 처분행위** 畏怖에 기한 교부에 의하여 재물의 점유를 취득하거나 재산상의 이익을 취득하여야 한다.

(i) **교부라 함은** 재산적 처분행위를 말하는 바, 반드시 手交를 의미하는 것이 아니라 상대방의 외포를 이용하여 범인 스스로 재물을 취하는 것도 포함한다. 통설과 판례는 외포심을 일으켜 상대방이 묵인하고 있는 동안에 공갈자가 직접 재물을 탈취한 때에도 공갈죄의 성립을 인정하고 있다(대판 1960. 2. 29, 4292 형상997).

(ii) **공갈자가 아닌 제3자에게 재물을 교부한 때**에도 본죄가 성립한다. 다만, 공갈자와 제3자가 전혀 무관한 때에는 본죄의 성립이 없다.

③ **인과관계** 공갈과 재물의 교부간에는 인과관계가 있어야 한다. 따라서 공갈했으나 재물의 교부가 공포에 의한 것이 아니고 동정 기타 이유에 의한 것인 때는 공갈죄의 미수에 불과하다.

3. 主觀的 構成要件

객관적 구성요건에 대한 인식 이외에 불법영득의 의사를 필요로 한다.

4. 違 法 性

정당한 권리자가 공갈수단을 사용하여 권리의 범위 내에서 재물을 교부받거나 재산상의 이익을 취득한 경우에 관하여는 견해의 대립이 있으나 판례는 공갈죄설에 가까운 태도를 취하고 있다. 해악의 고지가 권리실현의 수단으로 사용된 경우라고 하여도 그 권리실행의 수단 · 방법이 사회통념상 허용되는 정도나 범위를 넘는다면 공갈죄가 성립한다(대판 2007. 10. 11, 2007 도 6406).

5. 罪 數

① **공무원이 직무행위에 관하여 상대방을 공갈하여 재물을 교부받을 때**

- 직무와 관련 → 수뢰죄와 공갈죄의 상상적 경합
- 직무와 무관(직무집행빙자) → 공갈죄

② **장물을 갈취한 때에는 공갈죄만 성립한다는 것이 다수설이다.**

6. 個 別 論

(1) **공갈죄**(350조 1,2항)

사람을 공갈하여 재물의 교부를 받거나 재산상의 이익을 취득하거나 또는 제3자로 하여금 재물의 교부를 받게 하거나 재산상의 이익을 취득하게 하는 것이다. 개정형법은 법정형을 10년이하의 징역 또는 2천만원이하의 벌금에 처하도록 하였다.

⑵ 상습공갈죄(351조)

상습으로 공갈죄를 범하는 것이다.

즉 상습으로 제347조 내지 공갈의 죄를 범한 자는 그 외에 정한 刑의 2分의 1까지 가중한다(351조).

또 이득액이 5억원이상인 상습공갈죄는 특정경제범가중처벌법에 의하여 가중처벌된다(동법 3조).

⑶ 미수범

제350조, 제351조의 미수범도 처벌한다(352조).

Ⅵ. 橫 領 罪

1. 總 說

⑴ 의 의

본죄는 타인의 재물을 보관하는 자가 그 재물을 횡령하거나 그 반환을 거부하는 범죄이다(355조 1항). 횡령죄는 재산죄 중 재물죄 · 영득죄에 속한다.

횡령죄는 위탁이라는 신임관계에 반하여 타인의 재물을 보관하는 자가 이를 횡령하거나 또는 반환을 거부함으로써 성립한다(대판 1994. 11. 25, 93 도 2404).

⑵ 본 질

領得行爲說(통설 · 판례) 횡령이란 위탁된 타인의 물건을 불법하게 영득하는 것을 의미하므로 횡령죄가 성립하기 위하여는 불법영득의 의사가 있어야 한다고 해석한다. 따라서 일시사용이나 손괴 또는 은닉을 위하여 점유하는 재물을 처분하거나 위탁자를 위하여 권한을 넘은 행위를 한 때에는 횡령죄가 성립하지 않는다.

(3) 보호법익 및 보호정도

① **보호법익**　　횡령죄의 보호법익은 타인의 소유권이다.

② **보호정도**

(i) **위험범설**　　본죄의 보호법익을 소유권으로 파악할 때 횡령으로 민법상의 소유권이 상실되는 것은 아니라는 이유로 위험범으로 보는 견해이다(이재상, 유기천, 신동운, 대판 2009. 2. 12, 2008 도 10971).

(ii) **침해범설**　　소유권과 위험범이 반드시 논리필연적 결합관계에 놓여 있는 것이 아니며, 본죄의 미수범을 처벌하고 있는 점을 들어 절도죄와 같은 침해범이라는 견해이다(김일수, 정성근, 진계호, 오도기, 배종대).

2. 客觀的 構成要件

(1) 행위주체

타인의 재물을 보관하는 자이다. 즉, 본죄는 진정신분범이다.

여기서 보관은 위탁관계에 기하여 행위자 자신이 재물을 사실상·법률상 지배하는 것을 말한다. 목적이나 용도를 정하여 위탁한 금전을 수탁자가 임의로 소비하면 횡령죄가 된다(대판 2008. 10. 9, 2008 도 3787 ; 2008. 12. 11, 2008 도 8279).

(2) 행위객체

자기가 보관하는 타인재물이다.

① **자기보관 타인재물**　　타인의 재물이란 타인의 소유에 속하는 재물을 말한다.

(i) **타인은** 자기 이외의 자로서 자연인이든 법인이든 불문한다. 타인과의 공유물도 타인의 재물이다. 상법상 주식은 횡령죄의 객체가 될 수 없다(대판 2005. 2. 18, 2008 도 2822).

(ii) **割賦販賣의 경우**에 목적물의 인도를 받았다 할지라도 현금완납시까지는 그 소유권이 여전히 매도인에게 유보되어 있기 때문에 대금완납 전에 매수인이 이

를 처분하면 횡령죄가 된다.

(iii) **부동산의 명의신탁**에 있어서 등기명의인인 수탁자가 이를 임의로 처분하면 횡령죄가 된다(판례)(대법원은 전원합의체 판결을 통하여(대판 1971. 6. 22, 71 도 740) 종중소유 부동산에 대한 명의수탁자가 이를 타인에게 처분하였다면 이는 그가 점유하는 종중소유 부동산을 횡령하는 행위가 된다). 같은 이유로 소유권보존등기가 되어 있지 않은 건물의 건축허가명의를 수탁받은 자도 그 건물을 보관하는 자에 해당한다고 하고 있다(대판 1990. 3. 23, 89 도 1911). 즉, 명의신탁된 부동산의 소유권은 대내적으로 위탁자에게 속하므로 수탁자의 입장에서는 타인의 재물이 되기 때문이다.

📖 대법원판례

(1) 횡령죄는 타인의 재물을 보관하는 자가 그 재물을 횡령하는 것을 처벌하는 범죄이므로, 횡령죄가 성립되기 위해서는 횡령의 대상이 된 재물이 타인의 소유일 것을 요하는 것인바, 금전의 수수를 수반하는 사무처리를 위임받은 자가 그 행위에 기하여 위임자를 위하여 제3자로부터 수령한 금전은 목적이나 용도를 한정하여 위탁된 금전과 마찬가지로 달리 특별한 사정이 없는 한 그 수령과 동시에 위임자의 소유에 속하고, 위임을 받은 자는 이를 위임자를 위하여 보관하는 관계에 있다고 보아야 할 것이지만, 수령한 금전이 사무처리의 위임에 따라 위임자를 위하여 수령한 것인지 여부는 수령의 원인이 된 법률관계의 성질과 당사자의 의사에 의하여 판단되어야 하며, 만일 당사자 사이에 별도의 채권, 채무가 존재하여 수령한 금전에 관한 정산절차가 남아 있는 등 위임자에게 반환하여야 할 금액을 쉽게 확정할 수 없는 사정이 있다면, 이러한 경우에는 수령한 금전의 소유권을 바로 위임자의 소유로 귀속시키기로 하는 약정이 있었다고 쉽사리 단정하여서는 안 될 것이다(대판 2005. 11. 10, 2005 도 3627).

(2) 피해자 김○웅이 신축하여 원시 취득한 건물을 원심공동피고인 명의로 신탁하여 소유권보존등기를 경료한 이후, 피고인이 명의신탁사실을 알고도 원심공동피고인의 횡령행위에 적극 가담하여 매매계약을 체결하고 피고인의 처 명의로 소유권이전등기를 경료한 사안이다.

대법원은 "부동산을 소유자로부터 명의수탁받은 자가 이를 임의로 처분하였다면 명의신탁자에 대한 횡령죄가 성립하며, 그 명의신탁이 부동산실권리자명의등기에 관한 법률 시행 전에 이루어졌고 같은 법이 정한 유예기간 이내에 실명등기를 하지 아니함으로써 그 명의신탁약정 및 이에 따라 행하여진 등기에 의한 물권변동이 무효로 된 후에 처분행위가 이루어졌다고 하여 달리 볼 것이 아니다"고 판시하였다(대판 2000. 2. 22, 99 도 5227).

(3) 피해자가 김○만과 함께 김○순으로부터 이 사건 부동산을 매수한 후 김○만의 지분을 인수한 피고인과 사이에 명의신탁약정을 체결하고 피고인 명의로 위 부동산 전부에 관하여 소유권이전등기를 마친 사실을 인정한 다음, 피고인과 피해자의 명의신탁은 이른바 '3자간 명의신탁'또는 '중간생략등기형 명의신탁'에 해당하고 피고인이 그 명의로 신탁된 이 사건 부동산 중 피해자 지분을 임의로 처분한 사안이다.

대법원은 "부동산을 소유자로부터 매수한 자가 그 명의로 소유권이전등기를 하지 아니하고 제3자와 맺은 명의신탁약정에 따라 매도인으로부터 바로 그 제3자에게 중간생략의 소유권이전 등기를 마친 경우, 그 제3자가 그 명의로 신탁된 부동산을 임의로 처분하였다면 신탁자에 대한 횡령죄가 성립 한다"고 판시한 다음 피고인이 이 사건 부동산 중 피해자 지분을 임의로 처분한 부분에 대하여 피해자에 대한 횡령죄를 인정하였다(대판 2008. 4. 10, 2008 도 1033).

(iv) **소유권유보부매매** 대금완납 전에 매수인이 처분하면 횡령죄가 성립한다.

(v) **양도담보의 경우** 채무자가 처분하면 횡령죄 성립이 안되고 배임죄가 성립 가능하다(소유권이 채무자에게 있기 때문에). 매도담보의 경우 종래의 판례는 목적물의 소유권이 채권자에게 넘어가므로 목적물을 보관하던 채무자가 이를 처분한 때에는 횡령죄가 된다고 하였다(대판 1962. 2. 8, 4294 형상 470). 그러나 假登記擔保法이 시행되면서 매도담보를 비롯한 부동산에 관한 모든 양도담보의 경우 清算節次를 밟게 함으로써 현행법상 청산형의 양도담보만 남게 되었으므로, 채무자가 보관중이던 목적물을 처분했다고 하여 횡령죄가 성립할 수 없고, 오히려 채권자가 이를 처분하면 횡령죄가 성립한다.

(vi) **환매특약부매매**에 있어서 매수인이 환매특약에 위반하여 제3자에게 매각한 때에도 횡령죄는 성립하지 않는다.

② **재 물** 여기의 재물은 절도죄와는 달리 동산 부동산을 불문한다. 다만, 재산상의 이익은 배임죄의 객체가 될 뿐 본죄의 객체는 될 수 없다(재물죄). 권리도 이와 같다. 그러나 불특정물로서 위탁된 경우에는 위탁의 취지가 소비를 인정하지 않는 경우에는 횡령죄를 구성한다.

위탁받은 대체물과 횡령죄에 관하여는 학설이 대립하고 있다.

(i) **판 례** 일정한 용도에 사용하기 위해 위탁한 금전을 수탁자가 임의로 사용한 때 횡령죄가 성립한다(대판 1969. 7. 29, 69 도 904. 이후 다수 판례).

(ii) **반대견해** 개성이 문제되지 않는 금전은 배임죄만 성립한다는 견해가 있다.

③ **보 관** 자기가 보관한다 함은 위탁관계에 기하여 행위자 자신이 점유하는 것이다.

(i) **보관이라 함은** 사실상의 지배를 의미하는 것이지만, 횡령죄의 점유의 중요성은 남용의 우려 있는 지배력에 있으므로 법률적 지배관계에 있는 것도 포함한다

고 본다. 보관은 위탁관계에 기한 것이어야 한다. 위탁관계의 발생은 계약에 의하든 법률 · 관습 기타 사무관리에 의하든 불문한다.

(ii) **화물상환증 등의 유가증권은** 그 소지자가 보관자이며, 부동산에 대하여는 등기명의인도 보관자가 된다. 위탁의 원인이 불법인 경우, 예컨대, 불법원인에 의하여, 급부하였기 때문에 급부자가 반환청구권을 행사할 수 없는 물건을 착복하였을 경우에 횡령죄가 성립하느냐에 대하여 긍정설(횡령죄성립인정설)과 부정설(횡령죄성립부정설)이 대립하고 있다. 판례는 횡령죄가 성립하지 않는다고 본다. 생각건대, 불법원인급여의 경우에 위탁관계는 존재하나 재물의 타인성을 인정할 수 없으므로 부정설이 타당하다.

▣ 불법원인급여와 횡령죄

불법원인급여와 횡령죄의 성립 여부에 관해서는 적극설과 소극설로 나누어진다.

(i) 불법원인급여의 경우에는 횡령죄가 성립하지 않는다는 견해(김종원, 서일교, 황산덕, 이재상) (대판 1989. 9. 20, 86 도 628).

<논거>

◇ 불법원인급여의 경우에 위탁자는 반환청구권을 상실한다.

◇ 반환을 강제하면 법질서의 통일을 깨뜨리는 결과가 된다.

◇ 이 경우 소유권이 수탁자에게 귀속되므로 타인의 재물이라 할 수없다.

(ii) 횡령죄가 성립한다는 견해(다수설)

<논거>

◇ 범죄의 성부는 형법 독자적 목적에 비추어 판단해야 한다.

◇ 민법상 불법원인급여가 보호받지 못한다고 해도 위탁자가 소유권을 상실하는 것은 아니다(소유권 강조).

◇ 위탁관계는 상호간의 신임관계를 인정할 근거가 되므로 이 경우에도 신임관계를 인정할 수 있다.

판례는 포주가 윤락녀들의 윤락행위로 얻은 금전에 대하여 영득한 사건에서 횡령죄성립을 인정하였다(대판 1999. 9. 17, 98 도 2036). 이 사안은 불법원인급여의 경우 반환청구를 인정하지 않는다는 원칙을 고수하면서도 수익자의 불법성이 급여자의 불법원인에 비해 현저히 큰 경우에는 반환청구를 인정하였다는 것으로 보인다.

⑶ 행 위

횡령 또는 반환의 거부이다.

① **횡령이란**, 영득행위, 즉 불법영득의사를 실현하는 일체의 행위를 말한다(영득행위설:통설·판례). 이러한 영득행위에는 재물의 매매 · 교환 · 증여 등 법률적 처분 행위는 물론, 소비 · 착복 · 은닉 등 사실적 처분행위도 포함된다. 횡령행위는 不作爲에 의하여서도 가능하다. 예컨대 사법경찰관리가 사건의 증거물로서 영치한 재물을 영득할 의사로 자기 책상서랍에 넣어두고 검사에게 송부하지 않은 때에도 횡령죄가 성립한다. 또한 일시사용의 의사로 위탁물을 사용하는 경우에는 횡령행위로 본다. 예컨대 퇴사 후 새 직장에서 사용할 의사로 자기가 관리하는 현 직장의 비밀자료를 복사하기 위하여 회사 밖으로 가져간 경우에는 이를 반환하여도 횡령죄가 된다.

② **반환의 거부란**, 보관물에 대한 소유자의 권리행사를 배제하는 의사표시로서 그 주관적 의사와 종합하여 거부행사가 횡령행위와 同視될 만한 것이어야 한다.

3. 主觀的 構成要件

횡령의 고의와 불법영득의사가 있어야 한다(통설).

4. 旣遂時期 및 未遂

⑴ 횡령죄의 기수시기

대법원은 횡령죄를 위험범으로 보면서 횡령죄의 기수시기도 표현설의 입장에서 판시하고 있다. 예컨대, 횡령죄는 불법영득의 의사가 객관적으로 외부에 표현된 때에 기수가 된다.

⑵ 횡령죄의 미수 인정 여부

(i) 형법상 미수처벌규정이 있으므로 미수 인정의 가능하다는 견해(김종원, 이건호) - 불법영득의사 실현에 이르지 못한 경우 미수가 된다고 한다.

(ii) 미수는 이론상 가능하나 실제상 인정하기 어렵다는 견해(다수설)이다. 예컨대, 우편배달부가 우편물 속에 돈이 들어 있는 것으로 알고 봉투를 뜯었다가 돈을 꺼내지 않고 다시 봉합하는 경우처럼 중지미수 내지 불능미수의 경우에만 가능하다.

5. 罪 數

횡령죄의 죄수는 위탁관계의 수를 기준으로 하므로 단일행위로 수인으로부터 위탁받은 재물을 횡령한 때에는 수죄로서 상상적 경합이 인정된다.

6. 個 別 論

(1) **횡령죄**(355조 1항)

타인의 재물을 보관하는 자가 그 재물을 횡령하거나 그 반환을 거부하는 것이다. 개정형법은 그 처벌에 관해 5년이하의 징역 또는 1,500만원이하의 벌금에 처하도록 하고 있다.

① **횡령죄와 타범죄의 관계** 횡령한 물건임을 알고 취득한 상대방의 취급에 대해서는 견해의 대립이 있다.

(i) 횡령죄는 매도하는 행위가 있으면 매수의 의사표시를 기다리지 않고 기수가 되므로 상대방의 행위는 장물취득죄가 성립할 뿐이라는 견해(정일교, 오도기, 정성근, 황산덕)

(ii) 횡령죄는 현실적인 매도에 의하여만 기수가 될 수 있다는 전제에서 횡령죄의 종범과 장물취득죄의 성립을 인정하는 견해(김종원, 진계호)

(iii) 횡령에 의한 재물의 영득과 장물의 취득이 시간적으로 중복되는 경우이므로 횡령죄의 공범이 될 뿐이라는 견해(이재상)

② **횡령죄의 신분과 공범** 비보관자와 업무상 보관자의 공범관계에 대한 학설은 다음과 같다.

(i) 제1설 비보관자가 업무상 보관자의 공범관계에 있을 때 비보관자는 제33조 본문에 의하여 본죄(단순횡령죄)의 공동정범 · 교사범 · 종범이 되지만, 업무상 보관자는 동조 단서에 의해 업무상 횡령죄로 처벌받는다는 견해(이재상, 배종대).

(ii) **제2설** 업무상 횡령죄는 의무범적 진정신분범에 불법가중적 부진정신분범이 결합된 형태로서 본질적인 요소인 의무범적 진정신분범의 특성을 버릴 수 없으므로, 이 경우에 업무상 횡령죄의 공동정범이나 공범의 가능성 및 단순횡령죄의 공동정범의 가능성을 배제되고 그 가공 정도에 따라 단지 단순횡령죄의 교사범 또는 종범이 문제될 뿐이라는 견해(김일수)

③ **위탁받은 장물을 횡령한 경우** 위탁받은 장물을 횡령한 경우는 어떠한가?

판례는 부정설의 입장에 있다. 즉 절도범인으로부터 장물보관을 의뢰받고 그 정을 알면서 이를 인도받아 보관하다가 자기 마음대로 처분하였다 하더라도 장물보관죄가 성립되는 때에는 이미 그 소유자가 소유물추구권을 침해하였으므로 그 후의 횡령행위는 불가벌적 사후행위에 불과하여 별죄를 구성하지 않는다(대판 1976. 11. 26, 76 도 3067).

(2) 업무상횡령죄(356조)

업무상의 임무에 위배하여 제355조(횡령죄)의 죄를 범하는 것이다. 즉 부진정신분범이다(2중의 신분범). 여기서 업무란, 사람이 사회생활상의 지위에 기하여 계속·반복하여 행하는 사무를 말하며, 법령·계약관계를 불문한다. 또한 업무상 보관자가 보관금을 전혀 다른 용도에 유용한 경우에는 업무상 횡령죄가 된다. 개정형법은 법정형을 10년이하의 징역 또는 3천만원이하의 벌금에 처하도록 하고 있다. 신분 없는 사람이 업무상 보관자와 공동하거나, 이에 가담하여 본죄를 범한 때에는 非業務者는 刑法 제33조 단서에 의하여 횡령죄의 공동정범이나 공범이 될 뿐이지 본죄의 공범이 될 수는 없다.

대법원판례

납입가장죄와 업무상횡령죄 : 주식회사의 설립업무 또는 증자업무를 담당한 갑과 주식인수인 을은 공모하여 주금납입취급은행 이외의 제3자인 병으로부터 납입금에 해당하는 금액을 차입하여 주금을 납입하고 납입취급은행으로부터 납입금보관증명서를 교부받아 회사의 설립 등기절차 또는 증자등기절차를 마친 직후 이를 인출하여 위 차용금채무의 변제에 사용한 사안이다.

이에 대해 대법원(다수의견)은 "주식회사의 설립업무 또는 증자업무를 담당한 자와 주식인수인이 사전 공모하여 주금을 납입하고 납입취급은행으로부터 납입금보관증명서를 교부받아 회사의 설립등기절차 또는 증자등기절차를 마친 직후 이를 인출하여 위 차용금채무의 변제에 사용하는 경우, 위와 같은 행위는 실질적으로 회사의 자본을 증가시키는 것이 아니고 등기를 위하여 납입을 가장하는 편법에 불과하여 주금의 납입 및 인출의 전 과정에서 회사의 자본금에는 실제 아무런 변동이 없다고 보아야 할 것이므로, 그들에게 회사의 돈을 임의로 유용한다는 불법영득의 의사가 있다고 보기 어렵다 할 것이고, 이러한 관점에서 상법상 납입가장죄의 성립을 인정하는 이상 회사자본이 실질적으로 증가됨을 전제로 한 업무상횡령죄가 성립한다고 할 수는 없다"고 판시하였다(대판 2004. 6. 17, 2003 도 7645 전원합의체).

이에 대해 반대의견은 "종래 납입금보관은행 이외의 제3자로부터 차입한 금전으로 주금납입을 하였다 하더라도 일응 금원의 이동에 따른 현실의 불입이 있는 것이며, 설령 그것이 실제로는 납입의 가장수단으로 이용된 것이라 하더라도 이는 당해 납입을 하는 발기인 또는 이사들의 주관적인 의도의 문제에 불과하고 회사가 관여할 바가 아니므로 이러한 발기인 또는 이사들의 내심적 사정에 의하여 회사의 설립이나 증자 같은 집단적 절차의 일환을 이루는 주금납입의 효력을 좌우함은 타당하지 않다는 견지에서 납입으로서의 효력을 인정하는 입장을 확고하게 유지하여 왔다.……납입으로서의 효력을 인정하는 견해를 따르는 한 납입이 완료된 것은 진실이고, 따라서 등기공무원에 대하여 설립 또는 증자를 한 취지의 등기신청을 함으로써 상업등기부원본에 발행주식의 총수, 자본의 총액에 관한 기재가 이루어졌다 할지라도 이를 두고'허위신고'를 하여 '부실의 사실의기재'를 하게 한 경우에 해당한다고 할 수 없어 공정증서원본부실기재·동행사죄가 성립할 여지가 없으며, 또한 주금납입과 동시에 그 납입금은 회사의 자본금이 되는 것이기 때문에 회사의 기관이 이를 인출하여 자신의 개인 채무의 변제에 사용하는 것은 회사에 손해를 가하는 것이 될 뿐만 아니라 불법 영득의사의 발현으로서 업무상횡령죄가 성립한다"는 의견을 내 놓았다.

⑶ 점유이탈물횡령죄(360조 1,2항)

① **의 의** 유실물·표류물 또는 타인의 점유를 이탈한 재물, 매장물을 횡령하는 것이다. 점유이탈물횡령죄는 점유나 신뢰관계의 배반 또는 인격적 법익에 대한 침해를 수반하지 않고 소유권만을 침해하는 가장 단순한 재산범죄로서 횡령죄와 본질을 달리하는 별개의 범죄다(1년이하의 징역 또는 300만원이하의 벌금).

② **구성요건**

(ⅰ) **유실물** 유실물은 잃어버린 물건을 의미하고, 표류물은 유실물이 수중에 있는 것을 말한다. 이들은 점유이탈물의 예시이다.

(ⅱ) **점유이탈물** 타인의 점유를 이탈한 재물(점유이탈물)이란, 점유자의 의사에 의하지 아니하고 그 점유를 떠나 아직 누구의 점유에도 속하지 않는 재물을 말한다. 예컨대, 타인의 놓고 간 물건, 準遺失物「착오로 인하여 점유한 물건, 逸失

한 가축, 우연히 자기의 점유에 들어온 물건(바람에 날려 들어온 이웃집 물건)」 등이다.

(iii) 매장물 매장물이란, 토지 · 해저 또는 건조물 등에 포장된 물건으로서 점유이탈물에 준하는 것이다. 예컨대, 고분 내의 물건이 그것이다.

(iv) 잃어버린 물건 타인의 실력적 지배가 미치는 장소 안에서 잃어버린 물건은 그 장소를 지배하는 자에게 점유가 옮겨지는 것이므로 점유이탈물이 아니다. 예컨대, 손님이 여관에 놓고 간 물건은 여관주인의 점유에 속하게 된다. 폭행 또는 강간현장에 떨어져 있는 피해자의 물건, 일시 路上에 세워둔 자전거, 잘못 두고 온 물건, 잃어버린 재물도 점유자가 이를 찾을 수 있는 상태에 있거나 새로운 점유가 개시된 때에는 점유이탈물이 아니다.

개정형법은 법정형을 1년이하의 징역이나 300만원이하의 벌금에 처하도록 하고 있다(제360조).

(v) 죄 수 본죄도 狀能犯이므로 습득한 자기앞수표를 현금과 교환하여도 不可罰的 事後行爲로서 별죄를 구성하지 않는다.

Ⅶ. 背 任 罪

1. 總 說

(1) 의 의

본죄는 「타인의 사무를 처리하는 자가 그 임무에 위배하는 행위로서 재산상의 이익을 취득하거나 또는 제3자로 하여금 취득하게 하여 본인에게 손해를 가함으로써 성립하는 범죄이다.」 배임죄는 재산죄 중 이익죄에 속한다.

(2) 본 질

① 권한남용설 대외관계에서 타인의 재산을 처분할 권한을 가진 자가 그 대외적 권한을 행사함에 있어서 대내적 의무를 위배한 경우에 배임죄가 성립(대리권 남용)한다고 한다. 배임행위는 법률행위에 제한된다. 횡령 · 배임은 침해방법의 성질에 의하여 구별되는데, 배임은 법률행위로 인하여, 횡령은 사실행위로 인하여

성립하는 것이 된다고 한다.

② **背信說** 배임죄의 본질은 신의성실의 의무에 대한 위배 내지 신임관계의 침해에 있다. 배임죄는 바로 신임관계에서 발생한 타인의 재산상 이익을 보호할 의무를 침해하는 것이다. 이 설에 의하면 배임죄와 횡령죄는 背信性에서 그 본질을 같이 하며, 다만 횡령죄가 타인의 재물을 객체로 함에 대하여 배임죄는 재산상의 이익을 객체로 하는 것이며, 횡령죄와 배임죄는 특별법과 일반법의 관계에 놓이게 된다(통설 · 판례).(대판 2008. 6. 26, 2007도7060).

2. 客觀的 構成要件

(1) 행위의 주체

「타인의 사무를 처리하는 자」이다. 따라서 본죄는 신분범이다. 타인이란, 자연인, 법인을 불문한다. 타인의 사무이므로 자기의 사무로 타인을 위하여 처리하는 것은 해당되지 않는다. 또 사무는 공무이든 사무이든, 계속적인 것이든 계약에 의한 것이든 사무관리에 의한 것이든 불문한다.

① **사무처리의 근거** 법령, 계약 또는 법률행위에 제한되지 않는다. 관습 또는 사무관리의 경우에는 신의성실의 원칙에 의한 신임관계가 인정되면 족하다(대리권이 소멸된 후에 그 사무를 처리하거나 사무처리자가 그 직에서 해임된 경우에 사무인계 전에 사무를 처리한 경우도 포함된다).

② **사무처리의 내용** 사무내용에 대해서는 재산상의 사무에 국한한다는 설, 재산상의 사무에 국한하지 않는다는 설 및 재산상의 사무일 필요는 없으나 재산적 이해관계가 있는 사무이어야 한다는 설이 대립하고 있다.

대법원은 「타인의 재산관리에 관한 사무의 전부 또는 일부를 대행하는 것과 같이 타인의 재산보전에 협력하는 경우를 말한다」고 판시하고 있다(대판 1987. 4. 28, 86 도 2490). 따라서 의사가 환자에게 재산상의 손해를 가할 의사로 부적절한 치료를 한 때에는 여기서 사무처리를 하는 자에 해당되지 않는다.

③ **타인의 사무처리** 타인이 처리해야 할 사무를 그를 위하여 처리하는 것을 말한다.

대법원은 양도담보권자가 채무변제와 관계없이 담보부동산을 처분한 경우에는 배임죄를 구성한다 하였다가, 전원합의체 판결을 통하여 배임죄를 구성하지 않는다고 하였다(대판(전원합의체) 1985. 11. 26, 85 도 1493).

(2) 행위의 객체

(i) 타인의 사무처리의 임무 행위주체의 신분과 관련이 있으며 임무는 법률적 · 사실적인 신뢰관계에 기초, 단순한 채무관계나 신의측에만 기초하지 않는다.

(ii) 재산상의 이익 법질서가 승인한 범위 내에 개인이 향유할 수 있는 경제적으로 가치 있는 모든 재화를 말한다.

(iii) 재산상의 손해 기존 재산의 감소와 재산증식의 기회 일실 등을 말한다.

(3) 행 위

임무에 위배하는 행위로 재산상의 이득을 취득하거나 제3자로 하여금 취득케 하여 본인에게 재산상의 손해를 가하는 것이다.

① 배임행위 임무에 위배하는 행위, 즉 배임행위란 위탁의 본지에 따라 성실하게 임무에 위반하는 행위를 말하며, 화물상환증과 교환하지 않고 운송품을 인도하는 것과 같이 작위에 의한 것이든 추심위임을 받은 자가 채권을 행사하지 않아 소멸시효에 걸리게 하는 것과 같이 부작위에 의한 것이든 불문한다.

선물거래나 주식매매와 같은 모험거래는 비록 본인이 이러한 거래방법을 승낙하였어도 사무처리자가 임무에 위배되는 행위를 하였는지 여부에 따라 배임행위가 있었는지 여부가 결정된다.

판례는 재벌그룹소속 갑 회사가 골프장 건설사업을 진행중인 비상장회사 을의 주식전부를 보유하고 을 회사를 위하여 수백억원의 채무보증을 한 상태에서 갑 회사의 대표이사와 이사들이 을 회사의 주식전부를 주당 1원으로 계산하여 그룹회장인 위 대표이사와 그룹계열사에 매도한 사안에서 갑 회사에 주식의 적정한 거래가격과 매도가격의 차액상당에 해당하는 손해를 가한 배임행위라고 하였다(대판 2008. 5. 15, 2008 도 7911).

② **손해발생** 본인에게 재산상의 손해를 발생시켜야 한다. 재산상의 손해라 함은 재산상의 가치를 감소시키는 것을 총칭한다. 즉, 총체적으로 보아 본인의 재산상태에 손해를 가하는 것을 말한다(대판 2007. 6. 15, 2005 도 4338). 그것은 기존재산의 감소(적극적 손해)이든 장래 취득한 이익의 상실(소극적 손해)이든 불문한다.

실질적인 一人會社의 一人株主가 주식회사의 회사채권을 처분하거나 회사의 돈을 소비한 경우에 타인에게 손해를 가하였다고 보아 배임죄가 성립될 수 있는가에 대하여 대법원은 배임죄 성립을 긍정하고 있다{대판(전원합의체) 1983. 12. 13, 83 도 2330}. 배임행위로 인하여 행위자나 제3자가 재산상이익을 취득하지 않은 경우는 배임죄가 될 수 없다(대판 2007. 7. 26, 2005 도 6439).

3. 主觀的 構成要件

객관적 구성요건요소에 대한 인식 이외에 불법영득의 의사가 있어야 한다.

그러나 판례는 본인에게 손해를 가한다는 의사가 필요 하지 않다는 입장(대판 1983. 12. 13, 83 도 2330 전원합의체)과 본인에게 손해를 가한다는 의사가 필요하다는 입장(대판 2008. 5. 15, 2005 도 7911)이 공존하고 있다.

대법원판례

① 업무상배임죄의 고의는 업무상 타인의 사무를 처리하는 자가 본인에게 재산상 손해를 가한다는 의사와 자기 또는 제3자가 재산상 이익을 얻게 된다고 하는 의사가 임무에 위배된다는 인식과 결합되어 성립한다(대판 2008. 5. 15, 2005 도 7911).

② 업무상 배임죄의 고의는 업무상 타인의 사무를 처리하는 자가 본인에게 재산상의 손해를 가한다는 의사와 자기 또는 제3자의 재산상의 이득의 의사가 임무에 위배된다는 인식과 결합되어 성립되는 것이며, 이와 같은 업무상배임죄의 주관적 요소로 되는 사실(고의, 동기 등의 내심적 사실)은 피고인이 본인의 이익을 위하여 문제가 된 행위를 하였다고 주장하면서 범의를 부인하고 있는 경우에는 사물의 성질상 고의와 상당한 관련성이 있는 간접사실을 증명하는 방법에 의하여 입증할 수밖에 없고, 무엇이 상당한 관련성이 있는 간접사실에 해당할 것인가는 정상적인 경험칙에 바탕을 두고 치밀한 관찰력이나 분석력에 의하여 사실의 연결상태를 합리적으로 판단하는 방법에 의하여야 하며, 피고인이 본인의 이익을 위한다는 의사도 가지고 있었다 하더라도 위와 같은 간접사실에 의하여 본인의 이익을 위한다는 의사는 부수적일 뿐이고 이득 또는 가해의 의사가 주된 것임이 판명되면 업무상배임죄의 고의가 있었다고 할 것이다.

또한, 이른바 경영상의 판단과 관련하여 기업의 경영자에게 배임의 고의가 있었는지 여부를 판단함에 있어서도 일반적인 업무상배임죄에 있어서 고의의 입증방법과 마찬가지의 법리가 적용되어야 함은 물론이지만, 기업 경영에 내재된 속성을 고려하여 문제된 경영상의 판단에 이르게 된 경위와 동기, 판단 대상인 사업의 내용, 기업이 처한 경제적 상황, 손실발생의 개연성과 이익획득의 개연성 등 제반 사정에 비추어 자기 또는 제3자가 재산상 이익을 취득한다는 인식과 본인에게 손해를 가한다는 인식(미필적 인식을 포함)하의 의도적 행위임이 인정되는 경우에 한하여 배임죄의 고의를 인정하는 엄격한 해석기준은 유지되어야 할 것이고, 그러한 인식이 없는데 단순히 본인에게 손해가 발생하였다는 결과만으로 책임을 묻거나 주의의무를 소홀히 한 과실이 있다는 이유로 책임을 물을 수는 없다(대판 2009. 2. 26, 2008 도 522).

4. 關聯問題

(1) 二重賣買(이중저당도 동일)

① 의 의 이중매도인의 책임에 대해서는 사기죄설과 배임죄설 있으나, 배임죄설이 통설·판례이다. 또한 어느 단계에서 매도인이 배임죄와 주체인 매수인의 사무처리자가 되는가에 관하여서도 견해가 대립하고 있는데, 판례는 중도금을 지급한 단계에서부터라고 한다. 매수인의 경우, 즉 후매자가 악의인 경우, 후매자도 배임죄의 공동정범 혹인 교사범이 될 수 있지만 장물취득죄를 구성하지 않는다(판례). 다만, 이중저당은 甲이 乙로부터 금전을 차용하고 1번저당권을 설정하여 주기로 약정하였으나 아직 등기가 경료되지 않았음을 이용하여 다시 丙에게 금전을 차용하고 1번저당권 등기를 경료한 경우이다.

▣ 이중매매 이중저당의 형사책임

〈이중매매〉

⑴ 갑이 을에게 부동산을 매도하고 소유권이전등기 경료 전에 병에게 매도하고 소유권이전등기를 경료한 것

⑵ 이중매도인의 책임

(i) 계약금만 수령한 경우 배액을 상환하고 해제 가능하므로 배임죄가 성립되지 않는다.

(ii) 중도금 또는 잔금을 수령한 경우

① 을이 물권적 기대권을 취득하면 타인의 사무처리자가 된다는 설(물권적 합의 후 배임죄 성립)

② 중도금까지 수령하면 계약의 이행에 착수하여 해제가 불가능하므로 배임죄 성립(통

설 · 판례)(대판 1996. 4. 9, 92 도 2341)

(iii) 실행의 착수 · 기수시기

① 실행의 착수

갑이 병과 매매계약을 체결하고 중도금을 수령한 때(판례)

② 기수시기 : 병에게 소유권이전등기를 마친 때

(iv) 이중매매뿐 아니라 가등기, 전세권등기 경료도 배임죄 성립

(v) 사기죄 : 매도인이 처음부터 을에게는 소유권을 이전할 의사 없이 금전편취의 목적으로 계약을 체결하고 대금수령 뒤, 병에게 매각한 경우 갑·을 간의 신뢰관계가 애당초 존재하지 않으므로 배임죄는 성립하지 않고 사기죄가 성립한다.

(3) 제2매수인의 책임 - 매도인에게 배임죄가 성립하면 악의의 매수인은 배임죄의 공범 또는 공동정범의 죄책을 지고, 장물취득죄는 성립하지 않는다.

〈이중저당〉

(1) 사기죄설

사기죄에 있어서는 피기망자와 피해자가 동일인일 필요는 없으므로 병에 대하여 을의 저당권설정관계를 묵비함으로써 기망이 있고, 그로 하여금 저당권설정에 응하도록 하고 병을 1번저당권자로 등기하여 을에게 손해를 주었을 때에는 을에 대해서 부작위에 의한 사기죄가 성립한다(이건호).

(2) 무죄설

병이 악의인 경우에는 기망의 문제가 일어나지 않음은 물론이고 선의의 경우에도 을은 저당권자가 되지 못했으므로 병에게 을과의 관계를 고지할 의무는 없으니 부작위에 의한 기망이 되지 못하므로 사기죄가 되지 않을 뿐만 아니라 그러한 경우에 현실적으로 배임죄로서 문제삼을 성질의 것이 될른지 의문이다(김종원).

(3) 배임죄설

현행민법이 형식주의를 취하고 있는 한 부동산에 대한 등기가 없으면 물권변동의 효력은 생기지 않고 단순한 채권적 효력밖에 없으므로 을에게 갑과의 저당권설정관계를 고지하지 않았다는 점만으로는 사기죄를 인정할 수 없고 오히려 을에 대하여 타인의 사무를 처리(등기절차이행)하는 지위에 있는 것이고 따라서 을에 대한 배임죄가 성립한다(통설).

(4) 판례의 태도

판례 역시 배임죄의 성립을 인정하고 있다.

예 : 채무자가 채권담보의 뜻으로 대물변제예약한 물건을 그 변제기 후에 채권자측으로부터의 예약완결권행사 전에 다른 자에게 대물변제하였다면 위채권자에 대한 관계에 있어 배임이 됨은 모르거니와 위와 다른 자에 대한 관계에 있어 사기죄는 성립하지 아니한다(대판 1988. 12. 13, 88 도 184도 동일한 취지). 만일 매도인이 선매수인에게 소유권이전등기를 해주었다면 후매수인에게 대한 배임죄가 될 수 없다(대판 2009. 2. 26, 2008 도11722).

⑵ 기업판단과 배임죄

외환위기 이후 일부 회사 경영진의 도덕적 해이로 인한 경영실패가 사회 경제적으로 엄청난 파급효과를 미치게 되자 이를 형벌로 다스려야 한다는 사회적 분위기가 팽배해 왔다. 이런 분위기에 편승하여 법원 역시 수임인이 임무를 위배하여 위임인에게 손해를 끼쳤을 경우 적용되는 배임죄를 경영진의 경영활동에 까지 확대 적용했다. 투자자들이 내놓은 재원을 기초로 그들을 대신하여 사업을 수행한다는 점에서 회사의 경영진도 궁극적으로는 민법상의 위임계약에 기초한 책임을 부담한다. 그러나 이와는 달리 경영진의 책임이 문제되는 사안에서 미국법원은 경영판단의 원칙을 적용해 회사법상의 책임부과를 자제하고 있다. 반면 이와 유사한 사안에서 우리나라는 기업의 경영진에 대하여 회사법상 책임을 넘어 형법상 배임이라는 죄로 처벌하고 있으니 이는 기업경영과 금융발전의 발목을 잡을 위험이 있다고 지적하고 있다. 그렇다면 경영상의 판단 과오로 인하여 회사에 손해를 안겨다 주었을 때 이를 배임죄로 처벌해야 할 것인가? 더욱이 최근에는 전환사채의 저가 발행이나 차입자금으로 기업인수를 하는 경우, 그리고 파생금융상품 운영손실 등에 관하여 이를 배임죄로 처벌 할 수 있는지 여부가 중요한 문제로 등장하였다.

대법원판례

경영판단과 배임죄의 고의: ① 경영상의 판단과 관련하여 기업의 경영자에게 배임의 고의가 있었는지 여부를 판단함에 있어서도 일반적인 업무상배임죄에 있어서 고의의 입증 방법과 마찬가지의 법리가 적용되어야 함은 물론이지만, 기업의 경영에는 원천적으로 위험이 내재하여 있어서 경영자가 아무런 개인적인 이익을 취할 의도 없이 선의에 기하여 가능한 범위 내에서 수집된 정보를 바탕으로 기업의 이익에 합치된다는 믿음을 가지고 신중하게 결정을 내렸다 하더라도 그 예측이 빗나가 기업에 손해가 발생하는 경우가 있을 수 있는바, 이러한 경우에까지 고의에 관한 해석기준을 완화하여 업무상배임죄의 형사책임을 묻고자 한다면 이는 죄형법정주의의 원칙에 위배되는 것임은 물론이고 정책적인 차원에서 볼 때에도 영업이익의 원천인 기업가 정신을 위축시키는 결과를 낳게 되어 당해 기업뿐만 아니라 사회적으로도 큰 손실이 될 것이므로, 현행 형법상의 배임죄가 위태범이라는 법리를 부인할 수 없다 할지라도, 문제된 경영상의 판단에 이르게 된 경위와 동기, 판단대상인 사업의 내용, 기업이 처한 경제적 상황, 손실발생의 개연성과 이익획득의 개연성 등 제반 사정에 비추어 자기 또는 제3자가 재산상 이익을 취득한다는 인식과 본인에게 손해를 가한다는 인식(미필적 인식을 포함)하의 의도적 행위임이 인정되는 경우에 한하여 배임죄의 고의를 인정하는 엄격한 해석기준은 유지되어야 할 것이고, 그러한 인식이 없는데 단순히 본인에게 손해가 발생하였다는 결과만으로 책임을 묻거나 주의의무를 소홀히 한 과실이 있다는 이유로 책임을 물을 수는 없다(대판 2004. 7. 22, 2002 도 4229).

② 업무상배임죄의 고의는 업무상 타인의 사무를 처리하는 자가 본인에게 재산상의 손해를 가한다는 의사와 자기 또는 제3자가 재산상 이득을 취득한다는 의사가 임무위배행위에 대한 인식과 결합하여 성립하는 것인데, 타인의 사무를 처리하는 자가 본인의 이익을 위하여 문제가 된 행위를 하였다고 주장하면서 범의를 부인하고 있는 경우에는 관련 제반 사정의 종합적인 고려 하에 사물의 성질상 고의와 상당한 관련성이 있는 간접사실을 증명하는 방법에 의하여 이를 입증하여야 한다. 이윤추구와 아울러 공공적 역할도 담당하는 각종 금융기관의 경영자가 금융거래와 관련한 경영상 판단을 함에 있어서 그 업무처리의 내용, 방법, 시기 등이 법령이나 당해 구체적 사정 하에서 일의적인 것으로 특정되지 않는 경우에는 결과적으로 특정한 조치를 취하지 아니하는 바람에 본인에게 손해가 발생하였다는 사정만으로 책임을 물을 수는 없고, 그 경우 경영자에게 배임의 고의가 있었는지 여부를 판단함에 있어서는 문제된 경영상의 판단에 이르게 된 경위와 동기, 판단대상인 업무의 내용, 금융기관이 처한 경제적 상황, 손실발생의 개연성 등 제반 사정에 비추어 자기 또는 제3자가 재산상 이득을 취득한다는 인식과 본인에게 손해를 가한다는 인식하의 의도적 행위임이 인정되는 경우에 한하여 배임죄의 고의를 인정하는 엄격한 해석기준이 유지되어야 한다(대판 2007. 1. 26, 2004 도 1632).

(3) 횡령죄와의 관계

배임죄와 횡령죄는 모두 타인의 사무처리를 내용으로 하는 범죄로서 배신성에 있어서 본질을 같이한다. 다만, 양자는 객체를 달리할 뿐이므로 배임죄와 횡령죄는 일반법과 특별법의 관계에 있다(통설 · 판례).

▣ 횡령죄와 배임죄의 구별관계

(1) 서 설
(2) 배임죄의 본질
  ① 권한남용설
  ② 배신설(통설)
(3) 횡령죄와 배임죄의 구별 및 관계
  ① 구별

구 분	본 질	객 체	주 체
횡령죄	신뢰관계위반	재 물	타인의 재물을 보관하는 자
배임죄	신뢰관계위반	재산상 이득	타인의 사무를 처리하는 자

  ② 관계(죄수관계) - 특별관계(통설 · 판례).

> 업무상 배임죄와 업무상 횡령죄는 다같이 신임관계를 기본으로 하고 있으며 형벌도 같으므로 업무상 배임죄에 해당하는데도 이를 업무상 횡령죄로 처벌하였다 하더라도 판결결과에 영향이 없다(대판 2006. 6. 27, 2006 도 1187).

(4) 죄 수

장물죄와의 관계→ 이중으로 매매된 부동산을 취득하거나, 양도담보로 제공한 물건을 처분하고 그 가액을 취득한 것은 배임죄의 공범은 될 수 있어도 장물취득죄는 성립하지 않는다(대판 1983. 11. 8, 82 도 2119).

5. 個 別 論

(1) 배임죄(355조 2항)

타인의 사무를 처리하는 자가 그 임무에 위배하는 행위로써 재산상의 이익을 취하거나 제3자로 하여금 이를 취득하게 하여 본인에게 손해를 가하는 것이다. 개정형법은 법정형을 5년이하의 징역 또는 1,500만원이하의 벌금에 처하도록 하고 있다.

(2) 업무상 배임죄(356조)

업무상 임무에 위배하여 전죄(제355조)를 범하는 것이다. 사무처리자라는 구성적 신분과 업무자라는 가감적 신분의 이중의 신분범이다(부진정신분범).

개정형법은 법정형을 10년이하의 징역 또는 3천만원이하의 벌금에 처하도록 하고 있다.

(3) 背任收贈罪(357조 1, 2항)

① **의 의** 타인의 사무를 처리하는 자가 그 임무에 관하여 부정한 청탁을 받고 재물 또는 재산상의 이익을 취득하는 것 및 그 재물 또는 이익을 공여함으로써 성립하는 범죄이다. 공무원의 뇌물죄에 상응하는 규정이며, 거래의 청렴성을 보호법익으로 한다.

☞ 배임수재죄 → 5년이하의 징역, 1천만원이하의 벌금

☞ 배임증재죄 → 2년이하의 징역, 500만원이하의 벌금

② **배임수재죄**

(i) **의 의** 타인의 사무를 처리하는 자가 그 임무에 관하여 부정한 청탁을 받고 재물 또는 재산상의 이익을 취득하는 범죄이다.

(ii) **객관적 구성요건**

ⓐ **행위주체** 타인의 사무처리자(금융기관임직원 : 특정경제범죄가중처벌법 적용)

ⓑ 不正**한** 請託 업무상 배임에 이르는 정도가 아니고 사회상규나 신의성실에 반하는 것을 내용으로 하는 청탁의미(대판 2008. 12. 24, 2008 도 9602)를 말한다.

ⓒ **행 위** 재물 또는 재산상의 이익을 취득하는 것을 말한다. 현실적임을 요하므로 약속만 가지고는 본죄가 성립되지 않는다(뇌물죄와 구별).

회원제 골프장의 예약업무담당자가 부킹대행업자의 청탁에 따라 회원에게 제공해야 하는 주말 부킹권을 부킹대행업자에게 판매하고 그 대금명목으로 8억 1,800만원 이상의 금품을 받은 것은 배임수재죄에 해당한다(대판 2008. 12. 11, 2008 도 6987).

(iii) **주관적 구성요건** 고의 외에 불법영득의사가 필요하다.

(iv) **미수범** 본죄의 미수범은 처벌한다.

③ **배임증재죄** 위의 경우 부정한 청탁을 하는 경우이다.

④ **몰 수** 범인이 취득한 배임수재죄의 재물은 몰수한다(필요적 몰수).

그 재물을 몰수하기 불능하거나 재산상 이익을 취득한 때에는 그 가액을 추징한다(357조 3항).

⑤ **타죄와의 관계**

(i) **배임증재죄와 배임수재죄의 관계** 배임증재죄는 배임수재죄와 필요적 공범관계에 있다. 그러나 판례는 반드시 필요적 공범에 서는 것은 아니라(대판 1991. 1. 15, 90 도 2257)고 한다.

(ii) 특정경제범죄가중처벌법상 특칙 특정경제범죄가중처벌법상에 특칙을 두고 있다. 형을 가중하였을 뿐 아니라 부정한 청탁을 요건으로 하지 않고, 共犯의 의사표시와 약속을 供與와 같이 처벌하고 있다(동법 제6조 1항).

Ⅷ. 臟 物 罪

1. 總 說

(1) 의 의

본죄는 장물을 취득·양도·운반 또는 보관하거나 이들 행위를 알선함으로써 성립하는 범죄이다. 따라서 본죄는 재산죄 중 순전한 재물죄이다.

(2) 본 질

① 追求權設 장물죄는 재산죄의 피해자가 피해물을 추구하여 회복하는 것을 곤란하게 하는 범죄라고 한다(통설·판례). 따라서 장물은 재산죄에 한정된다.

② 違法狀態維持設 장물죄란 범죄에 의하여 위법하게 성립된 재산상태를 유지·존속시키는 것을 그 본질로 한다(독일의 통설). 따라서 장물은 재산죄뿐 아니라 도박죄에서의 賭金, 뇌물죄에서 뇌물 등도 포함된다고 본다.

③ **共犯說** 장물죄는 본죄의 경제적 이익에 관하여는 간접영득죄라고 보는 견해이다.

생각건대, 재산죄의 피해자가 피해물을 추구하여 회복하는 것을 곤란케 하는 데 장물죄의 본질이 있다 하겠다(추구권설 타당).

대법원판례

피고인이 수표들을 보관 중 1986.4.27. 10:00경 이 수표들의 발행은행에 문의한 결과 이 수표들이 도난당한 사실을 알게 되었으면서도 계속 보관한 사안.

대법원은 "장물인 정을 모르고 보관하던 중 장물인 정을 알게 되었고, 위 장물을 반환하는 것이 불가능하지 않음에도 불구하고 계속 보관함으로써 피해자의 정당한 반환청구권 행사를 어렵게 하여 위법한 재산상태를 유지시킨 경우에는 장물보관죄에 해당한다"고 판시하였다(대판 1987. 10. 13, 87 도 1633). 즉 추구권설과 위법상태유지설을 결합한 입장을 취하고 있다.

(3) 성 격

장물죄는 사후종범성과 본범비호성을 갖는다.

2. 客觀的 構成要件

(1) 행위주체

본범의 정범자 또는 공동정범자 이외의 모든 자가 행위주체이다(보통 장물아비라고 한다).

(2) 행위객체

장물이다. 장물이란, 재산죄인 범죄행위에 의하여 영득된 재물로서 피해자가 법률상 그것을 추구할 수 있는 것을 말한다.

① **장물의 개념** 장물은 재물이어야 한다. 그러므로 재산상의 이익이나 채권·무체재산권 등의 권리는 장물이 될 수 없다.

대법원판례

장물개념 : ① 권한 없이 인터넷뱅킹으로 타인의 예금계좌에서 자신의 예금계좌로 이체한 후 그 중 일부를 인출하여 그 정을 아는 자에게 교부한 사안이다.

[1] 형법 제41장의 장물에 관한 죄에 있어서의 '장물'이라 함은 재산범죄로 인하여 취득한 물건 그 자체를 말하므로, 재산범죄를 저지른 이후에 별도의 재산범죄의 구성요건에 해당하는 사후행위가 있었다면 비록 그 행위가 불가벌적 사후행위로서 처벌의 대상이 되지 않는다 할지라도 그 사후행위로 인하여 취득한 물건은 재산범죄로 인하여 취득한 물건으로서 장물이 될 수 있다.

[2] 컴퓨터등사용사기죄의 범행으로 예금채권을 취득한 다음 자기의 현금카드를 사용하여 현금자동지급기에서 현금을 인출한 경우, 현금카드 사용권한 있는 자의 정당한 사용에 의한 것으로서 현금자동지급기 관리자의 의사에 반하거나 기망행위 및 그에 따른 처분행위도 없었으므로, 별도로 절도죄나 사기죄의 구성요건에 해당하지 않는다 할 것이고, 그 결과 그 인출된 현금은 재산범죄에 의하여 취득한 재물이 아니므로 장물이 될 수 없다.

[3] 장물인 현금 또는 수표를 금융기관에 예금의 형태로 보관하였다가 이를 반환받기 위하여 동일한 액수의 현금 또는 수표를 인출한 경우에 예금계약의 성질상 그 인출된 현금 또는 수표는 당초의 현금 또는 수표와 물리적인 동일성은 상실되었지만 액수에 의하여 표시되는 금전적 가치에는 아무런 변동이 없으므로, 장물로서의 성질은 그대로 유지된다.

[4] 갑이 권한 없이 인터넷뱅킹으로 타인의 예금계좌에서 자신의 예금계좌로 돈을 이체한 후 그 중 일부를 인출하여 그 정을 아는 을에게 교부한 경우, 갑이 컴퓨터등사용사기죄에 의하여 취득한 예금채권은 재물이 아니라 재산상 이익이므로, 그가 자신의 예금계좌에서 돈을 인출하였더라도 장물을 금융기관에 예치하였다가 인출한 것으로 볼 수 없다는 이유로 을의 장물취득죄의 성립을 부정하였다(대판 2004. 4. 16, 2004 도 353).

② 장물이라 함은 재산범죄로 인하여 취득한 물건 그 자체를 말하고, 그 장물의 처분대가는 장물성을 상실하는 것이지만, 금전은 고도의 대체성을 가지고 있어 다른 종류의 통화와 쉽게 교환할 수 있고, 그 금전 자체는 별다른 의미가 없고 금액에 의하여 표시되는 금전적 가치가 거래상 의미를 가지고 유통되고 있는 점에 비추어 볼 때, 장물인 현금을 금융기관에 예금의 형태로 보관하였다가 이를 반환받기 위하여 동일한 액수의 현금을 인출한 경우에 예금계약의 성질상 인출된 현금은 당초의 현금과 물리적인 동일성은 상실되었지만 액수에 의하여 표시되는 금전적 가치에는 아무런 변동이 없으므로 장물로서의 성질은 그대로 유지된다고 봄이 상당하고, 자기앞수표도 그 액면금을 즉시 지급받을 수 있는 등 현금에 대신하는 기능을 가지고 거래상 동일하게 취급되고 있는 점에서 금전의 경우와 동일하게 보아야 한다(대판 2000. 3. 10, 98 도 2579).

② 장물죄의 본범

(ⅰ) 본 범 장물은 재산죄에 의하여 영득된 물건이어야 한다. 즉 本犯은 절도, 강도, 사기, 공갈, 횡령, 장물(연쇄장물)이 된다. 따라서 이중매매된 부동산, 양도담보로 제공된 부동산은 장물이 될 수 없다.

장물의 개념에 관하여 판례는 「영득죄에 의하여 취득한 물건 그 자체」(대판 1971. 2. 23, 70 도 2589) 또는 「재산죄인 범죄행위에 의하여 영득한 물건」(대판 1975. 9. 13, 74 도 1804)으로 피해자가 추구권을 행사할 수 있는 것이라 하여 제1설에 따른 것이 일반적이나, 판례 중에는 「재산상의 침해를 가져올 위법행위로 인하여 영득한 물건」(대판 1975. 12. 9, 74 도 2804)으로서 피해자가 반환청구권을 행사할 수 있는 것이라 하여 본범의 범죄를 다소 넓힌 것도 있다.

(ⅱ) 본범의 성립요건 본범은 범죄행위는 구성요건에 해당하는 위법한 행위이면 충분하며 유책임을 요하지 않고 또 가벌적임을 요하지 않는다. 따라서, 14세 미만의 형사책임무능력자에 의한 경우나 친족간의 특례에 의하여 형이 면제되는 경우도 본범이 성립한다.

(ⅲ) 본범과 시간적 관계 본범과 시간적 관계에 관한 학설은 다음과 같다

통설은 장물죄가 성립하기 위해서는 본범이 기수로 되어야 한다는 것이다. 본범이 미수상태에 있을 때에는 장물죄의 행위가 있는 때에도 본범의 공범이 될 뿐이기 때문이다.

③ 장물의 범위

(ⅰ) **불법원인급여와의 관계**

ⓐ **추구권설** 이 경우 민법상 피해자에게 반환청구권이 인정되지 아니하므로 장물성을 부인한다.

ⓑ **유지설** 위법한 재산상태 유지가 되므로 장물성을 인정한다.

ⓒ **추구권설 취하면서도 이 경우에도 장물성 인정하는 견해**가 있다(강구진, 서일교, 오도기, 김종원, 황산덕, 이재상).

(ⅱ) **장물성의 보유** 장물은 피해자가 법률상 추구할 수 있는 물건, 즉 장물의 반환을 청구할 수 있는 재물이어야 한다(추구권설). 따라서 선의취득, 취득시효, 부합 · 혼화에 의하여 소유권이 상실된 경우에는 장물성이 상실된다.

(ⅲ) **財物의 同一性** 장물은 재산죄에 의하여 취득한 물건 그 자체를 의미한다. 對替贓物은 장물이 아니다 따라서 장물의 대가로써 취득한 물건, 예컨대 장물을 매각하여 취득한 금전, 교환에 의하여 취득한 물건 또는 장물인 금전으로 구입한 물건 등은 장물이 아니다. 그러나 사회관념상 피해물건과 동일시되는 경우, 예컨대 절취한 예금통장에 의해서 지급받은 현금 등은 장물성을 유지한다.

▣ 장물죄의 본질과 장물의 범위

학 설	내 용	장물범위
추구권설 (통설·판례)	재산죄의 피해자가 점유를 상실한 재물에 대해 갖는 사법상의 회복권이 실현되기 곤란 또는 불가능하다는 점이 그 본질이다.	재산죄에 의하여 불법으로 취득한 재물로서 피해자가 법률상 추구할 수 있는 것이다. 따라서 절도·강도·사기·공갈·횡령·장물죄에 의해 얻은 물건을 말한다.
위법상태 유지설	범죄에 의해 위법하게 성립된 재산상태를 유지·존속시키는 것을 그 본질로 한다(독일).	재산권을 침해하는 범죄행위로 취득한 물건이다. 따라서 재산죄로 취득한 물건뿐만 아니라 수렵법위반·어업법 위반 · 도박에서 얻은 물건, 뇌물로 받은 물건까지도 장물이 될 수 있다.
공범설	범인이 얻은 이익에 관여하는 것을 그 본질로 한다. 그러나 구형법과는 달리(현행형법에서는)장물죄의 주관적 구성요소로서 이득의 의사를 요건으로 하지 않는다는 점에서 이 설을 취하는 견해은 보이지 않는다.	피해자의 추구권 유무와 관계없이 수수한 물건과 피해자 사이에 연관성만 있으면 장물이 된다.

⑵ 행 위

취득 · 양도 · 운반 · 보관 · 알선이다.

① **取 得** 취득은 소유권에 기한 사실상의 처분권을 취득하는 것이다. 유상(매매 · 교환 · 채무변제 · 담보 등)을 불문하나(이하 동일) 현실적 취득이 있음을 요한다. 매매계약체결시 장물인 것을 몰랐으나 그 情을 알고 인도받은 때에는 본죄가 성립하며 취득할 때에 장물인 정을 몰랐을 경우에는 본죄는 성립할 여지가 없다.

② **讓 渡** 양도란, 장물을 타인에게 수여하는 것이며, 장물임을 알지 못하고 취득한 자가 그 후 장물임을 인식하고 제3자에게 수여하는 것을 말한다. 장물임을 인식하고 취득한 때에는 취득죄를 구성할 뿐 그 이후의 양도행위는 일종의 불가벌적 사후행위이다.

③ **運 搬** 운반이란, 위탁을 받고 장물의 소재를 이전하는 것을 말한다. 취득 후의 운반은 불가벌적 사후행위로서 별도로 운반죄는 성립되지 않는다. 타인이 절도하여 운전하는 승용차에 편승한 것만으로는 운반이라 보기 어렵다(대판 1983. 9. 13, 83 도 1146).

④ **保 管** 보관이란, 위임을 받아 타인을 위하여 장물을 자기의 점유하에 두는 것이다. 장물임을 모르고 취득한 자가 그 정을 알면서 보관한 때에는 장물보관죄가 성립한다.

⑤ **斡 旋** 알선은, 장물의 법률상 처분 또는 사실상의 처분을 매개 주선하는 것이다. 자기의 이름으로 하거나 본범의 이름으로 하거나 불문하며, 직접매수인과 교섭하거나 타인을 위촉하여 교섭하게 하거나 가리지 않는다.

알선죄의 성립시기에 관한 견해는 다음과 같다.

(ⅰ) 사실상 알선행위가 있으면 본죄는 기수가 되며 알선에 의해 매매계약 등이 성립할 것을 요하지 않는다는 견해 - 알선행위 자체로 위험성은 이미 발생(다수설)(판례 : 대판 2009. 4. 23, 2009 도 1203).

(ⅱ) 적어도 계약이 성립되어야 기수가 된다는 견해(알선행위만으로는 피해자의 반환청구권에 대해 위험을 초래하였다고 볼 수 없다고 한다)(유기천, 정영석).

3. 主觀的 構成要件

장물이라는 인식이 필요하다. 그러나 어떤 재산범죄인가, 본범이 누구인가, 피해자가 누구인가는 구체적으로 인식함을 요하지 않는다. 미필적 인식으로도 충분하다. 또한 불법영득의 의사가 있어야 한다.

장물에 대한 인식에 있어서 장물취득죄는 취득 당시 장물인 정을 알면서 재물을 취득하여야 성립할 것이며 피고인이 재물을 인도받은 후에 비로소 장물이 아닌가하는 의구심을 가졌다 하여 그 재물을 수수행위가 장물취득죄를 구성한다고 할 수 없다(대판 2006. 10. 13, 2004 도 6084).

4. 타범죄와의 관계

(1) 本犯과 장물죄와의 관계

절도를 교사한 자가 장물을 취득한 때에는 절도죄의 교사범과 장물취득죄의 경합범이 된다.

(2) 장물을 절취, 편취, 갈취한 경우

① **유지설** 상대방과의 합의가 없는 때에는 장물죄의 성립을 부정

② **추구권설** 장물죄가 성립

③ **일본판례** 절도죄, 강도죄, 사기죄, 공갈죄의 성립만을 인정(日最判 1949. 2. 8)

5. 個 別 論

(1) 장물죄(362조 1,2항)

장물을 취득·양도·운반 또는 보관하거나 그 행위를 알선하는 것이다.

개정형법은 법정형을 7년이하의 징역 또는 1,500만원이하의 벌금에 처하도록 하였다.

⑵ 상습장물죄(363조 1, 2항)

상습으로 장물죄를 범하는 것이다. 상습장물죄의 법정형을 개정형법은 1년이상 10년이하의 징역에 처하되 10년이하의 자격정지나 1,500만원이하의 벌금을 징수하도록 하고 있다.

대법원은 상습장물죄를 포괄일죄로 보고 있다. 따라서 장물취득죄도 상습 장물알선죄와 포괄일죄가 된다.

⑶ 업무상 과실 중과실장물죄(364조)

업무상 과실 또는 중대한 과실로 인하여 제362조의 죄(장물죄)를 범하는 것이다. 과실에 의한 장물양도는 생각할 수 없다.

개정형법의 법정형은 1년이하의 금고 또는 500만원이하의 벌금에 처하도록 하였다.

Ⅸ. 損壞의 罪(재물손괴죄)

1. 意義 및 保護法益

본죄는 타인의 재물, 문서 또는 전자기록 등 특수매체기록 등 손괴 또는 은닉 기타 방법으로 그 효용을 해함으로써 성립하는 범죄이다. 재산죄 중 영득의 의사가 없다는 점에서 다른 재산죄(영득죄)와 구별되며 재물죄에 속한다. 그리고 본죄의 보호법익은 소유권의 이용가치이다(침해범). 개정형법에서 이른바 컴퓨터파괴행위를 처벌하는 규정을 신설한 부분이다.

2. 客觀的 構成要件

⑴ 행위객체

타인의 재물, 문서 또는 전자기록 등 특수매체기록이다. 공무소에서 사용하는 서류 기타물건이 제외됨은 물론이다(141조 참조).

① **타 인**　여기서 타인이란, 국가 · 법인 · 법인격 없는 단체 또는 개인을 불문한다. 타인의 재물 또는 문서는 자기 이외의 자의 소유에 속하는 것이면 족하므로 자기가 소지하는 타인의 재물, 문서도 객체가 된다.

② **재 물**　재물은 동산 · 부동산을 불문하므로 건조물도 이에 포함한다.

공용건조물 포함 여부에는 관여하는 공용서류(물건) 무효죄가 성립하므로 본죄의 객체에는 포함되지 않는다고 해석하는 견해(강구진, 김종원, 서일교, 이재상, 정영석).

③ **문 서**　문서는 공문서이건 사문서이건 불문하며, 사문서의 경우는 권리의무에 관한 문서이든 사실증명에 관한 문서를 묻지 않는다.

④ **전자기록 등 특수매체기록**　전자기록 등 특수매체기록도 행위의 객체로 추가하였다. 즉, 컴퓨터 데이터의 소거 또는 변경을 손괴에 해당한다고 본다. 여기서 특수매체기록이란 사람의 지각에 의하여 인식될 수 없는 방식에 의하여 작성되어 컴퓨터 등 정보처리장치에 의한 정보처리를 위하여 제공된 기록을 말하며, 전자기록뿐 아니라 전기기록이나 광학기록을 포함한다. 컴퓨터 자체의 손괴는 재물손괴에 해당된다.

⑵ 행 위

손괴 또는 은닉 기타 방법으로 효용을 해하는 것이다.

① **손 괴**　손괴라 함은 물질적으로 훼손함으로써 그 효용을 감소 또는 멸실시키는 행위를 말한다. 상사의 결재가 끝난 사문서의 내용을 함부로 정정하는 것, 화폭에 불길한 글자를 주서하는 행위, 타인에 속하는 자기 명의의 문서의 일자변경 등이 손괴행위에 해당한다. 또 컴퓨터 데이터의 소거 또는 변경, 손괴행위에 해당한다.

공문서에 관한 다음의 문제가 있다.

(ⅰ) **공문서도 타인의 소유에 들어갔을 때에 본죄의 객체가 된다는 견해**(서일교, 황산덕)

(ⅱ) **타인의 소유라고 할 때 타인의 개념에는 국가도 포함되므로 공용서류에 해당하지 않는 한 본죄의 객체가 된다는 견해**(이재상).

② **은 닉** 　　은닉이라 함은 재물, 문서의 소재를 불명하게 하여 그 발견을 곤란 또는 불가능하게 함으로써 그 효용을 해하는 것을 말한다.

③ **기타 효용을 해하는 행위** 　　기타 방법이란 그림에 「불길」이라고 낙서하는 것, 음식용 그릇에 방뇨하는 것, 잉어를 양어장 밖으로 유출시키는 것 등을 말한다.

3. 主觀的 構成要件

행위객체에 대한 인식과 그들에 대한 손괴, 은닉, 기타 방법으로 효용을 해친다는 고의가 있어야 한다.

▣ 문서손괴와 문서변조의 차이

┌─ 문서의 변조 - 문서의 효력과 내용변경
└─ 문서의 손괴 - 문서의 효용의 전부 또는 일부를 멸각시키는 것

✦ 문서의 작성권자가 타인소유문서의 내용을 정정하거나 작성권자의 동의를 받아 새로운 사실을 기입할 때에도 문서손괴죄가 성립한다. 따라서 連名으로 작성된 私文書의 일부를 말소하는 것은 문서손괴에 해당하지만, 나아가서 새로운 사실을 기재하는 때에는 문서변조가 된다.

4. 他罪와의 관계

특수매체기록 등에 대한 손괴 등을 통하여 결과적으로 업무를 방해한 경우 본죄는 컴퓨터업무방해죄에 흡수된다.

5. 個 別 論

(1) 손괴죄(366조)

법정형을 개정형법은 타인의 재물, 문서 또는 전자기록 등 특수매체기록을 손괴 또는 은닉, 기타 방법으로 그 효용을 해한 자를 3년이하의 징역 또는 700만원 이하의 벌금에 처하도록 하였다.

⑵ 경계침범죄(370조)

① **의 의** 　경계표를 손괴, 이동 또는 제거하거나 기타의 방법으로 토지의 경계를 인식불능케 함으로써 성립하는 범죄다. 개정형법은 법정형을 3년이하의 징역 또는 500만원이하의 벌금에 처하도록 하였다(370조).

그 보호법익은 소유권의 이용가치라는 견해가 있으나, 토지에 대한 권리와 중요한 관계를 가진 '토지경계의 명확성' 이라고 봄이 타당하다.

② **객관적 구성요건**

(ⅰ) **행위의 객체** 　토지의 경계

ⓐ 토지의 경계는 소유권 등 권리의 장소적 한계를 나타내는 지표를 말한다. 여기에는 개인간의 토지구획만 아니라 공법적 경계도 포함한다.

ⓑ 경계는 실체법상의 권리와 반드시 일치할 것을 요구하지 않는다. 따라서 현존하는 경계를 파괴하고 정당하다고 생각되는 경계를 만드는 것도 이죄에 해당된다.

(ⅱ) **행 위** 　경계표를 손괴 · 이동 또는 제거하거나 기타 방법으로 경계를 인식불가능하게 하는 것을 말한다.

ⓐ 경계표는 토지의 경계를 확정하기 위하여 설정된 표지 · 工作物 · 입목 기타 물건을 말하며, 자연적이든 인위적이든 불문한다.

ⓑ 법문의 '경계표를 손괴 · 이동 또는 제거' 는 기타의 방법의 예시에 불과하다. 따라서 기타의 방법, 예컨대 경계표를 매몰하거나, 경계를 흐르는 유수를 바꾸어 놓거나 하는 방법으로 경계를 인식불능하게 하면 이 죄가 성립한다.

③ **객관적 구성요건** 　고의 이외에 불법영득의사는 필요치 않다.

⑶ 중손괴죄·손괴치사상죄(368조 1, 2항)

재물 · 문서손괴죄와 공익건조물파괴죄를 범하여 사람의 생명 · 신체에 위험을 발생케 하거나 상해, 사망에 이르게 함으로써 성립하는 가중적 구성요건이다(개정형법, 결과적 가중범).

① **중손괴죄** 　1년이상 10년이하의 징역

② **중손괴치상죄** 1년이상의 유기징역

③ **중손괴치사죄** 3년이상의 유기징역

(4) 특수손괴죄(369조 1, 2항)

(i) 재물 · 문서 · 전자기록 등 손괴죄와 (ii) 공익건조물파괴조에 대해 행위방법(단체 또는 다중의 위력, 위험한 물건을 휴대)으로 인해 형이 가중되는 가중적 구성요건이다(개정형법).

① (i)**의 경우** 5**년이하의 징역,** 1**천만원이하의 벌금**

② (ii)**의 경우** 1**년이상의 징역,** 2**천만원이하의 벌금**

(5) 공익건조물파괴죄(367조)

공익에 供하는 건조물을 파괴함으로써 성립하는 범죄로서, 손괴죄에 대한 가중유형으로서 독립적 구성요건이다. 그러나 파괴가 아닌 방화에 의한 경우는 공익건조물방화죄가 성립한다. 개정형법은 법정형을 10년이하의 징역 또는 2천만원이하의 벌금에 처하도록 하였다. 따라서 築港 · 제방 · 교량 · 철도 · 전주 · 기념비 · 분묘 등은 여기의 건조물이 아니며, 반드시 완성된 건축물임을 요하지도 않는다. 또 법원도서관은 공용건조물이지 공익건조물이 아니다.

X. 權利行使를 妨害하는 罪

1. 權利行使妨害罪(323조)

(1) 의의 및 보호법익

본죄는 타인의 점유 또는 권리의 목적이 된 자기의 물건 또는 전자기록 등 특수매체기록을 취거, 은닉 또는 파괴하여 타인의 권리행사를 방해(5년이하의 징역 또는 700만원이하)하는 범죄이다. 본죄의 보호법익은 타인의 제한 물권 또는 채권이다.

(2) 객관적 구성요건

① **행위주체** 타인의 제한물권 또는 채권의 목적물로 자기의 재물을 제공한 사람이 주체이다(신분범).

② **행위객체** 타인의 점유 또는 권리의 목적이 된 자기의 물건이다. 타인이란 자기 이외의 자를 말하며, 자연인은 물론, 법인·법인격 없는 단체도 포함한다. 자기와 타인이 공동소유하는 물건은 타인의 물건이 되어 본죄의 객체가 아니다. 또 타인의 점유란, 타인이 사실상 지배하고 있는 것을 말한다. 권리행사방해죄에서 타인의 점유란 권원으로 인한 점유 즉, 정당한 원인에 기하여 그 물건을 점유하는 권리 있는 점유를 말한다(대판 2003. 11. 28, 2003 도 4257). 공동점유도 타인의 점유이다. 이 점에서 절도와 같고 횡령과 다르다. 타인의 권리의 목적이 된 물건을 말한다. 따라서 정지조건 있는 대물변제예약이 되어 있는 물건, 가압류되어 있는 물건도 여기에 해당되나 계약이 이행에 착수하기 전의 순수한 채권채무관계는 여기에 포함되지 않는다.

개정형법에서는 여기서 물건 이외에 전자기록을 추가하였다. 그리고 법정형도 5년이하의 징역 또는 700만원이하의 벌금에 처하도록 하였다(323조).

③ **행 위** 본죄의 행위는 취거, 은닉 또는 파괴하여 타인의 권리행사를 방해하는 것이다.

(i) **취거란**, 점유자의 의사에 반하여 목적물을 점유자로부터 자기 또는 제3자의 점유로 옮기는 것을 말한다.

(ii) **은닉이란**, 물건의 소재를 불명하게 하여 그 발견을 불능 또는 현저히 곤란하게 하는 것을 말한다.

(iii) **파괴란**, 유형력을 행사하여 물건을 물질적으로 훼손하거나 효용을 해하는 것을 말한다

(iv) **'권리행사'를 방해한다 함은**, 타인의 권리행사에 관하여 방해의 결과를 발생하게 할 우려 있는 행위를 함을 말하며, 현실로 방해의 결과가 발생하였음을 요하지 않는다. 즉, 추상적 위험범이다.

(3) 주관적 구성요건

타인의 권리행사를 방해한다는 인식 즉 고의가 있어야 한다.

(4) 친족간의 특례(328조)(친족상도례)

① **직계혈족, 배우자, 동거가족, 호주, 가족 또는 배우자간의 권리행사방해죄**는 그 형을 면제한다.

② **그 이외의 친족의 경우에는 고소가 있어야 논한다.**

2. 占有强取罪(325조 1항)

본죄는 폭행 또는 협박으로 타인의 점유에 속하는 자기의 물건을 강취(7년이하의 징역 또는 10년이하의 자격정지)하는 것이다.

미수범도 처벌한다.

3. 準占有强取罪(325조 2항)

본죄는 타인의 점유에 속하는 자기의 물건을 취거함에 당하여 탈환을 항거하거나 체포를 면탈하거나 죄적을 인멸할 목적으로 폭행 또는 협박(7년이하의 징역 또는 10년이하의 자격정지)을 가하는 것이다(목적범).

미수범도 처벌한다.

4. 重權利行使妨害罪(326조)

본죄는 강요죄, 점유강취죄, 준점유강취죄를 범하여 사람의 생명에 대한 위험을 발생하게 하는 것이다(결과적 가중범).

5. 强制執行免脫罪(327조)

(1) 의 의

본죄는 강제집행을 면할 목적으로 재산을 은닉, 손괴, 허위양도 또는 허위의 채무를 부담하여 채권자를 해(3년이하의 징역 또는 1,000만원이하의 벌금)하는 것이다. 이는 위험범이기도 하다.

(2) 객관적 구성요건

① **행위주체** 통설 · 판례는 강제집행의 위기에 처한 채무자뿐 아니라 제3자도 된다고 한다(대판 1983. 5. 10, 82 도 1987).

② **강제집행을 받을 만한 객관적 상태** 채권자가 강제집행이나 가압류, 가처분을 하거나 소의 제기 또는 지급명령의 신청을 한 사실이 없더라도 채권확보를 위하여 소송을 제기할 기세를 보이는 이상 강제집행을 받을 상태에 있다고 하겠다(대판 1973. 10. 31, 73 도 384). 또한 채권이 존재하지 아니한 때에는 본죄가 성립할 여지가 없다.

③ **행위의 객체** 재물(동산, 부동산), 권리도 포함한다.

본죄의 주체를 채무자에 제한해야 할 이유가 없어, 제3자도 주체가 될 수 있다고 보아야 한다. 채무자의 재산 중에서 채권자가 민사집행법상 강제집행 또는 보전처분의 대상으로 삼을 수 있는 것이어야 한다(대판 2009. 5. 14, 2007 도 2168).

④ **행 위**

(ⅰ) **은닉, 손괴, 허위양도, 허위채무부담** 여기서 허위양도란, 실제로 재산의 양도가 없음에도 불구하고 양도한 것으로 가장하여 재산의 명의를 변경하는 것을 말한다. 따라서 신탁재산에 대하여 신탁자가 신탁계약을 해지하고 소유권이전등기를 경료한 것은 허위양도에 해당되지 않는다(대판 1983. 7. 26, 82 도 1524). 여기서 은닉의 예로는 피고인이 회사의 어음 채권자들의 가압류 등을 피하기 위하여 회사의 예금계좌에 입금된 회사자금을 인출하여 제3자 명의의 다른 계좌로 송금한 경우를 들 수 있다(대판 2005. 10. 13, 2005 도 4522). 허위의 채무를 부담하는 내용의 채무변제계약공정증서를 작성한 후 이에 기하여 채권압류 및 명령을 받은 경우가

그것이다(대판 2009. 5. 28, 2009 도 875).

(ii) **채권자를 해할 것** 채권자를 해할 위법성이 있으면 족하다. 위험범이다. 채권자를 해하는 결과발생을 필요로 하지 않는다(대판 2009. 5. 28, 2009 도 875). 강제집행을 면할 목적으로 재산을 허위양도하였다 하더라도 채무자에게 집행을 확보할 수 있는 충분한 재산이 있으면 채권자를 해하였다고 할 수 없지만 약간의 잉여자산이 있는 것만으로는 본죄 성립에 방해가 되지 아니한다(대판 1960. 10. 26, 4293 형상 672).

(3) 주관적 구성요건

고의와 미필적 고의도 포함한다. 목적범이다. 목적달성 여부도 본죄의 기수여부와 무관하다.

[종합판례정리]

1. 대판 1998. 11. 10, 98 도 2612(타인의 재물을 무단사용하는 경우, 불법영득의사유무의 판단기준) 피해자로부터 지갑을 잠시 건네받아 임의로 지갑에서 현금카드를 꺼내어 현금자동인출기에서 현금을 인출하고 곧바로 피해자에게 현금카드를 반환한 경우, 현금카드에 대한 불법영득의사가 없다고 본 사례.

2. 대판 1998. 6. 23, 98 도 700(타인의 전화기를 무단 사용하는 경우, 절도죄가 성립하는지 여부) 타인의 전화기를 무단으로 사용하여 전화통화를 하는 행위는 전기통신사업자가 그가 갖추고 있는 통신선로, 전화교환기 등 전기통신설비를 이용하고 전기의 성질을 과학적으로 응용한 기술을 사용하여 전화가입자에게 음향의 송수신이 가능하도록 하여 줌으로써 상대방과의 통신을 매개하여 주는 역무, 즉 전기통신사업자에 의하여 가능하게 된 전화기의 음향송수신기능을 부당하게 이용하는 것으로, 이러한 내용의 역무는 무형적인 이익에 불과하고 물리적 관리의 대상이 될 수 없어 재물이 아니라고 할 것이므로 절도죄의 객체가 되지 아니한다.

3. 대판 1999. 11. 12, 99 도 3801(절취의 의미 및 점유의 타인성을 판단하는 기준)

절취란 타인이 점유하고 있는 재물을 점유자의 의사에 반하여 그 점유를 배제하고 자기 또는 제3자의 점유로 옮기는 것을 말하고, 어떤 물건이 타인의 점유에 있다고 할 것인지의 여부는, 객관적인 요소로서의 관리범위 내지 사실적 관리가능성 외에 주관적 요소로서의 지배의사를 참작하여 결정하되 궁극적으로 당해 물건의 형상과 그 밖에 구체적인 사정에 따라 사회통념에 비추어 규범적 관점에서 판단할 수밖에 없다.

4. 대판 1999. 11. 26, 99 도 3963 (승객이 놓고 내린 지하철의 선반 위에 있던 물건을 가지고 간 경우, 절도죄의 성부) 승객이 놓고 내린 지하철의 전동차 바닥이나 선반 위에 있던 물건을 가지고 간 경우, 지하철의 승무원은 유실물법상 전동차의 관수자로서 승객이 잊고 내린 유실물을 교부받을 권능을 가질 뿐 전동차 안에 있는 승객의 물건을 점유한다고 할 수 없고, 그 유실물을 현실적으로 발견하지 않는 한 이에 대한 점유를 개시하였다고 할 수도 없으므로, 그 사이에 위와 같은 유실물을 발견하고 가져간 행위는 점유이탈물횡령죄에 해당함은 별론으로 하고 절도죄에 해당하지는 않는다.

5. 대판 2000. 2. 25, 99 도 5775 (법원으로부터 송달된 심문기일소환장이 형법상 재물에 해당하는지 여부) 법원으로부터 송달된 심문기일소환장은 재산적 가치가 있는 물건으로서 형법상 재물에 해당한다.

6. 대판 2000. 3. 28, 2000 도 493 (타인의 재물을 점유자의 승낙 없이 무단 사용하는 경우, 불법영득의사 유무의 판단기준) 피해자의 승낙 없이 혼인신고서를 작성하기 위하여 피해자의 도장을 몰래 꺼내어 사용한 후 곧바로 제자리에 갖다 놓은 경우, 도장에 대한 불법영득의 의사가 있었다고 볼 수 없다고 한 사례.

7. 대판 1999. 7. 9. 99 도 857 (타인의 신용카드를 임의로 가져가 현금자동지급에서 현금을 인출한 후 곧바로 반환한 경우, 신용카드에 대한 절도죄의 성립 여부 등)

신용카드업자가 발행한 신용카드는 이를 소지함으로써 신용구매가 가능하고 금융의 편의를 받을 수 있다는 점에서 경제적 가치가 있다 하더라도, 그 자체에 경제적 가치가 화체되어 있거나 특정의 재산권을 표창하는 유가증권이라고 볼 수 없고, 단지 신용카드회원이 그 제시를 통하여 신용카드회원이라는 사실을 증명하거나 현금자동지급기 등에 주입하는 등의 방법으로 신용카드업자로부터 서비스를 받을 수 있는 증표로서의 가치를 갖는 것이어서, 이를 사용하여 현금자동지급기에서 현금을 인출하였다 하더라도 신용카드 자체가 가지는 경제적 가치가 인출된 예금액만큼 소모되었다고 할 수 없으므로, 이를 일시 사용하고 곧 반환한 경우에는 불법영득의 의사가 없다.

8. 대판 1999. 3. 9, 99 도 242(강도살인죄) 술집에 피고인과 술집 주인 두 사람 밖에 없는 상황에서 술값의 지급을 요구하는 술집 주인을 살해하고 곧바로 피해자가 소지하던 현금을 탈취한 경우 강도살인죄가 성립한다.

9. 대판 1999. 2. 26, 98 도 3321(준강도죄의 성립요건으로서의 폭행 · 협박의 시적한계)

[1] 준강도는 절도범인이 절도의 기회에 재물탈환, 항거 등의 목적으로 폭행 또는 협박을 가함으로써 성립되는 것이므로, 그 폭행 또는 협박은 절도의 실행에 착수하여 그 실행중이거나 그 실행 직후 또는 실행의 범의를 포기한 직후로서 사회 통념상 범죄행위가 완료되지 아니하였다고 인정될 만한 단계에서 행하여짐을 요한다.

[2] 피해자의 집에서 절도범행을 마친 지 10분 가량 지나 피해자의 집에서 200m가량 떨어진 버스정류장이 있는 곳에서 피고인을 절도범인이라고 의심하고 뒤쫓아온 피해자에게 붙잡혀 피해자의 집으로 돌아왔을 때 비로소 피해자를 폭행한 경우, 그 폭행은 사회통념상 절도범행이 이미 완료된 이후에 행하여졌다는 이유로 준강도죄가 성립하지 않는다고 한 사례.

10. 대판 1984. 4. 14, 98 도 232(고지의무 위반과 사기죄의 성부) 중고 자동차 매매에 있어서 매도인의 할부금융회사 또는 보증보험에 대한 할부금 채무가 매수인에게 당연히 승계되는 것이 아니라는 이유로 그 할부금 채무의 존재를 매수인에게 고지하지 아니한 것이 부작위에 의한 기망에 해당하지 아니한다고 본 원심판결을 수긍한 사례.

11. 대판 1998. 4. 24, 98 도 248(금원을 편취한 후 그 중 일부를 변제한 경우, 사기죄가 성립하는 범위) 기망수단으로서 변조 또는 위조한 차용증서 등을 제시하였고 그 과정에서 일부 진정한 금전소비대차관계가 성립되어 피해자가 그 차용인들로부터 일부를 회수하였다고 할지라도 당초의 수령액 전부에 대하여 사기죄가 성립하는 것이지 그 수령액에서 진정하게 소비대차가 성립한 금액을 공제한 액수에 한하여 사기죄가 성립하는 것은 아니다.

12. 대판 1998. 4. 24, 97 도 3054(사기죄의 요건으로서의 기망의 의미와 고의의 내용) 후순위 근저당권자로 하여금 그 담보가치를 보전하는 범위 내에서 선순위 담보물권의 피담보채무를 대위변제하게 한 행위에 사기죄의 범의를 인정한 원심판결을 채증법칙 위배 등을 이유로 파기한 사례.

13. 대판 1998. 2. 27, 97 도 2786(소송사기죄 적용의 엄격성 및 민사소송의 피고가 소송사기죄의 주체가 될 수 있는지 여부) [1] 소송사기는 법원을 기망하여 자기에게 유리한 판결을 얻음으로써 상대방의 재물 또는 재산상 이익을 취득하는 것을 내용으로 하는 범죄로서, 이를 처벌하는 것은 필연적으로 누구든지 자기에게 유리한 주장을 하고 소송을 통하여 권리구제를 받을 수 있다는 민사재판제도의 위축을 가져올 수밖에 없으므로, 피고인이 그 범행을 인정한 경우 외에는 그 소송상의 주장이 사실과 다름이 객관적으로 명백하거나 피고인이 그 소송상의 주장이 명백히 허위인 것을 인식하였거나 증거를 조작하려고 한 흔적이 있는 등의 경우 외에는 이를 쉽사리 유죄로 인정하여서는 안된다.

[2] 적극적 소송당사자인 원고뿐만 아니라 방어적인 위치에 있는 피고라 하더라도 허위내용의 서류를 작성하여 이를 증거로 제출하거나 위증을 시키는 등의 적극적인 방법으로 법원을 기망하여 착오에 빠지게 한 결과 승소확정판결을 받음으로써 자기의 재산상의 의무이행을 면하게 된 경우에는 그 재산가액 상당에 대하여 사기죄가 되고 허위내용의 서류를 증거로 제출하거나 그에 따른 주장을 담은 답변서나 준비서면을 제출한 경우에 사기죄의 실행의 착수가 있다고 볼 것이다.

14. 대판 1999. 2. 12, 98 도 3519(신용카드 가맹점주가 신용카드회사에게 용역의 제공을 가장한 허위의 매출전표를 제출하여 대금을 청구한 행위가 기망행위에 해당하는지 여부) 가맹점

주가 용역의 제공을 가장한 허위의 매출전표임을 고지하지 아니한 채 신용카드회사에게 제출하여 대금을 청구한 행위는 사기죄의 실행행위로서의 기망행위에 해당하고, 가맹점주에게 이러한 기망행위에 대한 범의가 있었다면, 비록 당시 그에게 신용카드 이용대금을 변제할 의사와 능력이 있었다고 하더라도 사기죄의 범의가 있었음을 인정할 수 있다.

15. 대판 1998. 2. 10, 97 도 3040(이른바 딱지어음 등이 전전유통된 경우, 그 발행인을 최종소지인에 대한 관계에서 사기죄로 처벌할 수 있는지 여부) 어음, 수표의 발행인이 그 지급기일에 결제되지 않으리라는 점을 예견하면서도 이를 발행하고, 거래상대방을 속여 그 할인을 받거나 물품을 매수하였다면 위 발행인의 사기행위는 이로써 완성되는 것이고, 위 거래상대방이 그 어음, 수표를 타에 양도함으로써 전전유통되고 최후소지인이 지급기일에 지급제시하였으나 부도되었다고 하더라도 특별한 사정이 없는 한 최후소지인에 대한 관계에서 발행인의 행위를 사기죄로 의율할 수 없다.

16. 대판 2000. 4. 25, 2000 도 137(타인을 기망하여 후순위 근저당권을 설정한 경우 기망자가 얻는 이득액) 제3자로부터 금원을 융자받거나 물품을 외상으로 공급받을 목적으로 타인을 기망하여 그 타인 소유의 부동산에 제3자 앞으로 근저당권을 설정케 한 자가 그로 인하여 취득하는 재산상 이익은 그 부동산을 자신과 제3자 사이의 거래에 대한 담보로 이용할 수 있는 이익이고, 그 이득액은 원칙적으로 그 부동산의 시가범위 내에서 채권최고액 상당이라고 할 것이지만, 그 부동산에 이미 다른 근저당권이 설정되어 있는 경우에는 원칙적으로 그 부동산의 시가에서 다시 선순위 근저당권의 채권최고액을 공제한 잔액 상당액을 기망자가 얻는 이득액의 한도로 보아야 하고, 다만 후순위 근저당권 선순위 근저당권자의 담보가치를 실제 피담보채권액만큼만 파악하였다고 볼 수 있는 특별한 사정이 있는 경우에는 그 부동산의 시가에서 그 선순위 근저당권의 실제 피담보채권액을 공제한 잔액 상당액을 그 이득액의 한도로 볼 수 있다.

17. 대판 1998. 12. 9, 98 도 3282(사기죄의 성립 여부 및 피고인이 취득한 재산상의 이익) [1] 수표나 어음의 지급기일에 결제되지 않으리라는 점을 예견하였거나 지급기일에 지급될 수 있다는 확신이 없으면서도 그러한 내용을 수취인에게 고지하지 아니하고 이를 속여서 할인을 받으면 사기죄가 성립한다.

[2] 어음 · 수표의 할인에 의한 사기죄에 있어서 피고인이 피해자로부터 수령한 현금액이 피고인이 피해자에게 교부한 어음 · 수표의 액면금보다 적을 경우, 피고인이 취득한 재산상의 이익액은, 당사자가 선이자와 비용을 공제한 현금액만을 실제로 수수하면서도 선이자와 비용을 합한 금액을 대여원금으로 하기로 하고 대여이율을 정하는 등의 소비대차특약을 한 경우는 별론으로 하고, 위 어음 · 수표의 액면금이 아니라 피고인이 수령한 현금액이라고 할 것이다.

[3] 약속어음 또는 당좌수표를 수수함에 의하여 채무이행을 연기받는 것도 재산상의 이익이 되므로, 채무이행을 연기받은 사기죄는 성립할 수 있으나, 채무이행을 연기받은 것에 의한 재산상의 이익액은 이를 산출할 수 없으므로 이는 특정경제범죄가중처벌등에관한법률 제3조 제1항 제2호의 이득액을 계산함에 있어서는 합산될 것이 아니다.

18. 대판 2000. 1. 28, 99 도 2884(사기죄의 요건으로서의 부작위에 의한 기망의 의미) [1] 사기죄의 요건으로서의 기망은 널리 재산상의 거래관계에 있어 서로 지켜야 할 신의와 성실의 의무를 저버리는 모든 적극적 또는 소극적 행위를 말하는 것이고, 이러한 소극적 행위로서의 부작위에 의한 기망은 법률상 고지의무 있는 자가 일정한 사실에 관하여 상대방이 착오에 빠져 있음을 알면서도 이를 고지하지 아니함을 말하는 것으로서, 일반거래의 경험칙상 상대방이 그 사실을 알았더라면 당해 법률행위를 하지 않았을 것이 명백한 경우에는 신의칙에 비추어 그 사실을 고지할 법률상 의무가 인정되는 것이다.

[2] 특정 시술을 받으면 아들을 낳을 수 있을 것이라고 착오에 빠져있는 피해자들에게 그

시술의 효과와 원리에 관하여 사실대로 고지하지 아니한 채 아들을 낳을 수 있는 시술인 것처럼 가장하여 일련의 시술과 처방을 행한 의사에 대하여 사기죄의 성립을 인정한 사례.

19. 대판 2000. 6. 9, 99 도 2758(소송사기의 성립요건) 소송사기는 법원을 기망하여 자기에게 유리한 판결을 얻음으로써 상대방의 재물 또는 재산상 이익을 취득하는 것을 내용으로 하는 범죄로서, 이를 처벌하는 것은 필연적으로 누구든지 자기에게 유리한 주장을 하고 소송을 통하여 권리구제를 받을 수 있다는 민사재판제도의 위축을 가져올 수밖에 없으므로, 피고인이 그 범행을 인정한 경우 외에는 그 소송상 주장이 사실과 다름이 객관적으로 명백하거나 피고인이 그 소송상의 주장이 명백히 허위인 것을 인식하였거나 증거를 조작하려고 한 흔적이 있는 등의 경우 외에는 이를 쉽사리 유죄로 인정하여서는 안된다.

20. 대판 1999. 6. 25, 98 도 3891(타인의 일반전화를 무단 이용하여 전화통화를 한 경우, 사기죄의 성립 여부) 사기죄가 성립하기 위하여는 기망행위와 이에 기한 피해자의 처분행위가 있어야 할 것인 바, 타인의 일반전화를 무단으로 이용하여 전화통화를 하는 행위는 전기통신사업자인 한국전기통신공사가 일반전화 가입자인 타인에게 통신을 매개하여 주는 역무를 부당하게 이용하는 것에 불과하여 한국전기통신공사에 대한 기망행위에 해당한다고 볼 수 없을 뿐만 아니라, 이에 따라 제공되는 역무도 일반전화 가입자와 한국전기통신공사 사이에 체결된 서비스이용계약에 따라 제공되는 것으로서 한국전기통신공사가 착오에 빠져 처분행위를 한 것이라고 볼 수 없으므로, 결국 위와 같은 행위는 형법 제347조의 사기죄를 구성하지 아니한다 할 것이고, 이는 형법이 제348조의 2를 신설하여 부정한 방법으로 대가를 지급하지 아니하고 공중전화를 이용하여 재산상 이익을 취득한 자를 처벌하는 규정을 별도로 둔 취지에 비추어 보아도 분명하다.

21. 대판 2000. 11. 10, 2000 도 3483(편취한 차입금의 변제기에 다시 기망하여 변제와 동시에 다시 차입하는 것으로 정리하기로 한 경우 별도의 사기죄를 구성하는지 여부(소극)) 피고인이 종전에 피해자를 기망하여 차입금을 유치하였다면 이를 교부받은 즉시 사기죄가 성립하고, 그 후 편취한 차입금의 변제기에 다시 종전과 같은 방법으로 피해자를 기망하여 그 원리금을 지급하는 대신 동액 상당을 다시 차입하는 것으로 정리하기로 하고 그 차입금증서를 새로이 발생하였더라도, 이는 현실적인 자금의 수수 없이 이루어진 것으로서 형식적으로는 별도의 차입에 해당하나 실질적으로는 기존의 차입금에 대한 사기 범행을 은폐하거나 그 편취금의 반환을 회피하기 위한 방편에 불과할 뿐, 기존 차입금의 편취범행과 별도의 사기죄를 구성하는 것은 아니라 할 것이다.

22. 대판 1999. 5. 25, 98 도 2792(고지의 의무를 부정한 사례) 토지의 공유자 겸 명의수탁자인 피고인이 나머지 공유자들로부터 그들 소유지분에 관하여 매도가격 및 처분기한을 특정하여 처분권한을 위임받고 그 처분에 따른 양도소득세 등 일체의 경비를 피고인이 부담하기로 약정한 경우, 피고인이 위 매도위임가격보다 훨씬 고가로 매도하였다 하더라도 그와 같은 사실을 위임인에게 고지할 법률상 의무가 없다고 본 사례.

23. 대판 1999. 4. 9, 99 도 364(사기죄의 성립 여부) 가계수표발행인이 자기가 발행한 가계수표를 타인이 교부받아 소지하고 있는 사실을 알면서도, 또한 그 수표가 적법히 지급 제시되어 수표상의 소구의무를 부담하고 있음에도 불구하고 허위의 분실사유를 들어 공시최고신청을 하고 이에 따라 법원으로부터 제권판결을 받음으로써 수표상의 채무를 면하여 그 수표금 상당의 재산상 이득을 취득하였다면 이러한 행위는 사기죄에 해당한다.

24. 대판 1999. 12. 10, 99 도 2213(원인관계 소멸 후 약속어음 공정증서를 근거로 강제집행한 경우의 죄책) 채무자가 강제집행을 승낙한 취지의 기재가 있는 약속어음 공정증서에 있어서 그 약속어음의 원인관계가 소멸하였음에도 불구하고, 약속어음 공정증서 정본을 소지하고 있

음을 기화로 이를 근거로 하여 강제집행을 하였다면 사기죄를 구성한다.

25. 대판 2000. 2. 11, 99 도 4797(상습사기죄에 있어서 상습성의 의미) [1] 유죄판결을 선고받고 그 판결이 확정된 바 있는 사기죄의 범죄사실과 그 확정판결 이전에 이루어진 사기죄의 범죄사실이 다같이 피고인의 사기습벽에서 이루어진 것이라면, 이미 확정판결을 받은 위 사기죄의 범죄사실과 위 판결 전 사기죄의 공소사실은 실체법상 포괄일죄인 상습사기죄의 관계에 있다 할 것이고, 따라서 위 사기죄에 대한 확정판결의 기판력은 그와 포괄일죄의 관계에 있으나 단순사기죄로 기소된 확정판결 이전의 사기공소사실에 미치게 되는 것이어서 이에 대하여는 면소의 판결을 하여야 한다.

[2] 상습사기죄에 있어서의 상습성이라 함은 반복하여 사기행위를 하는 습벽으로서 행위자의 속성을 말하고, 여기서 말하는 사기행위의 습벽은 행위자의 사기습벽의 발현으로 인정되는 한 동종의 수법에 의한 사기범행의 습벽만을 의미하는 것이 아니라 이종의 수법에 의한 사기범행을 포괄하는 사기의 습벽도 포함한다.

[3] 원래 실체법상 상습사기의 일죄로 포괄될 수 있는 관계에 있는 일련의 사기 범행의 중간에 동종의 죄에 관한 확정판결이 있는 경우에는 그 확정판결에 의하여 원래 일죄의 포괄될 수 있었던 일련의 범행은 그 확정판결의 전후로 분리되고, 이와같이 분리된 각 사건은 서로 동일성이 있다고 할 수 없어 이중으로 기소되더라도 각 사건에 대하여 각각의 주문을 선고하여야 한다.

26. 대판(전원합의체) 1999. 4. 15, 97 도 666(채권양도인이 양도통지 전에 채무자로부터 채권을 추심하여 금전을 수령한 경우, 양도인 이외 금전을 양수인을 위하여 보관하는 지위에 있는지 여부) 〔다수의견〕 채권양도는 채권을 하나의 재화로 다루어 이를 처분하는 계약으로서, 채권 자체가 그 동일성을 잃지 아니한 채 양도인으로부터 양수인에게로 바로 이전하고, 이 경우 양수인으로서는 채권자의 지위를 확보하여 채무자로부터 유효하게 채권의 변제를 받는 것이 그 목적인 바, 우리 민법은 채무자와 제3자에 대한 대항요건으로서 채무자에 대한 양도의 통지 또는 채무자의 양도에 대한 승낙을 요구하고, 채무자에 대한 통지의 권능을 양도인에게만 부여하고 있으므로, 양도인은 채무자에게 채권양도 통지를 하거나 채무자로부터 채권양도 승낙을 받음으로써 양수인으로 하여금 채무자에 대한 대항요건을 갖추어 줌으로써 양수인이 채무자에게 대항할 수 없게 되면 양수인은 그 목적을 달성할 수 없게 되므로, 양도인이 이와 같은 행위를 하지 않음으로써 양수인으로 하여금 원만하게 채권을 추심할 수 있도록 하여야 할 의무도 당연히 포함되고, 양도인의 이와 같은 적극적 · 소극적 의무는 이미 양수인에게 귀속된 채권을 보전하기 위한 것이고, 그 채권의 보전 여부는 오로지 양도인의 의사에 매여 있는 것이므로, 채권양도의 당사자 사이에서는 양수인을 위하여 양수채권 보전에 관한 사무를 처리하는 자라고 할 수 있고, 따라서 채권양도의 당사자 사이에는 양도인의 사무 처리를 통하여 양수인은 유효하게 채무자에게 채권을 추심할 수 있다는 신임관계가 전제되어 있다고 보아야 할 것이고, 나아가 양도인이 채권양도 통지를 하기 전에 채무자로부터 채권을 추심하여 금전을 수령한 경우, 아직 대항요건을 갖추지 아니한 이상 채무자가 양도인에 대하여 한 변제는 유효하고, 그 결과 양수인에게 귀속되었던 채권은 소멸하지만, 이는 이미 채권을 양도하여 그 채권에 관한 한 아무런 권한도 가지지 아니하는 양도인이 양수인에게 귀속된 채권에 대한 변제로서 수령한 것이므로, 채권양도의 당연한 귀결로서 그 금전을 자신에게 귀속시키기 위하여 수령할 수는 없는 것이고, 오로지 양수인에게 전달해 주기 위하여서만 수령할 수 있을 뿐이어서, 양도인이 수령한 금전은 양도인과 양수인 사이에서 양수인의 소유에 속하고, 여기에다 위와 같이 양도인이 양수인을 위하여 채권보전에 관한 사무를 처리하는 지위에 있다는 것을 고려하면, 양도인은 이를 양수인을 위하여 보관하는 관계에 있다고 보아야 할 것이다.

27. 대판 2000. 2. 11, 99 도 4979(채권자가 채권의 지급담보를 위하여 채무자로부터 수표를 발행 · 교부받은 경우, 횡령죄의 주체인 타인의 재물을 보관하는 자에 해당하는지 여부) 채권자가 그 채권의 지급을 담보하기 위하여 채무자로부터 수표를 발행 · 교부받아 이를 소지한 경우에는, 단순히 보관의 위탁관계에 따라 수표를 소지하고 있는 경우와는 달리 그 수표상의 권리가 채권자에게 유효하게 귀속되고, 채권자와 채무자 사이의 수표반환에 관한 약정은 원인관계상의 인적 항변사유에 불과하므로, 채권자는 횡령죄의 주체인 타인의 재물을 보관하는 자의 지위에 있다고 볼 수 없다.

28. 대판 2000. 5. 26, 98 도 4425(채권자가 담보 명목으로 수표를 교부받은 경우 타인의 재물을 보관하는 자의 지위에 있는지 여부(소극)) 채권자가 그 채권의 지급을 담보하기 위하여 채무자로부터 수표를 교부받아 이를 소지한 경우에는 단순히 보관의 위탁관계에 따라 수표를 소지하고 있는 경우와는 달리 그 수표상의 권리는 적법하게 채권자에게 귀속되는 것이므로, 채무자로부터 차용금에 대한 담보 명목으로 당좌수표를 교부받아 소지하고 있는 채권자는 횡령죄의 주체인 타인의 재물을 보관하는 자의 지위에 있다고 볼 수 없다.

29. 대판 2000. 2. 8, 99 도 3982(횡령죄에 있어서 불법영득의 의사의 의미)

[1] 횡령죄에서의 불법영득의 의사는 타인의 재물을 보관하는 자가 자기 또는 제3자의 이익을 위하여 위탁의 취지에 반하여 권한 없이 그 재물을 자기의 소유인 것처럼 처분하는 의사를 말하므로, 보관자가 소유자의 이익을 위하여 이를 처분하였다면 불법영득의 의사가 없다고 볼 수도 있다.

[2] 학교법인의 이사장이었던 자가 이사장으로 근무할 당시 학교법인이 부담하는 부외부채를 자신의 자금으로 변제한 후 그 자금회수를 위하여 자신이 보관하던 학교법인 소유의 양도성예금증서를 어음할인에 대한 담보로 제공한 경우, 그 부외부채가 학교법인이 승인한 채무가 아니고 그 변제도 학교법인의 의사에 반하여 임의로 한 것이라는 이유로 불법영득의 의사를 인정한 사례.

30. 대판 1998. 4. 10, 97 도 3057(금전수수를 수반하는 사무처리를 위임받은 자가 그 행위에 기하여 위임자를 위하여 제3자로부터 수령한 금전의 귀속과 횡령죄)

[1] 금전수수를 수반하는 사무의 처리를 위임받은 자가 그 행위에 기하여 위임자를 위하여 제3자로부터 수령한 금전은 그 목적이나 용도를 한정하여 위탁된 금전과 마찬가지로 특별한 사정이 없는 한 그 수령과 동시에 위임자의 소유에 속하는 것이고, 위임을 받은 자는 이를 위임자를 위하여 보관하는 관계에 있다.

[2] 위탁자로부터 당좌수표 할인을 의뢰받은 피고인이 제3자를 기망하여 당좌수표를 할인받은 다음 그 할인금을 임의소비한 경우, 제3자에 대한 사기죄와 별도로 위탁자에 대한 횡령죄가 성립한다고 본 사례.

31. 대판 1999. 7. 9, 99 도 1040(1인회사의 주주가 회사의 금원을 업무상 보관중 임의로 소비한 경우, 업무상횡령죄의 성립 여부) 주식회사의 주식이 사실상 1인의 주주에 귀속하는 1인회사의 경우에도 회사와 주주는 별개의 인격체로서 1인회사의 재산이 곧바로 그 1인주주의 소유라고 볼 수 없으므로, 그 회사 소유의 금원을 업무상 보관 중 임의로 소비하면 횡령죄를 구성하는 것이다.

32. 대판 1999. 7. 23, 99 도 1911(할인을 위탁받고 교부받은 약속어음 소유권의 귀속 주체) 약속어음을 할인을 위하여 교부받은 경우에 수탁자가 그 약속어음을 할인하였을 때에도 그로 인하여 생긴 돈을, 그 할인이 불가능하거나 할인하여 줄 의사를 철회하였을 때에는 약속어음 그 자체를 위탁자에게 반환하여야 하고 그 약속어음이 수탁자의 점유하에 있는 동안에도 다른 특별한 사정이 없는 이상 그 소유권은 위탁자에게 있고, 수탁자는 위탁의 취지에 따라 이를 단지

보관하는 것으로 볼 것이다.

33. 대판(전원합의체) 2000. 3. 24, 98 도 4347(신탁자와 수탁자 사이의 명의신탁 약정에 따라 수탁자가 명의신탁 약정이 있다는 사실을 알지 못하는 소유자와 사이에서 부동산매매계약을 체결한 후 당해 부동산의 소유권이전등기를 수탁자 명의로 경료한 경우, 그 수탁자가 형법 제355조 제1항 '소정의 타인의 재물을 보관하는 자'에 해당하는지 여부) 횡령죄는 타인의 재물을 보관하는 자가 그 재물을 횡령하는 경우에 성립하는 범죄인 바, 부동산실권리자명의등기에관한법률 제2조 제1호 및 제4조의 규정에 의하면, 신탁자와 수탁자가 명의신탁 약정을 맺고, 이에 따라 수탁자가 당사자가 되어 명의신탁 약정이 있다는 사실을 알지 못하는 소유자와 사이에서 부동산에 관한 매매계약을 체결한 후 그 매매계약에 기하여 당해 부동산의 소유권이전등기를 수탁자 명의로 경료한 경우에는, 그 소유자인 매도인뿐만 아니라 신탁자에 대한 관계에서도 유효하게 당해 부동산의 소유권을 취득한 것으로 보아야 할 것이고, 따라서 그 수탁자는 타인의 재물을 보관하는 자라고 볼 수 없다.

34. 대판 1999. 10. 12, 99 도 3170(부동산실권리자명의등기에관한법률 시행 이후에 명의신탁받은 부동산에 관하여 수탁자가 임의로 근저당권을 설정한 경우, 횡령죄의 성립 여부) 신탁자가 그 소유 명의로 되어 있던 부동산을 수탁자에게 명의신탁하였는데 수탁자가 임의로 그 부동산에 관하여 근저당권을 설정하였다면 신탁자에 대한 횡령죄가 성립하고, 그 명의신탁이 부동산실권리자명의등기에관한법률 시행 이후에 이루어진 것이라고 하여 달리 볼 것은 아니다.

35. 대판 1999. 11. 26, 99 도 2651(명의신탁받아 보관 중이던 토지를 명의신탁자의 승낙 없이 제3자에게 근저당권설정등기를 경료해 준 뒤 이를 다른 사람에게 매도한 경우) 명의신탁받아 보관 중이던 토지를 명의신탁자의 승낙없이 제3자에게 근저당설정등기를 경료해 준 경우 위 토지 전체에 대한 횡령죄가 성립하며, 그 후 다시 피해자의 승낙 없이 다른 사람에게 이를 매도하더라도 이는 소위 불가벌적 사후행위에 해당하는 횡령물의 처분행위로서 별개의 횡령죄를 구성하지 아니한다.

36. 대판 2000. 2. 22, 99 도 5227(부동산실권리자명의등기에관한법률 시행 전에 부동산 소유자로부터 명의신탁받은 자가 같은 법이 정한 유예기간 이내에 실명등기를 하지 않은 상태에서 임의로 처분한 경우, 횡령죄의 성립 여부) 부동산을 소유자로부터 명의수탁받은 자가 이를 임의로 처분하였다면 명의신탁자에 대한 횡령죄가 성립하며, 그 명의신탁이 부동산실권리자명의등기에관한법률 시행 전에 이루어졌고 같은 법이 정한 유예기간 이내에 실명등기를 하지 아니함으로써 그 명의신탁약정 및 이에 따라 행하여진 등기에 의한 물권변동이 무효로 된 후에 처분행위가 이루어졌다고 하여 달리 볼 것이 아니다.

37. 대판 2000. 3. 24, 2000 도 310(부동산의 명의수탁자가 신탁자의 승낙 없이 갑 앞으로 근저당권설정등기를 경료했다가 후에 그 말소등기를 신청함과 동시에 을 앞으로 소유권이전등기를 신청함에 따라 갑 명의로 소유권이전등기를 경료해 준 행위가 별도의 횡령죄를 구성하는지 여부) 부동산의 명의수탁자가 신탁자의 승낙 없이 갑 앞으로 소유권이전등기를 신청함에 따라 갑 명의의 근저당권말소등기와 을 명의의 소유권이전등기가 순차 경료된 경우, 갑 명의의 근저당권설정등기를 경료할 당시에 해당 부동산에 대한 불법영득의 의사를 외부에 객관적으로 나타냄으로써 횡령죄는 이미 완성되었고, 을 명의의 소유권이전등기가 경료되기 전에 동시에 신청한 갑 명의의 근저당권에 대한 말소등기가 먼저 경료되었다고 하더라도 갑 명의의 근저당권설정등기의 말소는 을 명의의 소유권이전등기의 준비행위에 불과하다 할 것이어서 명의 신탁자의 소유권에 대한 침해가 회복되지 아니한 상태에서 행하여진 을 명의의 소유권이전등기를 경료해 준 행위는 횡령물의 처분행위로서 새로운 법익의 침해를 수반하지 않는 이른바 불가벌적 사후행위에 해당하여 별도의 횡령죄를 구성하지 아니한다.

38. 대판 1999. 9. 17, 99 도 2889(횡령행위의 한 태양으로서의 은닉의 의미) 횡령행위의 한 태양으로서의 은닉이란, 타인의 재물의 보관자가 위탁의 본지에 반해 그 재물을 발견하기 곤란한 상태에 두는 것을 말하는 것인 바, 피고인이 조성한 비자금이 회사의 장부상 일반자금 속에 은닉되어 있었다 하더라도 이는 당해 비자금의 소유자인 회사 이외의 제3자가 이를 발견하기 곤란하게 하기 위한 장부상의 분식(粉飾)에 불과하여 그것만으로 피고인의 불법영득의 의사를 인정할 수는 없다.

39. 대판 2000. 4. 11, 2000 도 565(부동산에 관한 횡령죄에 있어서 타인의 재물을 보관하는 자의 지위에 있는지 여부의 판단 기준 및 공동상속인 중 1인이 상속 부동산을 혼자 점유하던 중 다른 공동상속인의 상속지분을 임의로 처분한 경우, 횡령죄의 성립 여부) 부동산에 관한 횡령죄에 있어서 타인의 재물을 보관하는 자의 지위는 동산의 경우와는 달리 부동산에 대한 점유의 여부가 아니라 부동산을 제3자에게 유효하게 처분할 수 있는 권능의 유무에 따라 결정하여야 하므로, 부동산을 공동으로 상속한 자들 중 1인이 부동산을 혼자 점유하던 중 다른 공동상속인의 상속지분을 임의로 처분하여도 그에게는 그 처분권능이 없어 횡령죄가 성립하지 아니한다.

40. 대판 2000. 2. 11, 99 도 2983(배임죄의 성립요건인 '손해를 가한 때'의 의미)

[1] 배임죄가 성립하려면 경제적 관점에서 파악하여 배임행위로 인하여 본인에게 현실적인 손해를 가하였거나 적어도 재산상 실해 발생의 위험을 초래하였다고 인정되어야 한다.

[2] 조합의 이사장이 중소기업협동조합법 제47조 제2호에 위반하여 조합 이사회의 의결을 거치지 아니한 채 임의로 어음 및 수표에 조합 명의의 배서를 하여 할인받은 경우, 배임죄가 성립되지 않는다고 본 사례.

41. 대판 1996. 6. 22, 99 도 1095(배임죄의 구성요건) 주택조합 정산위원회 위원장이 해임되고 후임 위원장이 선출되었는데도 업무인계를 거부하고 있던 중 정산위원회를 상대로 제기된 소송의 소정부본 및 변론기일소환장을 송달받고도 그 제소사실을 정산위원회에 알려주지도 않고 스스로 응소하지도 않아 의제자백에 의한 패소확정판결을 받게 한 경우, 업무상배임죄의 성립을 인정한 사례.

42. 대판 1999. 4. 13, 98 도 4022(배임죄의 고의를 인정하기 부족하다고 한 사례)

동일한 토지에 관하여 피해자로부터는 소유권이전등기신청업무를, 제3자로부터는 가압류신청업무를 각 의뢰받은 법무사 사무실 사무장이 가압류 기입등기 촉탁 후 피해자 앞으로의 소유권이전등기서류를 접수시키기 위하여 소유권이전등기업무를 의도적으로 지연시킴으로써 피해자에게 손해를 입게 하였다는 점에 관한 고의를 인정하기 부족하다고 한 사례.

43. 대판 1999. 7. 9, 99 도 311(재산상 이익의 취득이 없다는 이유로 업무상배임죄의 성립을 부정한 사례) [1] 배임죄가 성립하려면 배임행위로 인하여 사무처리자가 재산상의 이익을 취득하거나 제3자로 하여금 이를 취득하게 하여 본인에게 손해를 가하였다고 인정되어야 하고 여기서 제3자라 함은 사무처리자 또는 본인을 제외한 자를 말한다.

[2] 주택조합 조합장이 총회의 승인 없이 발행한 조합 회원증을 담보로 금원을 차용하여 조합운영비로 사용한 후 위 회원증의 매수인들의 조합원자격을 취득할 수 없고 단지 조합에 대하여 매수대금 상당의 손해배상채권을 취득할 뿐이므로 조합장이나 회원중 매수인들의 어떠한 재산상 이득을 취득한 바 없다는 이유로 업무상배임죄의 성립을 부정한 사례.

44. 대판 2000. 11. 10, 99 도 5463(업무상배임죄의 관한 법리) 업무상배임죄는 업무상 타인의 사무를 처리하는 자가 그 임무에 위배하는 행위로써 재산상 이익을 취득하거나 제3자로 하여금 이를 취득하게 하여 본인에게 손해를 가함으로써 성립하는 것인 바, 이 경우 '임무에 위배하는 행위'라 함은 사무의 내용, 성질 등 구체적 상황에 비추어 법률의 규정, 계약의 내용

혹은 신의칙상 당연히 할 것으로 기대되는 행위를 하지 않거나 당연히 하지 않아야 할 것으로 기대되는 행위를 함으로써 본인과 사이의 신임관계를 저버리는 일체의 행위를 포함하는 것이고, '재산상의 손해를 가한 때'라 함은 현실적으로 손해를 가한 경우뿐만 아니라 재산상의 실해 발생의 위험을 초래한 경우도 포함된다. (퇴직위로금 지급경위, 회사의 재무상태, 대표이사로서의 임무 등 제반 사정을 종합하여, 퇴출위기에 있는 증권회사 대표이사가 전직원의 명예퇴직을 실시하고 이에 따라 전직원에게 퇴직금 이외에 별도로 퇴직위로금을 지급한 행위를 업무상 배임죄로 인정한 사례)

45. 대판 2000. 4. 11 99 도 334(업무상배임죄의 주관적 요건과 그 입증방법)

[1] 업무상배임죄가 성립하려면 주관적 요건으로서 임무위배의 인식과 자기 또는 제3자의 이익을 위하여 본인에게 재산상의 손해를 가한다는 인식, 즉 배임의 범의가 있어야 하는 바, 이와 같은 고의는 피고인이 이를 부인하는 경우 사물의 성질상 고의와 상당한 관련성이 있는 간접사실을 증명하는 방법에 의하여 입증할 수밖에 없는 것이다. 이 때 무엇이 상당한 관련성이 있는 간접사실에 해당할 것인가는 정상적인 경험칙에 바탕을 두고 치밀한 관찰력이나 분석력에 의하여 사실의 연결상태를 합리적으로 판단하는 것 외에 다른 방법이 없는 것이다.

[2] 업무상배임죄에 있어서 타인의 사무를 처리하는 자란 고유의 권한으로서 그 처리를 하는 자에 한하지 않고 그 자의 보조기관으로서 직접 또는 간접으로 그 처리에 관한 사무를 담당하는 자도 포함한다.

[3] 배임죄는 현실적인 재산상 손해액이 확정될 필요까지는 없고 단지 재산상 권리의 실행을 불가능하게 할 염려 있는 상태 또는 손해 발행의 위험이 있는 경우에 바로 성립되는 위태범이므로 피고인이 그 업무상 임무에 위배하여 부당한 외상거래행위를 함으로써 업무상배임죄가 성립하는 경우, 담보물의 가치를 초과하여 외상거래 한 금액이나 실제로 회수가 불가능하게 된 외상거래 금액만이 아니라 재산상 권리의 실행이 불가능하게 될 염려가 있거나 손해발생의 위험이 있는 외상거래대금 전액을 그 손해액으로 보아야 하고, 그것을 제3자가 취득한 경우에는 그 전액을 특정경제범죄가중처벌등에관한법률 제3조에 규정된 제3자로 하여금 취득하게 한 재산상 이익의 가액에 해당하는 것으로 보아야 할 것이다.

46. 대판 1999. 7. 9, 99 도 1864(타인의 사무를 처리하는 자가 그 임무에 위배하여 채무자에게 기존 대출금에 대한 대출기한을 연장해 준 경우, 배임죄의 성립 여부)

배임죄는 타인의 사무를 처리하는 자가 그 임무에 위배하는 행위로 인하여 재산상의 이익을 취득하거나 제3자로 하여금 이를 취득하게 하여 본인에게 손해를 가하는 것을 내용으로 하는 범죄로서, 배임죄가 성립하기 위하여는 행위자의 임무위배행위로 인하여 본인에게 재산상 손해가 발생 또는 발생할 염려가 있어야 하는 것인 바, 타인의 사무를 처리하는 자가 그 임무에 위배하여 채무자에게 기존 대출금을 모두 회수할 수 있었는데 기한을 연장해 주면 채무자의 자금사정이 대출금을 회수할 수 없을 정도로 악화되리라는 사정을 알고 그 기한을 연장해 준 경우에 그 기한연장으로 인한 새로운 손해가 발생하였다라고 할 수 있을 것이므로 이러한 사정이 밝혀지지 않고서는 대출기한을 연장해 준 부분을 따로 떼어 배임죄가 성립된다고 말할 수는 없을 것이다.

47. 대판 2000. 5. 26, 99 도 2781(대주주의 승낙과 이사회의 결의를 거치고 이사가 배임행위를 한 경우 배임죄의 성립 여부(적극)) 주식회사와 주주는 별개의 인격으로서 동일인이라고 볼 수 없으므로, 회사의 임원이 그 임무에 위배되는 행위로 재산상 이익을 취득하거나 제3자로 하여금 이를 취득하게 하여 회사에 손해를 가한 때에는 이로써 배임죄가 성립하고, 그 임무위배행위에 대하여 사실상 대주주의 양해를 얻었다고 하여 본인인 회사에 손해가 없다거나 또는 배임의 범의가 없다고 볼 수는 없으며, 주식회사의 경영을 책임지는 이사는 이사회의 결의가 있더

라도 그 결의내용이 주주 또는 회사 채권자를 해하는 불법한 목적이 있는 경우에는 이에 맹종할 것이 아니라 회사를 위하여 성실한 직무수행을 할 의무가 있으므로, 이사가 임무에 위배하여 주주 또는 회사 채권자에게 손해가 될 행위를 하였다면 이사회의 결의가 있었다고 하여 그 배임행위가 정당화될 수 없는 것이다.

48. 대판 2000. 3. 14, 99 도 457(배임죄의 주체로서 '타인의 사무를 처리하는 자'의 의미 및 업무상배임죄에 있어서 '업무'의 근거) [1] 배임죄의 주체로서 '타인의 사무를 처리하는 자'란 타인과의 대내관계에 있어서 신의성실의 원칙에 비추어 그 사무를 처리할 신임관계가 존재한다고 인정되는 자를 의미하고, 반드시 제3자에 대한 대외관계에서 그 사무에 관한 대리권이 존재할 것을 요하지 않으며, 업무상배임죄에 있어서의 업무의 근거는 법령, 계약, 관습의 어느 것에 의하건 묻지 않고, 사실상의 것도 포함한다.

[2] 사실상 학교법인의 경영을 주도하고 업무를 총괄하며 학교자금을 보관 · 관리하는 업무를 취급하고 있는 학교법인의 이사 겸 학교법인이 설립한 고등학교의 교장이 학교재산에 관한 임대차계약을 체결한 경우, 업무상배임죄의 주체가 될 수 있다고 한 사례.

[3] 배임죄에 있어서 '임무에 위배하는 행위'라 함은 처리하는 사무의 내용, 성질 등에 비추어 법령의 규정, 계약의 내용 또는 신의칙상 당연히 하여야 할 것으로 기대되는 행위를 하지 않거나 당연히 하지 않아야 할 것으로 기대되는 행위를 함으로써 본인과의 신임관계를 저버리는 일체의 행위를 포함하며, 이에 해당하는 한 재산처분에 관한 결정권을 가진 학교법인의 이사회의 결의가 있었다거나 감독청의 허가를 받아서 한 것이라고 하여 정당화할 수 없다.

49. 대판 1999. 7. 23, 99 도 1911(업무상배임죄의 실행으로 인하여 이익을 얻게 되는 수익자 등을 배임의 실행행위자와 공동정범으로 인정하기 위한 요건 및 보조기관이 업무상배임죄의 주체가 될 수 있는지 여부) 업무상배임죄의 실행으로 인하여 이익을 얻은 수익자 및 그와 밀접한 관련이 있는 제3자로서 실행행위자의 배임행위를 교사하거나 배임행위의 전 과정에 관여하여 적극 가담하였다고 보아 업무상배임죄의 공동정범으로 인정한 사례 및 배임행위에 적극 가담하였다고 볼 수 없다고 보아 업무상배임죄의 공동정범으로 인정하지 아니한 사례.

50. 대판 1999. 1. 15, 98 도 663(배임수증죄의 주체) 대학 편입학업무를 담당하지 아니한 피고인 甲이 피고인 乙로부터 편입학과 관련한 부정한 청탁을 받고 금품을 수수하였다 하더라도 편입학업무를 담당한 교무처장 등이 피고인 甲이 부정한 청탁을 받았음을 알았거나 스스로 부정한 청탁을 받지 않은 경우, 피고인 甲을 배임수재로, 피고인 乙을 배임증재로 처벌할 수 없다고 한 사례.

51. 대판 2000. 9. 8, 99 도 4145(배임수재죄의 구성요건에 관한법리) 배임수증죄는 타인의 사무를 처리하는 자가 그 임무에 관하여 부정한 청탁을 받고 재물 또는 재산상의 이익을 취득함으로써 성립되고, 여기서 부정한 청탁이라 함은 청탁이 사회상규와 신의성실의 원칙에 반하는 것을 말하고 이를 판단함에 있어서는 청탁의 내용과 이에 관련되어 교부받거나 공여한 재물의 액수, 형식 보호법익인 사무처리자의 청렴성 등을 종합적으로 고찰하여야 하며, 그 청탁이 반드시 명시적임을 요하는 것은 아니고, 또한 청탁에 따른 일정한 행위가 현실적으로 행하여질 것을 요하지 않는다.

52. 대판 1999. 3. 26, 98 도 3030(본범 이외의 자가 본범이 절취한 차량이라는 정을 알면서 본범의 강도행위를 위해 그 차량을 운전해 준 경우의 죄책) 본범자와 공동하여 장물을 운반한 경우에 본범자는 장물죄에 해당하지 않으나 그 외의 자의 행위는 장물운반죄를 구성하므로, 피고인이 본범이 절취한 차량이라는 정을 알면서도 본범 등으로부터 그들이 위 차량을 이용하여 강도를 하려 함에 있어 차량을 운전해달라는 부탁을 받고 위 차량을 운전해 준 경우, 피고인은 강도예비와 아울러 장물운반의 고의를 가지고 위와 같은 행위를 하였다고 봄이 상당하다.

53. 대판 2000. 3. 24, 99 도 5275(장물죄에 있어서 장물의 의미 및 장물죄를 인정하기 위하여는 본범의 범죄행위를 구체적으로 명시하여야 하는지 여부) [1] 장물죄에 있어서의 장물이 되기 위하여는 본범이 절도, 사기, 공갈, 횡령 등 재산죄에 의하여 영득한 물건이면 족하고 그 중 어느 범죄에 의하여 영득한 것인지를 구체적으로 명시할 것을 요하지 않는다.

[2] 자기의 형사 사건에 관한 증거를 인멸하기 위하여 타인을 교사하여 죄를 범하게 한 자에 대하여는 증거인멸교사죄가 성립한다.

54. 대판 2000. 3. 10, 98 도 2579(장물인 현금과 자기앞수표를 금융기관에 예치하였다가 현금으로 인출한 경우, 인출한 현금의 장물성 상실 여부) 장물이라 함은 재산범죄로 인하여 취득한 물건 그자체를 말하고, 그 장물의 처분대가는 장물성을 상실하는 것이지만, 금전은 고도의 대체성을 가지고 있어 다른 종류의 통화와 쉽게 교환할 수 있고, 그 금전 자체는 별다른 의미가 없고 금액에 의하여 표시되는 금전적 가치가 거래상 의미를 가지고 유통되고 있는 점에 비추어 볼 때, 장물인 현금을 금융기관에 예금의 형태로 보관하였다가 이를 반환받기 위하여 동일한 액수의 현금을 인출한 경우에 예금계약의 성질상 인출된 현금은 당초의 현금과 물리적인 동일성은 상실되었지만 액수에 의하여 표시되는 금전적 가치에는 아무런 변동이 없으므로 장물로서의 성질은 그대로 유지된다고 봄이 상당하고, 자기앞수표도 그 액면금을 즉시 지급받을 수 있는 등 현금에 대신하는 기능을 가지고 거래상 현금과 동일하게 취급되고 있는 점에서 금전의 경우와 동일하게 보아야 한다.

55. 대판 1999. 4. 9, 99 도 480(경계침범죄에 있어서 경계의 의미) [1] 형법 제370조에서 말하는 경계는 반드시 법률상의 정당한 경계를 말하는 것이 아니고 비록 법률상의 정당한 경계에 부합되지 아니하는 경계라고 하더라도 이해관계인들의 명시적 또는 묵시적 합의에 의하여 정하여진 것이면 이는 이 법조에서 말하는 경계라고 할 것이다.

[2] 형법 제370조에서 말하는 경계표는 그것이 어느 정도 객관적으로 통용되는 사실상의 경계를 표시하는 것이라면 영속적인 것이 아니고 일시적인 것이라도 이 죄의 객체에 해당한다.

56. 대판 1998. 9. 8. 98 도 1949(강제집행면탈죄의 성립요건) [1] 형법 제327조의 강제집행면탈죄는 채무자가 현실적으로 민사소송법에 의한 강제집행 또는 가압류, 가처분의 집행을 받을 우려가 있는 객관적인 상태 즉 적어도 채권자가 민사소송을 제기하거나 가압류, 가처분의 신청을 할 기세를 보이고 있는 상태에서, 채무자가 강제집행을 면탈할 목적으로, 재산을 은닉, 손괴, 허위양도하거나 허위의 채무를 부담하여 채권자를 해할 위험이 있는 경우에 성립한다.

[2] 강제집행면탈죄에 있어서 허위양도라 함은 실제로 양도의 진의가 없음에도 불구하고 표면상 양도의 형식을 취하여 재산의 소유명의를 변경시키는 것이고, 은닉이라 함은 강제집행을 실시하는 자가 채무자의 재산을 발견하는 것을 불능 또는 곤란하게 만드는 것을 말하는 바, 진의에 의하여 재산을 양도하였다면 설령 그것이 강제집행을 면탈할 목적으로 이루어진 것으로서 채권자의 불이익을 초래하는 결과가 되었다고 하더라도 강제집행면탈죄의 허위양도 또는 은닉에는 해당하지 아니한다고 보아야 할 것이며, 한편 그와 같은 행위로 인하여 채권자를 해할 위험이 있으면 강제집행면탈죄가 성립하고 반드시 현실적으로 채권자를 해하는 결과가 야기되어야만 강제집행면탈죄가 성립하는 것은 아니다.

57. 대판 1999. 2. 12, 98 도 2472(강제집행면탈죄의 성립) 강제집행면탈죄는 이른바 위태범으로서 '강제집행을 당할 구체적인 위험이 있는 상태'에서 재산을 은닉, 손괴, 허위양도 또는 허위의 채무를 부담하면 바로 성립하는 것이고, 반드시 채권자를 해하는 결과가 야기되거나 이로 인하여 행위자가 어떤 이득을 취하여야 범죄가 성립하는 것은 아니며, 허위양도한 부동산의 시가액보다 그 부동산에 의하여 담보된 채무액이 더 많다고 하여 그 허위양도로 인하여 채

권자를 해할 위험이 없다고 할 수 없다.

58. 대판 1999. 2. 9, 96 도 3141(강제집행면탈죄의 성립요건으로서 강제집행을 당할 구체적인 위험이 있는 상태의 의미) [1] 형법 제327조의 강제집행면탈죄는 강제집행을 당할 구체적인 위험이 있는 상태에서 재산을 은닉, 손괴, 허위양도 또는 허위의 채무를 부담하여 채권자를 해할 때 성립된다 할 것이고, 여기서 집행을 당할 구체적인 위험이 있는 상태란 채권자가 이행청구의 소 또는 그 보전을 위한 가압류, 가처분신청을 제기하거나 제기할 태세를 보인 경우를 말한다.

[2] 약 18억원 정도의 채무초과상태에 있는 피고인 발행의 약속어음이 부도가 난 경우, 강제집행을 당할 구체적인 위험이 있는 상태에 있다고 인정한 사례.

59. 대판 2000. 9. 8, 2000 도 1447(영득의 의사로 타인의 재산을 은닉함으로써 강제집행면탈의 결과를 초래한 경우 횡령죄와 별도로 강제집행면탈죄를 구성하는지 여부(소극)) 횡령죄의 구성요건으로서 횡령행위란 불법영득의 의사, 즉 타인의 재물을 보관하는 자가 자기 또는 제3자의 이익을 꾀할 목적으로 위탁의 취지에 반하여 권한 없이 그 재물을 자기의 소유인 것처럼 사실상 또는 법률상 처분하려는 의사를 실현하는 행위를 말하고, 한편 강제집행면탈죄에 있어서 은닉이라 함은 강제집행을 면탈할 목적으로 강제집행을 실시하는 자로 하여금 채무자의 재산을 발견하는 것을 불능 또는 곤란하게 만드는 것을 말하는 것으로서, 진의에 의하여 재산을 양도하였다면 설령 그것이 강제집행을 면탈할 목적으로 이루어진 것으로서 채권자의 불이익을 초래하는 결과가 되었다고 하더라도 강제집행면탈죄의 허위양도 또는 은닉에는 해당하지 아니한다.

제2장 社會的 法益에 관한 罪

제1절

公共의 安全에 관한 罪

Ⅰ. 安全을 害하는 罪

공공의 법질서 또는 공공의 안전과 평온을 해하는 것을 내용하는 범죄로서, 공공의 안전과 평온을 보호법익으로 하고 있다.

1. 犯罪團體組織罪(114조 1, 2, 3항)

(1) 의 의

본죄는 범죄를 목적으로 하는 단체를 조직하거나 이에 가입하는 것, 그리고 병역 또는 납세의무를 거부할 목적으로 단체를 조직하거나 이에 가입하는 것을 내용으로 하는 범죄이다. 개정형법은 범죄를 범한 자에 대하여는 10년이하의 징역이나 금고 또는 1천500만원이하의 벌금에 처한다고 개정하였다(개정형법 114조 2항).

① **본 질**　공안, 즉 공공의 안전이란 사회생활의 평온·안전한 상태를 말하기 때문에 문언에 충실하게 사회적 법익에 관한 죄로 보아야 한다는 견해가 다수설이다.

② **보호의 정도**　범죄단체조직이나 다중에 폭행·협박·손괴는 그 행위 자체에 당연히 사회 평온을 해할 위험성이 내포되어 있기 때문에 처벌하는 것이어서 구체적인 위험발생은 별도로 필요하지 않으며, 행위자가 위험발생에 대해서 인식하고 있을 필요도 없으므로 추상적 위험범이라는 견해가 통설이다.

(2) 객관적 구성요건

① **행 위**　범죄의 목적 또는 병역이나 납세의무의 거부를 목적으로 하는 단체를 조직하거나 이에 가입하는 것이다.

② **범죄단체** 범죄를 목적으로 하는 단체라 함은 특정다수인이 일정한 범죄를 범할 공동목적하에 조직한 계속적 결합체를 말한다(대판 2000. 12. 26, 2000 도 4370). 조직화된 단체이어야 하므로 그 단체를 주도하는 최소한의 통솔체계를 갖추고 있어야 한다(대판 2001. 9. 28, 2001 도 3472).

③ **조 직** '조직한다' 함은, 일정한 공동목적을 수행하기 위하여 특정다수인이 의사의 연락에 의하여 영속적인 집합체를 형성함을 의미한다. 이는 어떠한 형식을 요하지 않으며, 주동적이든 피동적이든 불문한다. 또 '가입한다' 함은 범죄를 목적으로 하거나 병역 또는 납세의무를 거부할 목적으로 조직된 단체라는 정을 알고 가입함을 요하며, 그 방식의 여하는 불문한다. 또한 자진하여 가입하거나 권유에 의하거나 무관하다. 본죄는 단체를 조직하거나 이에 가입함으로써 기수가 되며, 그 후 목적한 범죄의 실행행위가 있었느냐의 여부는 본죄의 성립에 영향이 없다.

⑶ 주관적 구성요건

본죄는 범죄의 목적 또는 병역이나 납세의무의 거부목적을 가지고 범죄단체를 조직하거나 가입함을 요하므로 본죄는 목적범이다.

⑷ 처 벌

범죄를 목적으로 하는 단체를 조직하거나 이에 가입한 자는 그 목적한 죄에 정한 형으로 처벌한다(114조 1항). 즉 강도를 목적으로 하는 단체를 조직하거나 이에 가입한 자는 강도죄의 형으로 처벌한다. 단, 형을 감경할 수 있다(동조단서).

⑸ 타죄와의 관계

① **폭력행위 등 처벌헤 관한 법률** 동법 제2조에 규정된 상해, 폭행, 체포, 감금, 협박, 주거침입, 퇴거불응, 강요, 공갈, 손괴를 목적으로 단체를 구성하거나 가입하는 경우에 그 지위에 따라 처벌한다(동법4조).

② **특가법상 타인의 재물을 절취할 목적으로 단체 또는 집단을 구성한 때**에는 그 지위에 따라 처벌한다(5조의 8).

2. 騷擾罪(115조)

(1) 의 의

본죄는 다중이 집합하여 폭행·협박 또는 손괴의 행위를 함으로써 성립하는 범죄이다. 개정형법은 소요죄의 법정형을 1년이상 10년이하의 징역이나 금고 또는 1천500만원이하의 벌금에 처한다고 변경하였다(115조). 본죄의 보호법익에 관하여는 한 지방의 국법질서라는 견해(국가적 법익설)와 사회공공의 평화·안녕·평온이라는 견해(사회적 법익설)가 대립하고 있는데, 후자가 통설이다.

(2) 객관적 구성요건

① **행위의주체** 본죄의 주체는 집합한 다중범이다. 따라서 필요적 공범의 하나로서 전형적인 군집범죄(집합범)이다. 여기서 ' 다중' 이라 함은 다수인의 집합을 말하나 몇사람 이상이어야 하는가에 관하여 명문의 규정이 없다. 그러나 한 지방의 공공의 안녕·평화 내지 평온을 해 할 수 있을 정도의 폭행 등을 하기에 족한 다수인임을 요한다고 할 것이다. 또 '집합하여' 라 함은 다수인이 일정한 장소에 모여 집단을 형성함을 말한다. 처음부터 모인 것임을 요하지 않으며, 중도에서 모인 경우도 가능하다. 또 내란죄(87조)에 있어서와 같이 조직적일 필요는 없고 공동의 목표가 없어도 무방하다.

② **행 위** 본죄의 행위는 폭행·협박·손괴인 바, 폭행·협박·손괴는 최광의의 것으로 한 지방에 있어서의 공공의 안녕과 평화를 해할 수 있을 정도의 것이여야 한다. 그러므로 폭행은 사람에 대한 것이건 물건에 대한 것이건 일체의 불법한 유형력의 행사를 말하며, 협박은 사람을 공포케 할 목적으로 타인에게 해악을 통고하는 일체의 행위를 말하고, 손괴라 함은 타인의 재물의 가치·효용을 해하는 일체의 행위를 말한다. 또한 집합한 다중의 개개인 모두가 현실적으로 폭행·협박·손괴행위를 함을 요하지 않으나 그 행위는 다중의 집합으로 이루어진 공동의 위력 또는 합동력에 의한 것이어야 한다. 현실적 결과발생을 요하지 않는다(추상적 위험범).

⑶ 주관적 구성요건

본죄의 고의는 소요에 대한 인식이 있어야 한다. 소요의 인식이란 다중의 合同力으로 폭행, 협박, 손괴를 한다는 의사를 의미한다(학설일치). 따라서 공동의사 없이 다중이 집합하여 폭행·협박하는 경우 본죄가 성립하지 않고 특수폭행·특수협박죄가 성립한다.

⑷ 타죄와의 관계 - 폭행·협박 손괴행위가 다른 죄명에 해당된 경우

(ⅰ) **상상적 경합설** 특수폭행(261조), 특수협박(284조), 특수손괴(369조)만 법조경합에 의하여 소요죄에 흡수되고, 그 밖의 범죄는 소요죄와 상상적 경합관계에 있다는 견해이다(유기천, 이재상).

(ⅱ) **법조경합설** 소요죄에 있어서는 폭행·협박·손괴의 행위로 인하여 성립되는 어느 정도의 피해는 당연히 예정되어 있는 것이므로, 타범죄의 법정형이 소요죄의 형보다 무거울 때에는 상상적 경합관계를 인정하고, 그 이외에는 법조경합에 의하여 소요죄에 흡수된다는 견해이다(다수설).

이에 의하면 살인죄·방화죄와 소요죄 사이에는 상상적 경합의 관계에 있지만, 그 밖의 공무집행방해죄·건물손괴죄·주거침입죄 등은 법조경합에 의해 소요죄에 흡수된다.

3. 公務員資格詐稱罪(118조)

⑴ 의 의

본죄는 공무원의 자격을 사칭하여 그 직권을 행사하는 죄이다. 개정형법은 3년이하의 징역이나 또는 700만원이하의 벌금에 처한다고 개정하였다.

그 보호법익은 공무원의 직무에 대한 공공의 신용이다.

⑵ 객관적 구성요건

① **행위주체** 본죄의 주체는 제한이 없다. 공무원 아닌 자는 물론, 공무원이라도 다른 공무원의 자격을 사칭하여 그 권한을 행사한 때에는 본죄가 성립한다.

② **행 위** 본죄의 행위는 공무원의 자격을 사칭하고 그 직권을 행사하는 것이다. 여기서 '공무원의 자격을 사칭한다' 함은 자기에게 사칭하는 공무원자격이 있는 것처럼 타인을 오신시키는 일체의 행위를 말한다. 사칭행위는 반드시 자기자신이 할 필요는 없으며, 또한 부작위로도 가능하다. 또 '직권을 행사한다' 함은 사칭한 당해 공무원의 직무에 관한 권한을 행사함으로 말한다. 따라서 권한행사가 있더라도 그 직권이 사칭한 당해 공무원의 권한에 속하는 것이 아닐 때에는 본죄가 성립하지 않는다. 예컨대, 합동수사반원을 사칭하고 채권을 추심하는 행위(대판 1981. 9. 8, 81 도 1955), 경관을 사칭하고 세금을 징수하는 경우에는 본죄가 성립하지 않는다.

(3) 주관적 구성요건

행위자는 자기가 공무원의 자격없이 공무원의 자격을 사칭하고 사칭한 공무원의 직권을 행사한다는 고의가 있어야 한다.

4. 多衆不解散罪(116조)

(1) 의 의

본죄는 폭행 · 협박 또는 손괴의 행위를 할 목적으로 다중이 집합하여 그를 단속할 권한 있는 공무원으로부터 3회 이상의 해산명령을 받고도 해산하지 않음으로써 성립하는 범죄로서 眞正不作爲犯 이다. 소요죄의 예비단계의 행위를 독립적 구성요건으로 규정한 것으로서 目的犯이다. 해산명령권은 법령에 근거를 가질 것을 요한다. 개정형법은 2년이하의 징역이나 금고 또는 300만원이하의 벌금에 처한다고 변경하였다.

(2) 객관적 구성요건

① **행위주체** 다중이다.

② **목적의 성립시기** 폭행 · 협박 또는 손괴의 목적은 해산명령 이전의 행위 도중이면 족하다.

③ **단속공무원** 경찰 등과 같이 해산명령권을 가진 공무원을 말한다.

(3) 주관적 구성요건

해상명령을 받고도 해산하지 않는 고의와 동시에 폭행·협박 또는 손괴의 목적이 있어야 한다.

5. 戰時公需契約不履行罪(117조 1, 2, 3항)

본죄는 전쟁·천재·기타 사변에 있어서 국가 또는 공공단체와 체결한 식량 기타 생활필수품의 공급계약을 정당한 이유 없이 이행하지 않음으로써 그리고 계약이행을 방해함으로써 성립하는 범죄로서 眞正不作爲犯이다. 개정형법은 3년이하의 징역 또는 500만원이하의 벌금에 처한다고 변경하였다. 이 모두 벌금액의 현실화를 위한 것이라 할 수 있다. 본죄의 국가는 제103조의 정부보다 넓은 개념으로서, 공공단체에는 지방자치단체도 포함한다.

II. 爆發物에 관한 罪

1. 意 義

본죄는 폭발물을 사용하여 공중의 생명·신체 또는 재산 등을 침해 내지 위태롭게 하여 사회 공공생활의 질서를 해하는 내용의 범죄이며, ① 보호법익은 사람의 생명·신체의 안전과 사회의 평온이며(통설), ② 그 보호받는 정도는 구체적 위험범이라고 본다.

2. 폭발물사용죄(119조 1, 2, 3항)

(1) 의 의

본죄는 폭발물을 사용하여 사람의 생명·신체·재산을 해하거나 기타 공안을 문란케 하는 범죄이다(사형, 무기, 7년이상의 징역).

(2) 객관적 구성요건

① **폭발물의 사용** 小銃의 실탄발사는 폭발물이 될 수 없고, 화염병도 폭발물이라고 볼 수 없다(대판 1968. 3. 5, 66 도 1056). 핵에너지는 핵분열과 핵융합에 의하여 발생하는 것이므로 본죄의 폭발물에는 해당한다고 할 수 없다(다수설).

② **공안문란** 폭발물사용으로 한 지방의 법질서를 교란할 정도에 이름을 말한다.

③ **기수시기** 공안문란설과 행위객체침해설이 있으나, 사람의 생명 · 신체 또는 재산을 해하는 결과가 발생하는 경우에 기수를 인정함이 타당하다.

(3) 주관적 구성요건

폭발물을 사용한다는 고의와 폭발물을 통하여 사람의 생명 · 신체 · 재산을 해한다는 인식을 말한다. 특히 통설 · 판례는 고의 외에도 공안문란의 고의도 필요하다고 한다.

3. **전시폭발물사용죄**(119조 2항)

본죄는 전시 · 천재 · 기타사변에 있어서 폭발물사용죄를 범한 자를 사형 · 무기징역에 처하는 범죄이다. 미수범도 처벌한다. 여기서 사변이란 전시에 준하는 동란형태로 전국 또는 지역별로 계엄이 선포된 기간을 말한다.

4. **폭발물사용예비 · 음모 · 선동죄**(120조 1, 2항)

① 전조 제1항, 제2항의 죄를 범할 목적으로 예비 또는 음모한 자는 2년이상의 유기징역에 처한다. 단, 그 목적한 죄의 실행에 이르기 전에 자수한 때에는 그 형을 감경 또는 면제한다.

② 전조 제1항, 제2항의 죄를 범할 것을 선동한 자도 전항의 형과 같다.

수정적 구성요건(2년이상의 징역)

5. 전시폭발물제조 · 수입 · 수출 · 수수 · 소지죄(121조)

전쟁 또는 사변에 있어서 정당한 이유없이 폭발물을 제조, 수입, 수출, 수수 또는 소지한 자는 10년이하의 징역에 처한다.

원래 폭발물사용죄의 예비행위에 해당하는 것을 독립된 구성요건으로 규정한 것이다.

Ⅲ. 放火罪와 失火罪

1. 放火罪一般

(1) 총 설

① **의 의** 본죄는 불을 놓아 목적물을 燒毁함으로써 성립하는 범죄이다.

② **보호법익** 이중성격설(공공위험죄 · 재산죄설)에 의하면 방화죄는 공공의 안전이라는 사회 전체의 이익을 보호하지만 부차적으로는 개인의 재산권도 보호하는 이중의 성격을 가지는 범죄라는 견해이다(통설 · 판례; 대판 1983. 1. 18, 82 도 2341).

형법은 자기 소유물에 대한 방화죄와 타인소유물에 대한 방화죄에 대해서 법정형에 차이를 두고 있고, 재산에 대한 소훼라는 재산적 침해의 결과를 요구하고 있다는 것을 근거로 든다.

③ **보호정도** 그 보호받는 정도는 추상적 위험범(164조, 165조, 166조 1항 등)과 구체적 위험범(166조 2항, 167조)으로 나뉘어진다.

(2) 방화죄의 본질

① **실행의 착수** 불을 놓아 목적물을 소훼하는 것이다. '불을 놓는다(방화)' 는 것은 목적물의 소훼를 야기시키는 일체의 행위를 말하며, 그 수단방법을 불문한다. 작위이든 부작위이든, 목적물에 직접 점화하건 매개물을 이용하건 불문한다. 매개물을 이용하는 경우에 매개물이 발화하면 목적물에 발생하는 것에 관계없이 실행의 착수가 인정된다(대판 2002. 3. 26, 2001 도 6641).

② **소훼(기수시기)** 소훼란 화력에 의한 건조물 등의 손괴를 말하는데, 어느 정도의 손괴가 소훼가 되는가에 대해서는 방화죄의 법익과 관련하여 견해가 대립한다.

(i) **독립연소설** 불이 매개물을 떠나서 목적물에 독립하여 연소를 계속할 수 있는 상태에 달한 때에 소훼가 완성된다는 설(판례)이다.

(ii) **효용상실설** 목적물의 중요한 부분이 상실되어 그 본래의 효용을 상실할 정도가 되었을 때 소훼가 완성된다는 설(다수설)이다.

(iii) **중요부분연소개시설** 목적물의 중요한 부분에 연소가 개시되었을 때에 소훼가 완성된다는 설이다.

(iv) **일부손괴설** 손괴죄에 있어서의 손괴 정도에 이르러서야 소훼가 있고 기수가 된다는 견해이다.

(v) **판 례** 우리 판례 중에는 「방화죄의 기수시기인 소위 소훼는 화력에 의하여 목적물의 일부가 손괴된 때를 말하고 반드시 목적물의 전부가 손괴되거나 그 본질적 효용을 상실한 때를 말하지 않는다(대판 1961. 5. 15, 4294 형상 89)」고 하여 일부손괴설을 취한 것도 있지만, 「피고인이 판시 제2의 범행에 있어 피해자의 사체위에 옷가지 등을 올려 놓고 불을 붙인 천 조각을 던져 그 불길이 방안을 태우면서 천정에까지 옮겨 붙었다면, 설령 그 불이 완전연소에 이르지 못하고 도중에 진화되었다고 하더라도, 일단 천정에 옮겨 붙은 이상 그 때에 이미 현주건조물방화죄는 '기수' 에 해당 한다」(대판 2007. 3. 16, 2006 도 9164)라고 하여 독립연소설을 취하고 있다(대부분 판례의 태도).

생각건대, 소훼에 관하여는 불이 방화의 매개물을 떠나 목적물에 옮겨져 독립하여 소훼를 계속할 수 있는 상태에 이르게 된 때에 소훼가 있다고 보는 독립연소설이 타당하다.

③ **공공의 위험** 공공의 위험이란, 공중의 생명 · 신체 · 재산을 침해할 가능성을 말한다. 공중이란, 불특정 또는 다수인을 의미하며(통설), 방화죄의 고의에 대하여 목적물의 소훼에 대한 인식 외에도 공공의 위험발생에 대한 인식이 필요한가에 대하여 견해의 대립이 있다. 통설은 구체적 위험범에만 공공위험의 인식이 필요하다고 한다.

2. 현주건조물 등 방화죄(164조)

(1) 의 의

본죄는 불을 놓아 사람이 주거로 사용하거나 사람이 현존하는 건조물 · 기차 · 전차 · 자동차 · 선박 · 항공기 또는 광갱을 소훼하는 것이다. 이 때 처벌은 무기 또는 3년이상의 징역에 처한다(개정 164조 1항).

(2) 객관적 구성요건

① 행위객체

(i) **사 람** 사람이란 범인 이외의 타인을 말하며, 가족이나 동거인도 공범자가 아닌 한 여기에 포함된다. 자기의 처와 같이 살고 있는 집에 방화한 때에도 본죄가 성립한다.

범인이 혼자 살고 있는 집에 불을 지를 때에는 본죄에 해당하지 않는다.

(ii) **주거에 사용** '주거에 사용한다' 함은 起臥寢食의 장소로서 일상 사용함을 의미하며, 반드시 주야 계속해서 사람이 현존함을 필요로 하지 않는다. 여기서 「사람이 현존하는」 이라 함은 방화 당시 범인 이외의 타인이 건조물 등에 현존하는 것을 말한다. 여기서 건조물 등은 사람의 주거에 사용되지 않는 것에 한한다. 그러나 가옥과 접속되지 않는 축사나 천막은 건조물이 아니다. 여기서 기차에는 가솔린카나 디젤기관차에 의하여 견인되는 열차를 포함하며 케이블카는 전차에 포함된다.

② **행위 - 방화** 不作爲에 의한 放火도 가능하다. 예컨대 소화할 의무 있는 자가 쉽게 소화할 수 있음에도 불구하고 火氣를 이용하기 위하여 소화하지 않는 경우가 그것이다.

(3) 주관적 구성요건

본죄는 추상적 위험범이므로 공공의 위험발생에 대한 인식은 필요하지 않고 소훼의 결과발생이라는 데 대한 인식이 있으면 족하다.

3. 현주건조물방화치사 · 치상죄(164조 2항)

개정형법은 특히, 이 범죄의 치상과 치사죄를 분리하여, 치상(상해에 이르게 한 때)의 경우는 무기 또는 5년이상의 징역으로, 치사(사망에 이르게 한 때)의 경우에는 사형, 무기, 7년이상의 징역에 처하도록 하였다. 현주건조물방화치사상죄는 부진정결과적 가중범이라고 해석된다(대판 1983. 1. 18, 82 도 2341). 따라서 이 경우에는 현주건조물방화치사상죄와 살인죄 또는 상해죄의 상상적 경합이 된다.

대법원판례

피고인을 비롯한 30여명의 공범들이 화염병 등 소지 공격조와 쇠파이프 소지 방어조로 나누어 이 사건 건물을 집단방화하기로 공모하고 이에 따라 공격조가 서울지방노동청사로 침입하여 화염병 수십개를 1층 민원실 내부로 던져 불을 붙여 위 건물 내부를 소훼케 하는 도중에 피해자가 화상을 입은 사안이다.

대법원은 "…공격조 일인이 방화대상 건물 내에 있는 피해자를 향하여 불붙은 화염병을 던진 행위는, 비록 그것이 피해자의 진화행위를 저지하기 위한 것이었다고 하더라도, 공격조에게 부여된 임무 수행을 위하여 이루어진 일련의 방화행위 중의 일부라고 보아야 할 것이고, 따라서 피해자의 화상은 이 사건 방화행위로 인하여 입은 것이라 할 것이므로 피고인을 비롯하여 당초 공모에 참여한 집단원 모두는 위 상해 결과에 대하여 현주건조물방화치상의 죄책을 면할 수 없다. 가사 피해자의 상해가 이 사건 방화 및 건물소훼로 인하여 입은 것이라고 보기 어렵다고 하더라도 형법(1995. 12. 29, 법률 제5057호로 개정되기 전의 것) 제164조 후단이 규정하는 현주건조물방화치상죄와 같은 이른바 부진정결과적가중범은 예견 가능한 결과를 예견하지 못한 경우뿐만 아니라 그 결과를 예견하거나 고의가 있는 경우까지도 포함하는 것이므로 이 사건에서와 같이 사람이 현주하는 건조물을 방화하는 집단행위의 과정에서 일부 집단원이 고의행위로 살상을 가한 경우에도 다른 집단원에게 그 사상의 결과가 예견 가능한 것이었다면 다른 집단원도 그 결과에 대하여 현주건조물방화치사상의 책임을 면할 수 없는 것인바, 피고인을 비롯한 집단원들이 당초 공모시 쇠파이프를 소지한 방어조를 운용하기로 한 점에 비추어 보면 피고인으로서는 이 사건 건물을 방화하는 집단행위의 과정에서 상해의 결과가 발생하는 것도 예견할 수 있었다고 보이므로, 이 점에서도 피고인을 현주건조물방화치상죄로 의율할 수 있다"고 판시하였다(대판 1996. 4. 12, 96 도 215).

(4) 공용건조물 등 방화죄(165조)

본죄는 불을 놓아 공용 또는 공익에 공하는 건조물·기차·전차·자동차·선박·항공기 또는 광갱을 소훼하는 것이다.

공용에 공한다는 것은 국가 또는 공공단체가 그 이익을 위하여 사용하는 것을 말하고, 공익에 공한다는 것은 공중의 이익을 위하여 사용하는 것을 말한다. 그것은 소유가 공유이건 사유이건 불문한다. 또한 공용 또는 공익에 공하는 목적물일지라도 사람의 주거에 사용하거나 사람이 현존하는 때에는 현주건조물방화죄가 성립한다(무기, 3년이상 징역).

(5) 일반건조물 등 방화죄(166조 1, 2항)

본죄는 불을 놓아 전2조(현주건조물 등 방화죄, 공용건조물 등 방화죄)에 기재한 이외의 건조물 · 기차 · 전차 · 자동차 · 선박 · 항공기 또는 광갱을 소훼함으로써 그리고 자기소유에 속하는 제1항의 물건을 소훼하여 공공의 위험을 발생하게 함으로써 성립한다.

본죄의 목적물은 사람의 주거에 사용하지 않는 것이거나 사람이 현존하지 않는 것이면서 공용 또는 공익에 공하는 것도 아니어야 한다. 그러한 목적물이 타인의 소유인 경우에는 추상적 위험범이지만 범인의 소유한 때에는 구체적으로 공공의 위험이 발생하여야 한다(구체적 위험범). 주의할 것은 자기의 소유에 속하는 물건이라도 압류 또는 기타 강제처분을 받거나 타인의 권리 또는 보험의 목적물이 된 때에는 타인의 물건으로 간주한다(176조)는 점이다(166조 1항:추상적 위험범, 166조 2항:구체적 위험범). 여기서 강제처분이란 국세징수법에 의한 체납처분, 강제경매절차에서 압류 또는 형사소송에 의한 몰수물건의 압류 등을 포함하며 타인의 권리에는 저당권, 전세권, 질권, 임차권이 포함된다. 개정형법의 경우 자기 소유 일반건조물방화죄의 경우에 7년이하의 징역 또는 1천만원이하의 벌금에 처하도록 하였다.

(6) 일반물건방화죄(167조)

불을 놓아 전 3조(현주건조물 등 방화죄 · 공용건조물 등 방화죄·일반건조물 등 방화죄)에 기재한 이외의 물건을 소훼하여 공공의 위험을 발생하게 하는 것이다. 타인물건방화죄에 대하여는 1년이상 10년이하의 징역에 처한다(167조 1항). 그리고 제1항의 물건이 자기의 소유에 속한 때에는 3년이하의 징역 또는 700만원이하의 벌금에 처한다.

본죄는 구체적 위험범이므로 본죄가 성립하기 위하여는 공공의 위험이 발생해야 한다.

타인의 권리의 대상이 된 자기의 물건은 타인의 물건으로 간주한다(176조). 따라서 소훼하였어도 공공의 위험이 발생하지 않으면 손괴죄가 될 뿐이다.

개정형법은 자기소유일반물건방화죄의 경우의 처벌은 3년이하의 징역 또는 700만원이하의 벌금에 처하도록 하였다.

(7) **延燒罪**(168조 1, 2항)

본죄는 제166조 제2항(자기소유일반건조물방화) 또는 제167조 제2항(자기소유일반물건방화)의 죄를 범하여 제164조(현주건조물 등 방황), 제165조(공용건조물 등 방화), 제166조 제1항(일반건조물 등 방화)에 기재한 물건에 연소한 것(1항)과 제167조 제2항의 죄를 범하여 제167조 제1항에 기재한 물건에 연소함(2항)으로써 성립하는 결과적 가중범이다. 여기서 연소란 행위자가 예견하지 않았던 물체에 불이 옮겨 붙어 이를 소훼하는 것이다. 본죄는 자기소유일반건조물 등 방화죄나 자기소유일반건조물방화죄가 성립함을 전제로 한다.

(8) **실화죄**(170조 1, 2항)

① **의 의** 과실로 인하여 물건 또는 타인이 소유에 속하는 제166조에 기재한 물건을 소훼하는 죄이다. 그리고 과실로 인하여 자기의 소유에 속하는 제166조 또는 제167조에 기재한 물건을 소훼하여 공공의 위험을 발생하게 함으로써 성립하는 죄이다. ①항은 추상적 위험범, ②항은 구체적 위험범이다. 이 때 처벌은 개정형법에 의하여 1,500만원이하의 벌금에 처하도록 한다.

② **구성요건** 제170조 2항이 규정하는 자기소유에 속하는 제166조 또는 제167조에 기재한 물건에서 제167조의 일반물건이 자기의 소유에 속하는 물건이어야 하나? 판례는 부정적 입장을 취하고 있다(대판(전원합의체) 1994. 12. 20).

③ **과실의 경합과 관계** 피고인들이 업무상의 의무에 위반하여 도정공정 내에 설치되어 있는 백열전구에 종이류로 된 전등갓을 설치하였고 또한 이를 그대로 방치하였다가 뒤늦게 제거하는 과정에서 떨어진 불티로 인하여 발생한 것이라면 피고인들은 각자 업무상 실화죄의 죄책을 진다(대판 1983. 5. 10, 82 도 2279).

대법원판례

형법 제170조 제2항의 '自己의 所有에 屬하는 제166조 또는 제167조에 기재한 물건' 이라 함은 '자기의 소유에 속하는 제166조에 기재한 물건 또는 자기의 소유에 속하든, 타인의 소유에 속하든 불문하고 제167조에 기재한 물건' 을 의미하는 것이라고 해석하여야 하며, 제170조 제1항과 제2항의 관계로 보아서도 제166조에 기재한 물건(일반건조물 등) 중 타인의 소유에 속하는 것에 관하여는 제1항에서 규정하고 있기 때문에 제2항에서는 그 중 자기의 소유에 속하는 것에 관하여 규정하고, 제167조에 기재한 물건에 관하여는 소유의 귀속을 불문하고 그 대상으로 삼아 규정하고 있는 것이라고 봄이 타당하다. 대판(전원합의체) 1994. 12. 20. 94 모 32

(9) 업무상 실화 · 중실화죄(171조)

본죄는 업무상 과실 또는 중대한 과실로 인하여 제170조의 죄(실화죄)를 범하는 죄이다. 이의 처벌에 관해 3년이하의 징역 또는 2천만원이하의 벌금에 처한다고 하였다. 여기서 업무란 주유소와 같이 화재의 위험이 수반되는 업무, 화기 · 전기를 다루는 사람과 같이 화재를 일으키지 않도록 특별히 주의해야 할 업무 및 화재방지를 내용으로 하는 업무가 포함된다(대판 1989. 1. 17, 88 도 643).

(10) 방화예비 · 음모죄(175조)

현주건조물방화죄, 공용건조물방화죄, 타인소유의 일반건조물 등 방화죄, 폭발성물건파열죄, 가스 · 전기 등 방류죄, 가스 · 전기 등 공급방해죄를 범할 목적으로 예비 또는 음모한 자는 5년이하의 징역에 처한다. 점화하기 위하여 방화재료를 쌓아 올리거나, 목적물에 기름을 붓는 등의 행위가 여기에 해당한다. 예비행위를 한 후에 실행에 착수할 때에는 기수 또는 미수죄만 성립하고 예비는 문제되지 않는다. 본죄에 이르기 전에 자수한 때에는 필요적 감면사유로 하고 있다.

(11) 관련문제

① **죄 수** 1개의 방화행위로 처벌규정을 같이하는 수개의 객체를 소훼한 경우에는 단순일죄가 된다. 그러나 1개의 방화행위로 처벌규정을 달리하는 수개의 객체를 소훼하는 경우에는 포괄적 일죄로서 중한 죄로 벌한다.

② **피해자의 승낙** 방화죄의 본질을 2중적 성격으로 파악하는 통설은 피

해자의 승낙이 있는 범위 내에서 재산죄 부분에 대한 위법성을 조각시킬 수 있다고 본다. 다만 목적물의 법적 의미만 달라진다(통설(이중성격설)의 입장).

따라서 현주건조물방화죄(164조)의 경우 거주자 전원의 동의가 있으면 일반건조물방화죄(166조)가 되고, 재물 소유자의 승낙을 받고 방화한 경우에는 자기건조물방화죄(166조 2항, 167조 2항)로 처벌된다고 한다.

4. **鎭火妨害罪**(169조)

본죄는 화재에 있어서 진화용의 시설 또는 물건을 은닉 또는 손괴하거나 기타 방법으로 진화를 방해함을 내용으로 하는 범죄로서, 추상적 위험범이다. 본죄는 원칙적으로 진정부작위범은 아니다. 즉, 진화에 대해 협조를 단순히 하지 아니하는 것(이 경우는 경범죄처벌법 제1조 제36호에 해당할 수 있을 뿐이다)만으로는 부족하고 진화를 방해한다는 적극적인 고의를 요한다. 진화용의 시설 또는 물건의 소유권이 누구에게 속하느냐를 묻지 아니한다. 그런데 부작위에 의한 진화방해는 법률상 진화의무 있는 자가 진화를 방해하는 것을 말한다. 不作爲에 의한 방화죄의 作爲義務는 화기관리자로서의 消火義務임에 반하여, 진화방화죄에 있어서는 소화활동에 종사해야 할 의무이며, 방화가 불을 놓아 소화케 함에 반하여, 진화방해는 화재에 있어서 진화를 방해하는 점에서 차이가 있다.

5. **爆發性物件破裂·致死傷罪**(172조 1, 2항) **←폭발물파열죄(개정 전)**

보일러, 고압가스 기타 폭발성 있는 물건을 파열하게 하여 제164조 내지 제167조에 기재된 물건을 손괴함으로써 성립하는 범죄이다. 개정형법은 종전과는 달리 화약이 폭발물사용죄의 폭발물에 포함되므로 본죄의 객체에서 제외시키고, 기관을 보일러 그리고 대표적 폭발성 있는 물건으로 고압가스를 추가 하였다. 즉, 보일러, 고압가스 기타 폭발성 있는 물건을 파열시켜 사람의 생명, 신체 또는 재산에 대하여 위험을 발생시킨 자는 1년이상의 유기징역에 처한다(1항). 총포는 여기서의 폭발물이라고 할 수 없다.

제1항의 죄를 범하여 사람을 상해에 이르게 하거나 사망에 이르게 함으로써도 성립한다(2항). 그리고 치상과 치사를 구분하여 상해의 경우는 무기 또는 3년이상의 징역으로, 사망의 경우에는 무기 또는 5년이상의 징역으로 하였다. 이는 침해

범의 형태를 위험범으로 변경하고, 부진정 결과적 가중범으로서 폭발성물건파열치사상죄를 신설하였음을 보여주고 있다.

6. 가스·電氣 등 放流·致死傷罪(172조의 2 1, 2항 신설)

개정형법은 가스, 전기 등 방류죄와 그 결과적 가중범을 처벌하는 규정을 신설하였다.

① 가스, 전기, 증기 또는 방사선이나 방사성물질을 방출·유출 또는 살포시켜 사람의 생명, 신체 또는 재산에 대하여 위험을 발생시킨 자는 1년이상 10년이하의 징역에 처한다(1항).

② 제1항의 죄를 범하여 사람을 상해에 이르게 한 때에는 무기 또는 3년이상의 징역에 처한다. 사망에 이르게 한 때에는 무기 또는 5년이상의 징역에 처한다(2항).

이 범죄의 성격은 위험범이며, 여기서 객체로서 방사선이란 전자파 또는 미립자선 중 직접 또는 간접으로 공기를 전리(電離)하는 능력을 가진 것을 말하며(원자력법 2조 7호), 방사성물질로는 핵연료물질 사용성핵연료, 방사선동위원소 및 원자핵분열생성물을 들 수 있다(동법 2조 5호).

그리고 여기서 살포란, 분말상태나 미립자의 방사성물질을 흩어 뿌리는 것을 말한다. 여기서도 사상과 치사의 법정형을 분류하였음을 알 수 있다.

- 치상죄 : 부진정결과적 가중범
- 치사죄 : 진정결과적 가중범

7. 가스·電氣 등 供給妨害罪(173조 1, 2, 3항)

(1) 의 의

① 가스, 전기 또는 증기의 공작물을 손괴 또는 제거하거나 기타 방법으로 가스, 전기 또는 증기의 공급이나 사용을 방해하여 공공의 위험을 발생하게 한 자는 1년이상 10년이하의 징역에 처한다(1항).

② 공공용의 가스, 전기 또는 증기의 공작물을 손괴 또는 제거하거나 기타 방법으로 가스, 전기 또는 증기의 공급이나 사용을 방해한 자도 전항의 형과 같다(2항)

③ 제1항 또는 제2항의 죄를 범하여 사람을 상해에 이르게 한 때에는 2년이상의 유기징역에 처한다. 사망에 이르게 한 때에는 무기 또는 3년이상의 징역에 처한다(3항).

종전의 가스 등의 공작물손괴죄를 가스 · 전기 등 공급방해죄로 개정하였다. 그리고 치상죄와 치사죄의 법정형을 구분하였다.

(2) 구성요건

① 1항의 행위객체 가스 · 전기 또는 증기의 공작물 : 구체적 위험범

② 2항의 행위객체 공공용의 가스 · 전기 또는 증기의 공작물 : 추상적 위험범

③ 3항 가스, 전기 등 공급방해치사상죄

- 치상죄 : 부진정결과적 가중범
- 치사죄 : 진정결과적 가중범

8. 過失爆發性物件爆發 등 罪(173조의 2 1, 2항)

폭발성물건파열죄, 가스 · 전기 등 방류죄, 공공용 가스 · 전기 등 공급방해죄의 과실범을 처벌하는 규정을 신설하며, 업무상 과실과 중과실에 대한 가중처벌규정도 신설하였다.

① 과실로 제172조 제1항, 제172조의 2 제1항, 제173조 제1항과 제2항의 죄를 범한 자는 5년이하의 금고 또는 1,500만원이하의 벌금에 처한다.

② 업무상 과실 또는 중대한 과실로 제1항의 죄를 범한 자는 7년이하의 금고 또는 2천만원이하의 벌금에 처한다.

9. 未遂犯

개정형법은 제172조의 2(가스, 전기 등 방류죄)의 미수범처벌규정을 추가하였다. 제164조 제1항, 제165조, 제166조 제1항, 제172조 제1항, 제172조의 2 제1항, 제173조 제1항과 제2항의 미수범은 처벌한다.

10. 豫備陰謀規定

개정형법은 제172조의 2 제1항(가스, 전기 등 방류죄)와 제173조 제1항, 제2항(가스, 전기 등 공급방해죄)의 예비·음모를 처벌하는 규정을 추가하였다(175조).

Ⅳ. 溢水와 水利에 관한 罪

1. 總 說

일수죄란 수해를 일으켜 일정한 물건을 침해하는 행위를 내용으로 하는 범죄이고, 수리에 관한 죄란 수리권을 침해하는 것을 내용으로 하는 범죄이다.

수해는 화재와 같이 공중의 생명·신체·재산 등에 위험을 발생하게 하므로 방화죄와 같이 공공위험범이고, 다만 그 위험을 야기시키는 태양이 「물을 넘겨」인 점에서 구별된다. 본죄의 과실범 〈과실일수죄(181조)〉 도 처벌된다.

2. 類 型

(1) 현주건조물 등 일수죄(177조 1, 2항)

물을 넘겨 사람의 주거에 사용하거나 사람의 현존하는 건조물, 기차, 전차, 자동차, 선박, 항공기 또는 광갱을 침해하거나 이로 인하여 사람을 상해에 이르게 하거나, 사망에 이르게 함으로써 성립하는 범죄이다. 개정형법은 제1항의 죄를 범하여 사람을 상해에 이르게 한 때에는 무기 또는 5년이상의 징역, 사망에 이르게 한 때에는 무기 또는 7년이상의 징역에 처한다고 하여 치상과 치사의 법정형으로 구별하고 있다. 侵害의 의미는 목적물의 전부 또는 일부에 대한 效用의 상실 또는 감소를 의미한다고 봄이 다수설이다.

(2) 공용건조물 등 일수죄(178조)

물을 넘겨 공용 또는 공익에 공하는 건조물, 기차, 전차, 자동차, 선박, 항공기 또는 광갱을 침해한 자는 무기 또는 2년이상의 징역에 처한다.

객체로 인하여 불법이 가중되는 구성요건이다.

(3) 일반건조물 등 일수죄(179조 1, 2항)

물을 넘겨 전 2조의 기재한 이외의 건조물, 기차, 전차, 자동차, 선박, 항공기 또는 광갱 기타 타인의 재산을 침해한 자는 1년이상 10년이하의 징역에 처한다.

객체로 인하여 불법이 가중되는 구성요건이다. 개정형법은 자기소유건조물 등 일수죄의 경우 3년이하의 징역 또는 700만원이하의 벌금에 처하도록 규정하였다. 여기서도 자기의 소유에 속하는 물건이더라도 압류 기타 강제처분을 받거나 타인의 권리 또는 보험의 목적물이 된 때에는 타인의 물건으로 간주한다.

(4) 방수방해죄(180조)

수재에 있어서 방수용의 시설 또는 물건을 손괴 또는 은닉하거나 기타 방법으로 방수를 방해한 자는 10년이하의 징역에 처한다.

진화방해죄와 유사하다.

(5) 수리방해죄(184조)

제방을 결궤하거나, 수문을 파괴하거나, 기타 방법으로 수리를 방해함으로써 성립하는 범죄이다. 공공위험범은 아니나, 수리권이 다수인의 공유인 경우가 많고 위험도 따르기 때문에 사회적 법익으로 보고 있다. 보호법익이 수리권이므로 현존하는 수리의 이익이 전제가 되어야 한다. 수리방해죄를 범한 자에 대하여는 5년이하의 징역 또는 700만원이하의 벌금에 처하도록 하였다. 이 모두 벌금액의 현실화를 위한 배려이다(개정형법).

제방의 결궤와 수문의 파괴는 水利妨害作爲의 예시에 지나지 않고, 수리를 방해한다고 함은 수로를 폐쇄하거나 변경하거나 이를 방해하는 일체의 행위를 말한다.

⑹ **과실일수죄**(181조)

개정형법은 과실로 인하여 제177조 또는 제178조(현주건조물일수죄, 공공건조물일수죄), 범한 자 또는 제179조(일반건조물 등 일수죄)를 범하여 공공의 위험을 발생하게 한 자에게 1천만원이하의 벌금에 처하도록 하였다.

⑺ **미수, 예비, 음모**

제177조, 제178조, 제179조 1항의 미수, 예비, 음모를 처벌한다(182조, 183조).

Ⅴ. 交通妨害罪

1. 總 說

⑴ 의 의

사회공공의 안전을 보호법익으로 하는 공공위험죄이다. 육로 · 수로 또는 교량을 손괴 · 불통 등의 방법으로 교통을 방해하거나, 기차 등을 전복하는 등의 행위를 처벌한다.

⑵ 보호법익

① **제1설** 공공 또는 공중의 교통안전이라는 견해이다(정영석, 황산덕, 이형국, 대판 1984. 9. 11).

② **제2설** 교통안전뿐만 아니라 불특정 또는 다수인의 생명· 신체 또는 재산의 위험도 부차적으로 보호법익에 포함된다는 견해이다(다수설).

2. 類 型

일반교통방해죄(185조), 기차 · 선박 등의 교통방해죄(186조), 기차 등의 전복죄(187조), 교통방해치사상죄(188조), 과실 · 업무상과실 · 중과실교통방해죄(189조)가 있다.

(1) 교통방해죄

① **일반교통방해죄**(185조) 육로, 수로, 또는 교량을 손괴 또는 불통하게 하거나 기타 방법으로 교통을 방해함으로써 성립하는 범죄로서 기본적 구성요건이다. 여기서 육로란 공중의 왕래에 사용되는 육상의 도로를 말한다. 따라서 학교법인의 소유토지를 무단출입하거나 불법통행하거나, 소수인의 통행에 불과한 도로라고 할지라도 본죄의 성립에는 영향이 없다. 또 공터로 두었을 때 인근주민들이 일시 지름길로 사용하였다는 것만으로 육로라고 할 수 없다.

개정형법은 일반교통방해죄에 대하여 10년이하의 징역 또는 1,500만원이하의 벌금에 처하도록 하였다(185조 개정).

② **기차 · 선박 등의 교통방해죄**(186조) 궤도 · 등대 또는 표지를 손괴하거나 기타 방법으로 기차, 전차, 자동차, 선박 또는 항공기의 교통을 방해함으로써 성립하는 범죄(1년이상 유기징역)이다. 특히 기차와 전차 속에는 Diesel engine/gasoline car, Cable car, monorail도 포함된다.

③ **기차 등 전복죄**(187조) 사람이 현존하는 기차, 전차, 자동차, 선박 또는 항공기를 전복, 매몰, 추락 또는 파괴함으로써 성립하는 범죄(무기 또는 3년이상의 징역)이다. 파괴란 교통기관으로서의 기능을 전부 또는 일부를 불가능하게 할 정도의 파괴임을 요한다고 해석하고 있다(통설 · 판례). 따라서 유리창을 깨뜨리거나 차체의 도료를 벗겨지게 하는 것은 파괴라고 볼 수 없다. 여기서 육로라 함은 사실상 일반공중의 왕래에 공용하는 육상의 통로를 널리 일컫는 것으로서 그 부지의 소유관계나 통행권리 관계 또는 통행인의 많고 적음 등을 가리지 않는다(대판 2002. 4. 26, 2001 도 6903).

⑵ 교통방해치사상죄(개정형법 188조)

개정형법은 일반교통방해죄(185조), 기차 · 선박 등의 교통방해죄(186조), 기차 등의 전복 등의 죄(187조)를 범하여 상해에 이르게 한 때에는 무기 또는 3년 이상의 징역에 처하고, 사망에 이르게 한 때에는 무기 또는 5년이상의 징역에 처한다고 하여 치사와 치상을 구별하였다.

따라서 살인의 고의로 교통을 방해하여 사람을 살해케 한 자는 살인죄와 교통방해죄의 상상적 경합, 상해의 경우에는 교통방해치상죄와 상해죄의 상상적 경합이 된다.

⑶ 과실교통방해죄, 업무상 과실 · 중과실교통방해죄(187조 1, 2항)

과실로 인하여 제185조 내지 제187조의 죄를 범한 자에 대하여 1천만원이하의 벌금에 처하고, 업무상 과실, 중대한 과실로 인하여 죄를 범한 자는 3년이하의 금고 또는 2천만원이하의 벌금에 처한다.

헬리콥터에 승객 3명을 태우고 운항하던 조종사가 엔진고장이 발생한 경우에 위 항공기를 긴급시의 항법으로서 정해진 절차에 따라 운항하지 못한 과실로 말미암아 사람이 현존하는 위 항공기를 안전하게 비상착수시키지 못하고 해상에 추락시켰다면 업무상 과실항공기추락죄에 해당한다(대판 1990. 9. 11, 90 도 1486).

⑷ 미수범과 예비음모

제185조, 제186조, 제187조의 미수범을 처벌하고(190조), 제186조, 제187조의 예비 · 음모죄도 처벌한다(191조).

3. 立法論的 검토

항공기 등 납치죄의 신설이 요망된다. 지금 현재 항공기운항안전법에서는 항공기납치죄, 항공기운항저해죄, 항공기위험물탑재죄 등을 규정하고 있으나 이를 형법의 교통방해죄에서 함께 규정함이 좋다고 생각한다.

제2절 公共의 信用에 관한 罪

Ⅰ. 通 貨에 관한 罪

1. 總 說

(1) 의 의

본죄는 행사할 목적으로 통화를 위조 · 변조함으로써 또는 위조 · 변조한 통화를 행사하거나 행사할 목적으로 수입 · 수출함으로써 또는 행사할 목적으로 위조 · 변조한 통화를 취득함으로써 성립하는 범죄이다.

(2) 보호법익

판례는 「통화위조에 관한 규정은 공공의 거래상의 신용 및 안전을 보호하는 공공적인 법익을 보호함을 목적으로 하고 있다」 라고 판시하고 있다(대판 1979. 7. 10, 79 도 840).

2. 客觀的 構成要件

(1) 행위객체

통용 또는 유통하는 화폐 · 지폐 · 은행권이다.

① **화폐는** 硬貨**로 일정한 가치를 대표하는 것으로서 지급의 수단으로 사용되는 것**을 말하는데, 법문에 지폐 · 은행권과 병렬해서 규정하고 있는 점으로 보아 금속화폐만을 의미한다. 우리나리에 있어서 화폐는 한국은행이 발행한 鑄貨이다. 또한 지폐는 정부 기타 발행권자가 발행하고 그 신용에 의하여 교환의 매개물이 되는 화폐대용의 증권을 말한다(현재 우리나라에서는 한국은행권만이 유일한 법화이기 때문에 지폐에 해당하는 것이 없다). 그리고 은행권은 국가의 認許를 받

은 특정은행이 발행하여 교환의 매개물이 되는 증권을 가리킨다. 한국은행권이 이에 해당한다.

② **통용 또는 유통하는 통화이어야 한다**. 여기서 「통용하는」이라 함은, 강제통용력이 있다는 것을 의미한다(통설).

⑵ 행 위

위조 · 변조 · 행사 · 수입 · 수출 · 취득이다.

① 僞造**라 함은** 통화를 발행할 권리 없는 자가 진화의 외관을 가지는 물건을 제조하는 것을 말하는데, 진화의 외관을 가진다고 함은 일반인으로 하여금 쉽게 그 진화를 식별하기 불능한 정도에 달함을 요하지 아니하고 거래상 자칫하면 일견 眞物이라고 인식할 염려가 있을 정도이면 족하다. 그러므로 이 정도에 이르지 못한 경우는 위조의 미수가 된다.

② 變造**라 함은** 진정한 통화를 가공하여 통화의 외관을 가지고 물건을 만드는 것을 말한다(천원권을 가공하여 5천만원으로 고치는 것). 또 금화나 은화를 감량하여 실질적 가치를 줄이는 행위가 그것이다.

새로 만들어진 물건 역시 일반인으로 하여금 진화라고 오인하게 할 정도의 것이어야 한다. 또한 변조는 진정한 통화를 가공하는 것이므로 위조와는 달리 진화의 존재를 필요로 하고 그 진화의 동일성을 해하지 않는 한도 내에서만 변조가 되며, 통화 또는 폐화를 재료로 하여 전혀 별개의 외관을 갖는 것을 만든 경우에는 위조가 된다.

③ 行使**라 함은** 위조 · 변조된 통화를 진정한 통화로서 유통상태에 두는 것을 말한다. 유상 · 무상 · 적법 · 위법을 묻지 않으며, 진정한 통화인 것처럼 타인에게 증여하거나 도박의 도금으로 사용하는 것도 행사이다.

④ 輸入**이란** 국외로부터 국내에 반입하는 것을 말한다. 육로에 의한 경우에는 국경선을 넘는 것만에 의하여, 해로에 의한 경우에는 영해에 들어오는 것만으로 부족하고 양육을 해야 수입죄의 기수가 된다.

⑤ 輸出**이란** 국내에서 국외에로 반출하는 것을 말한다. 기수시기는 수입에 있어서와 마찬가지로 육로에 있어서는 국경선을 넘는 것만에 의하여, 해로에 있어

서는 육지에서 이탈하였을 때이다.

⑥ 取得**이라 함은** 자기의 소지로 이전시키는 일체의 행위를 말한다.

유상 · 무상을 불문하며, 방법 · 원인을 묻지 아니하므로 증여 · 교환 · 매매는 물론 도취 · 편취에 의하여도 취득이 된다.

3. 主觀的 構成要件

위조, 변조, 수출 · 수입, 취득의 행위는 행사할 목적을 필요로 하는 목적범이며, 행사는 목적범이 아니다.

4. 個 別 論

(1) 대한민국통화의 위조 · 변조죄(207조 1항)

행사할 목적으로 통용하는 대한민국의 화폐 지폐 또는 은행권을 위조 또는 변조하는 것이다(무기 또는 2년이상의 징역).

대법원판례

① 일본국의 자동판매기 등에 투입하여 일본국의 500¥짜리 주화처럼 사용하기 위하여 한국은행발행 주화의 표면 일부를 깍아내어 손상을 가한 경우, 통화변조에 해당하는지 여부: 피고인들이 한국은행발행 500원짜리 주화의 표면 일부를 깍아내어 손상을 가하였지만 그 크기와 모양 및 대부분의 문양이 그대로 남아 있어, 이로써 기존의 500원짜리 주화의 명목가치나 실질가치가 변경되었다거나, 객관적으로 보아 일반인으로 하여금 일본국의 500¥짜리 주화로 오신케 할 정도의 새로운 화폐를 만들어 낸 것이라고 볼 수 없고, 일본국의 자동판매기 등이 위와 같이 가공된 주화를 일본국의 500¥짜리 주화로 오인한다는 사정만을 들어 그 명목가치가 일본국의 500¥으로 변경되었다거나 일반인으로 하여금 일본국의 500¥짜리 주화로 오신케 할 정도에 이르렀다고 볼 수도 없다(대판 2002. 1. 11, 2000 도 3950).

② 화폐수집가들이 골드라고 부르며 수집하는 희귀화폐인 것처럼 만들기 위하여 진정한 통화인 미화1달러 및 2달러 지폐의 발행연도, 발행번호, 미국 재무부를 상징하는 문양, 재무부장관의 사인, 일부 색상을 고친 것만으로는 통화가 변조되었다고 볼 수 없다고 한 사례: 진정한 통화에 대한 가공행위로 인하여 기존 통화의 명목가치나 실질가치가 변경되었다거나 객관적으로 보아 일반인으로 하여금 기존 통화와 다른 진정한 화폐로 오신하게 할 정도의 새로운 물건을 만들어 낸 것으로 볼 수 없다면 통화가 변조되었다고 볼 수 없다(대판 2004. 3. 26, 2003 도 5640).

(2) 내국유통외국통화 위조 · 변조죄(동조 2항)

행사할 목적으로 내국에서 유통하는 외국의 화폐 · 지폐 또는 은행권을 위조 또는 변조하는 것이다(1년이상의 징역). 판례는 북한도 내국에 포함된다고 보고 있다.

(3) 외국통용외국통화 위조 · 변조죄(동조 3항)

행사할 목적으로 외국에서 통용하는 외국의 화폐 · 지폐 또는 은행권을 위조 또는 변조하는 것이다(10년이하의 징역). 「외국에서 통용한다」 함은 외국에서 강제통용력을 가졌음을 의미한다.

대법원판례

외국에서 통용한다고 함은 그 외국에서 강제통용력을 가지는 것을 의미하는 것이므로 외국에서 통용하지 아니하는 즉, 강제통용력을 가지지 아니하는 지폐는 그것이 비록 일반인의 관점에서 통용할 것이라고 오인할 가능성이 있다고 하더라도 위 형법 제207조 제1항에서 정한 외국에서 통용하는 외국의 지폐에 해당한다고 할 수 없다(대판 2004. 5. 14, 2003 도 3487).

(4) 위조 · 변조통화 행사죄(동조 4항 전단)

① **의 의** 위조 또는 변조한 전 3항 기재의 통화를 행사하는 것이다(각 죄에 정한 형).

② **객관적 구성요건** 여기서 行使에는 단순히 자기의 신용력을 보이기 위하여 위조통화를 제시한다든지 위조화폐를 名價 이하의 상품으로 매매하는 것을 행사라고 보기 어려우나, 위조화폐를 진정한 화폐로 화폐수집상에 판매하는 것은 행사에 해당된다. 위화를 공중전화기나 자동판매기에 넣는 것도 행사에 속한다. 이 경우 재물 또는 재산상 이익을 취득하면 개정형법상의 편의시설부정이용죄에도 해당된다(348조의 2).

③ **주관적 구성요건** 행사의 고의가 있음을 요한다.

(5) 위조통화취득 후 지정행사죄(210조)

제207조 기재의 통화를 취득한 후 그 정을 알고 이를 행사하는 것이다. 개정형법은 2년이하의 징역 또는 500만원이하의 벌금에 처하도록 하고 있다. 본죄는 정을 모르고 취득한 후에 행사하는 것이다. 따라서 정을 알고 취득한 후에 행사한 경우에는 위조통화취득죄와 위조통화행사죄의 양죄가 성립한다.

본죄의 행위자에는 외국인의 국외범도 포함된다.

(6) 위조 · 변조통화 취득죄(208조)

행사할 목적으로 위조 또는 변조한 제207조 기재의 통화를 취득하는 것이다. 개정형법은 법정형을 5년이하의 징역 또는 3천만원이하의 벌금으로 변경하였다. 여기서 취득이란 자기의 점유로 옮겨놓은 것을 의미하며, 유상과 무상을 불문한다.

(7) 위조 · 변조통화 수출입죄(207조 4항 후단)

위조 또는 변조한 전 3항 기재의 통화를 행사할 목적으로 수입 또는 수출하는 것이다(각 죄에 정한 형).

(8) 통화유사물의 제조죄(211조 1,2항)

판매할 목적으로 내국 또는 외국에서 통용하거나 유통하는 화폐 · 지폐 또는 은행권에 유사한 물건을 제조 · 수입 또는 수출하거나 그 물건을 판매하는 것이다. 개정형법은 3년이하의 징역 또는 700만원이하의 벌금에 처하도록 하였다(211조). 본죄의 객체는 통화유사물인 바, 통화와 유사한 외관을 갖추었으나 위조 또는 변조의 정도에 이르지 않는 것, 즉 일반인을 하여금 眞貨로 오인할 정도에 이르지 않은 모조품을 말한다.

(9) 예비음모죄(213조)

내국유통위조 · 변조죄, 내국유통외국통화위조 변조죄 또는 외국통용외국통화위조 · 변조죄를 범할 목적으로 예비 · 음모하는 것이다. 다만 그 목적한 죄의 실행에 이르기 전에 자수한 때에는 그 형을 감경 또는 면제한다(필요적 감면사유).

5. 罪數 및 詐欺罪와의 關係

(1) 죄 수

동일한 기회에 수개의 통화를 위조하면 한 개의 통화위조죄가 성립하며, 통화를 위조하고 위조통화를 행사하면 통화위조죄와 위조통화행사죄의 경합범이 된다는 것이 다수설이다. 이를 상상적 경합으로 보는 견해도 있다(이재상).

(2) 사기죄와의 관계

위조 · 변조한 통화를 행사하여 재물을 영득한 경우, 행사죄와 사기죄의 관계가 문제 된다.

① **흡수관계설** 위조통화의 행사 자체에는 언제나 가망적 요소를 포함하고 있고 행사죄의 법정형도 가중되어 있으므로 사기죄는 행사죄에 흡수된다는 견해이다(유기천, 황산덕, 서일교, 남홍우).

② **상상적 경합설** 위조통화행사죄와 사기죄는 보호법익이 다르고 행사와 기망행위는 하나의 동일한 행위로 인한 것이므로 양죄의 상상적 경합이 된다는 견해이다(오도기, 정영석, 이재상, 정성근, 김일수, 배종대).

③ **실체적 경합설** 양죄의 보호법익이 다르고, 위화의 증여나 자동판매기의 투입의 경우처럼 하등 사기행위를 포함하지 않는 행사도 있기 때문에 행사와 기망은 별개로 평가하여야 한다는 점을 근거로 위화의 행사에 기망행위가 따른 경우에는 행사죄와 사기죄의 실체적 경합을 인정해야 한다는 견해이다(진계호, 신동운)(대판 1979. 7. 10, 78 도 480).

생각건대, 양죄는 보호법익이 다르고, 행사죄를 사기죄의 특정관계라고 볼 수 없다. 행사와 기망행위는 1개의 동일한 행위에 의한 것이므로 상상적 경합관계에 있다고 봄이 타당하다.

II. 有價證券 · 郵票와 印紙에 관한 罪

1. 總 說

(1) 의 의

본죄는 행사할 목적으로 공채증서 기타 유가증권을 위조 또는 변조, 작성, 허위기재를 하거나 또는 이들 유가증권을 사용함으로써 성립하는 범죄이다(대판 1984. 11. 27, 84 도 1862). 우표와 인지는 유가증권의 일종에 불과하다.

외국인의 國外犯에 대하여도 형법이 적용되도록 하고 있다.

스키장의 리프트 탑승권을 부정 발급한 행위는 유가증권 위조죄가 된다(대판 1998. 11. 24, 98 도 2967).

(2) 보호법익

본죄의 보호법익은 유가증권의 진정에 대한 공공의 신용과 안전이다.

그 보호받는 정도는 추상적 위험범이다.

2. 有價證券僞造 · 變造罪(214조 1, 2항)

(1) 의 의

행사할 목적으로 대한민국 또는 외국의 공채증서 기타 유가증권을 위조 또는 변조하거나 행사할 목적으로 유가증권의 권리의무에 관한 기재를 위조 또는 변조하는 것이다(10년이하의 징역).

(2) 객관적 구성요건

① **유가증권** 공채증서 기타 유가증권이다. 여기서 공채증서란 국가 또는 지방자치단체가 발행한 각종의 국채 또는 지방채의 증서를 말하는데, 이는 유가증권의 하나의 예시이다. 그런데 유가증권이란, 재산상의 권리가 화체된 증권으로서 그 권리의 행사와 처분에 그 증권의 점유를 필요로 하는 것을 말한다.

(ⅰ) **반드시 유통성을 가질 필요는 없으나**, 재산권이 증권에 화체된다는 것(따라서 철도승차권이나 승마투표권도 유가증권에 해당한다)과 그 권리의 행사와 처분에 증권의 점유를 필요로 한다는 두 가지 요소는 반드시 갖추어야 하고, 위 두 가지 요소 중 어느 하나를 갖추지 못한 경우에는 유가증권이라고 할 수 없다.

(ⅱ) **유가증권은 어음 · 수표 · 화물상환증 · 창고증권 · 선하증권 등과 같은** 법률상의 유가증권은 물론, 기차 · 자동차의 승차권과 같은 사실상의 유가증권도 포함되며, 또한 무기명식 · 기명식 · 지시식을 묻지 않는다. 그러나 재산권이 증권에 화체된 신용카드는 유가증권에 해당하지만, 재산권이 화체되어 있지 않은 물품구입권이나 영수증과 같은 증거증권, 면책증권은 유가증권이 아니다.

(ⅲ) **유가증권 여부는** 형법 독자적으로 결정될 문제이다. 그러므로 실체법상으로는 무효인 유가증권일지라도 그것이 일반인으로 하여금 일견 유효한 유가증권이라고 오신하게 할 수 있을 정도의 외관을 갖추고 있으면 형법상 유가증권에 해당한다(통설 · 판례). 위조한 약속어음을 구입하여 그 약속어음을 완성하는 경우에도 유가증권위조죄가 성립한다. 위조 유가증권 행사죄에서의 유가증권에는 원본만을 말하는 것이지 전자복사기 등을 사용하여 기계적으로 복사한 사본은 이에 해당하지 않는다(대판 1998. 2. 13, 97 도 2922).

② **행 위** 위조 · 변조이다.

(ⅰ) **위조라 함은**, 작성권한 없는 자가 타인의 명의를 모용하여 유가증권의 외관을 가지는 증권을 작성하는 것을 말한다.

위조의 정도는 외관상 일반인으로 하여금 진정한 유가증권이라고 오신하게 할 정도이면 족하다. 또한 작성명의인이 실재할 필요도 없다(통설 · 판례).

(ⅱ) **변조라 함은**, 진정하게 성립한 타인 명의의 유가증권을 권한 없이 변경하는 것을 말한다. 유가증권의 동일성이 유지된다는 점에서 위조와 차이가 있다. 어음 · 수표의 액면금액의 개찬, 발행일자의 개찬, 발행인이 기재한 배서금지문구를 권한 없이 말소하는 행위 등이 이에 해당한다. 그러나 기존의 유가증권을 이용하는 경우에도 중요부분에 변경을 가하여 새로운 유가증권을 만들어 내거나 유효기간이 지난 승차권을 이용하여 유효한 것으로 만든 경우는 동일성을 해한 것이므로 변조가 아니라 위조가 된다.

(3) 주관적 요건

본죄의 「주관적 요건」은 유가증권의 위조 · 변조에 대한 일반적인 「고의」 이외에 초과주관적인 구성요건인 「행사할 목적」이 있어야 한다(소위 목적범).

(4) 타죄와의 관계

① **원칙적으로 위조된 유가증권의 장수를 기준으로 한다**. 따라서 약속어음 3매를 위조한 것은 경합범이다(판례).

② **절취한 유가증권용지를 사용하여 이를 위조 · 변조했다면** 절도죄와 유가증권위조죄의 경합범이 성립된다.

3. 資格冒用에 의한 有價證券作成罪(215조)

(1) 의 의

행사할 목적으로 타인의 자격을 모용하여 유가증권을 작성하거나 유가증권의 권리 또는 의무에 관한 사항을 기재함으로써 성립하는 범죄이다(목적범)(10년이하의 징역).

(2) 구성요건

타인의 자격을 모용하여 작성한다 함은, 대리권이나 대표권이 없는 자가 타인의 대리권자나 대표권자인 것처럼 그 자격을 사칭하여 유가증권을 발행하는 것이다(대판 1987. 8. 18, 87 도 145).

대리권이나 대표권 있는 자의 경우에는 그 권한을 남용하여도 제215조의 적용이 없다.

- 권한이 없는 경우 - 자격모용에 의한 유가증권작성죄
- 대리권남용 - 배임죄 또는 허위유가증권작성죄 성립(다수설)
  (백지어음 보충권을 남용하여 과다한 금액을 기재한 경우).
- 대리권초과 - 자격모용에 의한 유가증권작성죄(통설)

4. 虛僞有價證券作成 · 記載罪(216조)

행사할 목적으로 허위의 유가증권을 작성하거나 유가증권에 허위의 사실을 기재함으로써 성립하는 범죄이다. 문서죄에 있어서 무형위조에 해당하는 경우이다.

허위기재라 함은, 작성권한 있는 자가 자기 명의로 유가증권을 작성함에 있어 진실에 반하는 내용을 기재하는 것을 말한다(화물이 선적되기 전에 선하증권을 발행하는 경우). 개정형법은 7년이하의 징역 또는 3천만원이하의 벌금에 처한다고 하였다.

5. 僞造有價證券 등의 行使 · 輸入 · 輸出罪(217조)

위조, 변조, 작성 또는 허위기재한 전 3조(제214조, 제215조, 제216조) 기재의 유가증권을 행사하거나 행사할 목적으로 수입 또는 수출하는 것이다.

6. 印紙 · 郵票에 관한 罪

행사할 목적으로 대한민국 또는 외국인 인지 · 우표 기타 우편요금을 표시하는 증표를 위조 · 변조함으로써 성립하는 범죄이다.

(1) 인지 · 우표의 위조 변조죄(218조 1항)

개정형법은 우표, 인지의 위조 등 죄를 인지 · 우표의 위조 · 변조죄로 변경하였고, 우표 · 인지 외에 기타 우편요금을 표시하는 증표를 본죄의 행위객체로 추가하였다. 이는 우편법 제20조의 규정을 반영한 것 같다(219조)(10년이하의 징역). 기타 우편요금을 표시하는 증표란 우편법 제20조의 규정에 의하여 우편요금의 납부방법으로 사용한 증표를 말한다. 봉투 등에 우표를 대체하는 「요금별납」 등의 표지와 우편요금이 함께 표시되는 消印등이 여기에 해당된다.

(2) 위조 · 변조한 인지 · 우표의 행사, 수입 · 수출죄(218조 2항)

행사죄의 행사에는 우표수집의 대상으로 매매하는 것도 포함한다(대판 1989. 4. 11, 88 도 1105)

(3) 위조 · 변조한 인지 · 우표의 취득죄(219조)

위조 · 변조한 인지 · 우표취득죄에서도 인지 · 우표의 위조 · 변조죄와 같이 행위객체로서 기타 우편요금을 표시하는 증표를 추가하였다. 그리고 법정형은 3년이하의 징역 또는 1천만원이하의 벌금에 처한다고 하여 종전의 징역형에서 선택형으로 벌금형을 추가하였다(개정형법 219조).

(4) 인지 · 우표의 소인말소죄(221조)

행사할 목적으로 대한민국 또는 외국의 인지 · 우표 기타의 우편요금을 표시하는 증표의 소인, 기타 사용의 표지를 말소한 자는 1년이하의 징역 또는 300만원이하의 벌금에 처한다고 하였다(개정형법 221조).

(5) 공채증서 · 인지 · 우표유사물의 제조 · 수입 · 수출 판매죄(222조)

개정형법은 판매할 목적으로 대한민국 또는 외국의 공채증서, 인지 · 우표 기타 우편요금을 표시하는 증표와 유사한 물건을 제조, 수입 또는 수출한 자는 2년이하의 징역 또는 500만원이하의 벌금에 처한다고 하였다(개정형법 222조 1항).

7. 예비 · 음모죄

제214조(유가증권의 위조죄), 제215조(자격모용에 의한 유가증권작성죄), 제218조 1항(인지 · 우표의 위조죄)을 범할 목적으로 예비 · 음모한 자를 처벌한다.

Ⅲ. 文書에 관한 罪

1. 總 說

(1) 의 의

본죄는 행사할 목적으로 문서 또는 도화를 위조 또는 변조 · 작성 · 변작하거나 이들 문서를 행사함으로써 성립하는 범죄이다.

(2) 보호법익

본죄의 보호법익은 문서의 진정에 대한 공공의 신용이다(추상적 위험범)(판례). 문서에 관한 죄는 재산죄, 특히 사기죄를 위한 수단으로 이용되는 수가 많다.

(3) 문서위조죄의 본질

▣ 문서위조의 본질

문서에 관한 죄의 본질	형식주의	문서성립의 진정보호(원칙)
	실질주의	문서에 표시된 내용의 진실보호(예외)
위조의 종류	유형위조	권한 없이 타인 명의의 문서작성 조문상 '위조'
	무형위조	권한 있는 자가 진실에 반하는 내용의 문서작성(허위공문작성죄,공정증서원본 등 부실기재죄,허위진단서 등 작성죄) 조문상 '작성'

2. 客觀的 構成要件

(1) 행위의 객체(문서)

① **문서의 의의** 형법상 문서는 광의와 협의로 나누어 정의할 수 있는데, 전자는 문자 또는 이에 대신할 수 있는 일정한 부호로서 어느 정도 영속성을 가진 물체상에 기재된 의사 또는 관념의 표시로서 그 내용이 법률상 또는 사회생활상 중요한 사항에 관한 증거로 될 수 있는 것으로 협의의 문서와 도화를 포함한 개념이다(대판 2006. 1. 26, 2004 도 788). 후자는 광의의 문서 중에 발음적 부호를 쓴 것인데, 상형적 부호를 쓴 것을 圖畵라고 한다(예: 지적도, 상해부위에 대한 인체도). 문서에 관한 죄의 객체로서의 문서는 이것을 가리킨다. 接受日附印의 날인도 문서에 해당한다. 예술작품에 예술가가 한 署名과 落款은 문서가 아니라 印章에 관한 죄가 성립할 뿐이다.

(i) **문자 또는 이에 대신할 수 있는 발음적 부호로서** 사람의 의사 또는 관념을 어느 정도 영속성을 가진 물체상에 표시한 것이어야 한다(문서의 계속성). 여기서

문서는 의사표시이므로 물건의 형상이나 존재가 증명의 대상이고 의사의 표시라고 볼 수 없는 檢證의 목적물이나 표지는 문서가 아니다. 그리고 음성이나 화상으로 변환된 녹음테이프 · 비디오테이프는 문서가 아니다.

(ii) **문서에 표시된 내용은** 법률상 또는 사회생활상 중요한 사항에 관한 증거가 될 수 있는 것이어야 한다. 즉, 문서는 권리의무에 관한 사실 또는 이에 준한 사실증명에 관한 사항을 증명할 자료가 될 수 있는 것이라야 한다(문서의 證明要素).

문서는 증명의사가 필요하다. 가계약서, 가영수증은 시한부로 작성된 것이라 하여도 문서에 해당된다. 그러나 단순히 사상을 표시하는 데 불과한 詩歌 · 소설 등의 예술작품이나 저작물 등은 刑法上 문서가 아니나 이력서, 추천서, 안내장 등과 같은 법률상 중요성을 가지는 사실증명에 관한 것은 문서가 될 수 있다.

(iii) **문서에는 일정한 의사 또는 관념을 표시한 주체로서의 작성명의인이 있어야** 한다(문서의 보증성). 문서의 명의인과 작성자는 구별되어야 한다. 문서의 작성명의인이라 함은 문서에 표시된 의사 또는 관념의 주체를 말하고, 문서의 작성자는 현실적으로 문서의 내용을 표시한 자를 가리킨다. 여기서 작성명의인은 자연인 · 법인 · 법인격 없는 단체를 불문하나 특정됨을 요한다. 그러나 문서에 성명 · 상호 등을 반드시 표시할 필요는 없고 문서의 내용 · 형식 · 필적 또는 문서에 부수된 물체 등으로부터 작성명의인이 인식될 수 있으면 족하다. 컴퓨터 모니터 화면에 나타나는 이미지는 이미지 파일을 보기위한 프로그램을 실행한 경우에 그때마다 전자적 반응을 일으켜 화면에 나타나는 것에 지나지 않아서 계속적으로 화면에 고정된 것으로는 볼 수 없으므로 형법상 문서에 관한 죄에 있어서의 '문서' 에는 해당되지 않는다(대판 2007. 11. 29, 2007 도 7480).

판례는 공문서에 있어서는 명의인의 실재를 요하지 않지만, 사문서에 있어서는 명의인의 실재를 요한다. 다만, 사자명의의 사문서에 있어서는 문서의 작성일자가 생존중의 일자로 되어 있으면 사문서위조죄가 성립한다고 판시하고 있다(대판 1973. 10. 23, 73 도 1138; 1969. 10. 14, 69 도 1480; 대판 1993. 9. 28, 93 도 2143.). 또한 그 명의인이 실재하지 않는 허무인이거나 또는 문서의 작성일자이전에 이미 사망하였다고 하더라도 그러한 문서 역시 공공의 신용을 해할 위험성이 있으므로 문서위조죄가 된다(대판 2005. 2. 24, 2002 도 18 전원합의체).

(iv) **문서는 의사표시가 확정적으로 된 것임을 요하므로** 사본 · 부본 · 단순한 초안 · 초고 등은 문서가 아니다. 다만, 등본이라 하더라도 원본과 상위 없음이 認證

되었을 때에는 그 자체가 독자적 의사표시로서의 의미를 가지므로 문서가 된다.

(v) **복사문서의 문서성**(개정형법 237조의 2 신설) 개정형법은 문서죄에 있어서 전자복사기, 모사전송기 기타 이와 유사한 기구를 사용하여 복사한 문서 또는 도화의 사본도 문서 또는 도화로 된다고 하였다(개정형법 237조 2). 이는 오늘날 복사기술의 발달로 인한 복사한 문서의 사본도 사회적 기능의 형태와 이에 대한 사회적 신용보증의 필요성, 그리고 대법원의 판결(대판 1989. 9. 12, 87 도 506)때문인 것으로 보인다.

그동안 대법원은 1978. 4. 11. 전원합의체 판결에서 「문서라 함은 작성명의인의 의사가 표시된 물체 그 자체를 의미한다 할 것이므로 원본을 기계적방법에 의하여 사진복사한 경우에도 그 사본 또는 등본의 인증이 없는 한 문서에 해당하지 아니한다」고 판시한 이래 계속 소극설로 일관하여 왔으나, 1989. 9. 12. 전원합의체 판결에서「문서에 대한 공공의 신용을 저해할 수 있는 것이면 반드시 원본일 필요는 없고 사본이라 하더라도 증명수단으로서 원본과 동일한 사회적 기능과 신용을 가진 것이면 문서개념에 포함시키는 것이 상당하다」는 이유로 「사진복사문서도 문서위조 및 동행사죄의 객체인 문서에 해당한다」고 판시하여 종래의 태도를 변경하였다.

또한 복사한 문서의 재사본도 문서위조죄 및 동행사죄의 객체인 문서에 해당한다(대판 2000. 9. 5, 2222 도 2855).

② **문서의 종류** 문서의 종류는 법률상 또는 학문상 여러 관점에서 나눌 수 있으나, 형법상 의미 있는 것은 공문서와 사문서이다.

(i) **공문서란**, 공무소 또는 공무원이 그 명의로써 직무상 작성하는 문서를 가리킨다. 따라서 공무원명의의 개인채무부담의 의사표시문서는 공문서가 아니다. 사인의 의사표시(예 : 전보송달지)라도 문서의 작성명의가 공무원일 때에는 공문서에 속한다. 문서작성권한은 법령에 의하든 내규에 의하든 관례에 의하든 불문하며, 직무집행의 범위 내에서 작성하면 족하다.

(ii) **사문서는** 사인의 명의로 작성된 문서를 가리킨다. 다만, 사인명의의 모든 문서가 전부 형법상 사문서는 아니며, 그 중에서 권리 · 의무 또는 사실 · 증명에 관한 문서에 한한다.

⑵ 행 위

위조 또는 변조(225조, 231조), 작성(226조, 232조의 경우와 227조, 233조의 경우), 변작(227조), 부실기재(228조), 행사죄(229조, 234조), 부정행사(230조, 236조) 등이다.

① **위 조** 위조라 함은 작성권한 없는 자가 타인명의의 문서 또는 도화를 작성하는 것을 말한다. 따라서 담보권을 양수한 자가 가등기말소신청서를 작성하거나, 대금수령을 위임받아 예금청구서를 작성한 경우, 보관시켜둔 인장으로 이사회 회의록을 작성한 경우에는 위조가 아니다. 승낙은 사전에 있을 것을 요하므로 사후승낙이 있는 경우에는 위조에 해당된다. 다만 위임의 취지에 반하여 白地를 보충한 白地僞造는 위조라고 해야 한다(대판 1984. 6. 12, 83 도 2408; 대판 1992. 3. 31, 91 도 2815).

권한 없이 타인 명의의 문서를 작성한 이상 그 내용이 진실이든 허위이든 문서위조죄를 구성한다.

◇ 대리권 · 대표권 없는 자 - 자격모용에 의한 문서작성죄
◇ 대리권 · 대표권 있는 자의 권한 이외의 사항(초과) - 자격모용에 의한 문서 작성죄
◇ 대리권 · 대표권 있는 자의 권한 범위 내에서 권한남용 - 배임죄 또는 허위공문서 작성죄

② **변 조** 변조란 권한 없이 기존의 진정하게 성립된 타인명의의 문서내용을 동일성을 해하지 않을 정도로 변경을 가하는 것을 말한다. 권한 있는 자의 변경은 변조가 아니다.

변조의 객체로서의 문서는 일응 진정하게 성립된 문서이어야 하며, 미완성의 서면에 가필하여 문서를 완성하는 것을 위조이며, 변조는 아니다. 또한 이미 성립된 문서라 하더라도 부진정문서나 위조문서는 변조의 대상이 아니다.

또 변조는 타인명의의 문서에 변경을 가하는 것이므로 자기명의의 문서에 변경을 가하는 것은 변조가 아니고 문서손괴죄가 될 뿐이다.

변조의 방법으로는, 행위자에게 불리한 기존의 문자를 삭제하고 유리한 문자를 기입하거나 이익이 될 만한 문자를 첨가하는 경우를 모두 포함한다. 증명서의 사진을 뜯어내고 자신의 사진을 첨부한 때에는 위조에 해당한다(대판 1991. 9. 10, 91 도 1610).

③ **작 성** 자격모용에 의한 문서의 작성과 허위문서의 작성이 있다.

(i) 자격모용에 의한 문서의 작성이라 함은 정당한 대리권이나 대표권 없는 자가 마치 대리권 또는 대표권이 있는 것처럼 타인의 자격을 모용하여 문서를 작성하는 것이다.

(ii) 허위문서의 작성은 문서의 작성권한 있는 자가 진실에 반하여 허위내용의 문서를 작성하는 것을 말한다. 즉, 작성명의는 진정하나 내용이 사실과 부합하지 아니하는 문서를 작성하는 것을 말한다. 이것은 무형위조의 예이다.

허위문서작성에 대해서 형법은 두 가지의 태양을 규정하고 있는 바, 직접허위문서작성과 간접허위문서작성이 그것이다. 전자는 문서의 작성권한 있는 자가 자기의 명의로써 직접 허위내용의 문서를 작성하는 경우(제227조, 제233조)이고, 후자는 공무원에 대하여 위조신고를 하여 공무원으로 하여금 간접적으로 그 명의로서 허위의 문서를 작성케 하는 것이다(제228조).

④ **변 작** 변작은 작성권한 있는 자가 진정하게 성립된 기존문서를 허위로 변개하는 것을 말한다. 즉, 변작은 작성권한 있는 명의인 자신이 그 권한을 남용하여 스스로 자기명의의 진정문서의 비본질적 부분에 변경을 가하는 것을 말한다. 이러한 변작은 공문서에 관해서만 규정된 행위태양이다(제227조).

⑤ **행 사** 행사란 위조 · 변조 · 허위작성 또는 변작한 문서 등을 진정한 문서 또는 진실한 문서로써 사용하는 것을 가리킨다.

반드시 행사하는 범인 자신이 위조한 것임을 요하지 않는다. 즉, 타인이 위조하였거나 허위기재한 문서로써도 행사할 수 있다. 또한 행사의 목적 없이 위조 · 변조된 문서라 하더라도 행사죄는 성립한다(목적범이 아니다). 여기서의 행사는 문서를 상대방에게 지시 · 교부 · 송부하는 것으로 충분할 뿐만 아니라, 일정한 장소에 비치함으로써(등기부, 회사의 장부 등) 상대방이 그 내용을 인식할 수 있는 상태에 두면 족하다.

⑥ **부정행사** 부정행사란, 진정한 문서 또는 도화를 행사할 권한 없는 자가 사용하거나 행사할 권한이 있더라도 부당하게 사용하는 것을 말한다. 예컨대, 타인의 여권이나 자동차운전면허증을 사용하는 경우이다.

3. 個 別 論

(1) 공문서위조 · 변조죄(225조)

행사할 목적으로 공무원 또는 공무소의 문서나 도화를 위조 또는 변조하는 것이다. 개정형법은 법정형을 "1년이상 10년이하의 징역"으로 변경하여 하한을 완화하였다. 문서를 작성할 공무원을 보조하는 자 또는 보충기재할 권한만 위임되어 있었던 공무원이 임의로 허위문서를 작성한 경우도 위조라고 해야 한다.

(2) 자격모용에 의한 공문서작성죄(226조)

행사할 목적으로 공무원 또는 공무소의 자격을 모용하여 문서 또는 도화를 작성하는 것이다(대판 2008. 1. 17, 2007 도 6987). 공문서 위조, 변조죄의 수정적 구성요건이다. 개정형법은 법정형을 "1년이상 10년이하의 징역"에서 "10년이하의 징역"으로 변경하였다. 또한 타인의 자격뿐 아니라 명의까지 모용하여 공문서를 작성한 때에는 공문서위조죄가 성립한다.

(3) 허위공문서작성죄(227조)

① 의 의 공무원이 행사할 목적으로 그 직무에 관한 허위의 문서 또는 도화를 작성하거나 변개를 하는 것으로 무형위조이다.

② 객관적 구성요건

(ⅰ) **행위의 주체** 본죄의 주체는 직무에 관하여 문서 또는 도화를 작성할 권한 있는 공무원이다. 공무원이라 할지라도 문서의 작성권한 없는 자(동사무소 임시직원이 소재증명서를 작성하는 경우)는 본죄의 주체가 될 수 없다.

(ⅱ) **행위(허위문서의 작성)** 허위문서의 작성이란, 예컨대 무허가건물을 허가받은 건물로 가옥대장에 기재하는 것이다. 申告에 의하여 문서의 내용을 기재함에 있어서 허위신고임을 알면서 기재한 경우에는 공무원에게 실질적 심사권이 있는 경우(가옥대장, 토지대장)는 본죄가 성립된다, 공무원에게 형식적 심사권만 있는 경우(등기부, 호적부)는 다수설은 본죄의 성립을 부정하지만, 이 경우에 공무원은 그 기재를 거부할 수 있고, 허위임을 알면서 문서를 작성한 이상 본죄가 성

립된다(대판 1977. 12. 27, 77 도 2155)고 하겠다. 여기서 개정형법은 변작을 변개로 바꾸었다. 이는 본조의 행위가 문서를 만드는 것보다는 고친다는 의미를 나타낸 것임을 분명히 하기 위한 것이다. 여기서 공문서는 합동법률사무소 명의로 작성된 공증에 관한 문서뿐 아니라, 사법경찰서가 적성한 피의자 신문조서, 건축사무기술 검사원으로 위촉된 건축사가 작성한 준공검사조서가 그 예이다.

법정형은 7년이하의 징역 또는 2천만원이하의 벌금에 처하도록 하고 있다.

ⓐ **신고에 의한 허위문서작성의 경우 공무원이 형식적 심사권만 갖는 경우 허위임을 알면서 기재한 때 허위공문서작성죄 여부** 판례는 호적공무원이 신고사항이 허위임을 알고 고의로 신고인의 뜻을 받아 호적부에 허위의 기재를 한 경우에 본죄가 성립한다고 판시하였다(대판 1977. 12. 27, 77 도 2155).

ⓑ **공무원 아닌 자가 작성권자를 이용한 경우 허위공문서작성죄의 간접정법 인정 여부** 판례는 처음에는 공무원 아닌 자에 의한 간접정범을 인정하였으나(대판 1955. 2. 25, 4286 형상 39). 그 후 전원합의체 판결에 의하여 태도를 변경하여 「공문서의 무형위조는 제227조와 제228조의 경우에만 처벌하고 더구나 제228조의 경우를 경하게 처벌하고 있다는 점을 보면 비공무원은 228조에 해당하는 경우 이외에는 허위공문서작성죄의 간접정범으로 처벌되지 않는다는 취지로 해석함이 상당하다」고 판시한 이래(대판 1961. 12. 14, 4292 형상 647), 일관하여 공무원 아닌 자는 본죄의 간접정범이 될 수 없다고 하고 있다(대판 1962. 1. 31, 4294 형상 595; 대판 1976. 8. 24, 76 도 151).

ⓒ **보조공무원이 결재공무원을 이용한 경우**(公務所 內**의** 公務員**인 경우**) 판례는 작성권한 있는 공무원을 보조하여 공문서의 기안을 담당하는 공무원이 그 직위를 이용하여 행사할 목적으로 허위공문서를 기안하고 그 정을 모르는 상사의 서명·날인을 받아 공문서를 완성한 때에는 본죄의 간접정범이 성립한다고 판시하고 있다(대판 1990. 10. 30, 90 도 1912).

(4) 공전자기록위작·변작죄(227조의 2)

① 의 의

(i) 개정형법은 현행형법상의 문서에 관한 죄에 포섭되기 어려운 컴퓨터 등 최신 전자기기의 기록물에 대한 범죄행위를 규율하여 컴퓨터범죄 등 신종 범죄에 대처하기 위한 조치로 본조를 두었다.

(ii) 즉, 사무처리를 그르치게 할 목적으로 공무원 또는 공무소의 전자기록 등 특수매체기록을 위작 또는 변작한 자는 10년이하의 징역에 처한다고 하였다.

② 객관적 구성요건

(i) **행위의 객체** 공무원 또는 공무소의 전자기록 등 특수매체기록(예컨대, 주민등록표나 등기부등본파일의 기록, 자동차등록파일, 특허등록메스더파일)이다. 전송중인 데이터는 포함되지 않는다. 다만 「정보통신망이용및정보보호에관한법률」로 처벌되는 경우가 있다.

(ii) **행 위** 위작과 변작이다. 위작이란, 권한 없이 전자기록 등을 만드는 것(허위내용의 전자기록 등의 제작)이며, 변작이란 기존의 기록을 부분적으로 고치거나 말소하여 기록의 내용을 변경하는 것을 말한다.

③ 주관적 구성요건

사무처리를 그르치게 할 목적이란 위작, 변작된 특수매체기록이 사용됨으로써 공무처리를 그르치게(정당하거나 정상적인 공무처리 이외에 하자 있는 처리를 하게 하는 모든 경우를 의미)할 목적을 의미한다.

(5) 위조 · 변조공문서행사죄(229조)

개정형법은 제225조 내지 제228조의 죄에 의하여 만들어진 문서, 도화, 전자기록 등 특수매체기록, 공정증서원본, 면허증, 허가증, 등록증 또는 여권을 행사한 자는 그 각 죄에 정한 형에 처한다(229조).

(6) 공문서부정행사죄(230조)

개정형법은 공무원 또는 공무소의 문서 또는 도화를 부정행사한 자는 2년이하의 징역이나 금고 또는 500만원이하의 벌금에 처한다고 하였다.

자기 사진과 지문이 찍힌 다른 사람의 주민등록증을 발급받아 소지하다가 검문경찰관에게 제시하는 것이 본죄에 해당한다. 여기서의 행사는 사용용도에 따라 공문서를 사용하는 것을 말하므로, 인적 사항을 확인하는 경찰관이나, 신분확인을 위해 주민등록증의 제시를 요구하는 전당포 주인에게 타인의 주민등록증을 제시한 것만으로는 본죄가 성립되지 않는다.

📖 대법원판례

제3자로부터 신분확인을 위하여 신분증명서의 제시를 요구받고 다른 사람의 운전면허증을 제시한 경우, 공문서부정행사죄에 해당하는지 여부(적극) : 운전면허증은 운전면허를 받은 사람이 운전면허시험에 합격하여 자동차의 운전이 허락된 사람임을 증명하는 공문서로서, 운전면허증에 표시된 사람이 운전면허시험에 합격한 사람이라는'자격증명'과 이를 지니고 있으면서 내보이는 사람이 바로 그 사람이라는 '동일인증명'의 기능을 동시에 가지고 있다. 운전면허증의 앞면에는 운전면허를 받은 사람의 성명·주민등록번호·주소가 기재되고 사진이 첨부되며 뒷면에는 기재사항의 변경내용이 기재될 뿐만 아니라, 정기적으로 반드시 갱신교부 되도록 하고 있어, 운전면허증은 운전면허를 받은 사람의 동일성 및 신분을 증명하기에 충분하고 그 기재 내용의 진실성도 담보되어 있다.…제3자로부터 신분확인을 위하여 신분증명서의 제시를 요구받고 다른 사람의 운전면허증을 제시한 행위는 그 사용목적에 따른 행사로서 공문서부정행사죄에 해당한다고 보는 것이 옳다(대판 2001. 4. 19, 2005 도 1985 전원합의체).

② A선박이 항해 중 사고가 발생하였는데 같은 회사 소속 B선박이 사고가 난 것처럼 허위신고하면서 B선박의 선박국적증명서와 선박검사증서를 제출한 경우 공문서부정행사죄에 해당하는지 여부(소극): 선박법 제8조 제2항, 제10조, 선박법시행규칙 제11조 제1항, 제12조, 선박안전법 제8조 제2항, 제17조 제1항, 제2항 등 관계법령의 규정에 의하면, 선박국적증서는 한국선박으로서 등록하는 때에 선박번호, 국제해사기구에서 부여한 선박식별번호, 호출부호, 선박의 종류, 명칭, 선적항 등을 수록하여 발급하는 문서이고, 선박검사증서는 선박정기검사 등에 합격한 선박에 대하여 항해구역·최대승선인원 및 만재흘수선의 위치 등을 수록하여 발급한 문서로서 위 각 문서는 당해 선박이 한국선박임을 증명하고 법률상 항해할 수 있는 자격이 있음을 증명하기 위하여 선박소유자에게 교부되어 사용하는 것인 바, 어떤 선박이 사고를 낸 것처럼 허위로 사고신고를 하면서 그 선박의 선박국적증서와 선박검사증서가 함께 제출되었다고 하더라도 선박국적증서와 선박검사증서는 위 선박의 국적과 항해할 수 있는 자격을 증명하기 위한 용도 그 자체에 사용된 것일 뿐이고, 그 본래의 용도를 벗어나 행사된 것으로 보기는 어려우므로 이와 같은 행위를 공문서부정행사죄에 해당한다고 할 수는 없다(대판 2009. 2. 26, 2008 도 10851).

인감증명서 또는 등기필증과 같이 사용권한자가 특정되어 있지 않고 용도도 다양한 공문서를 문서 본래의 취지에 따라 행사하거나 화해조서경정결정 신청기각 결정문을 화해조서 정본인 것처럼 등기서류로 제출하는 것도 본죄에 해당하지 않는다.

(7) 공정증서원본 등 부실기재죄(228조 1, 2항)

① **의 의** 공무원에 대하여 허위신고를 하여 공정증서원본 또는 이와 동일한 전자기록 등 특수매체기록 · 면허증 · 허가증 · 등록증 또는 여권에 부실의 사실을 기재하게 하는 것이다.

② **처 벌**　　공정증서원본(전자기록 포함) : 5년이하의 징역 또는 1천만원이하의 벌금 ·면허증 · 허가증 · 등록증 또는 여권 : 3년이하의 징역 700만원이하의 벌금

③ **객관적 구성요건**

(ⅰ) **주 체**　　주체는 제한이 없다

(ⅱ) **객 체**　　객체는 공정증서원본 또는 이와 동일한 전자기록 등 특수매체기록 · 면허증 · 허가증 · 등록증 또는 여권에 한한다.

ⓐ **공정증서란**, 어떤 사실을 공적으로 증명하는 효력을 가진 공문서를 말한다. 판례는 부동산등기부 · 호적부 · 간이절차에 의한 민사분쟁사건처리특례법에 의하여 합동법률사무소 명의로 작성된 공증문서 등은 이에 해당하나, 토지대장 · 임야대장 · 인감대장 · 주민등록부 · 시민증 · 도민증 등은 공정증서가 아니라고 한다. 공증인이 인증한 私書證書는 공정증서가 아니다. 공정증서의 원본만을 가리키고 부본 · 초본 · 등본 등은 이에 해당하지 않는다.

이와 동일한 전자기록 등 특수매체기록이란 예컨대, 호적파일이나 등기부원본파일 등을 말한다. 개정형법은 공정증서원본 등 부실기재죄의 객체에 컴퓨터범죄에 대비, 전자기록 등 특수매체기록을 둔 것이다(228조).

ⓑ **면허증이란**, 특정한 사람에게 일정한 행위를 할 수 있는 권리를 부여하는 행정관청의 증명서를 말하며, 예컨대 의사면허증 · 운전면허증 · 수렵면허증 등이다. 개정형법은 면허장을 면허증으로 고쳤다. 이에 반하여 단순히 일정한 자격을 표시함에 불과한 시험합격증서나 교사자격증은 면허증에 포함되지 않는다.

ⓒ **허가증이란** 일정한 영업을 허가하였다는 사실을 증명하는 공무소의 문서(고물상 · 주류판매상의 영업허가증, 자동차의 영업허가증), 등록증이란 일정한 자격을 취득한 자에게 그 활동에 상응한 권능을 주기 위하여 공무소에서 작성한 문서(변호사, 공인회계사, 전문의, 법무사등록증)를 말한다. 사업자등록증은 단순한 사업사실의 등록을 증명하는 증서에 불과하므로 본조의 '등록증' 에 해당하지 않는다(대판 2005. 7. 15, 2003 도 6934).

ⓓ **여권은** 공무소가 일정한 사람에게 외국에 여행할 수 있음을 허가하는 증명서이다. 허위사실을 기재한 여권신청서에 의하여 여권을 발급받은 때에는 본죄와 여권법위반죄의 상상적 경합이 된다.

(iii) **행 위** 행위는 공무원에게 허위신고를 하여 부실의 사실을 기재하게 하는 것이다. 다만, 중간생략등기와 같이 실체관계에 부합되는 것은 본죄를 구성하지 않는다는 것이 통설 · 판례(대판 1967. 11. 28, 67 도 1082)이다. 다만 부동산등기특별조치법에서는 처벌되는 범죄행위가 형법상으로는 처벌대상이 되지 않는다는 모순된 결과가 되므로 중간생략등기는 공정증서원본부실기재죄에 해당한다고 보아야 한다는 견해도 있다.

권리 · 의무와 관계 없는 豫告登記를 말소하거나 등기원인을 명의신탁 대신에 매매라고 기재하는 것은 부실기재라 볼 수 없다. 판례에 따르면 해외이주의 목적으로 인해 이혼하기로 하고 이혼신고를 한 경우에는 본죄가 성립하지 않지만(대판 1976. 9. 14, 76 도 1074), 위장결혼을 하고 혼인신고를 한 때에는 혼인의 의사가 없다는 이유로 부실의 사실을 기재한 경우에 해당한다(대판 1985. 9. 10, 85 도 1481).

대법원판례

공정증서원본부실기재죄의 부실기재의 의미 : ① 형법 제228조 제1항에 정하여진 부실의 기재라고 함은, 객관적인 진실에 반하여 존재하지 아니하는 사실을 존재하는 것으로 하거나, 존재하는 사실을 존재하지 아니하는 것으로 기재하는 것을 말하므로 민법상의 사단법인의 총회의 결의에 따라 이사 등의 변경등기를 하는 경우에 있어서 그와 같은 행위가 공정증서원본부실기재의 원인이 되는 행위에 해당하는지 여부는 특별한 사정이 없는 한 총회결의의 사법상 효력의 여부와 관계없이 그와 별도로 현실적으로 사원총회에서 그와 같은 내용의 이사 등 변경에 관한 결의가 있었다고 평가할 수 있는지 여부에 따라서 결정하여야 함이 상당하다.

피고인들이 위 임시총회의 임원개임결의는 조합 총회의 소집절차나 결의방법이 법령이나 정관에 위반되어 사법상 무효라는 사정을 알 수 있었다고 하더라도, 실제로 재건축조합의 조합 총회에서 그와 같은 내용의 임원변경에 관한 결의가 이루어졌다고 한다면 특별한 사정이 없는 한 위와 같은 사정만으로 피고인들이 공무원에게 허위신고를 하여 공정증서원본인 법인등기부에 부실의 기재를 하게 하였다고 볼 수는 없다고 할 것이다(대판 2004. 10. 15, 2004 도 3584).

② 주금가장납입: 상법 제628조 제1항 소정의 납입 가장죄는 회사의 자본충실을 기하려는 법의 취지를 유린하는 행위를 단속하려는 데 그 목적이 있는 것이므로, 당초부터 진실한 주금납입으로 회사의 자금을 확보할 의사 없이 형식상 또는 일시적으로 주금을 납입하고 이 돈을 은행에 예치하여 납입의 외형을 갖추고 주금납입증명서를 교부받아 설립등기나 증자등기의 절차를 마친 다음 바로 그 납입한 돈을 인출한 경우에는, 이를 회사를 위하여 사용하였다는 특별한 사정이 없는 한 실질적으로 회사의 자본이 늘어난 것이 아니어서 납입 가장죄 및 공정증서원본부실기재죄와 부실기재공정증서원본행사죄가 성립하고, 다만 납입한 돈을 곧바로 인출하였다고 하더라도 그 인출한 돈을 회사를 위하여 사용한 것이라면 자본충실을 해친다고 할 수 없으므로 주금납입의 의사 없이 납입한 것으로 볼 수는 없고, 한편 주식회사의 설립업무 또는

증자업무를 담당한 자와 주식인수인이 사전 공모하여 주금납입취급은행 이외의 제3자로부터 납입금에 해당하는 금액을 차입하여 주금을 납입하고 납입취급은행으로부터 납입금보관증명서를 교부받아 회사의 설립등기절차 또는 증자등기절차를 마친 직후 이를 인출하여 위 차용금채무의 변제에 사용하는 경우, 위와 같은 행위는 실질적으로 회사의 자본을 증가시키는 것이 아니고 등기를 위하여 납입을 가장하는 편법에 불과하여 주금의 납입 및 인출의 전 과정에서 회사의 자본금에는 실제 아무런 변동이 없다고 보아야 할 것이므로, 그들에게 회사의 돈을 임의로 유용한다는 불법영득의 의사가 있다고 보기 어렵다 할 것이고, 이러한 관점에서 상법상 납입 가장죄의 성립을 인정하는 이상 회사 자본이 실질적으로 증가됨을 전제로 한 업무상횡령죄가 성립한다고 할 수는 없다(대판 2004. 6. 17, 2003 도 7645 전원합의체).

(iv) **실행의 착수** 실행의 착수는 허위신고를 한 때이고, 기수시기는 허위신고로 인하여 부실의 기재를 하였을 때이다.

(8) 사문서위조 · 변조죄(231조)

행사할 목적으로 권리 · 의무 또는 사실증명에 관한 타인의 문서 또는 도화를 위조 또는 변조하는 것이다. 여기서 위조는 졸업증명서나 수료증에 성명기재가 없는 경우나 작성자의 고무명판을 찍고 서명날인이 없는 경우를 들 수 있고, 변조는 인감증명서의 사용 용도란의 기재를 변경한 경우나, 첨부된 도면을 떼어내고 새로 작성한 도면을 가첨한 경우를 예로 들 수 있다. 개정형법은 권리의무를 권리 · 의무로 변경하였고 이는 권리 또는 의무임을 명백히 하기 위한 것이며, 법정형을 5년이하의 징역 또는 1천만원이하의 벌금에 처한다고 하여 벌금형을 선택하도록 하였다(231조). 행위 당시 명의인이 현실적인 승낙은 없었지만 행위당시의 모든 객관적 사정을 종합하여 명의자가 행위당시 그 사실을 알았다면 당연히 승낙했을 것이라고 추정되는 경우는 사문서위조 · 변조죄가 되지 않는다(대판 2003. 5. 30, 2002 도 235).

(9) 자격모용에 의한 사문서작성죄(232조)

행사할 목적으로 타인의 자격을 모용하여 권리의무 또는 사실증명에 관한 문서 또는 도화를 작성하는 것이다. 역시 개정형법은 권리의무를 권리 · 의무로 하였고, 벌금형도 선택형으로 하여 5년이하의 징역 또는 1천만원이하의 벌금에 처하도록 하였다. 예컨대 대리권 없는 甲이 乙의 대리인으로 자기명의(乙 대리인 甲)의

문서를 작성하는 경우가 여기에 해당된다.

(10) 사전자기록위작 · 변작죄(232조의 2)

개정형법은 제227조의 2와 동일한 취지로 사전자기록위작 · 변작죄를 신설하였다. 즉, 사무처리를 그르치게 할 목적으로 권리 · 의무 또는 사실증명에 관한 타인의 전자기록 등 특수매체기록을 위작 또는 변작한 자는 5년이하의 징역 또는 1천만원이하의 벌금에 처한다고 하였다. 컴퓨터의 기억장치중 하나인 램에 올려 진 전자기록이 사전자기록위작 · 변작죄의 특수매체기록에 해당된다(대판 2003. 10. 9, 2000 도 4993).

(11) 허위진단서 등 작성죄(233조)

의사 · 한의사 · 치과의사 또는 조산사가 진단서 · 검안서 또는 생사에 관한 증명서를 허위로 작성하는 것이다. 본죄는 사문서의 무형위조를 처벌하는 유일한 규정으로서 목적범이 아니며, 의사 · 한의사 · 치과의사 · 조산사만이 주체가 될 수 있는 신분범이다.

개정형법은 "조산원"을 "조산사"로 개칭하고 "漢醫師"를 "韓醫師"로 "증명서를 작성하는 것"을 "증명서를 허위로 작성하는 것"으로 하였으며, 아울러 3년이하의 징역, 금고, 7년이하의 자격정지 또는 3천만원이하의 벌금에 처하도록 하였다. 의사가 진찰을 소홀히 하거나 誤診하여 진실에 반하는 기재를 한 때에는 본죄의 고의를 인정할 수 없다. 그러나 스스로 진단하지 않고 진단서를 작성할 때에는 본죄가 성립한다. 공무원인 의사가 공무소의 명의로 허위진단서를 작성한 경우에는 허위공문서 작성죄 만이 성립하고 허위진단서 작성죄는 별도로 성립하지 않는다(대판 2004. 4. 9, 2003 도 7162).

(12) 위조 · 변조 · 작성사문서행사죄(234조)

개정형법은 제231조 내지 제233조의 죄에 의하여 만들어진 문서, 도화, 전자기록 등 특수매체기록을 행사한 자는 그 각조에 정한 형에 처한다.

컴퓨터 모니터 화면에 나타나는 이미지는 이미지파일을 보기위한 프로그램을 실행할 경우에 그때마다 전자적 반응을 일으켜 화면에 나타나는 것에 지나지 않아서 계속적으로 화면에 고정된 것으로는 볼 수 없으므로, 형법상 문서에 해당되지 않는다(대판 2007. 11. 29, 2007 도 7480 · 대판 2008. 4. 10, 2008 도 1013). 그러나 위조 문서를 이미지 파일로 만들어 이메일로 전송한 경우에는 위조문서행사죄에 해당한다(대판 2008. 10. 23, 2008 도 5200).

(13) 사문서부정행사죄(236조)

권리 · 의무 또는 사실증명에 관한 타인의 문서, 도화를 부정행사함으로써 성립하는 범죄이다. 여기서도 권리의무를 권리 · 의무로 하였다.

개정형법은 1년이하의 징역이나 금고 또는 300만원이하의 벌금에 처하도록 하였다.

(14) 미수와 자격정지의 병과

개정형법은 제225조에서 제234조의 미수범은 처벌하며(제235조), 225조 내지 227조의 2 및 그 행사죄를 범하여 징역에 처할 경우에는 10년이하의 자격정지를 병과할 수 있도록 하였다(237조).

4. 關聯問題

(1) 죄 수

죄수를 결정하는 표준에 대해서는 견해가 대립하고 있다. 통설은 보호법익을 중시해서 공공의 신용을 보호한다는 면을 강조하여 문서의 수에 따라 죄수를 결정할 것이라고 하고(물체설), 판례는 작성명의인을 표준으로 하여야 한다고 한다(작성명의설). 즉, 판례는 문서에 2인이상의 작성명의인이 있는 때에는 각 명의자마다 1개의 문서가 성립한다고 한다.

(2) 타죄와의 관계

문서의 위조 · 변조죄와 위조된 문서의 행사죄와는 동일인에 의하여 행하여졌다고 하더라도 흡수관계가 아니고 경합관계가 된다. 또 공문서위조와 사문서위조가 동일 행위에 의하여 이루어진 경우에는 법조경합관계로 본다. 인장에 관한 죄와 문서위조죄 · 유가증권위조죄에 흡수되나(흡수관계), 인장 · 서명 등의 위조자와 문서위조자 · 유가증권위조자가 서로 다른 때에는 각 행위자별로 독립하여 성립한다.

(3) 문서위조하고 행사하여 타인의 재물을 영득한 경우

① 문서위조와 동행사죄 및 사기죄의 실체적 경합이 된다는 견해(판례의 입장)

② 문서위조와 동행사죄는 실체적 경합관계에 있지만 위조문서행사죄와 사기죄는 상상적 경합관계에 있다는 견해(다수설)

③ 문서위조와 동행사죄 및 사기죄 모두 상상적 경합관계에 있다는 견해(이재상, 배종대)

Ⅳ. 印章에 관한 罪

1. 印章 · 署名 · 記名 · 記號

① 인장에 관한 죄는 행사할 목적으로 인장 · 서명 · 기명 또는 기호를 위조[(공인위조죄: 제238조 제1항)(사인부정행사죄; 제239조 제2항)] 하거나 또는 부정사용한 인장 · 서명, 기명 또는 기호를 행사(동행사죄; 제238조 제2항, 제239조 제2항)하는 것을 내용으로 하는 범죄이다. 인장의 변조는 있을 수 없다. 여기서 인장은 특정인의 인격과 그 동일성을 증명하기 위하여 사용되는 일정한 상형이다.

② 印 章

- 印影 : 일정한 사항을 증명하기 위하여 물체상에 현출케 한 문자 기타 부호의 影跡
- 印顆 : 인영을 현출케 하는 데 필요한 문자 기타의 부호를 조각한 물체
  印章은 인영과 인과를 모두 포함한다고 봄이 통설
- 印章의 대상 : 사원 또는 명승지의 기념우표는 인장이 아니다. 書畵에 사용된 落款은 인장에 해당

2. 公印 등 僞造 · 不正行使罪

인장에 관한 죄가 문서에 관한 죄의 수단으로 행하여지면 그것이 문서와 결부된 때에는 문서위조죄의 미수 내지 부분적 형태를 이룬다(관청이 사용하는 契印 등). 인장에 관한 죄는 문서에 관한 죄에 흡수되며, 문서위조의 기수 · 미수는 불문한다. 인장을 위조한 후에 다시 행사하면 위조죄와 행사죄의 실체적 경합이 된다는 것을 주의해야 한다.

대법원판례

부정사용된 공기호를 진정한 것으로 임의로 공범자 이외의 자에게 보이는 등 사용하는 행위(부정사용된 공기호의 행사죄) (대판 1981. 12. 22, 80 도 1472)

택시미터기의 검정납봉을 임의로 재봉인 부착하는 행위(공무소기호부정행사) (대판 1982. 6. 8, 82 도 138)

차량번호표는 公記號에 해당한다(대판 1983. 10. 25, 83 도 2078 : 대판 1997. 6. 27, 97 도 1085).

3. 私印 등 僞造 · 不正行使罪(239조)

(1) 의 의

행사할 목적으로 他人의 인장, 서명, 기명 또는 기호를 위조 또는 부정사용한 자는 3년이하의 징역에 처하며, 위조 또는 부정행사한 他人의 인장, 서명, 기명 또는 기호를 행사한 때에도 3년이하의 징역에 처한다.

인장에 관한 죄의 미수범도 처벌한다(240조).

(2) 객관적 구성요건

① **행위객체** 타인의 인장, 서명, 기명, 기호

② **행 위** 위조, 부정사용 및 위조, 부정사용된 행위객체를 행사하는 것(판례는 사망자명의의 인장위조성립 부정)

대법원판례

위조된 인장을 진정한 것처럼 용법에 따라 사용하는 것. 따라서 위조된 인영을 타인이 열람할 수 있는 상태에 두든지, 인과의 경우는 날인하여 일반인이 열람할 수 있는 상태에 두면 성립(제239조 제2항의 '행사') (대판 1984. 2. 28, 84 도 90)

(3) 주관적 구성요건

고의 이외에 행사할 目的이 있어야 한다.

제3절

公衆衛生에 관한 罪

Ⅰ. 飮用水에 관한 罪

1. 總 說

본죄는 불특정 또는 다수인의 생명·신체에 대한 위험발생을 내용으로 하는 범죄이다. 본죄는 공공위생이라는 견지에서 공중보건을 유지함을 그 보호법익으로 하며, 추상적 위험범인 데 특색이 있다. 본죄의 객체는 일상음용에 供하는 정수·수도에 의한 정수이며, 특정 개인이 음용하기 위한 것은 본죄의 객체가 아니다.

한편 헌법이 환경권을 국민의 기본권으로 보장하고 있는 취지에 비추어 기본적인 환경범죄는 형법에서 규정하는 것이 바람직하다고 생각한다.

2. 種 類

음용수사용방해죄(192조), 수도음용사용방해죄(193조), 음용수혼독치사상죄(결과적 가중범: 194조), 수도불통죄(195조)이다. 미수범(196조)과 예비·음모(197조)도 처벌한다.

특히, 음용수사용방해죄는 사람의 일상음용을 공하는 정수에 오물을 혼입하여 음용하지 못하게 함으로써 성립하는 범죄이다. 그리고 수도불통죄는 공중의 음용수를 공급하는 수도 기타 시설을 손괴 기타 방법으로 불통하게 함으로써 성립하는 범죄이다. 개정형법은 여기서 음용수사용방해죄에 대하여 1년이하의 징역 또는 500만원이하의 벌금에 처한다고 하였다(192조 1항). 음용수혼독치사상죄의 경우 치상과 치사를 분리하여 치상의 경우는 무기 또는 3년이상의 징역으로, 치사의 경우 무기 또는 5년이상의 징역으로 하였다.

참고로, 종전의 법정형과 다른 점은 사형이 삭제되었다는 점이다.

II. 阿片에 관한 罪

1. 總 說

아편에 관한 죄는 국민의 건강유지와 국민생활의 퇴폐방지를 위하여, 아편을 흡식하거나 이를 조장하는 아편 또는 아편흡식기 등의 제조 · 수입 또는 판매 · 소지 등의 행위를 내용으로 하는 범죄이다.

보호법익은 공중의 보건위생이며, 국제적으로 공통입법하는 경향이 있다.

2. 客 體

아편 · 몰핀 또는 그 화합물

3. 類 型

① **아편 등 제조 · 수입 · 판매 소지죄**(198조)

② **아편흡식기구, 제조 등 죄**(199조)

③ **세관공무원의 아편 등 수입죄**(200조) : **형이 가중**

④ **아편흡식, 동장소제공죄**(201조)

⑤ **아편 등 소지죄**(205조)

⑥ **미수범**(202조)(198조, 200조, 201조**의 미수범 처벌**)

⑦ **상습범**(198조, 200조, 201조, 202조**의 상습범처벌**)

⑧ **자격정지 또는 벌금의 병과**

제198조, 제199조, 제200조, 제201조, 제202조, 제203조, 제204조의 경우에 10년 이하의 자격정지 또는 2천만원이하의 벌금에 처하도록 하였다(벌금의 현실화).

예비행위를 독립적 구성요건으로 규정한 감경적 구성요건이다.

아편, 몰핀이나 그 화합물 또는 아편흡식기구를 소지한 자는 1년이하의 징역 또는 500만원이하의 벌금에 처한다(개정형법 205조).

4. 痲藥法과의 關係

마약류관리에관한법률과 본죄는 특별법과 일반법의 관계에 있다.

형법의 규정은 마약류관리에관한법률(2조)에서 정의된 마약 중에서 오직 「아편 · 몰핀 또는 그 화합물 」에만 적용된다.

아편을 흡수하거나 몰핀을 주사하기 위하여 이를 소지한 때에는 소지행위는 아편흡수죄에 흡수된다.

5. 沒收 · 追徵(206조)

본조의 죄에 제공한 아편, 몰핀, 그 화합물 또는 아편흡식기구는 몰수한다. 그를 몰수하기 불능한 때에는 그 가액을 추징한다.

제4절

社會道德에 관한 罪

Ⅰ. 風俗을 害하는 罪

1. 姦 通 罪

(1) 의의 및 보호법익

본죄는 배우자가 있는 자가 간통하거나 배우자 있는 자와 相姦함으로써 성립하는 범죄로서(제241조), 대향범인 필요적 공범이다.

본죄의 보호법익에 대해서는 다음과 같은 견해가 있다.

① **제1설** 건전한 성적 풍속으로서의 성도덕 또는 성생활에 관한 선량한 풍속이라는 견해(서일교, 정영석)

② **제2설** 부부간의 성적 성실의무라는 견해(차용석)

③ **제3설** 일부일처제의 혼인제도라는 견해(유기천, 이재상, 정성근)

④ **제4설** 성적 성실의무와 제도로서의 가정(혼인제도)을 포함한다는 견해

(2) 객관적 구성요건

① **주 체** 한쪽은 배우자 있는 자이고 다른 한쪽은 이성의 제3자로서 배우자가 있든 없든 불문한다. 배우자가 있는 자라 함은 법률상의 배우자 있는 자를 말하고, 사실상 혼인관계에 있는 자는 제외된다. 相姦者에게도 배우자가 있는 때에는 二重姦通이 가능하다. 혼인이 무효인 때에는 배우자 있는 자에게 해당하지 않는다. 그러나 혼인취소사유가 있는 때에는 취소될 때까지는 배우자 있는 자에 포함된다.

② **행 위** 간통이다. 간통이란 배우자가 있는 자가 이성의 제3자와 합의에 의한 성적 결합행위를 말한다. 성기의 결합으로써 기수가 된다.

동일인과 성교가 반복된 경우에도 통설은 성교시마다 간통죄가 성립하여 수개의 간통죄의 경합범이 된다고 해석하며, 판례도 일관하여 같은 취지로 판시하고 있다.

(3) 주관적 구성요건

행위자는 자기 자신 또는 상대방이 배우자 있는 자라는 것을 인식함을 요한다. 배우자가 있다는 사실을 인식하지 못한 때에는 본죄가 성립하지 않는다.

(4) 소추조건

형법은 쌍벌주의를 취하고 있으므로 상간자도 같이 처벌한다. 본죄는 친고죄이므로 간통죄는 배우자의 고소가 있어야 논한다. 배우자가 간통을 慫慂(간통에 대한 사전승낙) 또는 宥恕(사후승낙)한 때에는 고소할 수 없다(241조). 이는 고소권의 발생을 저지하는 힘을 가지고 있다고 해야 한다. 고소조건은 혼인이 해소되거나 이혼소송을 제기한 후가 아니면 할 수 없다. 이에 다시 혼인하거나 이혼소송을 취하(스스로 이혼심판청구 취하 · 취하간주된 때)한 때에는 고소는 취소된 것으로 본다(형소법 229조).

대법원판례

간통고소의 조건 : 형사소송법 제229조 제1항에 의하면, 간통고소는 혼인이 해소되거나 이혼소송을 제기한 후가 아니면 할 수 없다고 규정하고 있으므로, 위 고소는 혼인관계의 부존재 또는 이혼소송의 계속을 그 유효조건으로 하고 있다 할 것이고, 이러한 조건은 공소제기시부터 재판이 종결될 때까지 구비하여야 하는 것인바, 위 조건을 구비하지 아니한 고소는 위 법조에 위반되는 고소라 할 수 있고, 위 고소 당시 이혼소송을 제기하였다 하더라도 그 소송절차에서 소장이 각하된 경우에는 최초부터 이혼소송을 제기하지 아니한 것과 같다고 보아야 할 것이다(대판 1994. 6. 10, 94 도 774).

간통유서의 조건 : 간통의 유서는 명시적으로 할 수 있음은 물론 묵시적으로도 할 수 있는 것이어서 그 방식에 제한이 있는 것은 아니지만, 감정을 표현하는 어떤 행동이나 의사의 표시가 간통의 유서로 인정되기 위하여는 배우자의 간통사실을 확실하게 알면서 그와 같은 간통사실에도 불구하고 혼인관계를 지속시키려는 진실한 의사가 명백하고 믿을 수 있는 방법으로 표현되어야만 하고(대판 1991. 11. 26, 91 도 2409), 피고소인들이 수년간 동거하면서 간통하고 있음을 고소인이 알면서 특별한 의사표시나 행동을 하지 않은 경우에 그러한 사정만으로는 고소인이 위 간통을 묵시적으로 유서하였다고 볼 수 없다(대판 1971. 2. 23, 71 므 1 · 1999. 5.

14, 99 도 826).

간통종용의 조건 : 가. 혼인 당사자가 더 이상 혼인관계를 지속할 의사가 없고 이혼의사의 명백한 합치가 있는 경우에는, 비록 법률적으로 혼인관계가 존속한다고 하더라도 간통에 대한 사전동의인 종용에 관한 의사표시가 그 합의 속에 포함되어 있는 것으로 보아야 할 것이고, 그러한 명백한 합의가 없는 경우에는 비록 잠정적 · 임시적 · 조건적으로 이혼의사가 쌍방으로부터 표출되어 있다 하더라도 간통종용의 경우에 해당하지 않는다고 할 것이다.

나. 고소인이 남편인 피고인과 상피고인을 이 사건 간통행위 이전의 간통행위를 이유로 고소하여 그들로 하여금 각 유죄의 확정판결을 받게 함과 동시에 이를 이유로 피고인을 상대로 제기한 이혼에 응하기로 진술하였으며 제1심에서 피고인과 고소인은 이혼한다는 판결이 선고되어 이 판결이 대법원에서 확정됨으로써 양인의 법률상 부부관계가 해소되었는데 피고인이 이혼에 응하기로 심리기일에서 진술한 이후에 피고인의 소송대리인이 위 이혼심판의 심리기일에 이혼청구에 응하겠다고 진술하였을때 양인은 혼인관계를 더 이상 지속할 의사가 없는데다 명백한 이혼의사의 합치가 있었다고 보는 것이 타당하고 이는 간통종용의 경우에 해당한다고 할 것이다(대판 1991. 3. 22, 90 도 1188).

(5) 입법례(형법개정과 관련하여)

6개월이하의 징역 또는 5백만원이하의 벌금에 처한다(형법개정안)고 했으나 국회에 상정되어 있으며, 앞으로 존폐론에 관한 열띤 공방이 예상된다.

(6) 간통죄의 존폐론

▣ 간통죄의 존폐론의 논거

존치론	폐지론
① 정조의무(민법상) ② 성풍속 ③ 암수범죄 ④ 사회적 · 경제적 약자보호	① 비범죄화론 ② 성결정자유의 원칙 ③ 범죄통계상 통계 ④위자료 등 약용사례 급증

2. 公然淫亂罪

(1) 의의와 보호법익

본죄는 공연히 음란한 행위를 함으로써 성립하는 범죄이다(245조). 본죄의 보호법익은 건전한 성적 풍속 내지 성도덕이다.

법정형은 개정형법에서는 1년이하의 징역 또는 500만원이하의 벌금, 구류, 과료에 처하도록 하였다.

(2) 구성요건

① **주 체**　제한이 없다

② **행 위**　공연히 음란한 행위를 하는 것이다. 여기서 공연이라 함은 불특정 또는 다수인이 인식할 수 있는 상태에 있어서를 의미한다. 인식할 수 있는 상태로 족하고 현실적으로 인식함을 요하지 않는다. 예컨대, 가옥 내 일지라도 쉽사리 이웃 사람의 눈에 띄도록 개방되어 있으면 공연성이다. 또 음란한 행위라 함은 성욕을 자극 또는 흥분시키고 또한 보통인의 정상적인 성적 수치심을 해하고 선량한 성적 도의관념에 반하는 행위를 말한다. 그러나 현실적으로 수치혐오의 정을 일으킴을 요하지 않으며 그러한 정을 일으키게 하는 성질의 행위로서 족하다.

1회의 出演중에 행한 여러번의 음란행위는 물론, 연속범의 요건을 충족하는 수회의 음란행위는 포괄적 일죄가 된다.

요구르트제품의 홍보를 위하여 전라의 여성누드모델들이 일반 관람객과 기자 등 수십명이 있는 자리에서, 알몸에 밀가루를 바르고 나와 분무기로 요구르트를 몸에 뿌려 밀가루를 벗겨내는 방법으로 알몸을 완전히 드러낸 채 음부 및 유방 등이 노출된 상태에서 무대를 돌며 관람객들을 향하여 요구르트를 던진 사건에 대해 대법원은 공연음란죄에 해당한다고 판시했다(대판 2006. 1. 13, 2005 도 1264).

3. 음행매개죄(242조)

영리의 목적으로 미성년 또는 음행의 상습 없는 부녀를 매개하여 간음하게 함으로써 성립하는 범죄이다. 개정형법은 법정형을 3년이하의 징역 또는 1천500만원이하의 벌금으로 고쳤다(242조).

18세미만의 아동에게 음행을 시키거나 음행을 매개시킨 때에는 아동복지법에 해당, 윤락행위를 하게 한 때에는 윤락행위 등 방지법에 의해 처벌받는다.

미성년의 부녀란 13세이상 20세미만의 부녀를 말한다. 음행의 상습 없는 부녀에 관하여 과거에 매춘경험이 있는 자는 물론 특정한 남자와 私通關係에 있는 妾도 여기에 포함된다.

4. **음화 등 반포 · 판매 · 임대 · 공연전시죄**(243조)

개정형법은 음란한 문서 · 도화 · 필름 기타 물건을 반포 · 판매 또는 임대하거나 공연히 전시 또는 상영함으로써 성립하는 범죄로서, 1년이하의 징역 또는 500만원이하의 벌금에 처하도록 하였다.

5. **음화 등의 제조 등 죄**(244조)

음화 등 반포 등의 행위에 공할 목적으로 음란한 물건을 제조, 소지, 수입 또는 수출한 자는 1년이하의 징역 또는 500만원이하의 벌금에 처한다(개정 244조). 판례는 性器擴大器는 음란물건이 될 수 없다고 한다(대판 1978. 11. 14, 78 도 2327).

참고로, 여기서 음란성은 그 내용이 사람의 성욕을 자극, 흥분시키는 것으로서 일반인의 성적 수치심을 해하고 선량한 성적 도의관념에 반하는 것을 말한다(통설 · 판례).

대법원판례

① 피고인들이 컴퓨터통신정보제공자로 일하고 있는 공소외 1과 공모하여, 1997. 4.경부터 같은 해 12.경까지 컴퓨터정보통신회사인 공소외 2 주식회사를 설립하여 'BIG'이라는 사설게시판을 개설하여 수수료를 받고서 음란한 영상화면을 수록한 컴퓨터 프로그램파일 73개를 컴퓨터 통신망을 통하여 전송하는 방법으로 판매 한 사안이다.

이에 대해 원심은 음화판매죄를 인정하였지만 대법원은 "형법 제243조는 음란한 문서, 도화, 필름 기타 물건을 반포, 판매 또는 임대하거나 공연히 전시 또는 상영한 자에 대한 처벌 규정으로서 컴퓨터 프로그램파일은 위 규정에서 규정하고 있는 문서, 도화, 필름 기타 물건에 해당한다고 할 수 없으므로, 음란한 영상화면을 수록한 컴퓨터 프로그램파일을 컴퓨터 통신망을 통하여 전송하는 방법으로 판매한 행위에 대하여 전기통신기본법 제48조의2의 규정을 적용할 수 있음은 별론으로 하고, 형법 제243조의 규정을 적용할 수 없다"고 하여 무죄를 선고하였다(대판 1999. 2. 24, 98 도 3140).

② 음란한 물건이라 함은 성욕을 자극하거나 흥분 또는 만족케 하는 물품으로서 일반인의 정상적인 성적 수치심을 해치고 선량한 성적 도의관념에 반하는 것을 가리킨다고 할 것인바, 여성용 자위기구나 돌출콘돔의 경우 그 자체로 남성의 성기를 연상케 하는 면이 있다 하여도 그 정도만으로 그 기구 자체가 성욕을 자극, 흥분 또는 만족시키게 하는 물건으로 볼 수 없을 뿐만 아니라 일반인의 정상적인 성적 수치심을 해치고 선량한 성적 도의관념에 반한다고도 볼 수 없으므로 음란한 물건에 해당한다고 볼 수 없다(대판 2000. 10. 13, 2000 도 3346).

③ 소설 "즐거운 사라"는 때와 장소, 상대방을 가리지 않은 각종의 난잡하고 변태적인 성행위를 선동적인 필치로 노골적, 구체적으로 상세하게 묘사하고 있는데다가 나아가 그러한 묘사부분이 양적, 질적으로 문서의 중추를 차지하고 있을 뿐만 아니라 그 구성이나 전개에 있어서도 문예성, 예술성, 사상성 등에 의한 성적 자극 완화의 정도가 별로 크지 아니하여 주로 독자의 호색적 흥미를 돋구는 것으로밖에 볼 수 없는 점 등을 종합 고찰하여 볼 때 위 소설은 문학작품에 있어서의 표현의 자유의 최대한 보장이라는 명제와 오늘날의 개방된 성문화 및 작가가 주장하는'성 논의의 해방'이라는 전체적인 주제를 고려한다 하더라도 형법 제243조, 제244조에서 말하는 음란한 문서에 해당된다(서울형사지법 1992. 12. 28, 92 고단 10092).

▣ 음란개념의 핵심

(1) 음란의 판단기준

◇ 주관설

◇ 객관설(통설) : 일반인의 관점에서 전체적이고 객관적으로 판단

◇ 절충설 : 판례도 소설 叛奴事件에서 소설에 내포된 전체적 사상의 흐름이 음란한 것으로 요한다고 하여 전체적 고찰방법을 명백히 하고 있다(대판 1975. 12. 9, 74 도 976).

(2) 과학 · 예술작품의 음란성

과학 예술작품도 음란성을 갖는 경우가 있음(특권이 아님).

(3) 과학성 · 예술성과 음란성의 양립여부

학술서나 예술작품 등도 음란성평가의 대상이 될 수 있는가에 대해 견해가 대립된다.

(i) 적극설 : 학술성(과학성) · 예술성과 음란성은 그 구별의 차원을 달리하는 개념이며, 과학서나 예술작품이라 해서 공중에게 음란성을 제공할 수 있는 특권을 가질 수 없으므로 당연히 음란성이 부정되는 것은 아니라는 견해이다(다수설). 판례도 위의 나체의 마야사건에서 명화집에 실려 있는 나체화가 음란성을 가질 수 있다고 하여 적극설의 입장이다.

(ii) 학술서적과 예술작품을 음란문서라고 할 수 없고, 학문과 예술은 기존관념을 깨뜨리고 발전해 나가는 데에 본질이 있으므로 성풍속이라는 기존관념으로 이를 평가할 성질이 아니라고 하여 과학서나 예술작품의 음란성을 부정하는 견해이다(이재상, 임웅).

(4) 상대적 음란문서의 이론(相對的 淫亂概念의 理論)

◇ K. Binding 제창

◇ 「나체의 마야」 사건에서 인정

(ⅰ)상대적 음란개념의 인정 여부

① 인정설 : 과학서나 예술작품에 관해 음란성이 문제되는 경우, 한편으로는 과학 · 예술작품이라는 명목하에 음란문서가 횡행하는 것을 규제함과 동시에 다른 한편으로는 표현의 자유 · 학문의 자유를 보장하기 위하여 상대적 음란개념을 인정해야 한다는 견해이다(유기천, 강구진).

② 부정설 : 상대적 음란개념은 동일한 물체나 문서가 학자 · 예술가에게 한정되어 공개 되었는가 아니면 일반인에게도 공개되었는가에 따라서 음란성이 좌우되는 불합리가 있고, 지각하는 사람의 자격범위에 따라 대상물의 음란성을 증감 · 변경시킬 수도 없다 할 것이므로 상대적 음란개념은 인정할 수 없다는 견해이다(정성근, 이재상, 진계호, 배종대, 신동운).

③ 判例 : 우리 판례는 고야의 「나체의 마야」 사건에서 「비록 명화집에 실려 있는 그림이라 하더라도 이것을 예술 · 문학 · 교육 등 공공의 이익을 위하여 이용하는 것이 아니고 본건과 같이 성냥갑 속에 넣어서 판매할 목적으로 그 카드 사진을 복사제작하거나 시중에 판매하였다고 하면 이는 그 명화를 모독하여 음서화시켰다 할 것이라고 판시하여 상대적 음란개념을 따르고 있다(대판 1970. 10. 30, 70 도 1879).

(ⅱ) 상대적 음란문서이론은 문서의 음란성은 문서의 내용 이외에 작가나 출판자의 의도 · 광고 · 선전 · 판매의 방법 · 독자 · 관람자의 제한성을 고려하여 판단해야 한다는 이론이다 (relative Unzuchlichkeit).

Ⅱ. 賭博과 福票에 관한 罪

1. 總 說

(1) 의의와 보호법익

본죄는 우연한 승부에 관하여 재물을 賭하는 행위로 인하여 성립되는 범죄이다. 필요적 공범이다.

(2) 도박의 개념

도박이라 함은, 당사자가 상호 재물을 걸고 우연한 승부에 의하여 그 재물의 得喪을 결정하는 것을 말한다.

① 우연한 승부일 것 우연한 승부라는 것은 승패가 행위자의 확실한 인식이나 그 지배 밖에 있는 사실에 의하여 결정되는 것을 말한다. 그 사실이 객관적으로 불확실한 것을 필요로 하지 않으며, 적어도 당사자의 주관에 있어서 불확

실한 것으로 족하다. 또한 적법, 현재, 장래 사실을 불문한다. 이 때의 우연성은 당사자 쌍방에 존재하여야 한다. 따라서 편면적 도박(사기도박)은 도박죄를 구성하지 않는다. 보험계약도 도박이 될 수 없다.

② **재물을 걸고 할 것** 재물은 현금에 한하지 않으며, 재산상의 이익일체를 말한다. 동산 · 부동산은 물론 채권도 포함된다.

재물의 액수는 당초부터 확정되어 있음을 요하지 않으며, 반드시 패자가 승자에게 직접 교부함을 요하지도 않는다. 따라서 승자가 부담해야 할 어떤 비용을 패자가 대신 지불하는 것도 포함된다.

(3) 기수시기

도박행위를 개시하면 곧 기수가 되고 승부의 결정이나 승부의 결과로 인한 재물의 수수가 있음을 요하지 않는다. 따라서 승자에게 재물교부의 약속을 하고 賭具의 배부가 있으면 기수가 된다.

2. 犯罪類型

(1) 단순도박죄(246조 1항)

본죄는 재물로써 도박함으로써 성립하며, 그 행위는 도박하는 것이다. 단, 일시오락 정도에 불과한 때에는 예외로 한다. 즉 일시오락의 정도는 도박죄의 위법성조각사유가 된다(대판 1985. 11. 12, 85 도 2096).

일시오락 정도란 경제상 가치가 근소하여 이것을 賭하는 것이 크게 사회적 영향을 미치지 않을 정도의 재물을 의미한다.

일시오락의 정도냐 아니냐의 판단은 도박장소, 도박자의 사회적 지위와 재산정도, 재물의 근소성, 도박자 사이의 친교관계 등 각종의 사정을 참작하여 구체적으로 판단하여야 한다(판례). 형법상 본죄는 벌금형만 있다. 법정형을 개정형법에서는 500만원이하의 벌금 또는 과료에 처하도록 하였다.

외국카지노에서의 도박행위는 도박죄를 처벌하지 않는 외국카지노에서의 도박이라는 사정만으로 그 위법성이 조각된다고 할 수 없다(형법 제3조)(대판 2004. 4. 23, 2002 도 2518).

⑵ 상습도박죄(246조 2항)

상습으로 도박함으로써 성립한다(신분적 가중유형)

상습이란, 도박행위를 반복하여 행하는 습벽을 말한다. 따라서 반드시 수회의 도박이 있어야 인정되는 것이 아니며, 1회의 행위로도 그것이 인정될 수 있다. 법정형은 개정형법에서는 3년이하의 징역 또는 2천만원이하의 벌금에 처한다고 하였다.

수회의 도박행위가 있는 경우에도 포괄하여 상습도박죄 1죄로 되며, 그들이 경합범 관계가 되는 것은 아니다(포괄일죄).

⑶ 도박개장죄(247조)

본죄는 영리의 목적으로 도박을 개장하는 것이다(목적범).

법정형은 개정형법에서는 3년이하의 징역 또는 2천만원이하의 벌금에 처한다고 하였다.

영리의 목적이란, 도박장을 개장하여 그 도박장에서 도박하는 자로부터 수수료 등의 이름으로 도박개장의 대가로서 불법한 재산상 이익을 얻고자 하는 의사를 말한다. 이러한 목적이 있으면 족하고 현실적으로 이익을 취득함을 요하지 않는다.

도박의 개장이란, 도박의 주재자가 되어 그 지배하에 도박의 장소를 제공하는 것을 말한다. 영리목적으로 도박장을 개설함으로써 기수가 되면 현실적으로 도박이 행하여짐을 요하지 않는다.

📖 대법원판례

피고인은 실내낚시터를 운영하면서 물고기 1,700여 마리를 구입하여 그 중 600마리의 등지느러미에 1번부터 600번까지의 번호표를 달고 나머지는 번호표를 달지 않은 채 대형 수조에 넣고, 손님들로부터 시간당 3만원 내지 5만원까지의 입장료를 받고 낚시를 하게 한 후 손님들이 낚은 물고기에 부착된 번호가 시간별로 우연적으로 변동되는 프로그램상의 시상번호와 일치하는 경우 손님들에게 5천원에서 300만원 상당의 문화상품권이나 주유상품권을 지급하는 방식으로 영업을 한 사안이다.
이에 대해 대법원은 입장료의 액수, 경품의 종류 및 가액, 경품이 제공되는 방법 등의 여러 사정에 비추어 볼 때 입장료는 낚시터에 입장하기 위한 대가로서의 성격과 경품을 타기 위해 미리 거는 금품으로서의 성격을 아울러 지니고 있다고 볼 수 있고, 피고인이 손님들에게 경품을 제공하기로 한 것은 재물을 거는 행위로 볼 수 있으므로 영리목적의 도박개장죄에 해당한다고 판시하였다(대판 2009. 2. 26, 2008 도 10582).

⑷ 관련문제 - 죄수

도박은 일단 개시되면 그 기회에 승부가 반복되어 행하여지는 것이 보통이므로 수회의 행위를 단순일죄로 본다. 도박개장자가 스스로 도박에 참여하면 도박개장죄와 도박죄의 경합범으로 된다. 문제가 되는 것은 사기도박이다. 이는 당사자의 일방만이 주관적으로 우연한 승패를 다투고 타방은 사기수단으로써 승부를 지배할 수 있는 경우, 즉 편면적 도박을 말하는 바, 다수설은 사기수단을 쓰는 자에게 사기죄가, 그 상대방에게는 도박죄가 된다고 한다.

⑸ 복표에 관한 죄(248조)

법령에 의하지 않고 복표를 발매하거나 그 발매를 중개하거나 취득함으로써 성립한다. 법령에 의한 복표는 예를 들면 주택복권과 같은 것이다. 다만 복표의 발행은 射倖行爲 등 規制法의 적용을 받게 된다. 여기서 복표란, 다수인에게 번호표를 발매하고 재물을 모은 다음 우연한 방법으로 이를 분배하는 것을 의미한다.

개정형법에 따르면 법정형을 다음과 같이 고쳤다.

- 복표발매(3년이하의 징역 또는 2천만원이하의 벌금)
- 복표중개(1년이하의 징역 또는 500만원이하의 벌금)
- 복표취득(500만원이하의 벌금 또는 과료)

⑹ 벌금의 병과

개정형법은 「 제246조 제2항, 제247조, 제248조 제1항의 경우에는 500만원이하의 벌금을 병과할 수 있다(249조)」 고 하였다.

Ⅲ. 信印에 관한 罪

1. 總 說

공중의 종교생활은 평온과 종교감정을 해하는 범죄이다.

그 유형으로는 의식 등 방해죄(158조), 사체 등의 오욕죄(159조), 분묘발굴죄(160조), 사체 등의 손괴죄 등(161조), 변사자의 검시방해죄(163조) 등이 있다.

2. 類 型

(1) 사체 등의 손괴죄(161조 1, 2항)

사체, 유골, 유발, 관내에 장치한 물건을 손괴, 은닉, 유기, 영득함으로써 성립하는 범죄다(7년이하의 징역)(1항). 사람을 살해한 후에 범행을 은폐하기 위하여 시체를 다른 장소에 옮겨 유기하거나 死體를 매몰한 때에는 본죄가 성립하지만, 사체를 현장에 방치하는 것은 유기에 해당하지 않는다.

분묘를 발굴하여 위의 죄를 범한 경우는 10년이하의 징역에 처한다(2항).

(2) 장례식 등 방해죄(158조)

종전 장식 등의 방해라는 용어를 개정하여 장례식, 제사, 예배 또는 설교를 방해한 자는 3년이하의 징역 또는 500만원이하의 벌금에 처한다고 하였다.

교회의 교인이었던 사람이 교인들의 총유인 교회현판, 나무십자가들을 떼어내고 예배당 건물에 들어가 출입문자물쇠를 교체하여 7개월 동안 교인들의 출입을 막은 사안에서, 장기간 예배당 출입문을 통제한 위 행위는 교인들의 예배 내지 그와 밀접 불가분의 관계가 있는 준비단계를 계속하여 방해한 것으로 볼 수 없어 예배방해죄가 되지 않는다(대판2008. 2. 1, 2007 도 5296).

(3) 사체 등 오욕죄(159조)

사체, 유골 또는 유발을 오욕함으로써 성립하며 벌금액을 현실화하여 사자유골 또는 유발을 오욕한 자는 2년이하의 징역 또는 500만원이하의 벌금에 처한다고 하였다. 통설은 인체의 형태를 갖춘 死胎도 사체에 포함된다고 해석한다. 그러나 사체에서 뽑아낸 혈액은 사체라고 보기 어렵다. 여기의 행위로는 시체에 침을 뱉거나 방뇨, 간음하는 경우들이다.

(4) 변사체검시방해죄(163조)

변사자의 검시방해죄를 개칭하고 행위를 변경하여 변사자의 사체 또는 변사의 의심 있는 사체를 은닉 또는 변경하거나 기타 방법으로 검시를 방해한 자는 700만원이하의 벌금에 처한다고 하였다(행정형벌법규로서의 성질을 가짐).

범죄로 인하여 사망한 것이 명백한 자의 사체가 변사체 검사방해죄의 객체가 될 수 없다(대판 2003. 6. 27, 2003 도 1331).

(5) 분묘발굴죄(160조)

분묘를 발굴함으로써 성립하는 범죄이다. 여기서 관이나 유골 또는 사체가 외부에 표출될 것을 요하는가에 대하여 判例는 覆土除去說을 따르면서 발굴행위에는 유골 · 사체가 외부로부터 인식할 수 있는 상태까지 현출될 필요는 없다(대판 1962. 3. 29, 4294 형상 539)고 한다. 그러나 다수설은 外部認知說을 취하고 있다(이재상, 진계호, 정성근)(다수설).

[종합판례정리]

1. 대판 2000. 11. 24, 2000 도 2172(집회및시위에관한법률상의 '자진해산요청' 에 관한 해석) 집회신고시간을 넘어 일몰시간 후에 집회 및 시위를 한 경우에 관할경찰서장 또는 관할경찰서장으로부터 권한을 부여받은 경찰관은 참가자들에 대하여 상당한 시간 내에 자진해산할 것을 요청한 다음, 그 자진해산요청에도 응하지 아니할 경우 자진해산할 것을 명령할 수 있다고 할 것이며, 여기서 해산명령 이전에 자진해산할 것을 요청하도록 한 집회및시위에관한법률 제18조 제1항의 입법취지에 비추어 볼 때, 반드시 '자진해산' 이라는 용어를 사용하여 요청할 필요는 없고, 그 때 해산을 요청하는 언행 중에 스스로 해산하도록 청하는 취지가 포함되어 있으면 된다.

2. 대판 1999. 4. 27, 99 도 401(형법 제185조 소정의 '육로' 의 의미) 형법 제185조의 일반교통방해죄는 일반공중의 교통의 안전을 보호법익으로 하는 범죄로서 여기에서 육로라 함은 일반공중의 왕래에 공용된 장소, 즉 특정인에 한하지 않고 불특정 다수인 또는 차마가 자유롭게 통행할 수 있는 공공성을 지닌 장소를 말한다.

3. 대판 2000. 6. 23, 99 도 4688(선박매몰죄의 고의) 선박매몰죄의 고의가 성립하기 위하여는 행위시에 사람이 현존하는 것이라는 점에 대한 인식과 함께 이를 매몰한다는 결과발생에 대한 인식이 필요하며, 현존하는 사람을 사상에 이르게 한다는 등 공공의 위험에 대한 인식까지는 필요하지 않고, 사람이 현존하는 선박에 대해 매몰행위의 실행을 개시하고 그로 인하여 선박을 매몰시켰다면 매몰의 결과발생시 사람이 현존하지 않았거나 범인이 선박에 있는 사람을 안전하게 대피시켰다고 하더라도 선박매몰죄의 기수로 보아야 할 것이지 이를 미수로 볼 것이 아니다.

4. 대판 1998. 11. 24, 98 도 2967(스키장의 리프트탑승권의 유가증권성 여부 및 위조 유가증권이 형법상 재물에 해당하는지 여부) 공소의 甲은 무주리조트 서편매표소에 있던 탑승권발매기의 전원을 켠 후 날짜를 입력시켜서 탑승권발행화면이 나타나면 전산실의 테스트카드를 사용하여 한 장씩 찍혀나오는 탑승권을 빼내어 가지고 가는 방법으로 리프트탑승권을 발급 · 취득한 사실이 인정되고, 그와 같이 발매기에 나오는 위조된 탑승권은 위 甲이 이를 뜯어가기 전까지는 쌍방울개발의 소유및 점유하에 있다고 보아야 할 것이므로, 위 전용주의 행위는 발매할 권한 없이 발매기를 임의 조작함으로써 유가증권인 리프트탑승권을 위조하는 행위와 발매기로부터 위조되어 나오는 리프트탑승권을 절취하는 행위가 결합된 것이고, 나아가 그와 같이 위조된 리프트탑승권을 판매하는 행위는 일면으로는 위조된 리프트탑승권을 행사하는 행위임과 동시에 절취한 장물인 위조 리프트탑승권의 처분행위에 해당한다 할 것이다. 따라서 이 사건에서 위 甲이 위 위조된 리프트탑승권을 위와 같은 방법으로 취득하였다는 정을 피고인이 알면서 이를 甲으로부터 매수하였다면 그러한 피고인의 행위는 위조된 유가증권인 리프트탑승권에 대한 장물취득죄를 구성한다고 할 것이다.

5. 대판 1998. 2. 13, 97 도 2922(위조유가증권행사죄에 있어서의 '유가증권' 의 의미)

위조유가증권행사죄에 있어서의 유가증권이라 함은 위조된 유가증권의 원본을 말하는 것이지 전자복사기 등을 사용하여 기계적으로 복사한 사본은 이에 해당하지 않는다.

6. 대판 1998. 2. 27, 97 도 2483(공중전화카드가 유가증권인지 여부) [1] 형법 제214조에서 유가증권이라 함은, 증권상에 표시된 재산상의 권리의 행사와 처분에 그 증권의 점유를 필요로 하는 것을 총칭하는 것인 바, 공중전화카드는 그 표면에 전체 통화가능 금액과 발행인 문자로 기재되어 있고, 자기(磁氣)기록 부분에는 당해 카드의 진정성에 관한 정보와 잔여 통화가

능 금액에 관한 정보가 전자적 방법으로 기록되어 있어, 사용자가 카드식 공중전화기의 카드 투입구에 공중전화카드를 투입하면 공중전화기에 내장된 장치에 의하여 그 자기정보가 해독되어 당해 카드가 발행인에 의하여 진정하게 발행된 것임이 확인된 경우 잔여 통화가능 금액이 공중전화기에 표시됨과 아울러 그 금액에 상당하는 통화를 할 수 있도록 공중전화기를 작동하게 하는 것이어서, 공중전화카드는 문자로 기재된 부분과 자기기록 부분이 일체로써 공중전화 서비스를 제공받을 수 있는 재산상의 권리를 화체하고 있고, 이를 카드식 공중전화기의 카드 투입구에 투입함으로써 그 권리를 행사하는 것으로 볼 수 있으므로, 공중전화카드는 형법 제214조의 유가증권에 해당한다.

[2] 폐공중전화카드의 자기기록 부분에 전자정보에 기록하여 사용가능한 공중전화카드를 만든 행위를 유가증권위조죄로 의율한 원심판결을 수긍한 사례.

7. 대판 1999. 7. 9, 99 도 1635(문서 명의자의 도장을 소지하고 있는 자로부터 의뢰를 받아 문서를 대필해 준 경우, 대필자에게 문서위조의 범의를 인정할 수 있는지 여부) 문서 명의자의 도장을 소지하고 있는 자로부터 의뢰를 받아 문서를 대필해준 경우, 대필자가 그 도장이 의뢰인 등에 의하여 위조된 것임을 알았다든지, 아니면 적어도 그 도장이 명의인들로부터 다른 목적으로 의뢰인에게 교부된 것임을 알고 있었다는 등의 특별한 사정이 없는 한 대필자로서의 의뢰인이 문서명의자로부터 문서 작성의 위임을 받은 것으로 생각하였다고 봄이 상당하다 할 것이고, 이러한 특별한 사정이 인정되지 아니하는 한 문서 명의자가 의뢰인에게 문서작성을 위임하지 아니하였다는 객관적인 사정만으로 대필자의 명의를 인정할 수 없다.

8. 대판 2000. 2. 11, 99 도 4819(작성명의자의 인장이 찍히지 아니한 경우 사문서 위조죄에 있어서의 사문서에 해당하는지 여부) [1] 사실증명에 관한 사문서에는 법률상 또는 사회생활상의 사실의 증명에 관한 문서가 포함된다고 할 것이므로 채권 계약서의 입회인으로 타인의 명의를 함부로 써서 작성한 문서는 사문서에 해당한다.

[2] 사문서의 작성명의자의 인장이 찍히지 아니하였더라도 그 사람의 상호와 성명이 기재되어 그 명의자의 문서로 믿을 만한 형식과 외관을 갖춘 경우에는 사문서위조죄에 있어서의 사문서에 해당한다고 볼 수 있다.

9. 대판 1998. 4. 10, 98 도 164, 98 감도 12(유효기간이 경과한 외국 발행 국제운전면허증에 첨부된 사진을 바꾸어 붙인 경우, 문서위조죄 성부) 문서위조되는 문서의 진정에 대한 공공의 신용을 그 보호법익으로 하는 것이므로, 피고인이 위조하였다는 국제운전면허증이 그 유효기간을 경과하여 본래의 용법에 따라 사용할 수는 없게 되었다고 하더라도, 이를 행사하는 경우 그 상대방이 유효기간을 쉽게 알 수 없도록 되어 있거나 위 문서 자체가 진정하게 작성된 것으로서 피고인이 명의자로부터 국제운전면허를 받은 것으로 오신하기에 충분한 정도의 형식과 외관을 갖추고 있다면 피고인의 행위는 문서위조죄에 해당한다.

10. 대판 2000. 3. 24, 98 도 105(소유권이전등기나 보존등기에 절차상 하자가 있거나 등기원인이 실제와 다르다 하더라도 그 등기가 실체적 권리관계에 부합하는 유효한 등기인 경우, 공정증서원본부실기재 및 동행사죄의 성립 여부 및 위와 같은 죄로 공소가 제기된 경우, 당해 등기가 실체적 권리관계에 부합하는 유효한 등기라는 주장의 소송상 의미) 부동산에 관하여 경료된 소유권이전등기나 보존등기가 절차상 하자가 있거나 등기원인이 실제와 다르다 하더라도 그 등기가 실체적 권리관계에 부합하는 유효한 등기인 경우에는 공정증서원본부실기재, 동행사죄의 구성요건해당성이 없게 되고, 그와 같은 죄로 고소가 제기된 경우 피고인이 당해 등기가 실체적 권리관계에 부합하는 유효한 등기라고 주장하는 것은 공소사실에 대한 적극부인에 해당한다.

11. 대판 2000. 2. 11, 99 도 1237(이동전화기를 구입하면서 신분증 제시를 요구받자 타인의

운전면허증을 자신의 것인 양 제시한 경우, 공문서부정행사죄에 해당하는지 여부) 이동전화기를 구입하면서 점포 직원으로부터 인적사항을 확인하기 위하여 신분증의 제시를 요구받고 소지하고 있던 타인의 운전면허증을 제시한 행위는 타인의 운전면허증을 그 사용용도에 따라 행사한 것이라고 할 수 없어 형법 제230조 소정의 공문서부정행사죄가 성립되지 아니한다.

12. 대판 1999. 5. 14, 99 도 206(공문서부정행사죄의 성립을 부정한 사례) 주민등록표등본은 시장 · 군수 또는 구청장이 주민의 성명, 주소, 성별, 생년월일, 세대주와의 관계 등 주민등록법 소정의 주민등록사항이 기재된 개인별 · 세대별 주민등록표의 기재내용 그대로를 인증하여 사본 · 교부하는 문서로서 그 사용권한자가 특정되어 있다고 할 수 없고, 또 용도도 다양하며, 반드시 본인이나 세대원만이 사용할 수 있는 것이 아니므로, 타인의 주민등록표등본을 그와 아무런 관련없는 사람이 마치 자신의 것인 것처럼 행사하였다고 하더라도 공문서부정행사죄가 성립되지 아니한다.

13. 대판 1999. 6. 11, 99 도 1201(백지수표 소지인이 보충권을 남용하여 금액을 부당보충하는 행위가 유가증권위조죄를 구성하는 경우에도 백지수표 발행인이 보충권의 범위 내에서는 부정수표단속법위반죄의 죄책을 지는지 여부) 금액란이 백지인 수표의 소지인이 보충권을 남용하여 그 금액을 부당보충하는 행위가 백지보충권의 범위를 초월하여 발행인의 서명날인이 있는 기존의 수표용지를 이용한 새로운 수표를 발행하는 것에 해당하여 유가증권위조죄를 구성하는 경우에도 백지수표의 발행인은 보충권의 범위 내에서는 부정수표단속법위반죄의 죄책을 진다고 할 것이다.

14. 대판 2000. 6. 27, 2000 도 1858(사실관계에 거짓이 없는 경우 허위공문서작성죄의 성립 여부(소극)) 허위공문서작성죄란 공문서에 진실에 반하는 기재를 하는 때에 성립하는 범죄이므로, 고의로 법령을 잘못 적용하여 공문서를 작성하였다고 하더라도 그 법령적용의 전제가 된 사실관계에 대한 내용에 거짓이 없다면 허위공문서작성죄가 성립될 수 없다.

15. 대판 2000. 11. 10, 2000 도 3033(인낙조서에 첨부되어 있는 도면 및 그 사본에 점선을 그은 행위가 공도화변조에 해당되지 않는다고 본 사례) 피고인이 임의로 인낙조서에 첨부되어 있는 이 사건 도면 및 그 사본에 그은 점선은 인낙조서 본문이나 도면에서 그에 대한 설명이 없는 이상 특정한 의미내용을 갖지 아니한 단순한 도형에 불과하여, 그 자체로서 새로운 증명력이 작출케 된다고 할 수 없으므로, 그와 같은 점선을 그은 행위가 문서의 손괴에 해당할 수 있음을 별론으로 하고, 공도화로서의 공공적 신용을 해할 위험이 있는 공도화변조죄에 해당한다고 할 수 없다.

16. 대판 2000. 7. 7, 2000 도 868(간통행위의 유서라고 볼 수 없다고 한 사례) 간통죄에 있어서의 유서는 배우자의 일방이 상대방의 간통사실을 알면서도 혼인관계를 지속시킬 의사로 악감정을 포기하고 상대방에서 그 행위에 대한 책임을 묻지 않겠다는 뜻을 표시하는 일방행위로서, 간통의 유서는 명시적으로 할 수 있음은 물론 묵시적으로도 할 수 있는 것이어서 그 방식에 제한이 있는 것이 아니지만, 감정을 표현하는 어떤 행동이나 의사표시가 유서로 인정되기 위하여는, 첫째 배우자의 간통사실을 확실하게 알면서 자발적으로 한 것이어야 하고, 둘째 그와 같은 간통사실에도 불구하고 혼인관계를 지속시키려는 진실한 의사가 명백하고 믿을 수 있는 방법으로 표현되어야 하는 것인 바, 고소인이 고소 이후에도 이혼 등 청구의 소가 계속 중에 피고인과 동침한 사실이 있다고 하더라도 그와 같은 사실만으로는 고소인이 피고인의 이 사건 간통행위를 유서하였다고 볼 수 없다.

17. 대판 1999. 8. 24, 99 도 2149(간통 유서의 방식과 요건) 배우자의 간통사실을 알고 난 후 그 상대방으로부터 배우자를 더 이상 만나지 않겠다는 합의각서를 받은 경우, 간통의 유서에 해당한다고 본 사례.

18. 대판 1999. 5. 14, 99 도 826(간통 유서에 해당하지 않는다고 한 사례) 피고소인들이 수년간 동거하면서 간통하고 있음을 고소인이 알면서 특별한 의사표시나 행동을 하지 않은 경우에 그러한 사정만으로는 고소인이 위 간통을 묵시적으로 유서하였다고 볼 수 없다.

19. 대판 1999. 2. 21, 98 도 3140(음화판매죄의 객체) 형법 제243조는 음란한 문서, 도화, 필름 기타 물건을 반포, 판매 또는 임대하거나 공연히 전시 또는 상영한 자에 대한 처벌 규정으로서 컴퓨터 프로그램파일은 위 규정에서 규정하고 있는 문서, 도화, 필름 기타 물건에 해당한다고 할 수 없으므로, 음란한 영상화면을 수록한 컴퓨터 프로그램파일을 컴퓨터 통신망을 통하여 전송하는 방법으로 판매한 행위에 대하여 전기통신기본법 제48조의 2 규정을 적용할 수 있음은 별론으로 하고, 형법 제243조의 규정을 적용할 수 없다.

20. 대판 2000. 10. 10, 2000 도 2798(유료직업소개사업에 해당하지 않는다고 본 사례) 피고인이 관할관청에 등록하지 아니하고 2000. 1. 6. 서울 강서구 화곡동 소재 ○○여관 309호실에 '프린스' 라는 사무실 겸 숙소를 차려 놓고 갑 등 3명의 무자격 안마사 겸 윤락녀를 확보한 다음, 그 무렵부터 2000. 1. 21.까지 손님들로부터 출장안마 등을 해 달라는 전화연락을 받고 갑 등으로 하여금 위 손님들이 있는 서울 강서구 일대의 숙박업소로 가서 안마를 하거나 윤락을 하도록 알선하면서 갑 등으로부터 그 대가로 1회 소개시마다 4만원씩을 받는 행위에 있어, 손님들과 갑 등 사이에 직업안정법 제4조 제2호가 규정한 구인자와 구직자 사이의 고용계약이 성립되었다고 볼 수 없으므로, 피고인의 행위는 위법 제19조 제1항이 규정한 유료직업소개사업에 해당하지 아니한다.

21. 대판 2000. 10. 13, 2000 도 3346(여성용자위기구나 돌출콘돔이 음란한 물건인지의 여부(소극)) 음란한 물건이라 함은 성욕을 자극하거나 흥분 또는 만족케 하는 물품으로서 일반인의 정상적인 성적 수치심을 해치고 선량한 성적 도의관념에 반하는 것을 가리킨다고 할 것인바, 이 사건 여성용자위기구나 돌출콘돔의 경우 그 자체로 남성의 성기를 연상케 하는 면이 있다 하여도 그 정도만으로 그 기구 자체가 성욕을 자극, 흥분 또는 만족시키게 하는 물건으로 볼 수 없을 뿐만 아니라, 일반인의 정상적인 성적 수치심을 해치고 선량한 성적 도의관념에 반한다고도 볼 수 없으므로, 위와 같은 성기구들은 음란한 물건에 해당한다고 볼 수 없다.

22. 대판 2000. 10. 27, 98 도 679(형법상 음란성의 판단기준 및 문학성 내지 예술성과의 관계) 형법 제243조 및 제244조에서 말하는 '음란' 이라 함은 정상적인 성적 수치심과 선량한 성적 도의관념을 현저히 침해하기에 적합한 것을 가리킨다 할 것이고, 이를 판단함에 있어서는 그 시대의 건전한 사회통념에 따라 객관적으로 판단하되 그 사회의 평균인의 입장에서 문서 전체를 대상으로 하여 규범적으로 평가하여야 할 것이며, 한편 문학성 내지 예술성과 음란성은 차원을 달리하는 관념이므로 어느 문학작품이나 예술작품에 문학성 내지 예술성이 있다고 하여 그 작품의 음란성이 당연히 부정되는 것이 아니라 할 것이고, 다만 그 작품의 문학적 · 예술적 가치, 주제와 성적 표현의 관련성 정도 등에 따라서는 그 음란성이 완화되어 결국은 형법이 처벌대상으로 삼을 수 없게 되는 경우가 있을 수 있을 뿐이다.

제3장 國家的 法益에 관한 罪

제1절

國家存立에 관한 罪

Ⅰ. 內亂의 罪

1. 總 說

(1) 의 의

본죄는 국토를 참절할 목적으로, 그리고 국헌을 문란할 목적으로 폭동·살인하는 범죄이다. 본죄는 대내적으로 국가존립의 기초를 위태롭게 하는 점에서, 대외적으로 국가존립의 기초를 위태롭게 하는 외환의 죄와는 구별된다.

(2) 보호법익

본죄의 보호법익은 국가존립의 기초이며, 그 보호의 정도는 위험범이다.

2. 內亂罪(87조)

(1) 의 의

국토를 참절하거나 국헌을 문란할 목적으로 폭동하는 것을 내용으로 하는 범죄이다. 기본적인 구성요건이다.

(2) 객관적 구성요건

① **행위주체** 내국인 또는 외국인이다. 외국에서 내란죄를 범한 외국인에 대하여도 본죄가 적용된다(5조). 특히 형법상 내란죄의 주체를 ㉠ 수괴, ㉡모의참여자, 지휘자, 중요임무종사자, ㉢ 부화수행자, ㉣ 단순관여자로 분류하고 각각 처벌을 달리하고 있다.

② **행 위** 폭동이란, 다수인이 집합하여 폭행 · 협박하는 것으로 폭행 · 협박은 적어도 한 지방의 평온을 해할 정도의 것이어야 한다. 여기서 폭행 · 협박은 최광의의 의미로서 사람에 대한 것이건 물건에 대한 것이건 불문한다. 헌법에 규정된 권력분립, 의회제도, 복수정당제, 선거제 및 사법권의 독립은 국가의 기본조직에 속하는 것이므로 이를 파괴하는 것은 국헌문란이라고 할 수 있다.

⑶ 주관적 구성요건

본죄가 성립하기 위해서는 국토참절 또는 국헌문란의 목적이 있어야 한다. 따라서 본죄는 진정목적범이다. 국토참절이란, 대한민국 영토의 전부 또는 일부를 점령하여 주권행사를 사실상 배제하는 것을 말하며, 국헌문란의 한 형태이다. 국헌문란이란, ① 헌법 또는 법률에 정한 절차에 의하지 아니하고 헌법 또는 법률의 기능을 소멸시키는 것, ② 헌법에 의하여 설치된 국가기능은 강압에 의하여 전복 또는 그 권능행사를 불가능하게 하는 것을 말한다고 형법 제91조가 정하고 있다. 목적에 대한 확정적 인식을 요한다.

⑷ 죄 수

판례는 특정인 또는 일정한 범위 내의 한정된 집단에 대한 살해가 내란의 와중에 폭동에 수반하여 일어난 것이 아니라 그것 자체가 의도적으로 실행된 경우에는 이러한 살해행위는 내란에 흡수될 수 없고, 내란목적살인죄의 별죄를 구성한다고 하고 있다(대판 1997. 4. 17, 96 도 3376. 12 · 12사건).

⑸ 소요죄와 내란죄의 구별

	소요죄	내란죄
보호법익	한 지역에 있어서 공공의 평온(사회적 법익)	국가존립의 기초 (국가적 법익)
행위주체의 책임	법원의 판단	3단계
주관적 구성요건	고 의	목적범
행위의 태양	폭행, 협박, 손괴	(최광의)폭행

❖ 같은 점 : 집합범, 양죄의 관계 : 흡수관계

3. 內亂目的殺人罪(88조)

(1) 의 의

국토를 참절하거나 국헌을 문란할 목적으로 사람을 살해하는 범죄로서 폭동의 전후는 불문한다. 살인죄에 대한 가중적 구성요건이다(사형, 무기징역, 무기금고).

(2) 구성요건

(i) 본죄의 주체는 내 · 외국인을 불문한다.

(ii) 행위의 객체는 국가원수 및 군수뇌부에 한정된다(반대견해 있음).

(iii) 행위는 살해하는 것이며, 폭동의 전후는 불문한다.

📖 대법원판례

내란죄와 내란목적살인죄: 내란목적살인죄는 국헌을 문란할 목적을 가지고 직접적인 수단으로 사람을 살해함으로써 성립하는 범죄라 할 것이므로, 국헌문란의 목적을 달성함에 있어 내란죄가 '폭동'을 그 수단으로 함에 비하여 내란목적살인죄는 '살인'을 그 수단으로 하는 점에서 두 죄는 엄격히 구별된다. 따라서 내란의 실행과정에서 폭동행위에 수반하여 개별적으로 발생한 살인행위는 내란행위의 한 구성요소를 이루는 것이므로 내란행위에 흡수되어 내란목적살인의 별죄를 구성하지 아니하나, 특정인 또는 일정한 범위 내의 한정된 집단에 대한 살해가 내란의 와중에 폭동에 수반하여 일어난 것이 아니라 그것 자체가 의도적으로 실행된 경우에는 이러한 살인행위는 내란에 흡수될 수 없고 내란목적살인의 별죄를 구성한다(대판 1997. 4. 17, 96 도 3376 전원합의체).

4. 未遂犯(89조)

내란죄와 내란목적살인죄의 미수범은 처벌한다(89조). 폭동이 한 지방의 평온을 해할 정도에 이르지 못한 경우에 미수가 된다는 것이 통설 · 판례의 입장이다.

5. 豫備 · 陰謀 · 煽動 · 宣戰(90조 1, 2항)

내란죄 또는 내란목적살인죄를 범할 목적으로 예비, 음모, 선동, 선전함으로써 성립하는 범죄이다. 여기서 선동은 일반대중에게 자극을 주어 내란죄의 실행을 결의하게 하거나 이미 존재하는 결의를 촉구하는 것을 말한다.

6. 自首者에 대한 刑의 減輕 또는 免除(90조 1항 단서)

내란의 죄를 범할 목적으로 예비 또는 음모를 한 후 그 실행에 이르기 전에 자수한 때에는 형을 감경 또는 면제한다. 즉, 필요적 감면으로서 임의적 감면사유인 보통의 자수를 규정한 제52조 제1항의 특별규정이다.

II. 外 患 罪

1. 總 說

외환을 유치하거나, 대한민국에 항적하거나 적국에 이익을 제공하여 국가의 안전을 위태롭게 하는 것을 내용으로 하는 범죄이다.

국가의 대외적 지위를 보호하며, 국가의 외부적 존립 · 안전을 해하는 죄이다. 외국인의 국외범도 처벌되며(5조 2호), 예비 · 음모 · 선동 · 선전죄도 처벌된다(101조). 자수의 경우, 필요적 감면이 되는 것은 내란의 죄와 같다(101조 1항 단서).

2. 類 型

(1) 외환유치죄(92조)

외국과 통모하여 대한민국에 대해 전단을 열거나 외국인과 통모하여 대한민국에 항적함으로써 성립하는 죄이다. '외국과 통모'란 외국의 개인 또는 사적 단체를 포함하지 않으나, 다만 대한민국에 적대하는 외국 또는 외국인의 단체도 적국으로 본다(準敵國, 102조). '대한민국에 항적'이란, 반드시 전투원으로 실제전투를 하여야 하는 것은 아니며, 반항 · 적대하는 모든 행위를 의미한다.

일반이적죄에 대한 가중적 구성요건이다.

(2) 여적죄(93조)

적국과 합세하여 대한민국에 항적하는 죄로서, 법정형이 절대적 사형이다.

(3) 모병이적죄(94조)

적국을 위하여 모병(사형 또는 무기징역)하거나 모병에 응(무기 또는 5년이상의 징역)하는 죄이다.

(4) 시설제공이적죄(95조) · 시설파괴이적죄(96조) · 물건제공이적죄(97조)

- 제95조 : 사형 또는 무기징역
- 제96조 : 사형 또는 무기징역
- 제97조 : 무기 또는 5년이상의 징역

(5) 간첩죄(98조)

① **의 의** 적국을 위해 간첩하거나(편면적 간첩은 부정) 적국의 간첩을 방조하거나(대남공작원을 상륙시키는 것, 접선방법합의) 군사상 기밀(신분범)을 적국에 누설함으로써 성립하는 죄(사형, 무기 또는 7년이상의 징역)로서 국가보안법, 반공법에 특칙이 있다. 적국개념에 북한이 포함된다고 보는 것이 판례의 입장이다(대판 1983. 3. 22, 82 도 3036).

② **국가기밀**

(i) **국가기밀의 개념** 제한된 범위의 사람에게만 알려져 있고 대한민국의 외적 안전에 대한 중대한 불이익을 초래할 위험을 방지하기 위하여 적국에 대하여 비밀로 하여야 할 사실 · 대상 또는 이익을 말한다.

(ii) **公知의 사실과 국가기밀** 판례는 국내에서 公知에 속하거나 국민에게 널리 알려진 사실도 국가기밀이 될 수 있고 신문 · 잡지 · 라디오에 보도되어 알려진 사실이나 일간신문에 보도된 사실도 국가기밀에 포함된다고 판시(대판 1991. 3. 12, 91

도 3)하고 있다. 그러나 최근에는 일반인에게 알려진 「공지의 사실」은 국가보안법상의 기밀로 볼 수 없다는 판결을 내고 있다(대판 1997. 7. 16, 97 도 985 전원합의체).

(iii) **공지사실이 모자이크이론**(개별적으로 알려진 사실도 그것이 결합하여 비밀을 유지해야 할 새로운 전체형상이 된 때에는 국가기밀이 될 수 있다)에 의하여 국가기밀이 될 수 있는가? 간첩죄는 특수한 능력을 통하여 새로운 지식이 된 경우가 아닌 한 부정적으로 해석한다. 이와 관련하여 독일에서의 슈피겔 사건이 있는데 1962. 10. 10.자 발행 슈피겔지에 나토군의 군사합동훈련 "Fallex 62"를 참관하고 독일군은 당시 상황에서 제한적인 방어능력을 갖고 있으며, 핵무장보다는 재래식 무장이 더 필요하다고 보도한 것이 수사대상이 된 사건을 말한다. 이 사건과 관련한 모자이크 이론의 위헌성에 대해서는 독일연방헌법재판소 결정에서 4:4로 판단을 유보하였다(BVerfGE 20. 180)

③ **간첩죄의 착수와 기수시기** 판례는 일관하여 간첩을 위하여 국내에 잠입 또는 입국하였을 때에 실행의 착수가 있다고 판시하고 있다(대판 1984. 9. 11, 84 도 1381). 적국의 간첩임을 알면서 그 실행을 용이하게 하는 일체의 행위를 간첩방조죄라한다. 따라서 본죄의 미수는 방조행위 자체가 미수에 그친 때를 의미하며 본죄에 대하여는 從犯減輕을 할 수 없게 된다.

간첩에게 숙식제공, 안부편지전달, 간첩을 숨겨주거나, 무전기를 매몰하는 데 망보아 준 행위는 간첩방조가 되기 어렵다.

④ **예비 · 음모 · 선동 · 선전**(101조) 제92조 내지 제99조의 죄를 범할 목적으로 예비 또는 음모한 자는 2년이상의 유기징역에 처한다. 단, 그 목적한 죄의 실행에 이르기 전에 자수한 때에는 그 형을 감경 또는 면제한다. 또한 제92조 내지 제99조의 죄를 선동 또는 선전한 자도 전항의 형과 같다.

(6) 일반이적죄(99조)

제92~98조에 해당하지 않는 기타의 행위로서 대한민국의 군사상 이익을 해하거나 적국에 군사상 이익을 공여함으로써 성립하는 죄(무기 또는 3년이상 징역)이다.

(7) 전시군수계약불이행죄(103조)

① 전시 또는 사변에 있어서 정당한 이유 없이 정부에 대한 군수품 또는 군용공작물에 관한 계약을 이행하지 아니한 자는 10년이하의 징역에 처한다.

② 전항의 계약이행을 방해한 자도 전항의 형과 같다.

전쟁 또는 사변과 같은 국가 비상사태에서 군작전상 필요한 물자나 시설에 대한 계약위반은 군작전상 크나큰 지장을 초래하고 나아가서는 국가에 크나큰 위해를 가할 염려가 있다는 이유에서 이른바 계약불이행을 벌하는 것이다.

제2절 國際關係에 관한 罪

Ⅰ. 國交에 관한 罪

1. 意 義

본죄는 외국과의 평화로운 국제관계를 침해하여 국제법상 보호되는 외국의 이익을 해하고 외국과의 국교관계 내지 자국의 대외적 지위를 위태롭게 하는 것을 내용으로 하는 범죄다. 그 보호법익은 1차적으로 외국의 이익보호이나, 2차적으로는 국가의 대외적 지위도 보호된다 하겠다.

2. 類 型

(1) 외국원수에 대한 폭행 등의 죄(107조), 외국사절에 대한 폭행 등의 죄(108조)

행위는 폭행, 협박, 모욕, 명예훼손이며, 반의사불벌죄이다.

(2) 외국의 국기 · 국장의 모독죄(109조)

본죄는 국기 · 국장은 공용에 사용되는 것에 한정된다. 반의사불벌죄(110조)이다. 개정형법은 벌금액을 1만5천환에서 300만원으로 변경하였다. 그리고 반의사불벌죄를 "피해자의 의사에 반하여 논할 수 없다" 에서 "공소를 제기할 수 없다" 고 변경하였다.

(3) 외국에 대한 사전죄(111조)

예비, 음모도 처벌된다(111조 3항)(1년 이상의 유기징역).
개정형법은 벌금형을 2만 5천환에서 500만원으로 변경하였다.

(4) 중립명령위반죄(112조)

백지형법의 전형적인 예이다. 외국간의 교전에 있어서 중립에 관한 명령에 위반함으로써 성립하는 범죄로서 3년이하의 금고 또는 500만원이하의 벌금에 처한다. 어떤 행위가 중립명령에 위반되는가는 중립명령에 의하여 결정되는 것이므로 구성요건의 중대한 내용을 중립명령에 위임하고 있다는 점에서 白地刑法의 대표적인 예라고 할 수 있다.

(5) 외교상 기밀의 누설죄(113조)

외교상의 기밀을 누설한 자 또는 누설할 목적으로 외교상의 기밀을 탐지 또는 수집한 자는 5년이하의 징역 또는 1천만원이하의 벌금에 처한다.

II. 國旗에 관한 罪

본죄는 대한민국의 권위를 상징하는 국기 · 국장을 모욕하거나(국기 · 국장모독죄(105조)), 비방함(106조)으로써 성립한다. 비방이란, 언어, 거동, 문장, 회화에 의하여 모욕의 의사를 표시하는 것을 말하며, 공연성을 필요로 한다. 이 죄의 보호법익은 국가의 권위와 체면이다(구체적 위험범).

개정형법은 대한민국을 모욕할 목적으로 국기 또는 국장을 손상, 제거 또는 오욕한 자는 5년이하의 징역이나 금고, 10년이하의 자격정지 또는 700만원이하의 벌금에 처한다고 개정하였다(105조). 그리고, 전조의 목적으로 국기 또는 국장을 비방한 자는 1년 이하의 징역이나 금고, 5년이하의 자격정지 또는 200만원이하의 벌금에 처한다(106조). 이는 벌금액의 현실화를 위한 것이라 할 수 있다.

또 국장 · 국기 · 비방죄를 국기 · 국장비방죄로 바뀌었다. 그리고 벌금액수도 1만환이하에서 200만원이하로 바꾸었다.

제3절

國家의 權威 및 機能에 관한 罪

Ⅰ. 公務員의 職務에 관한 罪

1. 總 說

공무원의 직무에 관한 죄

<직무유기죄>	<직권남용죄>	<뇌물죄>	
직무유기	일반공무원 직권남용 (권리 행사방해죄)	단순수뢰	
		사전수뢰	
피의사실공표	불법체포 · 감금	뇌물공여	
공무상 비밀누설	폭행 · 가혹행위 · 선거방해	수뢰후부정처사	가중수뢰죄
		사후수뢰	가중수뢰죄
		알선수뢰	
		증뢰물전달	

(1) 의 의

공무원의 직무에 관한 죄는 공무원이 직무를 유기하거나 그 직권을 남용하여 사람의 권리행사를 방해 또는 체포 · 감금 등의 행위를 하거나, 그 직무에 관하여 수수 · 요구 · 약속하는 것을 내용으로 하는 범죄로, 공무원의 공정을 보호하고 나아가서 국가의 권위와 위신을 보호하려는 데 그 취지가 있다.

(2) 유 형

공무원범죄를 유형별로 보면, 제1유형은 직무유기죄로서 직무유기(122조), 피의사실공표죄(126조), 공무상 비밀누설죄(127조)가 여기에 속하고, 제2유형은 직권남용죄로서 직권남용죄(123조), 불법체포 감금죄(124조), 폭행 · 가혹행위죄(125조), 선거방해죄(128조)가 이에 속한다. 제3유형은, 뇌물죄로서 제129조 내지 제134조의 각죄가 이에 속한다.

(3) 보호법익

본죄의 보호법익은 국가기능의 공정 또는 국가권위의 유지이다.

(4) 공무원의 개념

본죄에 있어서 공무원은 그 신분과 자격이 법령에 근거가 있어야 하며, 또 공적 사무에 종사하는 자이어야 한다. 즉, 법령에 의하여 공무에 종사하는 직원이 공무원인 것이다. 따라서 稅務修習公務員도 공무원에 속한다(대판 1961. 12. 14, 4294 형상 99). 판례는 공무원이란, 관제 ·직제에 의하여 그 직무권한이 정하여져 있는 자에 한하지 않고 널리 법령에 의하여 공무에 종사하는 직원을 말한다고 한다(대판 1959. 9. 4, 4291 형상 284). 또한 국가공무원 · 지방공무원을 묻지 아니하며, 경력직공무원이거나 특수경력직공무원이거나를 불문한다. 그러나 청소부 · 공원 · 공부 · 사환 등과 같이 단순한 기계적 · 육체적 노무에 종사하는 자는 형법상의 공무원 개념에서 제외된다. 공법상의 직원은 개별적으로 검토하여 행정기관에 준하는 공법인의 직원은 공무원이라는 견해가 다수설, 판례이다.

2. 職務遺棄罪(122조)

(1) 의의 및 보호법익

본죄는 공무원이 정당한 이유 없이 그 직무수행을 거부하거나 그 직무를 유기함으로써 성립하는 범죄(1년이하의 징역 또는 금고, 3년이하의 자격정지)로서, 그 보호법익은 국가의 기능이다. 여기서 직무유기란 공무원의 추상적인 忠勤義務를 태만하는 일체의 경우를 이르는 것이 아니고 국가의 기능을 저해하여 국민에게 피해를 야기시킬 가능성이 있는 경우를 말한다(대판 1966. 3. 15, 65 도 984).

(2) 객관적 구성요건

① 行爲**의 주체** 공무원이다.

② **행 위** 정당한 이유 없이 그 직무수행을 거부하거나 직무를 유기하는 것이다.

(ⅰ) **정당한 이유 없이의 의미** 「정당한 이유 없이」란, 위법성 또는 책임을 조각시킬 사유가 없는 경우를 말한다.

(ⅱ) **직 무** 직무란, 구체적인 직무를 의미한다. 즉, 공무원이 맡은 바 직무를 그 당시 수행하지 아니함으로써 그 집행의 실효를 거둘 수 없는 구체적인 직무라고 보아야 한다. 따라서 공무원이 10여일간 일시 직장을 무단결근한 경우는 징계처분은 별론하고 본죄의 죄책을 물을 수는 없는 것이다. 그러나 형사소송법에 의한 고발의무를 여기의 직무라고 할 수는 없다.

(ⅲ) **행 위** 직무집행을 거부하거나 직무를 유기하는 행위가 있어야 한다. 즉, 주관적으로 직무집행을 거부 혹은 직무를 유기한다는 인식과 객관적으로 직무 또는 직장을 벗어나는 것을 말한다. 따라서 공무원이 직무집행과 관련하여 태만, 분망, 착각 등으로 부당한 결과를 초래하였다고 하여 본죄가 성립하는 것은 아니다(대판 1960. 7. 30 이후 일관된 판례). 직무수행의 거부는 진정부작위범이고 직무의 유기는 부진정부작위범이며, 판례는 이를 상태범으로 본다. 따라서 일직사관이 근무장소인 상황실 부근에서 잠을 잔 경우는 징계대상이 될 뿐이다.

판례는 직무유기라고 하기 위해서는 직장의 무단이탈이나 직무의 의식적인 포기가 있어야 한다고 하고 있다.

공무원이 어떠한 위법사실을 발견하고도 직무상의무에 따른 적절한 조치를 취하지 아니하고 위배사실을 적극적으로 은폐할 목적으로 허위공문서를 작성·행사한 경우에는 작위범인 허위공문서작성 및 동행사죄만 성립하고 부작위범인 직무유기죄는 따로 성립하지 않는다(대판 2004. 3. 26, 2002 도 5004).

(3) 주관적 구성요건

직무를 유기한다는 인식이 있어야 한다. 따라서 직무를 집행한 이상 태만, 착각, 방임 등 일신상 또는 객관적 사유로 직무집행을 소홀히 하여 부실한 결과가 나온 경우에는 직무유기죄가 성립하지 않는다(대판 1993. 6. 11, 91 도 96 · 대판 1994. 2. 8, 93 도 3568).

(4) 죄 수

직무를 위배하여 허위공문서를 작성한 이상 허위공문서 작성죄만 성립한다(대판 1982. 12. 28, 82 도 2210).

3. 被疑事實公表罪(126조)

본죄는 검찰 · 경찰 기타 범죄수사에 관한 직무를 행하는 자 또는 이를 감독하거나 보조하는 자가 그 직무를 행함에 당하여 지득한 피의사실을 공판청구 전에 공표함으로써 성립하는 범죄이다(3년이하의 징역 또는 5년이하의 자격정지). 본죄는 범죄수사권의 발동에 관한 국가의 기능 및 피의자의 명예와 인권을 보호법익으로 한다.

4. 公務上 秘密漏泄罪(127조)

(1) 의의 및 보호법익

본죄는 공무원 또는 公務員이었던 자가 法令에 의한 직무상 비밀을 누설한 때에 성립하는 범죄로서, 공무원의 비밀엄수의무를 보호법익으로 한다. 이때 행위자는 2년이하의 징역이나 금고 또는 5년이하의 자격정지에 처한다.

감사원 감사관이 공개한 기업의 비업무용부동산 보유실태에 관한 감사원 보고서의 내용이 공무상 비밀에 해당되지 않는다(대판 1996. 5. 10, 95 도 780).

(2) 구성요건

① 주 체　　공무원뿐만 아니라 공무원이었던 자를 포함한다.

② 행위의 객체　　법령에 의한 직무상의 비밀이다. 판례는 법령에 의하여 비밀에 관하여 법령에 의하여 비밀로 분류된 경우뿐 아니라 객관적 · 일반적으로 외부에 알려지지 않는 것에 상당한 이익이 있는 사항도 포함한다고 하고 있다(대판

1982. 6. 22, 80 도 2822).

③ **행 위** 본죄의 행위는 누설하는 것이다. 알리는 방법에는 제한이 없다.

대법원판례

① 검찰의 고위 간부가 무역금융사기사건 수사와 관련하여 부탁을 받고 수사책임자인 서울중앙지검 외사부 부장검사에게 전화를 하여 사건의 내용이 어떠하냐고 물었고, 그 부장검사로부터 주임검사의 생각에 크게 엄벌할 정도의 중한 사안은 아니라고 한다는 답변을 듣자, 일본으로 도피 중인 피의자가 국내로 들어오더라도 불구속 처리가 가능하다는 의미로 "조사받아도 되겠던데"라고 전해 준 사안.

이에 대해 대법원은 수사팀의 내부 상황을 확인한 뒤 그 내용을 수사 대상자측에 전달한 행위는 형법 제127조에 정한 공무상 비밀누설에 해당한다고 판시하였다(대판 2007. 6. 14, 2004 도 5561).

② 국가정보원 내부의 감찰과 관련하여 국가정보원 간부가 감찰조사 개시시점, 감찰대상자의 소속 및 인적 사항을 누설한 사실에 대하여 대법원은 이것만으로는 국가정보원의 정상적인 정보수집활동 등의 기능에 지장을 초래할 것도 아니고, 달리 국가 또는 국가정보원의 기능에 위험이 있을 것이라고 볼 수도 없어 누설사실들은 비밀로서의 가치가 없다고 판시하였다(대판 2003. 11. 28, 2003 도 5547).

5. 一般公務員 職權濫用罪(종전의 '타인의 권리행사방해죄')(123조)

(1) 의의 및 보호법익

본죄는 공무원이 직권을 남용하여 사람으로 하여금 의무 없는 일을 하게 하거나 사람의 권리행사를 방해함으로써 성립하는 범죄로서, 보호법익은 국가기능의 공정이다. 보호받는 정도는 추상적 위험범이다. 이는 국가기능의 공정한 행사를 보호법익으로 하고, 반드시 폭행 · 협박을 수단으로 하지 않는다는 점에서 강요죄와 다른 독립된 범죄라고 본다. 개정형법에서 직권남용죄로 개칭하였다.

이 때 행위자는 5년이하의 징역과 10년이하의 자격정지, 또는 1천만원이하의 벌금에 처하게 된다. 개정형법에서 벌금형을 선택하도록 하였다.

(2) 구성요건

① **주체와 객체** 주체는 공무원이며, 객체는 사람, 즉 타인이다. 행위자와

그 공범자 이외의 모든 사람이며, 자기의 부하공무원은 물론 다른 공무원도 포함된다.

② **행 위**

(ⅰ)**직권남용** 직권을 남용하여 사람으로 하여금 의무 없는 일을 행하게 하거나 사람의 권리행사를 방해하는 것이다.

(ⅱ)**행 위** 의무 없는 일을 행하게 한다는 것은 법령상 전혀 의무가 없는 경우뿐만 아니라 의무의 태양을 변경하여 행하게 하는 것도 포함된다. 예컨대, 경찰관이 상사의 명령도 없고 서류제출을 하게 한 경우이다. 또한 권리행사를 방해한다는 것은 법령상 행사할 수 있는 권리의 정당한 행사를 방해하는 것을 말한다(행정관리가 부당하게 영업정지를 명하는 것과 같은 경우나 직권을 남용하여 지구당회의소에 도청장치를 한 경우). 그러나 검사가 告訴事件을 불기소하였다는 것만으로는 권리행사를 방해하였다고 할 수 없다(구체적인 권리의 현실적 행사가 방해된 것을 요하기 때문에)(대판 2005. 4. 15, 2002 도 3453). 직권남용죄에서 말하는 의무란 법률상의무를 가리키고 심리적의무감 또는 도덕적의무는 이에 해당하지 않는다(대판 1991. 12. 27, 92 도 2800).

대법원판례

치안본부장이 국립과학수사연구소 법의학1과장에게 고문치사자의 사인에 관하여 기자간담회에 참고할 메모를 작성하도록 요구한 경우에 있어서 위 과장의 메모작성행위가 국립과학수사연구소의 행정업무에 관한 행정상 보고의무라고 할 수 없고 치안본부장이 위 과장에게 메모를 작성토록 한 행위가 그 일반적 권한에 속하는 사항이라고도 볼 수 없으며 또 위 과장이 그 요청에 따라 작성해 준 메모는 정식 부검소견서가 아니어서 동인이 위 메모를 작성하여 줄 법률상 의무가 있는 것도 아닐 뿐만 아니라, 그와 같은 메모를 작성하여 준 것도 단순한 심리적 의무감 또는 스스로의 의사에 기한 것으로 볼 수 있을 뿐이어서 법률상 의무에 기인한 것이라고 인정할 수도 없으므로, 치안본부장이 동인에게 메모의 작성을 요구하고 이를 동인이 내심의 의사에 반하여 두 번이나 고쳐 작성하도록 하였다 하여도 이를 의무 없는 일을 하게 한 것이라고 볼 수 없어 직권남용죄는 성립되지 아니한다(대판 1991. 12. 27, 90 도 2800).

③ **기수시기** 본죄는 결과의 발생을 요하지 않으며, 따라서 추상적 위험범이다.

6. 不法逮捕 · 監禁罪(직권남용체포 · 감금죄)(124조)

(1) 의의 및 보호법익

본죄는 재판 · 검찰 · 경찰 기타 인식구속에 관한 직무를 행하는 자 또는 이를 보조하는 자가 그 직권을 남용하여 사람을 체포 또는 감금함으로써 성립하는 범죄(7년이하의 징역과 10년이하의 자격정지)로서, 인신구속에 관한 국가기능의 법적 신중성을 보호법익으로 한다.

(2) 구성요건

① **주 체** 재판 · 검찰 · 경찰 기타 인신구속에 관한 직무를 대행하는 자 또는 이를 보조하는 자(사실상 보조하는 私人은 제외)이다. 예컨대, 법관 · 검사 · 경찰관 · 교도소장 · 구치소장 · 소년원장 · 산림청장 · 세관리 등이다. 또한 執行官은 본죄의 주체가 될 수 있다고 하고 있다(대판 1969. 6. 24, 68 도 1218)(반대설 있음).

② **행 위** 직권을 남용하여 사람을 체포 · 감금하는 것이다. 체포 · 감금은 행위자인 공무원의 직권에 관련되어 행하여짐을 요한다. 따라서 그의 직권과 무관한 행위로 체포 · 감금한 경우에는 체포 · 감금죄(276조 1항)가 성립할 뿐이다.

7. 特殊公務員의 暴行·苛酷行爲罪(瀆職暴行·苛酷行爲罪)(125조)

(1) 의의 및 보호법익

본죄는 재판 · 검찰 · 경찰 기타 인신구속에 관한 직무를 행하는 자 또는 이를 보조하는 자가 그 직무를 행함에 당하여 형사피의자 또는 기타 사람에 대하여 폭행 또는 가혹한 행위를 행함으로써 성립하는 범죄이다(5년이하의 징역과 10년이하의 자격정지). 보호법익은 국가기능의 공정이다.

(2) 구성요건

① **주 체** 주체는 불법체포 · 감금죄와 같다

② **객 체** 객체는 형사피의자 또는 기타 사람인데, 여기서 형사피의자는

범죄혐의를 받고 수사가 진행중인 자를 말하고, 기타 사람에게는 피고인 · 증인 · 참고인 등 재판 또는 수사에 있어 조사 · 신문의 대상이 되는 자를 포함한다.

③ **행 위** 본죄에 있어서 폭행이란 사람에 대한 유형력의 행사를 말하며, 사람의 신체에 대한 것이든 물건에 대한 것이든 불문한다. 또 가혹한 행위란 폭행 이외에 사람에 대하여 불법하게 정신적 · 육체적인 치욕 · 고통을 가하는 행위를 말한다. 예컨대, 장시간 수면방해 · 녹초로 만드는 행위 · 음식물의 불제공 등이다. 추행 · 간음행위도 포함되며, 이 경우에도 강간죄 · 강제추행죄, 본죄와의 상상적 경합이 된다(다수설).

8. 選擧妨害罪(128조)

(1) 의 의

본죄는 검찰 · 경찰 또는 군의 직에 있는 공무원이 법령에 의한 선거에 관하여 선거인, 입후보자 또는 입후보자가 되려는 자에게 협박을 가하거나 기타 방법으로 선거의 자유를 방해함으로써 성립하는 범죄다(10년이하의 징역과 5년이하의 자격정지).

(2) 구성요건

이는 직권남용죄에 대한 특별규정이라는 것이 통설이다(직무위배죄의 일종: 소수설). 본죄를 공직선거 및 선거부정방지법에 대한 일반규정이라고 보는 견해(유기천, 진계호가 있으나, 본죄의 주체는 특별공무원이므로 타당하다고 볼 수 없다)도 있다.

9. 賂 物 罪

(1) 총 설

① 의의 및 보호법익

(ⅰ) **뇌물죄란** 뇌물에 의하여 공무원 또는 중재인의 직무행위의 불가매수성을 침해하는 범죄로서 수뢰죄와 증뢰죄의 양자를 포함한다(판례에 따르면 필요적 공

범(대판 1971. 3. 9, 70 도 2536)이라 한다. 이에 반하여 別個犯罪說도 있다(대판 1987. 12. 22, 87 도 1699).

(ii) **보호법익** 로마법사상에 따를 경우이며, 뇌물죄는 직무행위의 불가매수성을 보호한다는 것이다. 이 견해는 직무의무위반의 유무나 직무에 대한 현실적인 침해 유무와는 관계없이 뇌물과 대가관계만 있으면 뇌물죄가 성립한다고 보는 불가매수성설이 다수설(대판 2008. 2. 1, 2007 도 5190)이다.

② **뇌물의 개념** 뇌물은 뇌물죄의 객체로서 뇌물죄의 중심이 된다. 뇌물이란 공무원 또는 중재인의 직무에 관한 위법한 보수를 말한다.

(i) **職務에 관하여** 직무란 공무원이 그 직위에 따라 공무로 담당하는 일체의 執務을 말한다. 법령상 관장하는 직무행위뿐 아니라 그 직무와 관련하여 사실상 처리하고 있는 행위 및 결정권자를 보좌하는 영향을 줄 수 있는 행위를 포함한다(대판 1994. 9. 9, 94 도 619).

직무에 관한 행위인 이상, 작위이건, 부작위이건 불문한다. 또 보수는 위법해야 하는 데 정당하지 않는 이익의 수수를 말한다.

(ii) **부당한 이익** 직무에 관한 보수임을 요하므로 직무에 대한 대가관계를 요한다.

따라서 직무에 관한 것이라도 법령상 용인되는 보수, 예컨대, 상여금 · 특별수당 · 수수료 등은 뇌물이 아니다. 또한 사회생활의 관습이나 의례로서 일반적으로 용인되는 한도 내의 증여나 향응(예 : 경조사부조금 · 계절적인 인사, 환송연 등)의 뇌물이 아니다. 이익은 금전 · 물품 기타의 재산적 이익뿐만 아니라 사람의 수요 · 욕망을 충족시키기에 족한 일체의 유형 · 무형의 이익을 포함한다. 예컨대, 금전대여, 채무면제 · 유리한 지위부여 · 이성간의 정교 · 투기사업에 동참할 기회제공 등이다(대판 2001. 1. 5, 2000 도 4714).

▣ 사교적 의례로서 선물과 뇌물의 구별

판례는 사교적 의례에 속하는 경우에는 뇌물성을 부정(대판 1959. 6. 12, 4290 형상 380)하면서도 다만 규모가 작은 경우에도 직무행위와 대가관계가 있거나 관습상 승인되는 정도를 초과하는 다액의 금품이나 향응은 뇌물성이 인정된다(대판 1984. 4. 10, 83 도 1499: 배종대교수도 판례와 같은 입장이다).

(2) 단순수뢰죄(뇌물수수 · 요구 · 약속죄)(129조 1항)

① **의 의** 본죄는 공무원 또는 중재인이 그 직무에 관하여 뇌물을 수수 · 요구 또는 약속함으로써 성립하는 범죄이다(5년이하의 징역 또는 10년이하의 자격정지).

② **구성요건**

(ⅰ) **행위주체 – 공무원 또는 중재인** 공무원이란 국가 또는 지방자치단체의 사무에 종사하는 자이다(기한부로 채용된 자도 포함한다). 여기 공무원에는 대통령 · 국회의원 · 판사도 포함된다. 특히 공무원의 범위에 대하여 정부관리업체 간부직원까지 확대하고 있다.

(ⅱ) **행 위** 본죄의 행위는 수수 · 요구 · 약속이다. 수수란, 뇌물을 현실적으로 취득하는 것이고, 요구는 자진하여 뇌물의 제공을 청구하는 것이며, 동일인에 대하여 순차로 요구 · 약속 · 수수한 때에는 포괄하여 하나의 수수죄가 성립할 뿐이다. 수수함에 있어서 상사의 승낙을 받았다고 하여도 본죄의 성립에 방해가 되지 않는다. 약속이란 상호간에 뇌물의 수수에 관하여 합의하는 것을 말한다.

대법원판례

향응제공에 따른 수뢰액 인정방법 : 수뢰자와 증뢰자가 함께 향응을 하고 증뢰자가 이에 소요되는 금원을 지출한 경우 증뢰액을 인정함에 있어서는 먼저 수뢰자 접대에 요한 비용과 증뢰자가 소비한 비용을 가려내어 전자의 수액을 가지고 증뢰액으로 하여야 하고 만일 각자에 요한 비용액이 불명일 때에는 이를 평등하게 분할한 액이 증뢰액이며, 수뢰자가 향응을 제공받는 자리에 수뢰자가 제3자를 초대하여 함께 접대를 받은 경우에는, 그 제3자가 수뢰자와는 별도의 지위에서 접대를 받는 공무원이라는 등의 특별한 사정이 없는 한 그 제3자의 접대에 요한 비용도 수뢰자의 접대에 요한 비용에 포함시켜 증뢰액으로 본다(대판 2004. 11. 9, 2004 도 5371).

③ **주관적 구성요건** 직무에 관하여 뇌물을 수수 · 요구 · 약속한다는 사실에 대한 고의가 있어야 한다.

④ **죄 수** 장물인 정을 알면서 뇌물로 수수한 경우는 수뢰죄에 장물취득죄의 상상적 경합범이 된다. 공무원이 직무집행의 의사로 직무에 관해 상대방을 공갈하여 뇌물을 수수한 때에는 단순수뢰죄와 공갈죄의 상상적 경합이 되며, 뇌물

수수를 함에 있어 공무원이 공여자를 기망한 경우에도 단순수뢰죄와 사기죄의 상상적 경합범이 된다.

⑶ 사전수뢰죄(129조 2항)

① **의 의** 본죄는 공무원 또는 중재인이 될 자가 그 담당할 직무에 관하여 청탁을 받고 뇌물을 수수·요구 또는 약속한 후 공무원 또는 중재인이 됨으로써 성립하는 범죄이다(3년이하의 징역 또는 7년이하의 자격정지).

② **구성요건**

(ⅰ) **행위주체** 공무원·중재인이 될 자는 예정되어 있는 자를 의미하며, 예정의 정도가 불확실해도 족하다. 그러나 공무원 또는 중재인으로 예정된 자가 그 직에 임명되지 않으면 본죄는 성립하지 않는다. 이를 객관적 처벌조건(통설)이라고 한다(구성요건요소라고 하는 견해도 있다).

(ⅱ) **행 위** 장래에 담당할 직무에 관하여 뇌물을 수수, 요구 또는 약속하는 것이다. 청탁을 받는다는 것은 일정한 직무행위를 하여 줄 것을 부탁받고 행위자가 이에 응할 것을 약속하는 것을 뜻한다.

⑷ 제3자뇌물(수수, 요구, 약속)죄(130조)

① **의 의** 본죄는 공무원 또는 중재인이 그 직무에 관하여 부정한 청탁을 받고 제3자에게 뇌물을 공여하게 하거나 공여를 요구 또는 약속함으로써 성립하는 범죄이다(5년이하의 징역 또는 10년이하의 자격정지).

② **구성요건** 본죄가 단순수뢰죄와 구별되는 점은 공무원 또는 중재인이 스스로 수수하는 것이 아니고 제3자가 수수하는 점이다. 따라서 간접수뢰죄라고 할 수 있다(다수설). 제3자는 그 정을 알고 있음을 요하지 않는다(교사범·방조범 포함). 뇌물죄는 공여자의 출원에 의한 수뢰자의 영득의 사실현으로서 공여자와 수뢰자 사이에 직접 금품이 수수되지 아니하였다는 사정만으로는 뇌물수수죄의 죄책을 면할 수 없다(대판 2008. 6. 12, 2006 도 8568).

(5) 수뢰후부정처사죄(131조 1항)

① **의 의** 본죄는 공무원 또는 중재인이 단순수뢰죄 · 사전수뢰 및 제3자 뇌물공여죄를 범하여 부정한 행위를 함으로써 성립하는 범죄이다(1년이상의 징역).

② **구성요건** 부정한 행위란, 적극적 또는 소극적으로 그 직무에 위배하는 일체의 행위를 말한다(수사기록의 일부 파기, 소각, 응찰자에게 예정가격을 알려주는 것). 단, 뇌물을 수수 · 요구 · 약속을 한 후에 부정한 행위를 하지 않을 때에는 본죄에 해당하지 않고 제129조나 제130조에 해당한다.

공무원이 직무와 관련하여 뇌물수수를 약속하고 퇴직 후 이를 수수하는 경우에는, 뇌물약속과 뇌물수수가 시간적으로 근접하여 연속되어 있다고 하더라도, 뇌물약속죄 및 사후수뢰죄가 성립할 수 있음은 별론으로 하고 뇌물수수죄는 성립하지 않는다(대판 2008. 2. 1, 2007 도 5190).

(6) 사후수뢰죄(131조 2, 3항)

① **의 의** 본죄는 공무원 또는 중재인이 그 직무상 부정한 행위를 한 후 뇌물을 수수 · 요구 또는 약속하거나 제3자에게 이를 공여케 하거나 공여를 요구 또는 약속하는 것(1년이상의 징역)(2항)과 공무원 또는 중재인이었던 자가 그 재직 중에 청탁을 받고 직무상 부정한 행위를 한 후 뇌물을 수수 · 요구 또는 약속하는 것(5년이하의 징역 또는 10년이하의 자격정지)(3항)이다. 부정행위가 선행되는 경우이다.

② **구성요건** 제3항은 재직 중 부정한 행위를 한 후 그 신분을 상실하고 나서(퇴직 후) 수뢰 등을 하는 것이므로 전직 후의 경우에는 제2항이 적용됨을 주의해야 한다.

(7) 알선수뢰죄(132조)

① **의의** 본죄는 공무원이 그 지위를 이용하여 다른 공무원의 직무에 속한 사항의 알선에 관하여 뇌물을 수수 · 요구 또는 약속함으로써 성립하는 범죄이다(3년이하의 징역 또는 7년이하의 자격정지).

② **구성요건**

(ⅰ) **주 체** 본죄의 주체는 공무원만 됨을 주의해야 한다.

(ⅱ) **공무원이 지위이용** 지위이용이란 영향력을 미칠 수 있는 공무원이 그의 지위나 신분을 이용하는 것을 말한다.

'그 지위를 이용하여' 라고 함은 그 직무를 처리하는 공무원과 연관관계를 가지고 법률상 또는 사실상 영향력을 미칠 수 있는 지위에 있는 공무원이 그 지위를 이용하는 경우를 말한다. 따라서 임면권을 가지거나 압력을 가할 수 있는 법적 관련이 필요한 것은 아니다. 판례는 지위를 이용하였다고 하기 위하여는 다른 공무원의 직무를 일반적 또는 구체적으로 영향을 미칠 수 있을 것을 요한다고 하고 있다(대판 1971. 48. 71 도 1788). 또한 다른 공무원의 직무에 속하는 사항의 알선행위는 그 공무원의 직무에 속하는 사항에 관한 것이면 되는 것이지 그것이 반드시 부정행위라거나 그 직무에 관하여 결재권한이나 최종결정권한을 갖고 있어야 하는 것은 아니다(대판 2006. 4. 27, 2006 도 735).

(ⅲ) **알선행위** 여기서 알선이라 함은 청탁의 목적을 달성하기 위하여 편의를 제공하는 것, 즉 일정한 사항(과거 · 장래불문)에 대하여 어떤 사람과 그 상대방 사이를 중개하는 것이다. 정당한 직무행위에 관해서도 직무의 공정이 침해될 수 있다. 따라서 본죄가 성립된다(통설).

(ⅳ) **특가법상 알선수재죄** 공무원의 직무에 속한 사항의 알선에 관하여 금품이나 이익을 수수, 요구 또는 약속한 자는 5년이하의 징역 또는 1천만원이하의 벌금에 처한다(특가법 제3조).

행위주체를 공무원 또는 중재인으로 제한하지 않으며 공무원이 본죄를 범한 경우 자신의 지위를 이용하지 않더라도 성립된다는 점에서 형법상의 알선수뢰죄와 구별이 됨을 주의해야 한다.

특가법 제3조 소정의 알선수뢰죄는 알선할 사항이 공무원의 직무에 속하는 사항이고, 금품 등 수수의 명목이 그 사항의 알선에 관련된 것임이 어느 정도 구체적으로 나타나야 한다(대판 2005. 7. 29, 2004 도 1656).

(8) 뇌물(공여 · 공여약속 · 공여의사표시)죄(133조 1, 2항)

① **의 의** 본죄는 형법 제129조 내지 제132조에 기재한 뇌물을 약속 · 공여 또는 공여의 의사를 표시하는 것(1항)과 이런 행위에 공할 목적으로 제3자에게

금품을 교부하거나 그 정을 알면서 교부를 받는 것(2항)으로 성립한다. 개정형법에서는 법문의 증뢰물전달에서 뇌물공여죄로 하였고, 5년이하의 징역 또는 2천만원 이하의 벌금에 처한다고 하였다. 벌금액을 현실화한 것으로 보인다.

② 구성요건

(i) **주 체** 본죄의 주체는 공무원 · 중재인임을 요하지 않는다(일반인도 가능).

(ii) **행 위** 본죄에 있어서 수수에 대응하는 것으로 자진하여 제공하는 것이며, 교부란 뇌물에 대한 점유의 이전을 말한다. 수뢰죄가 무죄라 하더라도 증뢰죄 성립은 가능하다(판례)(대판 1997. 9. 5, 97 도 1572).

(9) 뇌물의 몰수와 추징(134조)

범인 또는 정을 아는 제3자가 받은 뇌물 또는 뇌물에 공할 금품은 몰수한다. 그를 몰수하기 불능한 때에는 가액을 추징한다.

일반의 몰수 · 징수(48조 이하)는 임의적이나 뇌물죄의 경우는 필요적이다. 몰수 · 추징의 대상자에 관하여는 뇌물을 보유하고 있는 자로부터 몰수해야 한다. 따라서 수뢰자가 뇌물을 그대로 보관하였다가 증뢰자에게 반환하였을 때에는 증뢰자로부터 몰수 또는 추징하여야 한다(대판 1984. 2. 28, 83 도 2783). 특정공무원범죄에 대한 몰수 · 추징의 대상 및 절차에 대해서는 공무원범죄에 관한 몰수특례법이 적용되며, 형법 제129조 내지 제132조의 죄 및 특가법 제2조에 대해서는 이 특례법이 적용된다.

📖 대법원판례

① 뇌물죄에 있어서 직무와 이익의 의미 : 가. 뇌물죄에 있어서 직무는 법령에 의하여 정하여진 직무뿐만 아니라 그와 관련있는 직무, 과거에 담당하였거나 또는 장래 담당할 직무 및 사무분장에 따라 현실적으로 담당하지 않는 직무라고 하더라도 법령상 일반적인 직무권한에 속하는 직무 등 공무원이 그 직위에 따라 공무로 담당할 일체의 직무를 말한다.

나. 뇌물죄에 있어서 뇌물의 내용인 이익은 금전 물품 기타의 재산적 이익 뿐만 아니라 사람의 수요, 욕망을 충족시키기에 족한 일체의 유형, 무형의 이익을 포함한다.

다. 경찰공무원이 슬롯머신 영업에 5천만원을 투자하여 매월 3백만원을 배당 받기로 약속한 후 바로 이익을 얻었다고 볼 수 없고 매월 3백만원을 지급 받기로 하는 약속, 즉 뇌물의 수수를 약속한 것에 불과하고 현실적으로 매월 3백만원씩을 지급받은 것이 뇌물을 수수한 것이라고 보아야 하므로 1억 5백만원은 그 자체가 뇌물이 되는데, 다만 실제의 뇌물의 액수는 5천만원을 투자함으로써 억을 수 있는 통상적인 이익을 초과한 금액이라고 보아야 하며, 여기서 통상적인 이익이라 함은 다른 특별한 사정이 없는 한 그 경찰공무원의 직무와 관계없이 투자하였더라면 얻을 수 있었을 이익을 말하는데, 구체적으로는 위 투자의 형태가 실질에 있어서는 금원을 대여하고 그에 대하여 이자를 받은 것과 다를 바 없으므로 슬롯머신 업소 경영자와 같은 사람에게 5천만원을 직무와 관계없이 대여하였더라면 받았을 이자 상당이 통상적인 이익이 되며 그 이율은 양 당사자의 자금사정과 신용도 및 해당 업계의 금리체계에 따라 심리판단해야 하며, 그 경찰공무원이 다른 방법으로 그 돈을 투자하였더라면 어느 정도의 이익을 얻을 수 있었을 것인지는 원칙적으로 고려할 필요가 없다(대판 19995. 6. 30. 94도 993).

② 뇌물죄의 몰수·추징 : 공무원이 뇌물을 받음에 있어서 그 취득을 위하여 상대방에게 뇌물의 가액에 상당하는 금원의 일부를 비용의 명목으로 출연하거나 그 밖에 경제적 이익을 제공하였다 하더라도, 이는 뇌물을 받는 데 지출한 부수적 비용에 불과하다고 보아야 할 것이지, 이로 인하여 공무원이 받은 뇌물이 그 뇌물의 가액에서 위와 같은 지출액을 공제한 나머지 가액에 상당한 이익에 한정되는 것이라고 볼 수는 없으므로, 그 공무원으로부터 뇌물죄로 얻은 이익을 몰수 · 추징함에 있어서는 그 받은 뇌물 자체를 몰수하여야 하고, 그 뇌물의 가액에서 위와 같은 지출을 공제한 나머지 가액에 상당한 이익만을 몰수 · 추징할 것은 아니다(대판 1999. 10. 8, 99 도 1638).

▣ 뇌물죄의 분류

◇ 단순수뢰죄 → 수수, 요구, 약속(청탁은 불필요)
◇ 사전수뢰죄 → 공무원 또는 중재인이 될 자
◇ 제3자뇌물공여죄 → 부정한 청탁 - 제3자에 뇌물공여
◇ 수뢰후부정처사죄 → 수뢰 후 부정한 행위
◇ 사후수뢰죄 → 부정행위 후 뇌물의 수수, 요구, 약속
◇ 알선수뢰죄 → 공무원만 주체가 됨.
◇ 뇌물의 몰수와 추징 → 필요적이다(일반의 몰수 · 추징은 임의적임).

▣ 뇌물죄의 요건과 죄명

요 건	죄 명
청 탁	사전수뢰죄.사후수뢰죄
부정한 청탁	제3자뇌물공여죄
부정한 행위	수뢰후부정치사죄 사후수뢰죄

❖ 단순수뢰죄~수수, 요구, 약속(청탁은 불필요)

II. 公務妨害에 관한 罪

1. 公務執行妨害罪(136조 1항)

(1) 의의 및 보호법익

① **의 의** 본죄는 직무를 집행하는 공무원에 대하여 폭행 또는 협박을 가하거나(136조 1항) 위계로써(137조) 공무원의 직무집행을 방해함으로써 성립하는 범죄이다.

② **보호법익** 본죄의 보호법익은 국가기능으로서의 공무이며, 보호의 정도는 추상적 위험범이다.

(2) 객관적 구성요건

① **행위주체** 제한이 없다. 반드시 직무집행행위의 상대방에 한하지 않으며, 제3자도 주체가 될 수 있다. 공무원도 주체가 될 수 있다.

② **행위객체** 직무를 집행하는 공무원이다. 여기서 공무원에는 방법대원도 가능하다(1989년 3월 1일자로 고용직무공무원으로 특별채용한 때 공무원이다). 외국의 공무원은 여기에 포함되지 않는다.

(i) **직무집행의 범위** 「직무집행하는」이란 공무원이 현재 구체적인 직무를 집행함을 말한다. 또 직무집행은 직접 법령에 의거한 것이거나 상사의 명령에 의한 것이거나 불문하지만, 그 행위가 당해 공무원의 추상적 직무권한에 속하여야 한다. 집행중에 한하는 것이 아니고 집행에 착수하기 직전 · 직후를 포함한다(대판 2000. 7. 4, 99 도 4341).

(ii) **직무행위의 적법성 여부** 위법한 직무집행에 대해서는 국민이 복종할 의무가 없고, 형법은 적법한 직무집행만을 보호한다는 것이 그 이유이다(필요설)(통설 · 판례)

(iii) **직무집행의 적법성 요건**

ⓐ 행위가 당해 공무원의 추상적(일반적) 직무권한에 속하여야 한다. 면사무소 근무 공무원이 설계도면의 제출을 요구하거나, 법관이 수사상의 강제처분을

집행하는 경우, 경찰관이 조세징수 · 사법상의 분쟁해결에 관여하는 경우는 직무집행이라고 볼 수 없다.

ⓑ 행위가 당해 공무원의 구체적 권한에 속하여야 한다. 경찰관이 긴급체포나 현행범체포의 요건에 해당하지 않는 사람을 강제로 연행하는 것은 적법한 공무집행이라 할 수 없다.

ⓒ 행위는 법령이 정한 방식과 절차에 따른 것이어야 한다(영장주의, 구속사유, 변호인 선임권 등의 고지 등)(대판 1994. 9. 27, 94 도 886).

(iv) 적법성의 판단기준 법원이 법령을 해석하여 객관적으로 판단해야 한다는 견해가 통설 · 판례(대판 1991. 5. 10, 91 도 453)이다(객관설).

주거권자 또는 관리자의 사전 동의 없이 일반인의 자유로운 출입이 제한된 사업장에 들어가 불법체류와 단속을 한 것은 적법한 공무집행행위로 볼 수 없고 따라서 단속공무원을 칼로 찌른 행위가 특수공무집행방해죄를 구성하지 않는다(대판 2009. 3. 12, 2008 도 7156).

(v) 적법성의 체계적 지위(범죄의 체계론과 형사정책적 요구의 조화)

ⓐ **객관적 처벌조건설** 직무집행의 적법성은 객관적 처벌조건이라고 이해하여, 적법성의 인식은 고의의 내용이 되지 않으며 이에 대한 착오는 범죄의 성립에 영향을 주지 않는다는 견해(서일교:독일의 다수설)

ⓑ **구성요건요소설** 직무집행의 적법성은 구성요건요소이고, 적법성에 관한 착오는 행위사정에 관한 구성요건적 착오로서 고의를 조각한다는 견해(이재상, 배종대)

ⓒ **위법성조각사유설** 직무집행이 위법할 때에는 반항행위의 위법성을 조각시키는 위법성조각사유가 된다고 해석하는 견해이다. 이에 의하면 직무집행의 위법성에 대한 착오는 법률의 착오가 된다는 견해(유기천, 진계호, 황산덕, 정성근)

ⓓ **구체적 사태에 따른 해결설(2분설)** 적법성의 근거가 되는 행위사정에 관한 착오는 구성요건적 착오로서 고의가 조각되지만 적법성의 평가에 대한 착오는 위법성의 착오로서 고의는 조각되지 않으나 책임이 감경된다는 견해(김봉태, 정영일, 신동운)

③ 행 위 폭행 · 협박 · 위계이다.

(i) 폭행은 광의의 폭행으로 공무원에 대하여 행하여지면 족하고 반드시 공무

원의 신체에 직접적으로 가하여질 것임을 요하지 않는다(광의의 폭행).

(ii) **협박은** 공포심을 일으키게 하는 데 족한 해악의 고지이며, 현실적으로 공포심을 일으킴을 요하지 않는다. 폭행 · 협박의 정도는 공부집행을 방해할 수 있을 정도에 이를 것을 요한다(대판 2006. 1. 13, 2005 도 4799).

(iii) **僞計란,** 행위자가 달성하려는 목적과 수단을 상대방에게 알리지 아니하고 자기의 목적을 달성하는 것을 말한다(시험문제를 사전에 입수하거나 답안쪽지를 전달하는 경우).

(3) 주관적 구성요건

고의가 필요하다. 그러나 직무집행을 방해할 의사가 필요한가에 대하여는 학설의 대립이 있으나 본죄는 목적범이 아니므로 방해의사를 가질 필요는 없고 방해한다는 인식이 있음으로써 족하다고 보겠다.

(4) 기수시기

폭행 · 협박으로 기수가 되고, 공무집행이 현실적으로 방해됨을 요하지 않는다.

(5) 처 벌

개정형법은 공무집행방해죄를 범한 자는 5년이하의 징역 또는 1천만원이하의 벌금에 처한다고 하여 종전에 징역형에서 징역형 내지 벌금형으로 선택할 수 있도록 하였다(136조). 또 위계에 의한 공무집행방해죄는 일반 공무집행방해죄와 마찬가지로 5년이하의 징역 또는 1천만원이하의 벌금에 처하도록 하였다(137조).

(6) 죄 수

① 동시에 여러 사람이 집행하는 공무를 방해한 때에는 수죄의 상상적 경합이 된다고 한다(대판 1961. 9. 28, 4291 형상 415. 반대설 있음).

② 단순한 폭행을 넘어 상해죄 · 살인죄 · 강도죄 · 준강도죄 · 소요죄를 구성하는 때에는 본죄와 상상적 경합관계가 된다고 해야 한다.

③ 공무는 업무방해죄의 업무에 포함되지 않고 본죄가 성립한 때에는 업무방해죄는 성립하지 않는다.

2. 僞計에 의한 公務執行妨害罪(137조)

(1) 의 의

위계로써 공무원의 공무집행을 방해함으로써 성립하는 범죄로서 5년이하의 징역이나 1천만원이하의 벌금에 처한다.

(2) 구성요건

① 공무집행행위 방해하는 공무집행행위는 현재의 직무와 장래의 직무집행도 포함한다.

② 위 계 위계에 의한 공무집행방해죄에 있어서의 위계라 함은 행위자의 행위목적을 이루기 위하여 상대방에 오인, 착각, 부지를 일으키게 하여 그 오인, 착각, 부지를 이용한 것을 말하고, 상대방이 이에 따라 그릇된 행위나 처분을 하였다면 이 죄가 성립된다(대판 1995. 5. 9, 94 도 2990).

그 위계행위가 구체적인 직무집행을 저지하거나 현실적으로 곤란하게 하는데까지는 이르지 않은 경우에는 위계에 의한 공무집행방해죄로 처벌할 수 없다(대판 2009. 4. 23, 2007 도 1554)

대법원판례

① 외국 주재 한국영사관의 비자발급업무와 같이, 상대방으로부터 신청을 받아 일정한 자격요건 등을 갖춘 경우에 한하여 그에 대한 수용 여부를 결정하는 업무에 있어서는 신청서에 기재된 사유가 사실과 부합하지 않을 수 있음을 전제로 하여 그 자격요건 등을 심사·판단하는 것이므로, 그 업무담당자가 사실을 충분히 확인하지 아니한 채 신청인이 제출한 허위의 신청사유나 소명자료를 가볍게 믿고 이를 수용하였다면, 이는 업무담당자의 불충분한 심사에 기인한 것으로서 위계에 의한 공무집행방해죄를 구성하지 않는다. 그러나 신청인이 업무담당자에게 허위의 주장을 하면서 이에 부합하는 허위의 소명자료를 첨부하여 제출한 경우, 그 수리 여부를 결정하는 업무담당자가 관계 규정이 정한 바에 따라 그 요건의 존부에 관하여 나름대로 충분히 심사를 하였으나 신청사유 및 소명자료가 허위임을 발견하지 못하여 그 신청을 수리하게 될 정도에 이르렀다면, 이는 업무담당자의 불충분한 심사가 아니라 신청인의 위계행위에 의한 것

으로서 위계에 의한 공무집행방해죄가 성립한다(대판 2009. 2. 26, 2008 도 11862).
② 타인의 소변을 마치 자신의 소변인 것처럼 수사기관에 건네주어 필로폰 음성반응이 나오게 한 경우, 수사기관의 착오를 이용하여 적극적으로 피의사실에 관한 증거를 조작한 것이므로 위계에 의한 공무집행방해죄가 성립한다(대판 2007. 10. 11, 2007 도 6101).

3. 職務强要 · 辭職强要罪(136조 2항)

(1) 의 의

공무원에 대하여 그 직무상의 행위를 강요 또는 저지하거나 그 직무를 사퇴하게 할 목적으로 폭행 · 협박함으로써 성립하는 범죄이다. 목적범이다.

(2) 구성요건

① 객 체 직무상의 행위는 당해 공무원의 직무에 관계되는 것이며 반드시 직무권한 내의 행위일 것을 요하지 않는다.

② 행 위 행위는 폭행 · 협박이다.

4. 法廷 · 國會會議場侮辱罪(138조)

본죄는 법원의 재판 또는 국회의 심의를 방해 또는 위협할 목적으로 법정이나 국회회의장 또는 그 부근에서 모욕 또는 소동하는 범죄이다. 즉, 목적범이다. 개정형법은 국회의장을 국회회의장으로 개칭하고, 벌금액수를 700만원으로 변경하였다. 따라서 3년이하의 징역 또는 700만원이하의 벌금에 처하도록 하였다.

5. 人權擁護職務妨害罪(139조)

본죄는 경찰의 직무를 행하는 자 또는 이를 보조하는 자가 인권옹호에 관한 검사의 직무집행을 방해하거나 그 명령에 준수하지 않는 것을 내용으로 범죄이다(5년이하의 징역 또는 10년이하의 자격정지). 특히, 검사의 인권옹호에 관한 직무집행기능을 보호하려는 취지이다.

6. 公務上 秘密表示無效罪

손상, 은닉 기타의 방법에 의한 공무방해에 대하여 그 객체를 봉인, 압류, 기타 강제처분의 표시 등으로 제한하는 의미에서 공무상 봉인등표시무효죄, 부동산 강제집행효용침해죄, 공무상 비밀침해죄로 나누었다.

(1) 공무상 봉인등표시무효죄(140조 1항)

① 의 의 공무상 봉인등표시무효죄란, 공무원이 그 직무에 관하여 실시한 봉인 또는 압류 기타 강제처분의 표시를 손상 또는 은닉하거나 기타 방법으로 그 효용을 해한 경우에 성립하는 범죄(5년이하의 징역 또는 700만원이하의 벌금)이다.

② 구성요건

(i) 행위객체 공무원이 그 직무에 관하여 실시한 봉인 기타 압류 기타 강제처분의 표시이다. 강제처분이 완결된 후에는 본죄가 성립할 여지가 없다.

(ii) 행 위 행위에 관하여 강제처분의 대상이 된 채무자에 대하여만 가능하므로 甲 회사에 대한 공사중지가처분에 대하여 乙 회사가 건축을 한 경우와 남편을 채무자로 한 출입금지가처분을 무시하고 처가 출입한 때에는 본죄가 성립되지 않는다.

📖 대법원판례

'공무원이 그 직무에 관하여 실시한 압류 기타 강제처분의 표시를 기타방법으로 그 효용을 해하는 것'이라 함은 손상 또는 은닉 이외의 방법으로 그 표시자체의 효력을 사실상으로 감쇄 또는 멸각시키는 것을 의미하는 것이지, 그 표시의 근거인 처분의 법률상의 효력까지 상실케 한다는 의미는 아니라 할 것이다.

이 사건 점유이전금지가처분 채무자인 피고인은 집행관이 이 사건 건물에 관하여 가처분을 집행하면서 '채무자는 점유를 타에 이전하거나 또는 점유명의를 변경하여서는 아니된다'는 등의 집행 취지가 기재되어 있는 고시문을 이 사건 건물에 부착한 이후에 제3자로 하여금 이 사건 건물 중 3층에서 카페 영업을 할 수 있도록 이를 무상으로 사용케 하였다는 것인바, 이러한 피고인의 행위는 위 고시문의 효력을 사실상 멸각시키는 행위라 할 것이고, 가족, 고용인 기타 동거자 등 가처분 채무자에게 부수하는 사람을 거주시키는 것과 같이 가처분 채무자가 그 목적물을 사용하는 하나의 태양에 지나지 아니하는 행위라고 보기는 어려우므로 형법 제140조 제1항 소정의 공무상표시무효죄에 해당한다 할 것이고, 비록 점유이전금지가처분 채권자가 가처분이 가지는 당사자항정효로 인하여 가처분 채무자로부터 점유를 이전받은 제3자를 상대로 본안판결에 대한 승계집행문을 부여받아 가처분의 피보전권리를 실현할 수 있다 하더라도 달리 볼 것은 아니다(대판 2004. 10. 28, 2003 도 8238).

(2) 부동산강제집행효용침해죄(140조의 2 신설)

① 의 의 본죄는 강제집행으로 명도 또는 인도된 부동산에 침입하거나 기타 방법으로 강제집행의 효용을 해한 자에게 성립하는 범죄(5년이하의 징역 또는 700만원이하의 벌금)로서 개정형법에서 신설한 신종범죄이다.

② 구성요건

(ⅰ) 주 체 제한없다(따라서 그 친족 또는 제3자 가능).

(ⅱ) 객 체 명도 또는 인도된 부동산

(ⅲ) 행 위 침입 또는 기타 방법으로 강제집행의 효용을 침해하는 것이다. 시기는 강제집행과 침입 기타의 행위 사이에 시간적 관계가 필요하다.

이는 判決의 집행력과 강제집행의 효력을 보호하는 취지이다.

(3) 공무상 비밀침해죄(140조 2, 3항)

비밀침해죄에 대하여 불법이 가중되는 가중적 구성요건이다.

① 공무원이 그 직무에 관하여 봉함 기타 비밀장치한 문서 또는 도화를 개봉한 자도 제140조 제1항과 같다(2항). 여기서 종전의 "개피"를 "개봉"으로 바꾸었음을 주의해야 한다.

② 공무원이 그 직무에 관하여 봉함 기타 비밀장치한 문서, 도화 또는 전자기록 등 특수매체기록을 기술적 수단을 이용하여 그 내용을 알아낸 자도 제140조 1항과 같다(3항). 그 취지는 컴퓨터 등 최신장비의 보급확산과 이를 객체로 하는 신종범죄에 대처코자 하였다.

여기서 본죄의 객체는 전자기록(전기적 기록과 자기적 기록을 모두 포함, 녹음테이프, 컴퓨터 디스켓 등), 특수매체기록(전자기록 이외의 광기술이나 레이저 기술이용 등), 그러나 마이크로필름기록은 단순한 문자의 축소 및 그 기계적 확대에 의한 재생에 불과하므로 문서에 해당되지 본죄의 객체가 되는 것은 아니라고 하겠다. 미수범도 처벌한다(143조).

7. 公用書類 등의 無效罪(141조 1항)

(1) 의 의

공무소에서 사용하는 서류 기타 물건 또는 전자기록 등 특수매체기록을 손상 또는 은닉하거나 기타 방법으로 그 효용을 해한 자는 7년이하의 징역 또는 1천만 원이하의 벌금에 처한다. 개정형법에서 전자기록 등 특수매체기록이 추가되었다. 이의 설명은 공무상 비밀표시 무효죄의 설명과 같다.

(2) 구성요건

한국은행은 국고금예수관계에 있어서 공무원에 해당하나, 사립학교는 해당되지 않는다. 검찰청에 제출된 사문서, 작성권한이 없는 기관이 작성하여 공문서가 될 수 없는 문서도 공문서가 된다(대판 1981. 8. 25, 81 도 1830). 정부공문서규정에 따라 접수되고 작성된 것임을 요하지 않는다.

(3) 미수범

미수범도 처벌한다(143조).

8. 公用物破壞罪(141조 2항)

본죄는 공무소에서 사용하는 건조물, 선박, 기차 또는 항공기를 파괴함으로써 성립하는 범죄다(1년이상 10년이하의 징역).

자동차는 본죄의 행위객체에 포함되지 않고 제141조 1항에 해당될 뿐이다. 본죄에 해당하면 손괴죄는 따로이 성립하지 않는다.

9. 公務上 保管物의 無效罪(142조)

(1) 의 의

본죄는 공무소로부터 보관명령을 받거나 공무소의 명령으로 타인이 관리(종전 간수)하는 자기의 물건을 손상 또는 은닉하거나 기타 방법으로 그 효용을 해하는 자는 5년이하의 징역 또는 700만원이하의 벌금에 처한다고 하였다. 예컨대, 압류한 집행관이 채무자에게 보관을 명하는 경우가 그 예이다. 물건에 대한 보관명령을 받을 것을 요하므로 단순히 채권압류결정의 정본을 송달받은 것만으로는 여기에 해당하지 않는다. 미수범도 처벌한다(143조).

(2) 구성요건

행위객체는 공무소로부터 보관명령을 받거나 공무소의 명령으로 타인이 간수하는 자기의 물건이다.

10. 특수공무방해 · 致死傷罪(144조 1, 2항)

단체 또는 다중의 위력을 보이거나 위험한 물건을 휴대하여 제136, 138, 140 내지 전조의 죄를 범한 때(각조에 정한 형의 2분의 1까지 가중)(1항)와 공무원을 상해 또는 사망에 이르게 한 때(2항)에 성립하는 범죄이다.

행위태양의 위험성으로 인하여 불법이 가중되는 구성요건이다. 결과적 가중범이다. 개정형법은 특수공무방해치상죄는 3년이상의 유기징역, 치사의 경우에는 무기 또는 5년이상의 징역에 처하도록 함으로써 치상과 치사의 법정형을 구별하였음을 주목해야 한다(2항).

특수공무집행방해치상죄는 공무집행방해죄에 대한 결과적 가중범으로서 중한 결과에 대한 예견가능성 뿐만 아니라 고의가 있는 경우까지도 포함하는 부진정결과적 가중범이다(대판 1995. 1. 20, 94 도 2842).

Ⅲ. 逃走罪

1. 意義 및 保護法益

본죄는 법률에 의하여 체포 또는 구금된 자가 도주함으로써 성립하는 범죄(1년이하의 징역)이다(145조 1항). 본죄의 보호법익은 형사사법에 관한 국가의 기능, 특히 구금기능(국가의 구속권, 구금권, 구속작용)이다. 보호의 정도는 침해범이다.

2. 構成要件

(1) 주 체

법률에 의하여 체포 · 구금된 자이다.

기결수이든 미결수이든 불문한다. 기결수에는 벌금형을 받고 금액을 완납하지 못하여 노역장에 유치되어 있는 자도 포함된다. 영장에 의한 구속에 제한되지 않고 긴급체포나 현행범으로 체포된 자도 포함된다. 감정유치중인 자도 포함된다. 그러나 보석중에 있는 자, 형의 집행정지중에 있는 자, 범인으로 추적되고 있는 자, 가석방중에 있는 자도 포함되지 않으며, 법령에 의하지 않거나 위법하게 체포 구금된 자도 제외된다.

그리고 아동복지시설에 수용된 자, 경찰관직무집행법에 의해 보호중인 자, 전염병예방방법에 의해 격리수용된 자는 본죄의 주체가 아니다.

보호감호 또는 치료감호와 같은 보안처분의 집행을 받은 자도 본죄의 주체가 된다고 해석하는 견해도 있으나 부정함이 통설이다. 소년원에 수용되어 있는 자가 본죄의 주체가 되는가에 대하여 긍정설과 부정설이 있다. 긍정설이 통설이다.

(2) 행 위

도주이다. 여기서 도주라 함은, 체포 또는 구금으로부터 이탈하는 것을 말하는데 일시적인 것으로도 족하다. 기수시기는 간수자의 실력적 지배를 벗어났을 때이다. 따라서 추적당하지 않고 교도소의 외벽을 탈출하면 기수로 된다. 그러나 계속 추적중인 경우는 기수로 되지 않는다.

◇ 법률에 의하여 체포 · 구금 → 기결수이든 미결수이든 불문한다. 그러나 보석중인 자, 형의 집행정지중에 있는 자, 가석방중인자, 아동복지시설에 수용 중인 자 등은 포함되지않는다.
◇ 도주 → 체포 또는 구금으로부터 이탈하는 것, 그러나 외벽을 탈출하기 전이나 외벽을 탈출해도 계속 추적중이면 기수가 되지 않는다.

3. 集合命令違反罪(145조 2항)

본죄는 법률에 의하여 체포 또는 구금된 자가 천재, 사변 기타 법령에 의하여 잠시 해금된 경우에 정당한 이유 없이 그 집합명령에 위반 하는 범죄(1년이하의 징역)이다. 단순도주죄의 수정적 구성요건으로서 진정부작위범이다.

집합명령위반에도 미수범을 처벌한다. 이는 진정부작위범이 미수는 인정하지 않는 통설의 태도에 어긋난다. 입법론상 의문이다.

4. 特殊逃走罪(146조)

본죄는 수용설비 또는 기구를 손괴하거나 사람에게 폭행 · 협박을 가하거나 2인 이상이 합동하여 도주하는 범죄(7년이하의 징역)이다. 합동범이므로 현장성이 요구된다(현장설).

5. 逃走援助罪(147조, 148조)

본죄는 법률에 의하여 구금된 자를 간수 또는 호송하는 자가 이를 도주하게 하는 범죄(단순도주원조죄 : 10년이하의 징역)(147조) 또는 법률에 의하여 구금된 자를 탈취 또는 도주하게 하는 범죄(간수자도주원조죄 : 1년이상 10년이하의 징역)(148조)이다. 도주죄의 교사, 방조에 해당하는 행위를 독립된 구성요건으로 규정하고 있다. 총칙상의 공범규정이 적용되지 않는다.

Ⅳ. 犯人隱匿罪

1. 意義 및 保護法益

본죄는 벌금 이상의 형에 해당하는 죄를 범한 자를 은닉 또는 도피하게 함으로써 성립하는 범죄이다(151조 1항)(3년이하의 징역 또는 500만원이하의 벌금에 처함). 그 보호법익은 국가의 형사사법기능이며, 보호의 정도는 위험범이다.

2. 客觀的 構成要件

(1) 주 체

제한이 없으나 범인 자신은 제외된다. 그 이유는 기대가능성이 없기 때문에 책임이 조각된다고 봄이 통설이다.

(2) 객 체

벌금 이상의 형에 해당하는 죄를 범한 자이다. 여기서 벌금 이상의 형에 해당하는 죄라 함은 법정형으로서 벌금 이상의 형이 규정되어 있는 죄를 말한다. 따라서 구류 · 과료가 병과되고 있는 경우도 가하다. 죄를 범한 자라고 하기 위하여는 구성요건에 해당하고 위법 · 유책할 뿐만 아니라 처벌조건과 소송조건을 구비하였을 것을 요한다. 따라서 무죄판결이 확정되었거나 형의 폐지 · 공소시효의 완성 또는 사면에 의하여 소추와 처벌이 불가능한 때에는 여기에 해당하지 않는다.

① **죄를 범한 자의 의미** 판례는 진범인임을 요하지 않는다. 제151조 제1항 소정의 「죄를 범한 자」라함은 범죄의 혐의를 받아 수사대상이 되어 있는 자를 포함한다. 따라서 구속수사의 대상이 된 공소외인이 그 후 무혐의로 석방되었다 하더라도 위 죄의 성립에 영향이 없다(대판 1982. 1. 16, 81 도 1931).

또한 무죄 · 면소의 판결이 확정된 경우, 친고죄에서 고소권이 소멸한 경우 또는 시효의 완성 · 사면 등으로 소추처벌의 가능성이 없어진 경우에는 벌금형 이상에 해당하는 죄를 범한 자라도 본죄의 객체가 되지 않는다.

폭행사건현장의 참고인이 출동한 경찰관에게 범인의 이름대신 허무인의 이름을 대면서 구체적인 인적사항에 대한 언급을 피한 경우에는 범인도피죄가 성립하지 않는다(대판 2008. 6. 26, 2008 도 1059).

② 죄를 범한 자에 친고죄의 경우 고소 없더라도 가능한가

(i) 은닉시에 범죄가 유죄판결을 받을 수 있을 정도로 이를 것을 요하는 것이 아니므로 단순히 고소가 없는 경우도 해당한다는 설(다수설).

(ii) 다수설과 같은 입장을 취하면서 다만 고소권이 소멸하여 고소가능성이 없는 경우에는 죄를 범한 자를 포함되지 않는다는 설(이재상)

대법원판례

공동피고인이 1995.9. 하순 오후 경 전북 완주군 용진면 간중리 두억마을에 있는 버스 정류장에서 피고인에게 접근하여 사귀어보자면서 추근거리다가 같은 해 10. 중순 02:00경 피고인의 집 담을 넘어 창문을 통해 피고인의 방에 침입하여 알몸으로 자던 피고인을 덮쳐 누르고 간음하던 중 인기척에 놀라 달아난 후, 같은 해 10. 하순 02:00경 다시 피고인의 방에 침입하여 알몸으로 자고 있던 피고인을 1회 간음한 것을 기화로 그 후 수시로 피고인에게 전화하여 교제하자고 요구하고 피고인은 이를 거부하였다. 또한 1996.6.13. 02:30경 피고인의 집 담을 넘어 거실 뒷문 및 피고인의 방문을 통하여 피고인의 방에 침입하여 침대에서 자고 있는 피고인을 간음하려 하였으나 저항하는 바람에 함께 침대에서 굴러 떨어지자 주먹으로 피고인의 머리 및 목 부위를 수회 때리던 중 피고인이 "엄마"하고 비명을 지르자 창문을 넘어 도주하여 그 뜻을 이루지 못하고 미수에 그쳤으나 이로 인하여 피고인에게 약 2주일간의 치료를 요하는 우측후경부과긴장 및 염좌 등의 상해를 가하였다.

피고인은 사실은 1995.에 자신을 간음한 자가 원심 공동피고인이며 그의 용모와 체격 및 그가 자신의 초등학교 및 중학교 1년 선배이고 같은 동네에 살며. 집에서 오골계를 사육하고 오토바이를 즐겨 타고 다닌다는 것까지 알고 그와 만나는 것을 꺼려 피해 다녔으나 마을버스 정류장 등에서 몇 번 마주쳤으며, 1996.6.13. 이 사건 당일에도 자신을 강간하려다가 도주한 자가 원심 공동피고인이란 사실을 잘 알고 있었다. 그럼에도 불구하고 그를 강간범으로 지목할 경우 자신의 수치스런 과거가 마을에 알려져 자신의 명예가 훼손될 것만을 염려한 나머지 같은 날 07:00경 원심 공동피고인이 절취하여 가지고 있던 공소외 1 소유의 핸드폰을 급히 도주하느라 범행현장에 남겨 놓았는데 피고인의 언니인 공소외 2가 이것을 가지고 완주경찰서 용진지서에 피해 신고하여, 완주경찰서에서 핸드폰 소유자를 추적, 공소외 1을 용의자로 체포한 후 1996.6.13. 09:00경 위 경찰서 수사과 사무실에서 범인식별실에 위 공소외 1를 입실시켜 피고인에게 위 공소외 1를 보여준 다음, 형사 나○규가 피고인에게 "저 사람이 범인이냐?"고 질문하자 이 사건과 무관한 위 공소외 1을 가리켜 "얼굴 윤곽이나 뒷모습을 보니 저 사람이 범인이 분명합니다"라고 대답하고, 위 나○규가 "우리 눈치 보지말고 잘 모르면 모른다고 대답해라"고 하였음에도 다시 "내가 나이가 몇 살인데 남이 맞다고 하라고 하여 맞다고 하겠는가요, 그 때 가로등 불빛을 통하여 범인의 얼굴윤곽 및 뒷모습을 확실히 보고 기억하였고 지금 그를 보니 범인이 분명하다고 판단되기 때문에 그를 범인으로 지목하는 것입니다"라고 진술하며 나아가

위 공소외 1를 엄히 처벌해 달라고 요구한 다음 경찰서 및 검찰청에서 수차에 걸쳐 사법경찰관 및 검사 앞에서 피해자 진술을 함에 있어서 "공소외 1가 범인임이 명백하니 엄벌에 처해달라"고 허위진술로 일관하여 위 공소외 1로 하여금 전주지방법원에 강간치상 등의 죄로 구속 기소되게 하여 진범인 원심 공동피고인의 검거를 현저히 곤란하게 하고 도주를 용이하게 하여 범인을 도피하게 하였다.

대법원은 피고인의 시력이 우안 0.08, 좌안 0.06에 불과하고 당시 안경을 벗은 채로 잠이 들어 있었고, 방안의 불은 꺼져 있고 가로등 불빛만이 희미하게 비추는 정도였다는 점, 경찰서에서 공소외 1이 범인이냐는 형사들의 질문에 대하여 잘 모르겠다고 대답하였는데, 형사들이 그렇게 대답하면 안되고 확실하게 대답하라고 다그치자, 이에 피고인이 공소외 1을 단정적으로 범인이라고 진술하게 된 사실 등을 들어 피고인에게 적극적으로 범인을 도피하게 할 의사가 없었던 것으로 보아 범인도피죄를 인정하지 않았다(대판 1997. 9. 9, 97 도 1596).

(3) 행 위

은닉 또는 도피이다. 본죄에서 은닉이라 함은, 장소를 제공하여 관헌으로부터의 발견·체포를 곤란 내지 불가능하게 하는 일체의 행위를 말한다. 예컨대, 범인을 변장시키는 것, 범인에게 수사상황을 알리는 것, 진범인에 대신하여 자기가 범인이라고 허위신고를 하는 것, 범인의 자수나 타인의 신고, 고발을 저지시키는 것, 범인에게 여비를 주는 것 등이다. 증언거부권자에게 증언을 거부하게 한 것만으로 본죄에 해당하지 않는다. 참고인이 수사기관에서 허위진술을 하여 범인이 석방되었다고 하여 범인도피죄에 해당하는 것도 아니다.

본죄의 행위는 작위뿐만 아니라 부작위에 의하여도 행할 수 있다. 경찰관이 범인을 알면서 체포하지 않고 방임하는 경우에는 본죄가 성립할 수 있다.

수사조사과정에서 공범의 이름을 묵비한 것은 도피하게 한 것이라 볼 수 없으나(대판 1984. 4. 10, 83 도 3288), 범인 아닌 자가 범인임을 자처하여 허위사실을 진술하여 진범체포를 방해한 경우는 본죄에 해당한다(대판 1996. 6. 14, 96 도 1016).

3. 主觀的 構成要件

행위자가 벌금 이상의 형에 해당하는 죄를 범한 자임을 인식해야 한다. 그러나 범죄의 종류, 범인의 성명 기타 구체적인 범죄사실 등은 인식할 필요가 없다. 그리고 이러한 인식은 미필적인 것으로도 족하다.

4. 犯人隱匿罪의 敎唆(범인이 제3자를 교사하여 자기은닉한 경우)

(1) 긍정설

타인을 교사하여 본죄를 범하도록 한 것은 스스로 행하는 경우와는 정상을 달리하는 것으로 자기비호권의 한계를 일탈한 것으로서 기대가능성이 인정되기 때문에 교사범의 성립을 인정해야 한다는 견해(김봉태, 김석휘, 유기천, 정영석, 진계호, 황산덕, 신동운)이다(대판 2000. 3. 24, 2000 도 20).

(2) 부정설

타인을 교사하여 자기를 은닉하게 하는 것은 자기비호권의 연장에 불과하므로 교사범도 될 수 없다는 견해(남흥우, 서일교, 정성근, 이재상, 배종대)이다.

5. 親族間의 判例

(1) 범인의 친족 · 호주 또는 동거의 가족이 본인의 이익을 위하여 범인은닉죄를 범하였을 때에는 처벌하지 아니한다(제151조 2항).

친족 범위는 민법(767조)에 따르며, 내연관계에 있는 자와 그 출생자도 여기에 포함된다고 하는 것이 타당하다. 공범의 이익을 위한 경우에는 본조의 적용이 없다. 사실혼관계에 있는 자는 민법소정의 친족이 아니므로 포함되지 않는다고 판례는 판시하고 있다(대판 2003. 12. 12, 2003 도 4533).

(2) 법문의 '처벌하지 아니한다' 는 의미에 관하여 신분으로 인해 범죄가 성립하지 않는다는 설(책임조각사유설)과 범죄는 성립하되 인적처벌조각사유라는 설이 대립되어 있다.

① **책임조각사유설** 친족간의 정의에 비추어 은닉행위를 하지 않을 것을 기대할 수 없으므로 책임이 조각된다는 견해(다수설)→무죄 판결

② **인적처벌조각사유설** 친족간에도 은닉죄는 성립하지만 친족이라는 일신적 사유(신분)로 인하여 처벌만 면제한다는 견해(유기천, 황산덕, 김석휘, 신동운)

V. 僞 證 罪

1. 意義 및 保護法益

본죄는 법률에 의하여 선서한 증인이 허위의 진술을 함으로써 성립하는 범죄이다(152조 1항). 본죄의 보호법익은 국가의 적정한 판결 및 심판작용이다(대판 1987. 7. 7, 86 도 1724). 보호의 정도는 추상적 위험범이다. 개정형법은 위의 공술을 진술로 바꾸었다. 그 처벌은 5년이하의 징역 또는 1천만원이하의 벌금에 처한다.

위증죄는 선서한 증인이 고의로 자신의 기억에 반하는 증언을 함으로써 성립하고, 그 진술이 재판의 결과에 영향을 미치는지 여부는 위증죄 성립에 관계가 없다.

2. 客觀的 構成要件

(1) 주 체

법률에 의하여 선서한 증인이다. 따라서 본죄는 신분범이며, 또한 전형적인 自手犯이다. 법률에 의하여 선서한다는 것은 법률의 규정에 의하여, 법률(형사소송법, 민사소송법, 비송사건절차법, 법관징계법, 검사징계법, 특허법, 국회에서의 증언·감정에 관한 법률)이 정한 절차에 따라 선서한다는 뜻이다. 사소한 절차의 위법(위증의 벌을 경고치 않고 선서하게 하였거나, 선서한 법원에 관할위반이 있는 경우, 기소절차가 부적법한 경우)은 본죄의 성립을 방해하지 않지만 선서가 무효인 경우(선서무능력자의 선서 : 16세미만 자)에는 본죄를 구성하지 않는다. 증언의 전·후를 불문한다(통설). 사전선서인가 사후선서인가를 불문한다(통설).

① 선서한 증인이어야 하므로 증인이 아닌 피고인이 자기의 피고사건에 관하여 허위의 진술을 하더라도 본죄는 성립하지 않는다.

② 공범자 또는 공동피고인이 증인의 자격으로 선서하고 증언한 경우 본죄의 주체가 될 수 있느냐?

공범자 아닌 공동피고인은 증인적격이 있으므로 선서하고 증언하면 본죄의 주체로 되지만 공범인인 공동피고인은 증인적격이 없으므로 본죄의 주체로 될 수 없다고 한다(이재상, 정성근, 배종대)(판례).

이 경우 선서 한 후 자기의 범죄사실에 대하여 허위의 진술을 한 때에 위증죄가 성립하기가 곤란하다고 본다(제한설, 판례). 형사소송법 제148조에 의한 증언거부권자가 증언거부권을 행사하지 않고, 선서 후 위증한 경우에는 본죄가 성립한다(통설 · 판례(전원합의체) 1987. 7. 7, 86 도 1724).

대법원판례

증인으로 선서한 이상 진실대로 진술한다고 하면 자신의 범죄를 시인하는 진술을 하는 것이 되고 증언을 거부하는 것은 자기의 범죄를 암시하는 것이 되어 증인에게 사실대로의 진술을 기대할 수 없다고 하더라도 형사소송법상 이러한 처지의 증인에게는 증언을 거부할 수 있는 권리를 인정하여 위증죄로부터의 탈출구를 마련하고 있는 만큼 적법행위의 기대가능성이 없다고 할 수 없으므로 선서한 증인이 증언거부권을 포기하고 허위의 진술을 하였다면 위증죄의 처벌을 면할 수 없다. (대판(전원합의체) 1987. 7. 7, 86 도 1724)

⑵ 행 위

허위의 진술을 하는 것이다.

① 허위의 의미

(i) **객관설** 허위란 증인의 공술내용이 객관적인 진실에 반하는 것을 의미하며, 그것이 증인의 기억과 일치하느냐는 묻지 않는다(독일의 통설, 이재상).

따라서 증인이 위증의 의사로 자기의 기억에 반하는 진술을 하였으나 그것이 객관적 진실과 합치되는 때에는 위증죄가 성립하지 않는다.

(ii) **주관설** 허위란 증인이 자기의 기억에 반하는 공술을 하는 것을 의미하며, 그 공술내용이 객관적인 진실과 합치되느냐는 묻지 않는다는 견해이다. 우리나라 통설이다.

(iii) **판례의 태도** 대법원은 일관하여 주관설을 취하여 「위증죄에서 말하는 허위의 진술이라는 것은 그 객관적 사실이 허위라는 것이 아니라 스스로 체험한 사실을 기억에 반하여 기술하는 것이고 설사 그 증언이 객관적 사실과 합치된다고 하더라도 기억에 반하는 진술을 한 때에는 위증죄의 성립에 영향이 없다」(대판 2007. 10. 26, 2007 도 5076).

생각건대, 증언의무는 자신의 기억에 따라 사실을 진술한 의무이지 반드시 객관적 진실을 진술해야 할 의무는 아니므로 주관설이 타당하다. 허위의 공술로서 재판의 결과에 영향을 미침을 요하지 않는다(추상적 위험범).

② **진 술**

(i) **진술의 대상** 사실에 제한되며 가치판단을 포함하지 않는다(대판 1996. 2. 9, 95 도 1797).

(ii) **진술의 방법** 구술에 의한 진술뿐 아니라 거동이나 표정에 의한 진술도 포함한다. 진술거부권에 의하여 전체로서의 진술내용이 허위로 되는 때에는 不作爲에 의한 위증이 될 수 있다.

(iii) **진술의 내용** 진술의 내용은 반드시 요증사실에 대한 것으로 판결에 영향을 미칠 수 있는 것임을 요하지 않는다.

▣ **위증죄와 허위성**

◇ 객관설 : 객관적 진실에 합치되느냐 않느냐를 표준으로 하는 견해.
◇ 주관설 : 증인의 주관적 기억을 표준으로 하는 견해(통설 · 판례)
 ✦ 증인이 자기의 기억에 반하여 진술했다면 그것이 객관적 진실과 합치되더라도 위증죄 성립
 ✦ 위증으로 인해 재판의 결과에 영향을 미칠 것을 요하지 않음(추상적 위험범)

(3) 주관적 구성요건

본죄는 고의범이므로 고의가 필요하다. 미필적 인식으로 족하다.

오해 또는 착오에 의한 진술이나 기억이 분명하지 못하여 잘못 진술한 때에는 위증죄가 성립되지 않는다.

(4) 기수시기

① 허위공술이 있으면 즉시 기수가 된다는 견해(정영석)

② 신문절차가 종료하여 그 진술을 철회할 수 없는 단계에 이르렀을 때 기수로 된다는 견해(다수설)

반대로 증인으로 먼저 진술한 후에 선서한 경우에는 선서가 끝난 때에 기수

가 된다는 데 이론이 없다.

③ 허위의 공술을 한 증인이 신문이 끝날 때까지 이를 시정한 때에는 위증죄는 성립하지 아니한다.

┌ 선서 후 진술→ 신문절차 종료시
└ 진술 후 선서→ 선서 끝난 때

(5) 공 범

① **본죄는** 自手犯**이므로** 법률에 의하여 선서하고 증언하는 자 이외에는 본죄에 대한 간접정범이나 공동정범이 될 수 없다. 그러나 교사나 방조는 가능하다.

② **피고인의 위증교사**

(i) **적극설** 피고인에 의한 위증교사죄의 성립을 인정하는 견해이다.

㉠ 타인에게 위증교사하는 경우까지 기대가능성이 없다고 할 수 없고, ㉡ 피고인의 위증교사는 새로운 범인을 만들어 내는 특수한 반사회성이 있다.

(ii) **소극설** 형사피고인은 본죄의 정범은 물론 교사범도 될 수 없다는 견해(다수설)이다.

㉠ 위증죄는 정범으로 처벌할 수 없는 형사피고인에게 교사범으로서의 형사책임을 부담케 하는 것은 부당, ㉡ 피고인의 위증교사는 피고인 자신이 허위로 진술한 것과 차이가 없다.

(iii) **판 례** 대법원은 적극설을 지지(대판 2004. 1. 27, 2003 도 5114). 다만 「피고인으로부터 위증교사를 받은 자가 법정에서 선서한 후 기억에 반하는 진술을 하였다가 검사의 반대신문에서 이를 번복 진술한 경우에는 위증죄가 성립하지 아니하므로 피고인의 교사죄도 성립되지 않는다」 고 판시하였다.

3. 自白, 自首의 判例

본죄를 범한 자가 그 진술한 사건의 재판, 징계처분이 확정되기 전에 자백, 자수한 때에는 그 형을 감경 또는 면제한다(필요적). 이는 위증으로 인한 오판을 방지하려는 취지이다.

4. 謀害僞證罪(152조)

본죄는 형사사건 또는 징계사건에 관하여 피고인, 피의자 또는 징계혐의자를 모해할 목적으로 위증죄를 범함으로써 성립하는 범죄이다(152조 2항). 목적으로 인하여 불법이 가중되는 가중적 구성요건이다(대판 1994. 12. 23, 93 도 1002). 처벌은 10년이하의 징역에 처한다.

5. 虛僞鑑定, 通譯, 飜譯罪(154조)

본죄는 법률에 의하여 선서한 감정인, 통역인 또는 번역인이 허위의 감정, 통역 또는 번역을 한 때에 성립하는 범죄다(전 2조의 예에 의해 처벌). 여기서 허위의 위증죄와 동일하다. 따라서 형사소송에서 수사기관으로부터 감정을 위촉받은 감정수탁자(형소법 221조)나 민사소송에서 감정서의 설명자(민소법 341조) 또는 감정증인은 본죄의 주체가 되지 못한다.

Ⅵ. 證據湮滅罪

1. 意義 및 保護法益

본죄는 타인의 형사사건 또는 징계사건에 관한 증거를 인멸, 은닉, 위조 또는 변조하거나 위조 또는 변조한 증거를 사용함으로써 성립하는 범죄(5년이하의 징역 또는 700만원이하의 벌금)이다(155조 1항). 보호법익은 국가의 형사사법 기능, 특히 재판권을 보호하려는 취지이다.

2. 客觀的 構成要件

(1) 객 체

① **타인의 형사사건 또는 징계사건에 관한 증거이다**. 여기서 타인이라 함은

자기 이외의 자이다(자기의 형사 또는 징계사건에 관한 증거를 인멸하더라도 본죄는 성립되지 않는다). 자기에 대한 형사처분이나 징계처분을 피하기 위해 증거자료를 인멸한 행위가 동시에 공범이나 제3자의 형사사건이나 징계사건에 관한 증거인멸의 결과가 되는 경우에도 본죄에 해당하지 않는다(대판 1995. 9. 29, 94 도 2608). 인멸행위시에 아직 수사절차가 개시되기 전이라도 장차 형사사건이 될 수 있는 것까지 포함한다(대판 2003. 12. 12, 2003 도 4533).

자기의 형사사건에 대한 증거를 인멸하기 위하여 타인을 교사한 때에는 본죄가 성립하는가에 대하여 적극설(진계호, 황산덕), 소극설(정성근, 정영석, 이재상), 판례는 긍정설을 취하고 있다.

문제는 자기의 형사사건 또는 징계사건에 관한 증거가 동시에 타인의 형사사건 또는 징계사건의 증거이기도 한 경우인 바, 판례는 타인의 사건에 관한 증거로 보아 본죄의 성립을 인정한다(대판 2000. 3. 24, 99 도 5275). 그러나 오로지 타인을 위한 의사인 경우에만 본죄의 성립을 부정하는 것이 옳다고 본다.

또 민사사건 또는 비송사건 등에 관한 증거는 포함되지 않는다. 그러나 재심, 비상상고사건, 형사피의사건, 수사개시 이전의 사건(통설 · 판례, 1982. 4. 27, 82 도 774)도 포함한다. 그리고 형사 · 징계사건의 계속 여부 및 경중 여부를 불문하여, 심리의 결과 유죄로 인정되거나 아니되거나를 불문한다.

② **공범자의 형사피고사건에 대한 증거를 타인의 형사사건에 대한 증거라고 할 수 있는가?**

판례는 자기의 이익을 위한 것이 동시에 공범자의 이익을 위한 때에는 본죄의 성립을 부정함으로써 대체로 (iii)설의 입장이다(대판 1976. 7. 22, 75 도 1446).

피고인자신이 형사처분이나 징계처분을 받게 될 것을 두려워한 나머지 자기의 이익을 위하여 증인이 될 사람을 도피하게 하였다면 그 행위가 동시에 다른 공범자의 형사사건이나 징계사건에 관한 증인을 도피하게 한 결과가 된다고 하더라도 이를 증인도피죄로 처단할 수 없다(대판 2003. 3. 14, 2002 도 6134).

(2) 행 위

증거의 인멸 · 은닉 · 위조 · 변조 또는 위조 · 변조된 증거의 사용이다.

인멸이란, 증거로서의 가치를 상실 · 감소시키는 일체의 행위를 말하며, 은닉이란, 증거의 소재를 분명하게 하여 그 현출을 곤란하게 하는 것을 말한다. 또 위조란, 새로운 증거를 만들어내는 것을 말하며, 변조란 진정한 증거에 가공하여 그 효과를 변경하는 것이다. 그리고 사용이란, 진정한 증거로서 재판기관 또는 심사기관에 제공하는 것이다. 공소제기 후 검사에게 제공하는 것도 사용이 된다. 또한 자발적인 제공은 물론, 요구에 응한 제출 역시 사용에 해당한다. 증거를 인멸하기 위하여 장물을 은닉한 때에는 본죄와 장물보관죄의 상상적 경합이 된다. 위증죄는 본죄에 대하여 특별관계에 있다. 선서하지 않은 증인으로 하여금 위증하게 하는 것은 증거인멸죄가 성립될 수 있다.

3. **證人隱匿罪**(155조 2항)

본죄는 타인의 형사사건 또는 징계사건에 관한 증인을 은닉 또는 도피하게 함으로써 성립하는 범죄이다. 증거인멸죄에 해당하는 행위를 별도로 규정한 것이다.

4. **謀害證據湮滅罪**

본죄는 피고인 · 피고자 또는 징계혐의자를 모해할 목적으로 제155조 제1 · 2항의 죄를 범한 것(동조3항)이다. 증거인멸죄와는 달리 목적범이다.

5. **親族間의 判例**(동조 4항)

친족, 호주, 동거가족이 본인을 위하여 본죄를 범한 때에는 기대가능성이 없어 책임이 조각된다. 사실혼관계에 있는 자는 범인도피죄와 증거인멸죄의 처벌을 받지 않는 친족에 해당하지 않는다(대판 2003. 12. 12, 2003 도 4533).

Ⅶ. 誣 告 罪

1. 意義 및 保護法益

본죄는 타인으로 하여금 형사처분 또는 징계처분을 받게 할 목적으로 공무소 또는 공무원에 대하여 허위의 사실을 신고함으로써 성립하는 범죄이다(10년이하의 징역 또는 1천500만원이하의 벌금에 처한다)(156조).

본죄의 보호법익은 피무고자의 법적 안전성 및 국가의 심판기능의 적정성이다. 개인적 법익침해설, 국가적 법익침해설, 절충설이 있으나 절충설이 다수설이다.

2. 客觀的 構成要件

(1) 주 체

제한이 없다. 따라서 공무원도 주체가 될 수 있다. 직무상 고발의 경우에도 본죄가 성립한다.

(2) 행 위

공무소 또는 공무원에 대하여 허위사실을 신고하는 것이다.

① **상대방** 신고의 상대방은 공무소 또는 공무원이다.

② **허위사실** 허위사실이란, 객관적인 진실에 반하는 사실을 의미한다. 따라서 위증죄와 달리 허위임을 믿고 신고한 것이 객관적인 사실에 합치하는 경우에는 본죄가 성립되지 않으며, 일부가 허위이고 타사실은 진실인 경우에는 허위부분에 대하여서만 독립하여 무고죄가 성립한다. 또 신고한 내용이 범죄행위를 구성하지 않는다고 했을 때 무고죄는 성립하지 않는다(대판 2008. 1. 24, 2007 도 9057). 또한 허위의 판단은 사실의 핵심이나 중요 부분이 진실과 합치되느냐에 따라 판단해야 하므로 정황을 다소 과장한다든지, 신고사실은 진실하나 형사책임을 부담할 자를 잘못 지정한 경우에는 무고죄가 성립하지 않는다(객관설). 죄명을 잘못 적은 것에 지나지 않는 때에도 허위라고 할 수 없다. 판례는 당해 관청의 직권을 발동할 수 있는 정도이면 추상적 사실로 족하다고 판시하고 있다(대판 1960. 10.

26, 4293 형상 2591). 도박자금으로 대여한 금전의 용도에 대하여 이를 숨기고 단순한 금전대출로 경찰서에 허위신고한것이 무고죄의 허위신고에 해당한다(대판 2004. 1. 16, 2003 도 7178).

형사처분 또는 징계처분의 원인이 될 수 있는 사실임을 요하므로 신고된 사실에 대하여 벌칙이 없거나, 사면 또는 공소시효완성으로 공소권이 소멸되었음이 명백한 사실을 신고하는 것은 여기에 포함되지 않는다(대판 1970. 3. 24, 69 도 2330). 그러나 객관적으로 고소사실에 대한 공소시효가 완성되었더라도 고소를 제기하면서 마치 공소시효가 완성되지 아니한 것처럼 고소한 경우에는 국가기관의 직무를 그르칠 염려가 있으므로 무고죄를 구성한다(대판 1995. 12. 5, 95 도 1908).

③ **신 고** 신고라 함은, 자진해서 사실을 고지한 것을 말한다. 그러므로 수사기관 등의 추문에 대하여 허위의 답을 한 경우는 본죄를 구성하지 않는다.

검사 또는 사법경찰관의 신문에 대하여 허위의 진술을 하는 것은 신고에 해당하지 않는다.

신고의 방식은 구두 · 서면 · 익명 · 기명 · 허위명 등을 모두 포함한다.

부작위에 의한 무고는 본죄의 불법내용이 허위의 사실을 자진하여 적극적으로 신고함에 의하여 형사처분 또는 징계처분의 원인을 제공함에 있다고 하는 점에 비추어 볼 때 성립되기 어렵다고 본다.

▣ 무고죄의 허위성

◇ 목적범
◇ 타인은 실재인이어야 한다.
◇ 형사처분에는 보안처분이나 보호처분 포함한다.
◇ 허위성 - 객관적인 진실에 반하는 사실을 의미(객관설)
✦ 따라서 위증죄와 달리 허위임을 믿고 신고한 것이 객관적 진실에 합치하는 경우에 는 본죄가 성립되지 않는다.

3. 主觀的 構成要件

본죄는 타인으로 하여금 형사처분 또는 징계처분을 받게 할 목적을 필요로 한다. 즉, 목적범이다.

① **타인이란**, 자기 이외에 제3자를 의미하며, 자연인이거나 법인이거나를 불

문한다. 따라서 자기 무고는 무고가 아니다.

또한 타인은 실제인이어야 한다는 것이다. 실재하지 않는 사자나 가공의 허무인에 대한 무고는 개인의 법적 안정성을 해하는 일이 없을 뿐만 아니라 국가의 심판기관에 대하여서도 무용의 수고를 끼칠 뿐 심판작용을 그릇되게 할 위험성이 없으므로 본 죄를 구성하지 않는다는 입장이다.

실재인인 이상 의사의무능력자나 책임무능력자 또는 징계대상인 신분을 가지지 못한 자라도 무고의 대상이 된다.

② **형사처분에는** 형법에 의한 형벌은 물론, 이에 대신하는 보안처분이나 보호처분(소년법 30조) 등을 포함한다. 징계처분이란, 공법상의 특별권력관계에 기인하여 요하는 제재를 말하며, 반드시 징계라는 명칭이 사용된 것임을 요하지 않는다. 공법상의 직무의무(Dienstpflicht)를 전제로 한다고 해야 한다.

③ **허위사실에 대한 인식도 고의의 내용에 포함된다**. 따라서 객관적 진실과 일치하지 않는다고 할지라도 진실이라고 확신하고 신고하였을 때에는 무고죄가 성립되지 않는다(대판 1987. 3. 24, 86 도 2632). 고소장의 내용이 진실에 부합할 때에는 본죄를 성립할 여지가 없다.

④ **목적은 결과발생의 의욕을 요하지 않고 미필적 인식으로써 족하다**(판례와 다수설).

⑤ **무고죄에 있어서의 범의는** 반드시 확정적 고의임을 요하지 않고 미필적 고의로써도 족하다 할 것이므로 무고죄는 신고자가 진실하다는 확신 없는 사실을 신고함으로써 성립하고 그 신고사실이 허위라는 것을 확신함을 필요로 하지 않는다(대판 2000. 7. 4, 2000 도 1908 :2007. 4. 26, 2007 도 1423).(대판 1988. 2. 9, 87 도 2338 ; 同旨 1966. 11. 22, 66 도 1293).

승낙무고의 경우는 인정되지 않는다. 즉 피무고자의 승낙에 의해서 위법성이 조각되지 않는다, 왜냐하면 무고죄는 국가의 형사사법기능이라는 법익을 보호하기 때문이다(대판 2005. 9. 30, 2005 도 2712).

4. 旣遂時期

신고가 해당기관에 도달한 때에 기수가 된다. 따라서 형사처분을 받게 할 목적으로 허위의 고소장을 작성하여 경찰관에게 제출, 후회하고 되돌려받았다고 하여도 무고죄의 성립에 지장을 주지 않는다(대판 1985. 2. 8, 84 도 2215).

구두에 의할 때에는 진술과 동시에 기수가 되지만 우송하였을 때에는 해당 관청에 도달하였을 때 기수가 된다. 따라서 당해 기관에서의 수사개시 여부나 공소제기 여부와 본죄의 성부와는 무관하다.

5. 自白, 自首에 대한 判例(157조)

무고죄를 범한 자가 그 신고한 사건에 대한 재판 또는 징계처분의 확정전에 자백 또는 자수한 때에는 형을 감경 또는 면제한다. 형법 제52조의 특칙이다(위증죄의 설명 참조). 단, 국가보안법상 무고죄의 경우에는 이 규정이 적용되지 않는다. 국가의 적정한 심판기능의 침해를 미연에 방지하기 위한 정책적 규정이다.

6. 罪 數

1개의 행위로 수인을 무고한 때에는 무고죄의 주된 보호법익이 국가적 법익이라는 이유로 1죄가 성립한다는 견해(유기천, 황산덕)가 있으나, 수죄의 상상적 경합이라고 봄이 다수설이다.

[종합판례정리]

1. 대판 1999. 10. 8, 99 도 2437(국가보안법 제7조 제3항 소정의 '이적단체'의 의미 및 그 판단기준) [1] 국가보안법 제7조 제3항에 규정된 소위 '이적단체'라 함은 반국가단체 등의 활동을 찬양 · 고무 · 선전 또는 이에 동조하거나 국가의 변란을 선전 · 선동할 목적으로 특정 다수인에 의하여 결정된 계속적이고 독자적인 결합체라고 할 것인데, 이러한 이적단체의 인정은 국가보안법 제1조에서 규정하고 있는 위 법의 목적 등 및 유추해석이나 확대해석을 금지하는 죄형법정주의의 기본정신에 비추어서 그 구성요건을 엄격히 제한 해석하여야 할 것이다.

[2] 98 조선녹두대가 정치적, 사회적 쟁점들에 대하여 자신들의 입장을 밝히면서 남총련 주최의 불법시위에 여러 차례 참가하였다는 사실만으로는 그 단체 자체의 본래 목적을 규명함이 없이 이적단체로 인정하기 어렵다고 한 사례.

2. 대판 1998. 5. 15, 98 도 495(국가보안법 제7조 제3항의 위헌 여부) 국가보안법 제7조 제3항에 규정한 이른바 이적단체라 함은 국가보안법 제2조 소정의 반국가 단체의 존재를 전제로 하여 반국가단체나 그 구성원 또는 지령을 받은 자의 활동을 찬양 · 고무 · 선전 또는 이에 동조하거나 국가변란을 선전 · 선동하는 행위를 하는 것을 직접적, 제1차적 목적으로 하는 단체를 말한다고 함이 대법원의 판례인 바, 이와 같은 해석은 국가보안법의 입법취지에 따라 합리적으로 해석한 것이어서 이를 위헌이라고 할 수 없다.

3. 대판 1998. 3. 27, 97 도 3395(국가보안법 제7조 제3항 소정의 이적단체 구성의 범죄성립시기) 국가보안법 제7조 제3항 소정의 이적단체 구성의 범죄성립시기는 그 단체의 이적성이 표출된 때가 아니고 그러한 목적으로 그 단체가 통솔체제를 갖춘 계속적 결합체는 결성된 때라고 보아야 한다(피고인이 1989. 6. 경 이미 그 전부터 이적단체로서의 성격을 가지고 있던 '전노운협'에 가입한 행위에 대하여 이적단체 구성 · 가입으로 인한 국가보안법위반죄의 공소시효 기산점을 1989. 6. 로 파악하여 그 때부터 공소시효 7년이 경과한 후인 1997. 3. 8. 제기된 이 사건 공소사실에 대하여 면소판결을 한 원심판결을 수긍한 사례.)

4. 대판 1999. 11. 26, 99 도 1904(직무유기죄의 성립요건) 직무유기죄는 구체적으로 그 직무를 수행하여야 할 작위의무가 있는데도 불구하고 이러한 직무를 버린다는 인식하에 그 작위의무를 수행하지 아니하면 성립하는 것이다.

5. 대판 1999. 12. 24, 99 도 2240(허위공문서작성죄와 직무유기죄와의 관계) 경찰관이 도박범행사실을 적발하고 그들의 인적사항을 확인하였음에도 그 도박사실을 발견하지 못한 것처럼 근무일지를 허위로 작성하고 이를 행사하였다면, 수사업무에 종사하는 경찰관의 직무위배의 위법상태는 그 근무일지를 허위로 작성할 당시부터 그 속에 포함되어 허위공문서작성, 동행사죄만이 성립하고 직무유기죄는 따로 성립하지 아니한다.

6. 대판 2000. 1. 28, 99 도 4022(뇌물죄에 있어서 '직무'의 의미와 군사기밀보호법상 '군사기밀'의 의미) 뇌물죄는 직무집행의 공정과 이에 대한 사회의 신뢰에 기하여 직무행위의 불가매수성을 그 직접의 보호법익으로 하고 있으므로 뇌물성은 의무위반행위나 청탁의 유무, 개개의 직무행위와의 대가적 관계, 금품수수시기와 직무집행행위의 전후를 가리지 아니한다 할 것이고, 공무원의 직무와 금원의 수수가 전체적으로 대가관계에 있으면 뇌물수수죄는 성립하며, 뇌물죄에서 말하는 '직무'에는 법령에 정하여진 직무뿐만 아니라 그와 관련 있는 직무, 과거에 담당하였거나 장래에 담당할 직무 외에 사무분장에 따라 현실적으로 담당하지 않는 직무라도 법령상 일반적인 직무권한에 속하는 직무 등 공무원이 그 직위에 따라 공무로 담당할 일체의 직무로서 직무와 밀접한 관계가 있는 행위 또는 관례상이나 사실상 소관하는 직무행위도 포

함한다.

7. 대판 2000. 1. 21, 99 도 4940(뇌물죄에 있어서 직무관련성) [1] 뇌물죄는 직무집행의 공정과 이에 대한 사회의 신뢰 및 직무행위의 불가매수성을 그 보호법익으로 하고 있고, 직무에 관한 청탁이나 부정한 행위를 필요로 하는 것은 아니기 때문에 수수된 금품의 뇌물성을 인정하는 데 특별한 청탁이 있어야만 하는 것은 아니고, 또한 금품이 직무에 관하여 수수된 것으로 족하고 개개의 직무행위와 대가적 관계에 있을 필요는 없으며, 그 직무행위가 특정된 것일 필요도 없다.

[2] 공무원이 얻는 어떤 이익이 직무와 대가관계가 있는 부당한 이익으로서 뇌물에 해당하는지 여부는 당해 공무원의 직무의 내용, 직무와 이익제공자와의 관계, 쌍방간에 특수한 사적인 친분관계가 존재하는지의 여부, 이익의 다과, 이익을 수수한 경위와 시기 등의 제반사정을 참작하여 결정하여야 할 것이고, 뇌물죄가 직무집행의 공정과 이에 대한 사회의 신뢰 및 직무행위의 불가매수성을 그 보호법익으로 하고 있음에 비추어 볼 때, 공무원이 그 이익을 수수하는 것으로 인하여 사회일반으로부터 직무집행의 공정성을 의심받게 되는지 여부도 뇌물죄의 성부를 판단함에 있어서의 판단기준이 된다.

[3] 공무원이 그 직무의 대상이 되는 사람으로부터 금품 기타 이익을 받은 때에는 그것이 그 사람이 종전에 공무원으로부터 접대 또는 수수받은 것을 갚는 것으로서 사회상규에 비추어 볼 때에 의례상의 대가에 불과한 것이라고 여겨지거나, 개인적인 친분관계가 있어서 교분상의 필요에 의한 것이라고 명백하게 인정할 수 있는 경우 등 특별한 사정이 없는 한 직무와의 관련성이 없는 것으로 볼 수 없고, 공무원의 직무와 관련하여 금품을 수수하였다면 비록 사교적 의례의 형식을 빌어 금품을 주고받았다 하더라도 그 수수한 금품은 뇌물이 된다.

[4] 단일하고도 계속된 범의 아래 동종의 범행을 일정기간 반복하여 행하고 그 피해법익도 동일한 경우에는 각 범행을 통틀어 포괄일죄로 볼 것이고, 수뢰죄에 있어서 단일하고도 계속된 범의 아래 동종의 범행을 일정기간 반복하여 행하고 그 피해법익도 동일한 것이라면 돈을 받은 일자가 상당한 기간에 걸쳐 있고, 돈을 받은 일자 사이에 상당한 기간이 끼어 있다 하더라도 각 범행을 통틀어 포괄일죄로 볼 것이다.

8. 대판 1999. 1. 29, 98 도 3584(공무원의 직무와 관련한 금품을 사교적 의례의 형식으로 수수한 경우, 뇌물성 여부 등) 수뢰자가 자기앞수표를 뇌물로 받아 이를 소비한 후 자기앞수표 상당액을 증뢰자에게 반환하였다 하더라도 뇌물 그 자체를 반환한 것은 아니므로 이를 몰수할 수 없고 수뢰자로부터 그 가액을 추징하여야 할 것이다.

9. 대판 1999. 2. 23, 98 도 3780(뇌물개념과 뇌물죄의 성립) 뇌물죄는 공무원의 직무집행의 공정과 이에 대한 사회의 신뢰에 기하여 공무원의 직무행위와 불가매수성을 그 직접의 보호법익으로 하고 있으므로 공무원의 직무와 금품수수 사이에 전체적으로 보아 대가성이 있으면 뇌물수수죄가 성립하는 것이고, 금품을 준 사람이 특별히 청탁을 한 바가 없다거나 공무원이 금품을 받은 후 의무에 위반되는 행위를 하지 아니하였다는 등의 사정은 뇌물죄의 성립에 아무런 영향을 미치지 아니한다.

10. 대판 1999. 11. 9, 99 도 2530(뇌물죄에 있어서 '직무'의 의미) 음주운전을 적발하여 단속에 관련된 제반 서류를 작성한 후 운전면허 취소업무를 담당하는 직원에게 이를 인계하는 업무를 담당하는 경찰관이 피단속자로부터 운전면허가 취소되지 않도록 하여달라는 청탁을 받고 금원을 교부받은 경우, 뇌물수수죄가 성립한다고 한 사례.

11. 대판 1999. 6. 11, 99 도 275(직무관련성을 부정한 사례) 정보과 형사인 피고인은 국내외에 걸쳐 발생하는 정치, 경제, 사회, 문화 등 제반 분야의 일들 중 일정중요도 이상의 정보를

수집하고 분석하여 상부에 보고하는 직무를 담당하고 있으므로 추상적으로는 위 외국인산업연수생에 대한 국내 관리업체 선정도 피고인의 정보수집대상에 포함된다 하더라도 원래 위 국내 관리업체 선정이 당시의 통상산업부(현 산업자원부) 또는 그 산하 중소기업청의 소관으로서 피고인이 소속된 경찰청의 업무와는 아무런 관련이 없는 점, 중소기업협동조합중앙회는 피고인의 출입처가 되어 본적이 없는 점, 비밀리에 행하여지는 정보업무의 특성 등에 비추어 피고인이 직무를 통하여 위 국내관리업체 선정에 어떠한 영향을 준다고는 할 수 없으므로, 경찰청 정보과근무 경찰관의 직무와 중소기업협동조합중앙회장의 외국인산업연수생에 대한 국내 관리업체 선정 업무는 직무관련성이 없다.

12. 대판 2000. 2. 22, 99 도 4942(특정경제범죄가중처벌에 관한 법률 제5조 제1항 소정의 '금융기관 임 · 직원이 직무에 관하여'의 의미) [1] 금융기관 임 · 직원이 직무와 관련하여 금품을 수수한 행위 등을 처벌하는 특정경제범죄가중처벌 등에 관한 법률 제5조의 입법취지는 금융기관은 특별법령에 의하여 설립되고 그 사업 내지 업무가 공공적 성격을 지니고 있어 국가의 경제정책과 국민경제에 중대한 영향을 미치기 때문에 그 임 · 직원에 대하여 일반 공무원과 마찬가지로 엄격한 청렴의무를 부과하여 그 직무의 불가매수성을 확보하고자 하는 데 있다.

[2] 특정경제범죄가중처벌 등에 관한 법률 제5조 제1항 소정의 '금융기관 임 · 직원이 직무에 관하여'라 함은 금융기관의 임 · 직원이 그 지위에 수반하여 취급하는 일체의 사무를 말하는 것으로서, 그 권한에 속하는 직무행위뿐만 아니라 그와 밀접한 관계가 있는 사무 및 그와 관련하여 사실상 처리하고 있는 사무도 포함되지만, 그렇다고 금융기관 임 · 직원이 개인적인 지위에서 취급하는 사무까지 이에 포함된다고 할 수는 없다.

[3] 금융기관의 임직원이 그 지위를 이용하여 금융기관으로부터 자금을 대출받아 이를 타인에게 대여한 후 그로부터 대여금에 대한 이자 또는 사례금을 수수한 행위는 특정경제범죄가중처벌 등에 관한 법률 제5조 제1항 소정의 수재죄에 해당하지 않는다고 한 사례.

13. 대판 1999. 5. 11, 99 도 963(제3자가 알선행위자의 알선행위에 대한 공동가공의 의사 없이 알선의뢰자로부터 금품을 받아 알선행위자에게 전달한 것만으로 알선수재죄가 성립하는지 여부) 특정범죄가중처벌 등에 관한 법률 제3조가 정하는 알선수재죄가 성립하려면 알선을 의뢰한 사람과 알선의 상대방이 될 수 있는 공무원 사이를 중개한다는 명목으로 금품 기타 이익을 수수 요구 또는 약속하는 행위가 있어야 하고, 알선을 의뢰한 사람과 알선의 상대방이 될 수 있는 공무원 사이를 중개한다는 명목으로 금품 기타 이익을 수수하는 사람(이하 알선행위자라고 한다) 이외의 제3자가 알선을 의뢰한 사람으로부터 금품을 받아 알선행위자에게 이를 전달하는 행위를 하였다면 그 제3자가 알선행위자의 그와 같은 행위에 대하여 공동가공의 의사를 가지고 그와 같은 전달행위를 하여 이를 특정범죄가중처벌 등에 관한 법률 제3조가 정하는 알선수재의 실행행위에 관여한 것으로 평가할 수 있는 경우는 별론으로 하고, 제3자가 그와 같은 공동가공의 의사 없이 위와 같은 금품 기타 이익을 중간에서 전달한 경우에는 그 자체만으로는 특정범죄가중처벌 등에 관한 법률 제3조가 정하는 알선수재죄의 구성요건에 해당한다고 할 수 없다.

14. 대판 1999. 2. 24, 98 도 1812(알선증재죄와 알선수재죄의 관계) 알선증재죄와 알선수재죄가 필요적 공범관계에 있으나, 필요적 공범이라는 것은 법률상 범죄의 실행이 다수인의 협력을 필요로 하는 것을 가리키는 것으로서 이러한 범죄의 성립에는 행위의 공동을 필요로 하는 것에 불과하고 반드시 협력자 전부가 책임이 있음을 필요로 하는 것은 아니므로, 알선증재죄가 성립하기 위하여서는 뇌물을 공여하는 행위와 상대방 측에서 금전적으로 가치가 있는 그 물품

등을 받아들이는 행위(부작위포함)가 필요할 뿐이지 반드시 상대방 측에서 알선수재죄가 성립되어야만 한다는 것을 뜻하는 것은 아니다.

15. 대판 1999. 6. 25, 99 도 1900(알선수뢰죄에 있어서 '공무원이 그 지위를 이용하여'의 의미 및 추징 문제) [1] 알선수뢰죄는 공무원이 그 지위를 이용하여 다른 공무원의 직무에 속한 사항의 알선에 관하여 뇌물을 수수, 요구 또는 약속하는 것을 그 성립요건으로 하고 있고, 여기서 '공무원이 그 지위를 이용하여'라 함은 친구, 친족관계 등 사적인 관계를 이용하는 경우에는 이에 해당한다고 할 수 없으나, 다른 공무원이 취급하는 사무의 처리에 법률상이거나 사실상으로 영향을 줄 수 있는 관계에 있는 공무원이 그 지위를 이용하는 경우에는 이에 해당하고, 그 사이에 상하관계, 협동관계, 감독권한 등의 특수한 관계가 있음을 요하지 않는다.

[2] 특정범죄가중처벌 등에 관한 법률 제13조의 규정에 의한 필요적 몰수 또는 추징은, 범인이 취득한 당해 재산을 범인으로부터 박탈하여 범인으로 하여금 부정한 이익을 보유하지 못하게 함에 그 목적이 있는 것으로서, 이 점은 공무원범죄에 관한 몰수특례법 제6조의 경우도 마찬가지이므로, 공무원의 직무에 속한 사항의 알선에 관하여 금품을 받고 그 금품 중의 일부를 받은 취지에 따라 청탁과 관련하여 관계 공무원에게 뇌물을 공여하거나 다른 알선행위자에게 청탁의 명목으로 교부한 경우에는 그 부분의 이익은 실질적으로 범인에게 귀속된 것이 아니어서 이를 제외한 나머지 금품만을 몰수하거나 그 가액을 추징하여야 하지만, 공무원의 직무에 속한 사항의 알선에 관하여 금품을 받은 자가 그 금품 중의 일부를 다른 알선행위자에게 청탁의 명목으로 교부하였다 하더라도 당초 금품을 받을 당시 그와 같이 사용하기로 예정되어 있어서 그 받은 취지에 따라 그와 같이 사용한 것이 아니라, 범인의 독자적인 판단에 따라 경비로 사용한 것이라면 이는 범인이 받은 금품을 소비하는 방법의 하나에 지나지 아니하므로, 그 가액 역시 범인으로부터 추징하지 않으면 안된다.

16. 대판 1999. 7. 23, 99 도 1911(사전수뢰죄에 있어서 청탁의 의미와 방법) 형법 제129조 제2항의 사전수뢰는 단순수뢰의 경우와는 달리 청탁을 받을 것을 요건으로 하고 있는 바, 여기에서 청탁이라 함은 공무원에 대하여 일정한 직무행위를 할 것을 의뢰하는 것을 말하는 것으로서 그 직무행위가 부정한 것인가 하는 점은 묻지 않으며 그 청탁이 반드시 명시적이어야 하는 것도 아니라고 할 것이다.

17. 대판 1999. 10. 8, 99 도 1638(공무원이 뇌물을 받음에 있어서 그 취득을 위하여 상대방에게 뇌물의 가액에 상당하는 금원의 일부를 비용으로 지출하거나 그 밖에 경제적 이익을 제공한 경우, 몰수 · 추징의 범위) 공무원이 뇌물을 받음에 있어서 그 취득을 위하여 상대방에게 뇌물의 가액에 상당하는 금원의 일부를 비용의 명목으로 출연하거나 그 밖에 경제적 이익을 제공하였다 하더라도, 이는 뇌물을 받는 데 지출한 부수적 비용에 불과하다고 보아야 할 것이지, 이로 인하여 공무원이 받은 뇌물이 그 뇌물의 가액에서 위와 같은 지출액을 공제한 나머지 가액에 상당한 이익에 한정되는 것이라고 볼 수는 없으므로, 그 공무원으로부터 뇌물죄로 얻은 이익을 몰수 · 추징함에 있어서는 그 받은 뇌물 자체를 몰수하여야 하고, 그 뇌물의 가액에서 위와 같은 지출을 공제한 나머지 가액에 상당한 이익만을 몰수 · 추징할 것은 아니다.

18. 대판(전원합의체) 2000. 6. 15, 98 도 3697(변호사가 비변호사로부터 법률사건의 수임을 알선받은 행위가 구 변호사법 제90조 제2호에 위반되는지 여부(적극)) [다수의견] 구 변호사법(2000. 1. 28. 법률 제6207호로 개정되기 전의 것, 이하 같다) 제90조 제2호 후단에서 말하는 알선이라 함은 법률사건의 당사자와 그 사건에 관하여 대리 등의 법률사무를 취급하는 상대방 사이에서 양자간에 법률사건이나 법률사무소에 관한 위임계약 등의 체결을 중개하거나 그 편의를 도모하는 행위를 말하므로, 현실적으로 위임계약 등이 성립하지 않아도 무방하며, 그 대가로

서의 보수를 알선을 의뢰하는 자뿐만 아니라 그 상대방 또는 쌍방으로부터 지급받는 경우도 포함하고, 비변호사가 법률사건의 대리를 비변호사에게 알선하는 경우는 물론, 변호사에게 알선하는 경우도 이에 해당하는 바, 이러한 법리는 변호사에게 법률사건의 수임을 알선하고 그 대가로 금품을 받는 행위에 대하여 변호사법 제90조 제3호, 제27조 제1항에서 따로 처벌하고 있다고 하여 달리 볼 것도 아니다. 그러므로 비변호사인 경찰관, 법원 검찰의 직원 등이 변호사인 피고인에게 소송사건의 대리를 알선하고 그 대가로 금품을 받은 행위는 구 변호사법 제90조 제2호 후단 소정의 알선에 해당하고, 변호사인 피고인이 그러한 사정을 알면서 위와 같이 비변호사들로부터 법률사건의 수임을 알선 받은 행위는 구 변호사법 제90조 제3호, 제27조 제2항, 제90조 제2호 위반죄를 구성한다.

19. 대판 1999. 9. 21, 99 도 383(공무집행방해죄에 있어서 '직무를 집행하는'의 의미)

[1] 형법 제136조 제1항 소정의 공무집행방해죄에 있어서 '직무를 집행하는'이라 함은 공무원이 직무수행에 직접 필요한 행위를 현실적으로 행하고 있는 때만을 가리키는 것이 아니라 공무원이 직무수행을 위하여 근무 중인 상태에 있는 때를 포괄한다 할 것이고, 직무의 성질에 따라서는 그 직무수행의 과정을 개별적으로 분리하여 부분적으로 각각의 개시와 종료를 논하는 것이 부적절하고 여러 종류의 행위를 포괄하여 일련의 직무수행으로 파악함이 상당한 경우가 있다.

[2] 불법주차 차량에 불법주차 스티커를 붙였다가 이를 다시 떼어 낸 직후에 있는 주차단속 공무원을 폭행한 경우, 폭행 당시 주차단속 공무원은 일련의 직무수행을 위하여 근무 중인 상태에 있었다고 보아야 한다는 이유로 공무집행방해죄의 성립을 인정한 사례.

20. 대판 1999. 6. 22, 98 도 1557(위계에 의한 공무집행방해죄) 일반적으로 행정관청이 출원에 의한 인·허가 등의 처분을 함에 있어서는 그 출원사유가 사실과 부합하지 아니하는 경우가 있음을 전제로 하여 인·허가 여부 등을 심사 결정하는 것이므로 행정관청이 사실을 충분히 확인하지 아니한 채 출원자가 허위의 출원사유나 허위의 소명자료만을 가볍게 믿고 인·허가 등의 처분을 하였다면 이는 행정관청의 불충분한 심사에 기인한 것으로서 출원자의 위계에 의한 것이었다고 할 수 없어 위계에 의한 공무집행방해죄를 구성하지 않는다.

21. 대판 2000. 6. 23, 99 도 5683(혈액채취의 방법에 의한 측정을 요구하면서 호흡측정기에 의한 측정에 불응한 경우 음주측정불응죄의 성립 여부(적극)) 도로교통법 제41조 제2항에서 말하는 '측정'이란 호흡측정기에 의한 측정을 말하는 것이므로, 운전자가 정당한 사유 없이 호흡측정기에 의한 음주측정에 불응하였다면 음주측정불응죄가 성립하는 것이고, 같은 조 제3항에 따라 혈액채취 등 다른 방법에 의한 측정은 호흡측정기에 의한 측정결과에 불복한 경우에 이를 실시할 수 있는 것이므로, 단지 혈액채취의 방법에 의한 측정을 요구하면서 호흡측정기에 의한 측정에 불응한 것이라면 측정불응에 정당한 사유가 있다고 볼 수 없다.

22. 대판 1999. 2. 24, 98 도 98 4350(공용서류무효죄의 객체) 형법 제141조 제1항에 규정한 공용서류무효죄는 공문서나 사문서를 묻지 아니하고 공무소에서 사용중이거나 사용할 목적으로 보관하는 서류 기타 물건을 그 객체로 하므로, 형사사건을 조사하던 경찰관이 스스로의 판단에 따라 자신이 보관하던 진술서를 임의로 피고인에게 넘겨준 것이라면, 위 진술서의 보관책임자인 경찰관은 장차 이를 공무소에서 사용하지 아니하고 폐기할 의도하에 처분한 것이라고 보아야 할 것이므로, 위 진술서는 더 이상 공무소에서 사용하거나 보관하는 문서가 아닌 것이 되어 공용서류로서의 성질을 상실하였다고 보아야 한다.

23. 대판 2000. 3. 24, 2000 도 20(범인이 자신을 위하여 타인으로 하여금 허위의 자백을 하게 하여 범인도피죄를 범하게 하는 경우, 범인도피교사죄의 성립 여부) 범인이 자신을 위하여

타인으로 하여금 허위의 자백을 하게 하여 범인도피죄를 범하게 하는 행위는 방어권의 남용으로 범인도피교사죄에 해당한다.

24. 대판 2000. 11. 24, 2000 도 4078(범인도피죄에 관한 법리) 형법 제151조에서 규정하는 범인도피죄는 범인은닉 이외의 방법으로 범인에 대한 수사, 재판 및 형의 집행 등 형사사법의 작용을 곤란 또는 불가능하게 하는 행위를 말하는 것으로서, 그 방법에는 어떠한 제한이 없고, 또한 위 죄는 위험범으로서 현실적으로 형사사법의 작용을 방해하는 결과가 초래될 것이 요구되지 아니할 뿐만 아니라, 위 법조 소정의 '벌금 이상의 형에 해당하는 죄를 범한 자'라 함은 범죄의 혐의를 받아 수사대상이 되어 있는 자로 포함하고, 벌금 이상의 형에 해당하는 자에 대한 인식은 실제로 벌금 이상의 형에 해당하는 범죄를 범한 자라는 것으로 인식함으로써 족하고 그 법정형이 벌금 이상이라는 것까지 알 필요는 없으며, 범인이 아닌 자가 수사기관에 범인임을 자처하고 허위사실을 진술하여 진범의 체포와 발견에 지장을 초래하게 한 행위는 위 죄에 해당한다.

25. 대판 1998. 3. 10, 97 도 1168(민사소송의 당사자인 법인의 대표자가 위증죄의 주체가 될 수 있는지 여부) 민사소송의 당사자는 증인능력이 없으므로 증인으로 선서하고 증언하였다고 하더라도 위증죄의 주체가 될 수 없고, 이러한 법리는 민사소송에서의 당사자인 법인의 대표자의 경우에도 마찬가지로 적용된다.

26. 대판 1998. 4. 14, 97 도 3340(선서한 증인 같은 기일에 여러 가지 사실에 관하여 기억에 반하는 허위의 진술을 한 경우, 위증죄의 죄수) 하나의 사건에 관하여 한번 선서한 증인이 같은 기일에 여러 가지 사실에 관하여 기억에 반하는 허위의 진술을 한 경우 이는 하나의 범죄의사에 의하여 계속하여 허위의 진술을 한 것으로서 포괄하여 1개의 위증죄를 구성하는 것이고 각 진술마다 수개의 위증죄를 구성하는 것이 아니다.

27. 대판 1998. 2. 10, 97 도 2961(증거위조죄에서 '증거위조'의 의미) 형법 제155조 제1항에서 타인의 형사사건에 관하여 증거를 위조한다 함은 증거 자체를 위조함을 말하는 것으로서, 선서무능력자로서 범죄현장을 목격하지도 못한 사람으로 하여금 형사법정에서 범죄현장을 목격한 양 허위의 증언을 하도록 하는 것은 위 조항이 규정하는 증거위조죄를 구성하지 아니한다.

28. 대판 1998. 3. 21, 97 도 2956(위법성조각사유가 있음을 알면서도 그를 숨기고 고소한 경우, 무고죄의 성부) 위법성조각사유가 있음을 알면서도 피고소인이 허위사실을 공표하였다고 고소함으로써 결국 적극적으로 위법성조각사유가 적용되지 않는 공직선거 및 선거부정방지법 제250조의 허위사실공표죄로 처벌되어야 한다고 주장한 것과 같이 보아 무고죄의 성립을 인정한 사례.

29. 대판 1998. 2. 24, 96 도 599(신고사실의 진실성을 인정할 수 없다는 소극적인 증명만으로 곧 무고죄의 성립을 인정할 수 있는지 여부) 무고죄는 타인으로 하여금 형사처분이나 징계처분을 받게 할 목적으로 신고한 사실이 객관적 진실에 반하는 허위사실인 경우에 성립되는 범죄이므로 신고한 사실이 객관적 사실에 반하는 허위사실이라는 요건은 적극적인 증명이 있어야 하며, 신고사실의 진실성을 인정할 수 없다는 소극적 증명만으로 곧 그 신고사실이 객관적 진실에 반하는 허위사실이라고 단정하여 무고죄의 성립을 인정할 수는 없다.

30. 대판 1998. 4. 14, 98 도 150(신고사실이 친고죄로서 신고내용 자체에 의하여 고소기간의 도과가 분명한 경우, 무고죄의 성부) 타인으로 하여금 형사처분을 받게 할 목적으로 공무소에 대하여 허위의 사실을 신고하였다고 하더라도, 그 사실이 친고죄로서 그에 대한 고소기간이 경과하여 공소를 제기할 수 없음이 그 신고내용 자체에 의하여 분명한 때에는 당해 국가기

관의 직무를 그르치게 할 위험이 없으므로 이러한 경우에는 무고죄는 성립하지 아니한다.

31. 대판 1998. 9. 8, 98 도 1949(무고죄에 있어서 고소사실의 허위성에 대한 인식요부)

[1] 무고죄는 타인으로 하여금 형사처분 또는 징계처분을 받게 할 목적으로 공무소 또는 공무원에 대하여 허위의 사실을 신고하는 때에 성립하는 것인데, 여기에서 허위사실의 신고라 함은 신고사실이 객관적 사실에 반한다는 것을 확정적이거나 미필적으로 인식하고 신고하는 것을 말하는 것으로서, 설령 고소사실이 객관적 사실에 반하는 허위의 것이라 할지라도 그 허위성에 대한 인식이 없을 때에는 무고에 대한 고의가 없다.

[2] 고소내용이 터무니없는 허위사실이 아니고 사실에 기초하여 그 정황을 다소 과장한 데 지나지 아니한 경우에는 무고죄가 성립하지 아니한다.

사항색인

저 자 소 개

❖ 약 력

✦ 단국대학교 법학과 졸업
✦ 단국대학교 대학원 수료(법학석사)
✦ 단국대학교 대학원 수료(법학박사)
✦ 순천향대, 경찰대 강사
✦ 호서대학교 법정학부장, 교육대학원장 역임
✦ 호서대학교 사회과학대학장 역임
✦ 사법시험, 행정고시, 5급 공무원 승진, 7·9급 공무원 시험 위원 역임
✦ 천안·아산 범죄피해자지원법인 이사장 역임
✦ 현 호서대학교 법학과 교수(법학과장), 대전지검 천안지청 공소심의 위원

❖ 저서 및 주요논문

✦ 형사문제의 생활법률(제일법규)
✦ 형사소송법 연습(법문사)
✦ 주관식 형사소송법(법문사)
✦ 생활법률(동방문화사)
✦ 위장출석과 성명모용의 법리/ 간접정범의 정범성/ 사형제도 개선방안/ 환경범죄의 인과관계/ 양형의 필요충분조건으로서 책임과 예방에 관한 소고 외 다수

형법각론강의

저 자 / 이 보 영 2010. 8. 20 인쇄
발행인 / 조 형 근 2019. 8. 31 제2쇄
발행처 / 도서출판 동방문화사

서울시 서초구 방배동 980-32 방배오피스텔 107호
전화 : 02)3473-7294 팩스 : (02)587-7294
메일 : 34737294@hanmail.net 등록 : 서울 제22-1433호
표지디자인 / 서진아이디피 02)2264-8288

저자와의 합의에 의해 인지 생략

破本은 바꿔 드립니다.
정 가 : 25,000원

ISBN 978-89-91902-68-8 93360